普通高等学校旅游管理教材

# 酒店电子商务

（第二版）

陆均良　王　亮　杨铭魁 ◎ 编著

Hotel Electronic Commerce

清华大学出版社
北京

# 内 容 简 介

酒店电子商务是旅游电子商务的重要组成部分，是酒店抢占未来市场竞争制高点的关键。本书立足于旅游业数字化转型升级大背景，围绕"新时代、新零售、新技术"重新解读酒店电子商务的内涵。其主要内容包括酒店电子商务概述、酒店电子商务理论基础、酒店电子商务技术基础、酒店电子商务的创建与管理、酒店前台电子商务、餐饮电子商务、酒店网络营销、电子支付、酒店移动电子商务、绿云 i-Hotel 平台的电子商务基础和酒店客户关系管理的内容。本书内容深入浅出，既有理论高度，又有实践深度，既适合本科院校旅游管理专业用作旅游电子商务、酒店数字化等课程的专用教材，也可以用于酒店业进行电子商务、网络营销以及信息系统管理的培训用书。

本书封面贴有清华大学出版社防伪标签，无标签者不得销售。
版权所有，侵权必究。举报：010-62782989，beiqinquan@tup.tsinghua.edu.cn。

图书在版编目（CIP）数据

酒店电子商务/陆均良，王亮，杨铭魁编著. —2 版. —北京：清华大学出版社，2023.7(2024.8重印)
普通高等学校旅游管理教材
ISBN 978-7-302-64067-7

Ⅰ．①酒… Ⅱ．①陆… ②王… ③杨… Ⅲ．①饭店—电子商务—高等学校—教材 Ⅳ．①F719.2-39

中国国家版本馆 CIP 数据核字（2023）第 128666 号

责任编辑：邓 婷
封面设计：刘 超
版式设计：文森时代
责任校对：马军令
责任印制：刘海龙

出版发行：清华大学出版社
网　　址：https://www.tup.com.cn，https://www.wqxuetang.com
地　　址：北京清华大学学研大厦 A 座　　邮　编：100084
社 总 机：010-83470000　　邮　购：010-62786544
投稿与读者服务：010-62776969，c-service@tup.tsinghua.edu.cn
质量反馈：010-62772015，zhiliang@tup.tsinghua.edu.cn

印 装 者：北京嘉实印刷有限公司
经　　销：全国新华书店
开　　本：185mm×260mm　　印　张：20　　字　数：499 千字
版　　次：2019 年 12 月第 1 版　　2023 年 7 月第 2 版　　印　次：2024 年 8 月第 2 次印刷
定　　价：69.80 元

产品编号：097501-01

# 前　言

　　酒店业从业人员在经历了全球新型冠状病毒肺炎疫情大磨难后，逐渐认识到电子商务在困境中经营的重要性，如酒店经营组织的柔性化、业绩管理的颗粒化、管理与服务的数字化等，都已离不开电子商务。新的时代，电子商务已成为酒店竞争力和数字酒店建设中非常重要的组成部分，体现了新技术、新思路、新商务和新营销。为了迎合新时代的新需求，我们对《酒店电子商务》一书内容进行了修订改版，增加了"酒店电子商务理论基础"等内容，完善了各章内容的结构和表述，使全书的知识结构更加合理。由于酒店建立电子商务系统与前台的 PMS 系统密切相关，因此本书在最后两章的应用部分选择了国内最有代表性和影响力的绿云系统作为酒店电子商务基础的内容予以介绍。酒店管理专业的学生和酒店管理人员，可通过对本书的学习，完整了解酒店电子商务的理论体系，了解构建电子商务的技术架构，了解酒店电子商务（包括网络营销在内）的所有业务内容，同时意识到开展酒店电子商务战略规划的重要性。改版后的内容在酒店电子商务的建立、管理、应用、服务和商务处理等方面，将更加完善和完整，应用性更强。

　　全书的章节体系保持了原来的知识架构，增加了一章"酒店电子商务理论基础"内容，共分十一章。第一章讲述了酒店电子商务的基础概念，让读者了解酒店电子商务是什么，它的应用模式和系统类型等包括哪些相关内容。第二章介绍电子商务中与酒店相关的理论基础内容，重点介绍交易成本理论、计划行为理论、STP 理论、营销组合理论、大数据技术等内容。第三章介绍了酒店电子商务技术，这是反映酒店电子商务竞争力的内容，包括基础性技术和热点技术，如云服务技术、大数据技术、人工智能技术等。第四章介绍了酒店电子商务的创建与管理，具体解决酒店开展电子商务有什么目的、有什么准备、有怎样的规划以及上线运行后如何进行管理等问题。第五章介绍了酒店前台电子商务，因为在前台业务中电子商务涉及面最广，这也是线上、线下的融合需要注意的地方，包括前厅服务的电子商务、客房服务的电子商务、会议和娱乐服务的电子商务等。第六章介绍了酒店主营业务之一的餐饮部门的电子商务，酒店的餐饮电子商务不如社会上的大型餐馆，这里只介绍了酒店餐饮的电子商务运行模式，以及酒店餐饮的电子商务应用。第七章介绍了酒店电子商务中的核心内容，即酒店网络营销，主要介绍网络营销的常用方法和技术，以及酒店网络营销的策略与管理等酒店营销人员所关心的问题。第八章也是电子商务中的关键环节，即网上支付问题，这里介绍了酒店电子商务的支付体系，重点介绍了银联电子支付和第三方电子支付平台的应用，也介绍了目前酒店常用的网上支付类型。第九章介绍了绿云 i-Hotel 平台下的移动电子商务和移动电子商务的未来。第十章介绍了绿云 i-Hotel 平台下的电子商务实务应用，包括云 PMS、电子商务的业务架构等内容，这是酒店经营管理人员最关心的实务内容。第十一章介绍了电子商务中的客户关系管理，重点介绍了客户管理、客户分析和客户关系分析在电子商务中的实践。每章后面，除了安排综合案例分析，还罗列了与本章节内容相关的拓展知识，可作为老师布置的作业，让学生通过网络自主学习拓展相关的知识。

本书对酒店电子商务涉及的新技术（包括区块链、元宇宙）也有所提及，但由于应用技术还不成熟，所以对这些新内容并没有展开，有兴趣的读者可以通过网络进一步了解这些拓展知识，它们对未来酒店电子商务的应用架构将会产生革命性的影响。

本书内容深入浅出，既有理论高度又有实践深度，既适合本科院校旅游管理专业用作旅游电子商务、酒店数字化等课程的专用教材，也可以用于酒店业进行电子商务、网络营销以及信息系统管理的培训用书。

本版次仍由陆均良老师负责总体编辑修改，并对全书进行统稿和定稿。第一章、第三章、第四章、第六章、第七章由陆均良老师负责，第二章、第五章、第八章和第九章由王亮老师负责，第十章、第十一章由陆均良和杨铭魁老师共同负责。本书编写工作得到了杭州绿云科技公司的大力支持，郭迪胜副总经理和绿云学院的吕江红等为本书的形成做了许多资料整理的协助工作；本书也得到了开元酒店集团海南棋子湾开元度假村杜觉祥总经理以及浙旅投集团旗下酒店集团来卓佳高工的精心指导，在此表示衷心的感谢！

由于电子商务发展很快，作者对酒店电子商务研究水平有限，全书仍有一些不足之处，希望广大读者不吝提出宝贵意见，以便作者在以后的修订中予以补充、完善。

作　者

于浙江大学求是园

# 目 录

## 第一章 酒店电子商务概述 ... 1
### 第一节 什么是电子商务 ... 1
一、基本概念 ... 1
二、应用特点 ... 3
三、商务模式与分类 ... 5
四、电子商务的流转方式 ... 7
### 第二节 酒店电子商务的概念、优势及模式分类 ... 8
一、酒店电子商务的概念 ... 9
二、酒店电子商务的优势 ... 10
三、酒店电子商务的主要特点 ... 11
四、酒店电子商务的模式分类 ... 12
### 第三节 酒店电子商务的应用内容与系统类型 ... 13
一、应用内容 ... 14
二、系统类型 ... 19
### 第四节 我国酒店电子商务的发展与展望 ... 21
一、酒店电子商务发展的几个阶段 ... 21
二、酒店电子商务发展展望 ... 22
本章案例：酒店数字化儿童娱乐区解决方案 ... 24
拓展知识 ... 29
思考题 ... 29

## 第二章 酒店电子商务理论基础 ... 30
### 第一节 交易成本理论 ... 30
一、交易成本理论概述 ... 30
二、交易成本理论的内涵 ... 31
三、电子商务背景下的交易成本 ... 33
### 第二节 计划行为理论 ... 33
一、计划行为理论概述 ... 34
二、计划行为理论的演变 ... 34

　　　　三、不同的信息系统与 TPB ……………………………………………………… 36
　第三节　技术接受模型 ……………………………………………………………………… 38
　　　　一、技术接受模型概述 …………………………………………………………… 38
　　　　二、TAM 理论的演变 ……………………………………………………………… 39
　　　　三、不同的信息系统与 TAM …………………………………………………… 42
　第四节　STP 理论 …………………………………………………………………………… 44
　　　　一、STP 理论简述与市场细分 …………………………………………………… 44
　　　　二、目标市场选择 ………………………………………………………………… 45
　　　　三、市场定位 ……………………………………………………………………… 47
　第五节　营销组合理论 ……………………………………………………………………… 48
　　　　一、营销组合理论（4Ps）的发展 ……………………………………………… 48
　　　　二、营销组合理论（4Ps）的内涵 ……………………………………………… 49
　　　　三、电子商务背景下的 4Ps ……………………………………………………… 50
　第六节　大数据理论在酒店营销中的应用 ……………………………………………… 54
　　　　一、大数据的内涵及其商业意义 ……………………………………………… 55
　　　　二、内容营销 ……………………………………………………………………… 56
　　　　三、精准营销 ……………………………………………………………………… 58
　本章案例：杭州望湖宾馆用"智慧住"提升前台商务效率 …………………………… 62
　拓展知识 ……………………………………………………………………………………… 66
　思考题 ………………………………………………………………………………………… 66

## 第三章　酒店电子商务技术基础 …………………………………………………………… 68
　第一节　基础性技术 ………………………………………………………………………… 68
　　　　一、内部网和外部网 ……………………………………………………………… 69
　　　　二、数据库和数据库管理系统 ………………………………………………… 69
　　　　三、网络软件技术 ………………………………………………………………… 70
　　　　四、信息网站技术 ………………………………………………………………… 71
　　　　五、标记语言 ……………………………………………………………………… 71
　　　　六、移动互联网技术 ……………………………………………………………… 72
　第二节　云服务技术 ………………………………………………………………………… 72
　　　　一、云服务的类型 ………………………………………………………………… 73
　　　　二、云 PMS 技术的应用 ………………………………………………………… 74
　第三节　大数据技术 ………………………………………………………………………… 79
　　　　一、大数据的类型 ………………………………………………………………… 79
　　　　二、大数据的分析技术 …………………………………………………………… 80
　　　　三、大数据在酒店中的应用 ……………………………………………………… 81
　第四节　人工智能技术 ……………………………………………………………………… 83
　　　　一、人工智能在酒店接待服务中的应用 ……………………………………… 84
　　　　二、人工智能在酒店商务服务中的应用 ……………………………………… 85

  三、人工智能在酒店营销服务中的应用 ………………………………… 86
 本章案例：锦江国际集团的电子商务之路 …………………………………… 88
 拓展知识 ……………………………………………………………………………… 91
 思考题 ………………………………………………………………………………… 91

## 第四章　酒店电子商务的创建与管理 …………………………………………… 93
 第一节　明确创建电子商务的目的 ……………………………………………… 93
  一、酒店经营的环境分析 …………………………………………………… 94
  二、创建电子商务的定位 …………………………………………………… 94
  三、创建电子商务的目的 …………………………………………………… 95
 第二节　创建电子商务的准备 …………………………………………………… 96
  一、技术准备 ………………………………………………………………… 96
  二、人员准备 ………………………………………………………………… 97
  三、开发准备 ………………………………………………………………… 98
 第三节　创建电子商务的规划 …………………………………………………… 98
  一、酒店业务的规划 ………………………………………………………… 99
  二、系统建设的规划 ………………………………………………………… 99
  三、营销推广的规划 ………………………………………………………… 100
 第四节　系统的运行管理 ………………………………………………………… 103
  一、系统的运行管理概述 …………………………………………………… 103
  二、运行中的制度管理 ……………………………………………………… 104
  三、绩效评估和改进管理 …………………………………………………… 105
  四、数据和商务管理 ………………………………………………………… 106
 本章案例：君澜酒店集团的在线营销和直销 ……………………………………… 106
 拓展知识 ……………………………………………………………………………… 111
 思考题 ………………………………………………………………………………… 111

## 第五章　酒店前台电子商务 ……………………………………………………… 112
 第一节　前厅服务的电子商务 …………………………………………………… 112
  一、预订中心的电子商务 …………………………………………………… 113
  二、门户网站在线直销 ……………………………………………………… 114
  三、住店客户消费的汇总处理 ……………………………………………… 116
 第二节　客房服务的电子商务 …………………………………………………… 118
  一、迷你吧消费的电子商务 ………………………………………………… 118
  二、叫餐与其他服务电子商务 ……………………………………………… 120
  三、客房中心的电子商务 …………………………………………………… 121
 第三节　会议和娱乐服务的电子商务 …………………………………………… 122
  一、酒店会议服务电子商务 ………………………………………………… 122
  二、酒店娱乐服务电子商务 ………………………………………………… 124

本章案例：开元酒店集团的电子商务之路……127
拓展知识……130
思考题……131

## 第六章　餐饮电子商务……132

### 第一节　餐饮电子商务概况……132
一、餐饮信息化基础……133
二、餐饮电子商务系统……135

### 第二节　餐饮电子商务运行模式……138
一、选择运行模式的必要性……138
二、几种常见的运行模式……141
三、餐饮 O2O 平台应用实践……143

### 第三节　酒店中的餐饮电子商务应用……147
一、餐饮网络营销……147
二、常客管理系统……148
三、电子采购系统……151

本章案例：海底捞的电子商务之路……154
拓展知识……157
思考题……158

## 第七章　酒店网络营销……159

### 第一节　网络营销概述……159
一、营销理论的演变与发展……160
二、网络营销的基本特点……161
三、网络营销的应用类型……162

### 第二节　网络营销技术……165
一、搜索引擎优化技术……165
二、网络舆情监测技术……167
三、人工智能应用技术……168
四、数据分析技术……171

### 第三节　网络营销策略与管理……174
一、网络营销策略……174
二、网络营销管理内容……179
三、战略计划与目标……180
四、网络营销的管控……181

本章案例：固本、创新、求变——新媒体时代的网络营销实践（棋子湾度假酒店网络营销的实践认识）……182
拓展知识……185

思考题 ………………………………………………………………………………… 185

## 第八章　电子支付 ……………………………………………………………………… 187

### 第一节　酒店电子支付概述 …………………………………………………………… 187
　　一、电子支付的概念及市场优势 ………………………………………………… 187
　　二、电子支付对消费的促进作用 ………………………………………………… 189

### 第二节　酒店电子商务的支付体系 …………………………………………………… 191
　　一、银联支付平台的解决方案 …………………………………………………… 191
　　二、第三方支付平台解决方案 …………………………………………………… 193
　　三、选择第三方支付的要点 ……………………………………………………… 196

### 第三节　常用的酒店电子收银系统 …………………………………………………… 200
　　一、绿云 UPG 支付一体化系统 …………………………………………………… 200
　　二、绿云 MiPay 收银系统 ………………………………………………………… 203
　　三、绿云 MiPOS+收银系统 ……………………………………………………… 207

　　本章案例：基于电子商务的"无人酒店"解决方案 …………………………… 210
　　拓展知识 ………………………………………………………………………………… 215
　　思考题 …………………………………………………………………………………… 215

## 第九章　酒店移动电子商务 …………………………………………………………… 216

### 第一节　移动电子商务的概念及优势 ………………………………………………… 216
　　一、移动电子商务的基本概念 …………………………………………………… 217
　　二、移动电子商务的服务优势 …………………………………………………… 217

### 第二节　绿云移动商务介绍 …………………………………………………………… 219
　　一、消费者角度 …………………………………………………………………… 219
　　二、酒店角度 ……………………………………………………………………… 222

### 第三节　智能化商务的未来 …………………………………………………………… 225
　　一、PMS 的商务智能 ……………………………………………………………… 226
　　二、客房智能未来 ………………………………………………………………… 228
　　三、餐饮智能未来 ………………………………………………………………… 228

### 第四节　酒店移动电子商务的发展趋势 ……………………………………………… 229
　　一、商务型酒店或成"无人酒店" ……………………………………………… 229
　　二、社交电子商务将成为酒店移动电子商务发展的新机遇 …………………… 230
　　三、在线销售将成为酒店新常态 ………………………………………………… 230
　　四、餐厅收银台或将消失 ………………………………………………………… 232
　　五、酒店服务台或成咨询台 ……………………………………………………… 232
　　六、大数据使移动商务更智慧 …………………………………………………… 233

　　本章案例：武义璟园·蝶来望境酒店的数字化营销 …………………………… 234
　　拓展知识 ………………………………………………………………………………… 237
　　思考题 …………………………………………………………………………………… 237

## 第十章 绿云 i-Hotel 平台的电子商务基础 ························· 238
### 第一节 绿云酒店平台的技术架构 ························· 238
一、绿云 i-Hotel 平台的功能架构 ························· 239
二、绿云 i-Hotel 平台的应用特点 ························· 240
### 第二节 酒店电子商务基础的云 PMS ························· 241
一、预订接待业务 ························· 241
二、前台账务审核业务 ························· 248
三、客房中心业务 ························· 256
### 第三节 绿云电子商务的业务架构 ························· 260
一、总体业务框架 ························· 261
二、微预订 ························· 262
三、微服务 ························· 263
四、微裂变 ························· 263
五、微营销 ························· 264
六、微商城 ························· 267
七、综合体 ························· 268
本章案例：高远文旅——待人如己，礼众利他，成就高远生活家 ························· 270
拓展知识 ························· 273
思考题 ························· 274

## 第十一章 酒店客户关系管理 ························· 275
### 第一节 电子商务中的客户管理与分析 ························· 275
一、客户的基本属性管理 ························· 276
二、标签分层的客户数据分析 ························· 280
三、客户的潜在需求挖掘 ························· 284
### 第二节 客户管理的实践 ························· 286
一、会员客户管理 ························· 286
二、协议单位客户管理 ························· 291
三、积分管理 ························· 294
四、销售活动管理 ························· 295
### 第三节 客户关系分析的实践 ························· 299
一、关系客户的基本分析 ························· 300
二、客户业绩分析与关系配置 ························· 301
三、市场统计与客户排名分析 ························· 302
本章案例："互联网+"背景下金陵饭店的客户关系管理（CRM） ························· 304
拓展知识 ························· 308
思考题 ························· 308

## 参考文献 ························· 309

# 第一章　酒店电子商务概述

本章要点

本章从电子商务讲起，首先，重点介绍电子商务的概念，包括电子商务的应用特点、商务模式以及流转方式等。之后，本章将围绕酒店电子商务的内容展开讨论，包括酒店电子商务的定义、优势及模式分类，应用内容以及系统类型等，这些都是业界和读者非常关心的问题，通过对这些问题展开相关的内容讨论，让读者了解酒店电子商务的应用体系。从中，读者可以了解电子商务能帮助酒店解决经营中的哪些管理问题，酒店利用电子商务可以创造什么样的竞争优势。最后，本章对酒店电子商务发展进行了展望。

电子商务（electronic commerce business）是近些年随着移动互联网的普及应用而快速形成的一种商务业态，它迅猛地冲击着传统商务，也冲击着人们的就业环境。酒店业也不例外，电子商务已经成为酒店经营的一种常态，从前台服务到后台管理基本都借助网络的电子化处理。在未来的旅游业，不管是旅游管理专业的学生，还是酒店业的从业人员，都需要对酒店电子商务有一个完整的认知和了解。下面我们从电子商务的概念开始讲解。

## 第一节　什么是电子商务

随着信息技术的进步，尤其是互联网技术的进步与应用普及，商品交易的电子化已成为贸易的主要趋势，并正在成为市场交易的常态。无物流的服务交易也是这样，如金融服务、医疗服务、旅游服务、信息服务等都已离不开网络化的电子交易。本章在系统性地介绍酒店电子商务以前，先给读者简单介绍一下什么是电子商务以及一些相关的基本概念。

### 一、基本概念

电子商务的应用起步于电子数据交换（electronic data interchange，EDI），那时交易环境利用的是增值专用网络，通过计算机实现商务的电子数据交换，从而实现货物交易的电子化。当时的电子商务由于使用专用网络，成本非常高，一般企业无力承受电子商务交易的费用，这个阶段被称为基于 EDI 的电子商务阶段（20 世纪 70 年代至 90 年代初）。20 世纪 90 年代出现了互联网以后，电子商务应用得到了快速发展，交易成本也急剧下降，尤其是移动互联网出现以后，普通的微、小企业也有能力开展电子商务，如通过互联网开展在线服务，这时的电子商务

已成为服务交易的常态,这个阶段被称为基于 Internet 的电子商务阶段(20 世纪 90 年代中期到现在)。我们现在介绍的电子商务概念及应用,基本都是基于互联网的电子商务概念。

电子商务可以简单地归纳为利用电子手段和网络进行的各种商务活动,目前有很多种定义描述。狭义的说法:主要指利用计算机网络提供的通信手段在网上进行的买卖交易,这种交易被称为电子交易(e-commerce)。广义的说法:指电子交易在内的,利用电子网络环境进行的各种各样的商务活动,如市场调查、客户管理、商品管理、资源调配、虚拟商城、营销活动等,统称为电子商业(e-business),电子商业包含了电子交易。我们这里讲的电子商务概念通常指电子商业中所包含的内容。

以下是一些相关国际组织的定义描述。

(1)全球信息标准大会。电子商务是指参与各方之间以电子方式而不是以物理交换或直接物理接触方式完成的任何形式的业务交易。

(2)世界电子商务会议。电子商务是指实现整个贸易过程中各阶段的贸易活动的电子化。

(3)联合国经济合作和发展组织。电子商务是利用电子化手段从事的商业活动。

(4)世界贸易组织。电子商务是通过网络进行的生产、营销、销售和流通活动。

(5)全球信息基础设施委员会。电子商务是以电子通信为手段的经济活动。

从企业应用的角度看,IBM 公司认为,在互联网普及应用的背景下,电子商务就是 Web+IT 技术的应用,即强调信息技术在网络环境下的商业化应用,从而实现商务的电子化。

从国家整体的角度看,电子商务有国内电子商务和跨境电子商务之分。国内电子商务就是国内流通领域商务交易的电子化。所谓跨境电子商务指的是不同环境的交易主体,即不同国家和地区的交易主体,通过电子商务平台达成某种符合本国法律的交易,然后进行支付结算,并跨境通过物流运送商品,这个过程就是一种国际商业活动。从企业整体的角度看,电子商务也有内部电子商务和外部电子商务之分。内部电子商务就是企业内部业务的电子化,外部电子商务就是企业与客户或合作伙伴之间商务的电子化。外部电子商务也是企业的一种商业活动。如果企业内部业务和企业外部业务都实现了电子化,就可以实现企业的完全电子商务,这是企业商务实现自动化、规模化以及智慧化的最基本要求。

目前,电子商务已成为一个学科专业,它可以分为两个基本方向:电子商务经济管理类方向和电子商务工程技术类方向。经管类方向要求侧重掌握互联网经济和商务管理相关的知识与技能,工程类方向要求侧重掌握互联网技术和商务信息处理相关的知识与技能。因此,电子商务专业是以互联网等信息技术为依托、面向现代社会经济领域商务活动的新兴专业。

同时,电子商务已成为现代新型企业的特征之一,判断一个企业是否为现代新型企业,可以用图 1-1 所示的几个特征衡量。

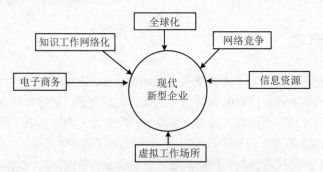

图 1-1　现代新型企业的特征构成示意图

（1）全球化（globalize）。全球化是现代企业的主要特征，尤其是市场全球化和生产全球化。这是企业在发展过程中必须有的一种国际视野。

（2）网络竞争（web competition）。企业的市场竞争转向网络，包括销售力竞争和营销力竞争。企业的网络竞争日益激烈是信息时代的主要特征。

（3）电子商务（electronic business）。贸易和交换方式以电子商务为主，这是新经济时代的一种趋势——企业内部交换和企业之间交换实现完全电子化。

（4）信息资源（information resource）。企业包含各种信息资源，分为内部信息资源和外部信息资源。信息资源化是新经济企业的重要特征，它与物质、能源一样重要。

（5）知识工作网络化（knowledge work on net）。企业的知识工作者和知识工程师通过网络开展工作。未来，知识工作者必须在网络化的环境下工作。

（6）虚拟工作场所（virtual working site）。其实未来的工作场所都可以通过网络实现，在信息技术和网络的支持下，管理工作者可以通过虚拟场所随时随地工作。

因此，作为一个现代新型企业，通过网络开展在线销售是电子商务，通过网络开展在线营销是电子商务，通过网络开展协同的产品研发和设计是电子商务，通过网络开展在线服务和关怀也是电子商务。在互联网时代，电子商务已涵盖了企业所有的市场活动，包括产品研发、产品销售、客户服务、市场调研以及市场推广等。作为一个酒店企业，可以通过网络销售客房产品，可以通过网络做市场推广，可以通过网络实现对客户的关怀和服务，也可以通过网络实现联盟化经营，这些都是酒店电子商务的内容。

以下为现代新型企业在互联网时代面临的挑战。

（1）如何知道客户需要服务的时间。

（2）如何知道客户需要服务的地点。

（3）怎样按客户希望的方式提供服务。

（4）能以哪一种方式向客户做出服务承诺。

传统的经营服务已无法满足客户的完美服务要求，必须借助新一代信息技术的电子商务，通过电子商务手段向客户做出完美服务承诺。现代新型企业的电子商务系统可以变挑战为机遇，在市场竞争中占有先机，从而获得企业发展的竞争优势。

## 二、应用特点

随着电子商务的普及，有学者预测未来的互联网就是电子商务网，未来企业的管理信息系统就是电子商务系统，企业若不及时进入电子商务领域，则有可能被市场淘汰，失去先机和竞争优势。作为企业经营者，要认识和理解电子商务快速发展的原因。基本原因就是经济的全球化以及互联网技术应用的普及。根本原因就是社会的驱动力因素和技术发展的因素，比如社会驱动力，主要表现为：随着信息的社会化、社会的信息化进程的加快，全球工商企业经营模式、工作效率、投入产出等面临着又一次新的挑战。例如，外在环境的变动周期越来越短，企业的经营形式越来越复杂，客户的需求越来越多、越来越难以满足，市场竞争对手越来越多，创新的速度要求越来越快，降低成本的要求造成的压力越来越大，等等。技术发展主要表现为：共享网络数据库的技术、电子货币支付技术，以及电子现金、电子货币、电子支票网络传送的完全认证与可靠支付技术、安全保障技术已进入实用阶段，如SET（安全电子交易）协议技术等，以及使用数字签名技术保证支付信息的完整性，大数据技术和人工智能技术应用给客户提供必要的或有特色的服务，实现了电子商务的场景化和个性化的即时服务。所有这些都给电子商务的发展增添了动力，认识到这些社会驱动力和技术发展因素，企业就可以付之于行动，用电子商务获取自己的市场竞争优势、创造竞争优势。除了这些因素，电子商务发展的另一个原因就是电子商务有自己独特的应用特点。

### （一）服务方便快捷

在电子商务环境中，人们不再受地域和时空的限制，客户能以非常简捷的方式完成过去较为繁杂的商业活动，如通过网络银行能够全天候地存取账户资金、查询信息等，同时使企业对客户的服务质量大大提高。在电子商务商业活动中，需要进行大量的人脉资源开发和沟通，可通过即时通信实现在线服务和响应，随时满足公司的业务要求，搭建在线的业务圈、朋友圈、服务圈、讨论圈等，开展快捷的有意义服务。

### （二）交易虚拟化

电子商务与传统商务有一个很大的不同，就是相互交易的当事人不见面，交易的虚拟性强。电子商务平台作为数字化的电子虚拟市场，利用网络市场进行交易时，交易双方无论是交易磋商签订合同还是支付款项等，都不需要当面进行，都可以通过互联网完成，即整个过程完全虚拟化。虚拟现实、网上聊天、在线服务等都可以让双方获取信息，通过信息的互动，交易各环节都是在网络这个虚拟的环境中进行的。

### （三）交易成本低

当买卖双方所处距离越远，使用网络进行信息传递的成本相对于书信、电话、传真等而言就越低，且缩短了沟通洽谈的距离和时间。在互联网环境下，买卖双方通过网络进行商务活动，不需要中介参与，减少了有关中介代理环节和费用。卖方的产品宣传等在互联网上也无须印刷等费用，通过网页就可以达到营销、促销、服务等商务效果。因此，电子商务的无需中介、无纸贸易、无需店铺、无需仓库等特点就造就了电子商务的低成本优势。

### （四）交易效率高

由于互联网将贸易中的商业报文标准化，使商业报文能在世界各地瞬间完成传递与计算机自动处理，实现原料采购、产品生产、需求与销售、银行汇兑、保险、货物托运及申报等商务过程无须人员干预，就能在最短的时间内通过电子数据交换完成。这些电子化的处理过程极大地缩短了交易时间，使整个交易的签约、支付、交付等过程非常快捷与方便，可实现高效率的规模化商务处理，极大地提高了电子商务的效率和效益。

### （五）交易过程透明

在电子商务交易过程中，买卖双方从交易的洽谈、签约到货款的支付、交货物流通知等整个交易过程都是在网络上进行的，相互之间的信息交换都是透明的。尤其在移动互联网和5G通信的环境下，通畅、快捷的信息传输可以保证各种信息之间互相实现即时核对，可以通过安全技术防止假信息的流通。例如，在典型的许可证 EDI 系统中，由于加强了发证单位和验证单位的通信、核对，假的许可证就不易成为漏网之鱼。海关 EDI 也帮助杜绝边境的假出口、兜圈子、骗退税等非法商业行径。

### （六）交易安全性高

电子商务的安全性高是相对于其他网络应用环境来说的，它取决于系统安全的解决方案和技术手段，还包括运行的管理措施等。在电子商务中，由于安全性是一个至关重要的核心问题，它要求网络能提供一种端到端的安全解决方案，如加密机制、签名机制、安全管理、存取控制、防火墙、防病毒保护等，这与传统的商务活动有很大的不同。因此，相比于其他开放网络下的应用系统来说，它具有较高的系统安全性和安全等级。

## 三、商务模式与分类

电子商务商业模式简称电子商务模式，是指在网络环境中基于一定技术基础的商务运作和营利模式，是企业在网络环境中针对指定客户群为创造收益所需要从事的各种业务活动。随着其应用领域的不断扩大和信息服务方式的不断创新，电子商务的应用类型层出不穷，营利模式不断创新，商务模式也在不断完善。通常情况下，根据参与交易的对象来划分，最基本的商务交易活动必须有买卖双方。其中买方可以是个人消费者，也可以是企业用户；卖方可以是提供交易商品的企业，也可以是个人。目前根据买卖双方实体对象不同，电子商务模式可以分为企业与个人、企业与企业、个人与政府、个人与个人以及企业与政府之间最为常见的五种类型，如图1-2所示。

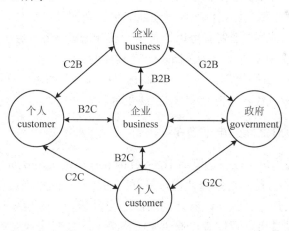

图1-2 电子商务的基本模式

### （一）企业与个人消费者之间的电子商务

企业与个人消费者之间的电子商务通常称为B2C（business to customer）或C2B（customer to business），是指企业通过互联网为消费者提供的一种新型购物交易环境，即消费者通过网上购物，可以接受商家的商品定价（B2C），也可以自己进行叫价（C2B），让商家再出价，最后实现网上支付，采用EDI电子数据交换工具实现在线交易。由于这种模式节省了消费者和企业双方的时间和空间，大大提高了商品交易的效率，节省了不必要的开支（如中介代理和仓储），因而这种模式得到了人们广泛的认同，并且获得了快速的发展。现在大多数的网络商城、在线旅游代理（online travel agency，OTA）服务商（如携程旅行网）都有这类模式的具体应用,而且已经应用到各种消费商品领域(如鲜花、快餐、图书、软件、计算机、家电、汽车以及信息服务等),成为电子商务应用最广泛的一种商务模式。

### (二)企业与企业之间的电子商务

企业与企业之间的电子商务通常称为 B2B(business to business),这是所有企业在网上开展商务活动的一种模式,也是目前电子商务的市场主流,是目前交易规模最大的一种模式。通常情况下,B2B 是企业与企业之间通过专用网或互联网进行数据信息传递、开展网络商务交易活动的模式,包括企业与供应商之间的采购,企业与产品批发商、零售商之间的供货,企业与仓储、物流公司的业务协调等。因此,B2B 是目前企业建立竞争优势的主要方法,积极利用新技术构建企业自己的电子商务平台,已是企业生存发展的关键。企业开展电子商务,将使企业拥有一个商机无限的发展空间,它可以使企业在竞争中处于更加有利的地位,利用 B2B 为企业带来更多的客户、更畅通的渠道以及更高的生产率和更低的劳动力成本,同时也获得了更多的商业机会。通常,这种 B2B 模式的交易平台可以由企业自己建立或利用中间机构的网站平台开展,如企业的采购网以及阿里巴巴平台都是这种模式应用的典型代表。

### (三)个人消费者之间的电子商务

个人消费者之间的电子商务通常称为 C2C(customer to customer),是一种在网络平台上为个人消费者提供的在线交易平台。一些拍卖会商品也可以通过 C2C 在网上开展拍卖,最后与最想买到商品的买家以最高价格成交。这种形式使卖方可以在网上主动提供商品拍卖,而买方可以自行选择商品进行竞价,通过在线竞价实现商品的交易。旅游电子商务也有许多平台具有 C2C 模式的应用,消费者可以通过平台转让服务产品,提出自己转让的服务产品价格,感兴趣的消费者直接在平台上认购抢单。在具体的应用实践中,如古董商品、名人物品、稀有邮票、二手家电、二手汽车,甚至一些新出品的商品,都可以采用 C2C 模式开展电子商务。目前 C2C 模式最具代表性的是 eBay 在线平台。

### (四)企业与政府之间的电子商务

企业与政府之间的电子商务通常有 B2G(business to government)、G2B(government to business)两种模式的应用,这是企业通过互联网与政府之间相互进行的商品在线交易活动,如政府部门的商品采购、企业与政府之间的商品交易活动,包括税收、商检、管理调控等。政府既是消费者,又是市场调控者,通过电子商务的方式对企业实施宏观调控、指导规范、监督管理,能及时地发挥市场调节作用。在电子商务中,政府还有一个重要作用,就是对电子商务的推动、管理和规范作用。目前,B2G 或 G2B 的主要应用是政府网上采购以及政府实施企业拍卖等商务活动,通过 B2G 和 G2B 模式的应用,使政府与企业之间的电子商务效率得到大幅度的提高,也增加了商务的公开和透明性。

### (五)个人消费者与政府之间的电子商务

个人消费者与政府之间的电子商务通常有 C2G(customer to government)和 G2C(government to customer)两种模式的应用,这是个人消费者通过互联网与政府之间进行的业务在线交易活动,如个人纳税就是这种业务形式,但也有学者把 G2C 的纳税交易列入电子政务范畴。在这类模式的电子商务中，政府不以营利为目的，它将消费者与政府间的许多商务往来通过网络环境进行，如商务申报、网上报税、网上身份认证、网上公益活动、发放养老金、车辆年检、网上商务政策发布以及信息查询等，政府可通过在线方式为民众提供良好的服务，提高政府商务处理的工作效率。

随着电子商务技术的不断完善，新的电子商务模式还在不断涌现。电子商务公司需要寻找更适合自己商品的在线销售模式，如在线市场的细分目前出现的B2Q、B2E、C2M、F2C、BOB、O2O等模式。有兴趣的读者可以通过网络进一步了解这些模式的具体应用，尤其是新零售电子商务的线上、线下一体化模式，它将对未来电子商务的发展产生影响。

## 四、电子商务的流转方式

电子商务交易的基本流转程式通常分三个阶段——交易前、交易中、交易后，不同的交易流转方式在三个阶段有不同的内容。通常，交易前阶段活动是买卖双方相互了解和签约前的准备活动，包括在互联网上寻找机会和交换信息；交易中阶段活动是买卖双方的交易谈判和签订合同，确定交易过程的细节，包括商品数量、价格、交货时间和地点等；交易后阶段活动包括交易合同的履行、服务和索赔等活动，以及银行结算、收货验货等环节。目前，电子商务的流转方式有网络直销流转方式、具有认证中心的流转方式以及具有网络中介交易的流转方式。下面简单介绍这三种基本流转方式的交易内容。

### （一）网络直销流转方式

这种流转方式通常是指企业自己在网络上搭建销售平台开展在线直销，消费者可以直接与商品生产厂家沟通交易，具体流转方式如图1-3所示。这种流转方式的最大特点是：可与消费者在线面对面进行，无中介环节，速度快，交易费用低，有利于企业商品的在线直销。例如，酒店自己的官网商务都采用这种流转方式，直接面对消费者销售。

### （二）具有认证中心的流转方式

这种流转方式要求买卖双方必须都经过认证机构确认，其交易的安全性比较高，尤其是跨境电子商务的交易，通常都采用这种流转方式，如阿里巴巴的电子商务平台。具体流转方式如图1-4所示，图中的厂家也包括流通环节的商家。

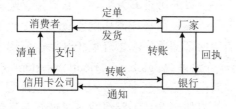

图1-3　网络直销流转方式

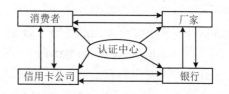

图1-4　具有认证中心的流转方式

认证中心（certificate authority，CA）是电子商务的核心环节，其属于企业性的服务机构，主要任务是受理企业数字凭证的申请、签发数字证书以及对数字凭证进行管理，即在电子商务中承担网上安全电子交易的认证服务，如签发数字证书、确认用户身份、公钥授权给用户等权威性第三方服务，同时为支付系统中的各参与方提供身份认证并承担在线交易的监督者和担保人。因此,认证中心类似于现实生活中公证人的角色,具有很高的权威性,是电子商务中一个普遍可信的第三方,其认证过程也需要银行的参与。

### (三)具有网络中介交易的流转方式

这是最具有发展前景的一种电子商务流转方式,即消费者和厂家通过充当中间交易中心的机构进行商品的买卖。中介交易相当于网络上的商品交易中心,这种平台的商品品种多,人气旺,是对厂家和消费者都有利的一种交易方式。这种流转方式是通过网络商品交易中心实现的,目前许多网络商城基本都采用这种流转方式,它可以避免网络交易中的"拿钱不给货"或者"拿货不给钱"的市场欺诈现象,有效规范商品的网络交易。双方在签订合同之前,中介的交易中心可以协助买方检验商品,把握商品质量,以有效杜绝网络上的假冒伪劣商品,协助双方正常交易,确保买卖双方的利益。该流转方式如图 1-5 所示。

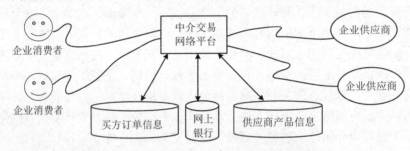

图 1-5　具有网络中介交易的流转方式

采用这种流转方式的买卖双方将供需信息通过互联网告诉网络交易中心平台,交易中心可向参与者发布大量的产品信息和市场信息,买卖双方可以根据这些信息有选择地寻找自己的贸易伙伴,促成商品的在线交易。目前大多数的 OTA 平台都采用这种流转方式,如携程旅行网、飞猪旅行网、去哪儿网、同程网等。

## 第二节　酒店电子商务的概念、优势及模式分类

受电子商务和互联网技术发展的影响,酒店电子商务应运而生,它属于预约型电子商务。在我国的酒店电子商务发展过程中,大多数酒店并没有经历过 EDI 阶段。它直接伴随着互联网技术的成熟应用,特别是移动互联网应用的普及,爆发而形成酒店商务变革,形成了电子商务的一个重要分支,即酒店电子商务。它从酒店内部商务生产管理系统开始,应用了共同申报准则(common reporting standard,CRS)、全球分销系统(global distribution system,GDS)等商务软件,逐步形成了基于互联网的完整的酒店电子商务概念。技术应用不但改变了酒店的商务形式,而且推进了酒店的组织形态变革,使得传统业务、网络业务通过互联网融合在一起,如酒店的订单管理、咨询管理、销售管理、客服管理、同业的协作管理等都实现了电子化。电子商务已逐渐成为未来智慧酒店建设和数字化酒店的重要组成部分,未来的电子商务也已成为酒店经营的常态管理形式。

## 一、酒店电子商务的概念

简单地理解酒店电子商务，就是信息通信技术在酒店商务中的具体应用，或者理解为互联网技术在酒店商务中的应用——通过信息通信技术把商务往来的过程电子化、业务网络化、服务在线化。因此，对酒店来说，电子商务定义就是利用现代信息通信技术和数据技术对酒店售前服务、售中服务和售后服务各个环节的电子化过程，以降低人力资源成本和增加酒店收益为目标，形成的酒店经营新业态。它是一个以交易双方为主体，以电子支付为手段，以移动互联网为依托的全新商务活动。酒店电子商务的概念可以理解为：是利用移动互联网技术和信息通信技术融合了酒店经营的过程，实现酒店商务过程的电子化、数据化和网络化，解决酒店经营中的各类商务活动数据的在线传递和衔接问题，其目标反映的是实现降低酒店经营服务成本、提升酒店网络经营绩效的过程，最终实现酒店商务数据的电子化流动，提升酒店的数字经济比例，最终用数据创造酒店经营的竞争优势，提高酒店收益。这里讲的酒店商务包括所有酒店经营中的内部商务和外部商务。

### （一）业务范围

酒店电子商务涉及的业务范围包括前厅和营销部，业务有预订、销售和接待、餐饮娱乐、休闲服务，以及在线直销、分销等。营销部的电子商务包括在线客服、在线推广、流量管理等网络营销活动。酒店电子商务还包括后台的电子采购业务，以及人力资源管理和财务核算等电子数据处理，同业之间的数据处理以及和渠道之间的数据业务。对于集团企业，酒店电子商务包括成员酒店之间业务数据的电子处理。

### （二）支撑技术

酒店电子商务是一种多技术的集合体，包括信息技术、网络技术、数据交换技术、新媒体技术等，尤其是基于移动网络的云技术和人工智能、AR/VR（增强现实/虚拟现实）等技术；还包括数据和网络的安全技术、身份识别技术以及自然语言识别与处理等技术。这些技术构成了酒店电子商务的云平台，包括基于服务的云平台、基于软件的云平台以及基于计算的云平台等。

### （三）系统类型

目前，在酒店业，有基于分销的电子商务系统，有酒店自己直销的电子商务系统。本书所讲的电子商务主要指酒店自己的直销及相关系统应用，不涉及分销型的电子商务系统。在系统分类中，酒店电子商务还有不完全电子商务系统和完全电子商务系统之分，它们的区别主要看业务流程环节是否完全电子化。

另外，在酒店电子商务中，还有一类系统类型适用于酒店采购物资，如南京金陵集团的采购网，这类电子商务并不销售酒店自己的产品，而是为了酒店服务产品所需要的物资采购所开展的电子商务，如客房用品、餐饮食品、各种饮料等。本书后面涉及的电子商务内容以销售酒店自己的服务产品为主，包括前厅电子商务、餐饮电子商务、客房电子商务、网络营销、电子支付等，不涉及酒店物资采购方面的电子商务。有需求的读者可以通过网络了解酒店采购型电子商务的相关内容。

## 二、酒店电子商务的优势

酒店开展电子商务既是技术发展的必然，又是消费者新时代新需求的迫切要求。在互联网应用技术普及的今天，无接触服务需求日益增加，传统的商务方式已无法满足现代酒店的经营，也无法满足现代消费者的服务需要，尤其是在移动服务、移动商务快速发展的今天。因此，酒店电子商务已成为酒店竞争的核心要素。同传统商务相比，酒店电子商务将具有如下几个方面的经营优势。

### （一）有利于个性化产品的销售

个性化产品是一种量少款多的服务产品，是互联网时代的特色服务产品。电子商务的最大优势，就是可以实现个性化服务和个性化营销。比如，通过电子商务，酒店可以为不同客人提供不同服务，每个房间的服务产品也可以不一样，以满足不同客户的个性化偏好。电子商务离不开网络，因此，它营销的受众面比较广泛，有比较宽的销售面，而酒店精细管理通过分析在线客户的偏好，有利于酒店个性化产品的设计与销售。比如，目前比较好的精品酒店、特色主题酒店、度假娱乐型酒店等在电子商务方面都有非常好的个性化产品销售业绩。

### （二）为客人提供更方便快捷的服务

目前酒店电子商务主要依托于移动互联网这个载体，迎合消费者智能手机移动化服务的需要，给客人带来快捷的移动服务和即时服务，如酒店的接待和结账，都可以在电子商务系统中实现移动化处理，更便捷的系统可在客房中为客户提供移动服务。另外，客人只要拿出手机，就可以实现在客房中需要的消费交易，酒店电子商务为客人获取服务提供了更快捷的通道。

### （三）有利于拓宽酒店的销售市场

基于移动互联网的酒店电子商务，其服务平台面向所有的消费者，没有地域边界的时空限制。也就是说，无论消费者在哪里，都可以通过移动互联网了解酒店的服务产品、预订酒店的服务产品，获取自己所需的服务。因此，一个酒店电子商务系统定位后可实现全天候、超时空运行，其销售市场可以面向全球，面向所有消费者，可以说电子商务拓展了酒店经营的销售市场。

### （四）有利于酒店品牌的创建和传播

基于互联网的电子商务在面向所有消费者时也需要树立自己的品牌，这个品牌是靠网络服务打造出来的。酒店通过在线服务吸引一批感兴趣的客户，通过培育自己的客户群，提供满足他们期望的酒店服务，既具有面对面服务的良好口碑，又具有在线服务更敏捷的网络口碑，这种线上、线下结合的过程就是培育和创建酒店品牌的过程。电子商务这种 24 小时提供的温馨在线服务有利于酒店品牌的形成，尤其通过事件营销产生的网络效应，可使酒店的网络口碑通过移动互联网得到快速传播，从而形成酒店忠诚的网络消费群体。

### （五）能更加完善酒店的采购管理

酒店经营中的物资采购也是酒店电子商务的重要内容。传统采购的各个环节都是由人工管理的，这给酒店采购带来了许多困惑。通过电子商务系统的电子采购，可使酒店采购的询价、定价、筛选、定购、送货、验货各环节都实现电子化处理，减少了人工干预，为酒店物资采购降低了成本，保证了物资采购的产品质量。比如酒店采购鱼类产品，可以通过电子商务系统确定商家，实现按需定时、定量快捷送货，既保证了鱼类产品的新鲜度，又降低了鱼类采购的成本。电子采购的关键是按需采购，所以酒店不需要准备很大的仓库。

从未来科技发展的角度看，酒店业借助电子商务可获得更低的经营成本优势，尤其是人力资源成本。例如，阿里巴巴的未来酒店，凡是业务事务性的处理都可用机器人和电子商务系统代替，包括收银、大堂服务、客房管理等，只需要将少量的服务员投入前台服务即可——他们主要的职责是面对客人开展微笑服务。海底捞火锅也是这样，2019年1月，海底捞公司宣布未来的火锅店要消灭服务员，所有的洗菜、洗碗、传菜都被机器人代替，也不设收银员，几乎所有的岗位都被电子商务的机器人服务员、电子支付、商务助理等人工智能代替，从而大幅度地减少经营中的岗位人员——电子商务将助力酒店大幅度降低经营中的人力资源成本。

### 三、酒店电子商务的主要特点

酒店电子商务是一种服务类的电子商务，消费者主要通过预约或预订获取服务，因此，有人说它是预约型的电子商务。跟其他商品企业的电子商务相比，酒店的交易过程不会产生很大的物流，多数酒店商务甚至并不产生物流。作为预约型的电子商务，有它自身的应用特点。本节中，我们就讲解酒店电子商务的一些基本特点和不完全性特点。

#### （一）酒店电子商务的基本特点

作为一个预约型的电子商务，酒店电子商务有自己的一些特点。了解这些特点，对酒店开展电子商务以及它的运营管理会有所帮助，因为酒店商务多数是预约型的服务，如订房、订餐等，存在很大的不确定性，酒店经营者需要通过完善的在线服务促成每一次商务交易，从而逐渐提高酒店电子商务的收益。酒店电子商务包括以下几个基本特点。

1. 服务性特点

酒店的电子商务涉及多种业态的业务，常规的业务包括客房、餐饮和娱乐等服务，每一种业务都是服务型的，在咨询、预订、消费、结账等不同环节有相应的服务要求，而且这些服务的质量会影响电子商务的持续性和酒店服务品牌效应。这就要求酒店电子商务的结构在设计上要满足诸多服务性的要求，如：数据接口能联结全社会的信息数据，便于吸收第三方的应用；交互上要简单、清晰，让不同层次的人都能进行业务操作；对客户服务方面要有延续性，前后交易的产生、结算、发展和服务环节都能达到可视化，并呈现出相应的促销服务策略。

2. 动态性特点

酒店服务产品资源是有限资源，而且这种资源的剩余量处于不断的动态变化中。从客户角度来说，消费者可以预订你的资源，也可以预订其他酒店的资源。这种不确定的动态性就要求酒店电子商务系统在每个环节都要有促销信息，以吸引客户确认订单操作，提高酒店的在线销售收益。互联网的商务信息在不断变更，商机不断地涌现，竞争也在不停地进行，正是这种动态性的特点，要求酒店电子商务在设计上必须具有灵活性，以满足在线销售的各种服务。

3. 社会性特点

酒店电子商务的网络环境建立在开放式互联网基础上，它的数据流转、数据安全具有许多社会性特点，酒店自己的系统往往并不能左右这些环境的安全。另外，酒店的电子支付问题也不是自己能左右的，它能做的只有选用哪一方的电子支付方式。其他不可控的社会问题还包括电子商务环境中的法律问题。也就是说，你在消费目的地开展电子商务，还需要考虑和满足当地的一些法律，使酒店的电子商务在任何地方都遵章守纪，不存在违反法律的问题。

4. 层次性特点

酒店电子商务在构建时至少应考虑这样三个层次，即基础层、操作层、应用层。基础层主要解决系统的数据结构、业务流程以及商务模式实现，这是酒店自己的核心内容，也是体现电子商务自身的竞争优势的内容。对这个层次，酒店必须自己参与系统的组织与开发，通过差异化形成自己的系统特色。操作层是系统针对不同的商务对象而设计的，有针对散客的商务操作，有针对企业客户的商务操作，也有针对OTA渠道的商务操作，而且每一种操作对象中还有针对重要客户（very important person，VIP）的商务操作。应用层是完全面对社会的一个层面，有面向社区的内容，有面向电子支付对接的内容，有面向政府管控的对接内容，也有面向法律问题的内容，以及面向互联网第三方的相关内容。对于大型集团型酒店或连锁酒店的电子商务，其层次性可能还要复杂。层次越细化，电子商务的效率也越高。

### （二）酒店电子商务的不完全性特点

电子商务有完全性电子商务和不完全性电子商务两大类型。酒店电子商务绝大多数属于不完全性类型，因为酒店产品的预订、支付等环节都存在不确定性，无法进行商务的确定性操作。比如有很多消费者预订酒店，都是到酒店以后才确定，支付也都是面对面居多，更有一些消费者预订了酒店也不一定来，这就导致酒店的电子商务系统无法设计成完全性的电子商务，这是酒店电子商务与具有物流的电子商务系统完全不同的地方，即无法标准化地设计每一个操作步骤。这就要求酒店的电子商务系统能在多个商务环节上展现出提示、引导和促销的信息，以帮助消费者进行每一步操作，使酒店电子商务逐渐走向完全性电子商务。

## 四、酒店电子商务的模式分类

酒店电子商务有酒店内部的电子商务和酒店外部的电子商务两大类。酒店内部的电子商务比较单一，其结算也比较简单；酒店外部的电子商务种类比较多，结算也非常复杂。通常，根据交易的对象分类，主要模式有酒店与企业的电子商务，也有酒店与消费者（散客）的电子商务，更有酒店与OTA渠道之间的电子商务，以及酒店与政府之间的电子商务。

### （一）酒店内部的电子商务

酒店内部的电子商务主要有业务的电子化管理，也包括部门之间的电子商务，以及集团内部成员酒店之间的电子商务。这些商务数据交换的对象是固定的，所以业务结算或核算就比较简单。通常，酒店内部的电子商务是外部的电子商务的基础，它通过内部网体现业务协同的敏捷性，体现业务的数据化，以便于酒店对外部市场的变化做出敏捷的反应。例如，酒店的销售业务结算、会议室安排、宴会厅安排、成员酒店之间的相互订房等都属于酒店内部的电子商务。

### （二）酒店与企业的电子商务

酒店与企业之间的电子商务也可分为两大类：一类是酒店与企业客户之间的电子商务

（H2E），这里的 H 是酒店，E 表示企业客户，它们之间的商务主要是客房预订。酒店有很多种类型的企业客户，可通过销售协议享受不同的价格，其商务交易通过系统约定操作。另一类是酒店与供应商或协作企业之间的电子商务（H2B）。这里的 B 表示所有的协作伙伴企业，有属于酒店物资采购业务的商务，酒店有多种类型的供应商，如设备供应商，以及房间用品、饮料、鱼肉类、蔬菜、蛋类等供应商，它们都通过电子商务系统实现电子化采购；有销售业务的合作伙伴，如代理服务商或旅行社，它们是酒店经营中很重要的一类电子商务。还可以细分出很多种专门的电子商务模式。

### （三）酒店与消费者之间的电子商务

酒店与消费者之间的电子商务是酒店很重要的一类电子商务，这里的消费者主要是指散客，目前有两种类型，一种是 H2C，另一种是 C2H，这里的 C 就是散客消费者。前者是酒店针对散客主动销售，主要适用于酒店的门户网站，以及移动 App 等环境，销售价格由酒店方确定；后者是散客针对酒店企业主动砍价，主要适用于社交平台、OTA 等平台，销售价格由消费者发布确定。酒店与消费者之间的电子商务目前是酒店在线直销的主要形式，也是酒店拓展市场、增加收益的主要商务形式。

### （四）酒店与 OTA 渠道间的电子商务

在酒店电子商务分类中，OTA 是酒店开展电子商务的重要合作伙伴。目前有许多酒店的电子商务直接依赖 OTA，也有许多酒店对 OTA 爱恨交加，可以说 OTA 在酒店电子商务发展历程中发挥了重要的作用。酒店与 OTA 之间的商务目前主要包括房间数、房间价格、佣金比例以及促销活动商务等，它们的商务都通过互联网实现。当然，酒店与 OTA 需要根据自己在线直销的能力，制订一个全盘考虑的销售计划和策略。一般来说，提升酒店在线直销能力，就可以取得与 OTA 议价的主动权。

### （五）酒店与政府之间的电子商务

政府有各种各样的物资采购，其中也包括客房采购，所以存在酒店与政府之间的电子商务（H2G）。与一般的客户不同，在这类电子商务对象中，政府一方面作为消费者，通过互联网发布自己的采购清单；另一方面可以对酒店业行使宏观调控、规范指导、监督管理的职能，使酒店的电子商务服务能更完善，有利于酒店电子商务的健康发展。在酒店电子商务中，政府还有一个重要作用，就是推动酒店电子商务的发展以及进行市场管理。

随着酒店电子商务的不断发展，还有一些细分的电子商务模式已在实践中得到应用，如酒店与在线供应商之间的电子商务、酒店与流量服务商之间的电子商务、酒店与自由行旅客之间的电子商务以及酒店与智慧技术服务商之间的电子商务等，有兴趣的读者可以通过网络了解这些商务模式的具体应用。

## 第三节　酒店电子商务的应用内容与系统类型

随着电子商务在酒店经营中的普及，酒店电子商务已从探索性的应用发展到战略性的应用,其应用内容在不断深化,并涉及酒店业务的方方面面,系统类型也经历了从碎片应用到软件的集成应用以及形成平台化趋势,并按照业务战略要求不断地整合和完善。本节从概念的角度,给读者介绍酒店电子商务的应用内容以及系统类型。

## 一、应用内容

酒店电子商务的应用包括多个方面,既有酒店客房销售业务和内部部门之间的电子商务,又有酒店与其他利益团体之间的商务内容,如电子采购等。酒店电子商务常见的应用包括客房销售、网络营销、电子采购、合作伙伴商务、网络咨询、客户维系和同业协作等,从广义上说,酒店电子商务的应用可以包括酒店的所有业务。然而,酒店的核心业务是客房销售,因此酒店电子商务的核心内容也就围绕客房的电子销售、网络营销以及客户关系等管理展开,这是酒店电子商务中最重要的核心内容,它们主要利用电子商务的优势提高酒店销售、营销、客户服务的效率和效益,为酒店增加收益。本节主要围绕这三方面介绍酒店电子商务的应用内容。

### (一)电子销售

电子销售就是指酒店每天把一部分房间放到网上去销售,包括 OTA 网络渠道和自己在线直销的网络,每天放多少需要根据市场情况调整,主要考虑酒店经营效益最大化以及协作单位(如旅行社)等因素。在分配时,酒店还需要考虑电子销售的成本,如支付中介电子渠道的佣金等,因此在中介电子渠道销售的分配上,根据季节等因素,数量也不能太高。下面根据不同的销售渠道,列出电子商务销售分配策略。

(1)自己门户网站的客房销售:数量可以越多越好。
(2)综合性门户网站的销售代理:适当投放一些。
(3)CRS(中央预订系统)的客房销售:根据终端的范围比例可以高一些。
(4)GDS(全球分销系统)的国际分售:根据自己的定位需要投放,但数量不能太高,因为佣金费用很高。
(5)OTA 旅游渠道的客房分销:作为合作伙伴,数量也应控制,不宜太高。

电子销售的好处是可以根据情况随时调整销售比例策略,每个酒店可根据自己的目标市场定位对销售比例进行调整。这几种电子销售方式各有优缺点:酒店对自有网站的客房销售控制权大,但由于流量的问题,其销售量可能不高;综合性门户网站的访问量大,但专业性不强;CRS 能有效吸引客源,但其专业化程度要求较高;GDS 的销售功能强大,但费用昂贵;OTA 旅游渠道的分销机会多,却不能突出酒店的个性化特色。因此,酒店要根据自身的实际发展情况,选择其中一种合适的电子销售方式或组合其中的几种方式,以达到最佳的销售效益。

### (二)网络营销

网络营销是酒店电子商务的核心内容,它是通过互联网、社交网络,并借助信息通信技术和人工智能技术实现营销目标的一种营销方式,其效率高、受众面广,很好地弥补了电话、电视广告等传统营销方式存在的区域限制、对人的依赖性大等不足。

现代移动互联网技术的迅猛发展、市场营销的全球化和竞争的电子化以及消费者需求的个性化促进了网络营销的快速发展。网络营销的最大特点就是以客户为中心,以客户的需求为基本出发点,通过网络,把酒店的服务产品立即展示给任何地方的消费者,能以最快的速度开展各种促销与宣传活动,并与客户进行双向沟通,使客户真正参与整个营销过程,真正实现个性化的一对一营销。电子商务中的网络营销具有快速、跨时空和低成本的优势,目前它已经成为酒店营销的重要手段。

网络营销与传统营销的目的都是宣传和销售酒店的产品与服务,加强酒店与顾客之间的沟通交流,分层次地为顾客提供服务。但作为一种新兴的营销方式,网络营销与传统营销在实施过程中有着很大的区别。网络营销需要考虑营销各阶段的在线衔接问题,并在线收集相关的客户信息。例如,通过网络实施交互式调查,收集和整理有用客户的信息;对网上消费者的行为进行分析,深入了解他们的需求特征、购买动机与行为模式;根据本酒店在市场上的不同定位,进一步制定相应的营销策略。酒店在开展网络营销时,重点是如何选择网络营销渠道或营销合作伙伴,如何制订网上的价格策略以及产品与服务策略,如何选择网络营销的方法以及组织和开展网络促销活动,如何对网络营销效果进行客观的评估。

## 实例:无锡壹笙酒店的互联网营销思路

无锡壹笙酒店(见图1-6)位于吴文化的发源地之一、中国宜居城市之一——无锡,是绿云i-Hotel的用户。酒店紧邻京杭大运河、南禅寺、南长街古文化风情艺术街等无锡著名旅游景区,是一家以徽派建筑为基础,融入江南古典园林与道家文化的江南文化主题酒店。壹笙作为无锡市唯一一家定位于新中式高端文化酒店,其本身附着了许多可供挖掘的IP价值点。

酒店借助i-Hotel平台开展电子商务,重视互联网的营销,重在基于自身的客户定位,通过互联网找到目标客户,吸引其到店体验,引导其通过各种社交软件进行分享,吸引更多的粉丝,带来更多的流量。酒店除了本身就是一个很好的"吸引物"外,产品设计、文化融合、IP嫁接、景色配套等,都是建立在体验、颜值、IP、社群的基础上的。壹笙的线上推广抓住了四点核心:第一,自我价值梳理与宣传点创造;第二,找到目标客户群并广而告之;第三,给予客户优质体验,引导分享;第四,忠诚会员沉淀,长期互动。

图1-6 壹笙酒店

在互联网营销实践中,壹笙通过造节日(樱花节、插花节、会员日)、造美景、造美食、造公区、造故事等手段,融合酒店本身的品牌文化和价值点,开展系列线上促销活动,如邀请社群平台小红书的KOL(关键意见领袖)到现场体验,借助KOL本身的流量吸引关注度,如图1-7所示。"壹笙"谐音"一生",搭配情人节或者七夕的节点,进行线上活动宣传,通过裂变式营销,引爆全城,吸引关注度。针对壹笙的目标客户群,在小众App、公众号进行商务合作宣传:微信朋友圈定投、微博合作推广、抖音短视频推广等。依托大平台的用户流量进行酒店价值点与活动的宣传。客户到店的体验是检验一切线上宣传的标准,因此在从预订到入住到离店的整个过程中,充分抓住每个与客户的接触点,如线下服务转线上(订房、订餐、开发票、床品购买、当地特产购买等)、预订礼遇、入住欢迎礼遇等,给予客户绝对的便利和优惠、绝对优质的服务。在书香茶室、广式点心、园林景观、游船服务、主题房间等每个环节都做到让客户主动积极地去社交平台分享。

图1-7 壹笙酒店小红书KOL推广

壹笙酒店充分发掘自身的产品优势、品牌价值点和配套优势,同时搭配线上营销活动、线上商城促销等,保持会员与酒店之间的黏性,使酒店电子商务的业绩获得大幅度提升,客房出租率同期比较提升了10个百分点,签约会员数量也得到大幅度提升。酒店的线上营销手段(小红书、微信、微博、抖音)和线下活动相配合,结合自身的会员体系,做到了很好的传播与流量转化,让"壹笙"这个品牌随着古运河的流水、南禅寺的钟声、飞驰的高铁传到祖国各地。

资料来源:由无锡壹笙酒店提供材料,作者整理。

目前高星级酒店在网络营销方面的发展已经较为成熟。相较而言,低星级酒店和无星级酒店在这方面还是比较薄弱的。不过目前已经有很多连锁经济型酒店,尤其是精品和品质连锁酒店,开始认识到网络营销的巨大作用,并大胆探索网络营销的组织和实施。

根据现阶段的网络环境,酒店企业通常选择以下几种系统平台组织和开展网络营销。

(1)在OTA渠道的平台上开展网络营销,如携程网、同程网等。

(2)在电子分销系统上开展网络营销,如GDS国际分销平台。

(3)在搜索引擎工具上开展网络营销,如百度搜索平台。

(4)在社交网络平台上开展网络营销,如微信社交平台。

(5)在小程序App上开展网络营销。

(6) 在社区服务平台上开展网络营销。

在 OTA 等分销渠道的网站和电子分销系统中，产品信息的展示就是一种营销方式，或者说通过网络广告的形式开展网络营销，在这里不做详细介绍。下面重点介绍后面几种网络营销方式，即搜索引擎网络营销、社交网络营销和小程序网络营销。

1. 搜索引擎网络营销

搜索引擎营销具有高效率和高收益的特点，近年来发展迅速，故成为酒店开展网络营销的首选。大多数网络用户会通过搜索引擎寻找自己需要的酒店产品或者服务，利用搜索引擎进行信息检索已经成为仅次于社交网络的第二大常用的网络功能。因此，如果酒店想让客户从网上了解有关信息，一个很有效的方法就是让客户从搜索引擎上搜索到自己。如今，酒店的管理者已经充分认识到这一点并采取了相应的措施，尤其是规模较大的星级酒店。它们通常会向搜索引擎服务商购买关键字，然后制作一个针对客户需求的落地页面，让客户通过点击可以直接看到自己需要的信息。这种方法价格不高，且能在很大程度上扩大酒店的品牌知名度，因此是酒店开展网络营销的十分有效的途径。

需要注意的是，酒店向搜索引擎服务商购买关键字的第一次时间不能很长，要根据使用效果不断调整关键字选择，直至稳定。其实网络用户在使用关键字搜索产品时也是在不断调整关键字的，酒店需要根据用户的变化不断调整关键字。

2. 社交网络营销

社交平台的发展为企业营销提供了巨大的舞台。由于社交网络的普及，以及其可移动性和受众面广等特点，社交网络营销正在成为酒店营销的主要营销方式，如微信营销、微博营销、视频营销、人本营销、Facebook 营销等都基于社交网络，吸引了广大消费者参与。酒店可以建立自己的微信服务公众号、视频号等，实现对消费者的个性化服务、关怀服务、定制服务等，也可以利用服务公众号开展预订服务和关怀服务。除了服务公众号，酒店也可以在社交网络平台上投放网络广告，开展地毯式营销，从而关注消费者的点击情况和受关注情况，以挖掘潜在的市场需求，便于更精准地投放网络广告。

3. 小程序网络营销

很多小程序不需要下载就可以直接在智能手机上应用，因此受到了商家和消费者的青睐。它的出现，给酒店的电子商务和网络营销带来了新的生机。微信小程序应用的重要意义在于，让线上、线下的商务场景更好地融合，以激活全渠道用户。如今，单一场景已经无法完全满足消费者的需求了，用户在哪里就应该把销售放在哪里。酒店营销应该和用户的兴趣保持一致，如将游戏化场景、沟通环境、商务操作环境相融合，小程序已成为最有效的工具。未来的酒店商务模式将打破场景的边界，客户在娱乐中交易，酒店在服务中营销。目前，微信小程序已经被大量的酒店认可，给酒店带来了巨额收益，如产品展示小程序、订房小程序、娱乐小程序、点餐小程序等，每类小程序的应用都有非常好的营销效果。现在各行各业都开始运用小程序了，尤其是服务性行业。比如，微信小程序拥有九亿多的活动用户，它将给商家（酒店）带来更多的客源。

（三）客户关系管理

电子商务系统能获得如此快速的发展，其中一个原因就是具有强大的客户维系功能。商家最头痛的就是客户管理，而这类管理目前主要靠人，尤其在酒店业里，有时由于员工流失，客户也跟着流失。而电子商务中的客户关系管理（customer relationship management，CRM）就可以代替人进行客户管理和维系，它是通过集成软件实现的。它经历了"接触管理""呼叫中心""社交服务"等客户管理过程，形成了现在的客户关系管理软件系统，并具有互动、销售、营销、分析等多种在线功能。酒店为什么要利用该软件系统来开展营销？因为该系统管理的都是有价值的客户——酒店经营中最重要的常客户，对他们开展有目的的关系营销、人本营销，能达到非常好的营销效果，有利于酒店的收益持续增长。

CRM 的概念是由一家研究现代商业发展趋势和技术的专业咨询顾问公司 Gartner Group 提出的，目前它已成为衡量一个酒店是否有能力提供信息化服务的重要指标。CRM 是建立在信息技术平台上，综合处理、分析并影响客户消费行为的管理技术。它具有以下特征：① 确定客户满意度；② 对客户构成进行分析；③ 深度分析利润构成；④ 进行连续分析；⑤ 巩固与现有客户的忠诚度。

具体来说，要实现酒店的客户关系管理，第一步也是最重要的一步，就是要求酒店员工平常时时留意，并记录下客户的特殊喜好与要求。通过数据库的记录，保存有关客户的各方面数据，包括其用餐习惯、个人喜好、消费记录等信息。系统可以实时挖掘每位客户的潜在需求，确定其对服务的满意度。系统还可以根据不同的客源地、行业、年龄、消费额度等细分客户，对顾客特征、购买行为和消费活动进行分析，从而提供一对一的个性化服务。从酒店管理的角度来看，CRM 能识别最有价值的客户，重点关注并集中精力服务他们，维系与他们的良好关系，以进一步提高酒店的收益，为酒店挖掘持续增长的潜力。

1. 关于 CRM 的一些基本概念

可以从下面三个层面理解 CRM 的基本概念和应用。

1）酒店客户关系管理是一种管理理念

在经营管理中，酒店应该把客户看成最重要的资产，形成以客户为中心的经营理念，通过对客户的关系服务挖掘客户价值。

客户关怀是 CRM 的中心，其主要目的就是加强与客户的联系，提高客户满意度，维系客户关系。客户关系管理的成功实施不但需要领导者高度重视，将其纳入酒店的发展战略规划中，还需要酒店全体员工积极投入，在经营的观念和行动上都以客户为中心，在整个酒店中形成一种高度聚焦于客户满意度的组织氛围。通过 CRM 系统，酒店与客户之间可以实现快速、精确、可靠的交流；针对顾客的偏好与习惯，酒店可以为顾客提供个性化和人性化的商品和服务，从而最大程度地维持高价值的客户群体，同时开发潜在的、有价值的新客户。

2）酒店客户关系管理是一种管理机制

这种机制要求酒店利用系统针对客户展开相关的营销、销售、服务、技术支持和新产品开发，完善与客户的互动机制、服务机制、快速响应机制。这种机制并不需要依赖酒店管理层的任何一个人，以此提高客户对酒店服务的满意度和忠诚度，最终实现酒店的自动营销和利润的持续增长。

客户关系管理系统不仅能够针对不同顾客的偶然的、个别的和特殊的需求，提供个性化服务，提高客户的满意度，而且能够对客户的满意度进行深度分析，探寻客户流失的原因并动态制定与目标市场相符合的产品、销售和服务的营销战略。通过 CRM 应用，酒店还可以对业务流程进行自动化改造以及细分客户市场，从而使营销活动更有针对性，提高营销的工作效率，降低成本。

3）酒店客户关系管理是一种管理软件和技术

首先它是一种集成软件，围绕对客户关系的维系和管理展开，提升对客户的服务质量。因此，在设计软件时必须考虑它对客户的实时性操作和分析操作，如自动销售、自动营销等操作，同时要考虑软件之间的协作，实现电子商务数据流转的无缝链接要求。

2. 关于 CRM 的概念结构

客户关系管理系统的基本核心技术是信息通信技术、数据库技术和数据仓库。一个功能完整的客户关系管理系统还具有联机分析处理、报表工具和数据挖掘等技术。客户关系管理系统的具体功能主要包括过程管理、客户状态管理、客户满意度管理和客户成本管理等几个方面。其主要目的就是使酒店能够更有效率和更有效果地展开客户关系管理，在最大程度上实现客户价值，使客户关系管理真正成为酒店获得并保持其持续竞争优势的关键途径。由于不同的酒店企业面对不同的客户，通常必须由专业的 CRM 软件开发商，根据酒店的定位、经营理念、客户市场特征等因素，为酒店量身定制 CRM。全球著名的 CRM 供应商有 Oracle、Siebel、Applix、Pivotal 等。中国比较有名的开发商有 TurboCRM 信息科技有限公司、用友软件股份有限公司、上海普思、杭州绿云等。

从概念上看，酒店 CRM 系统的主要功能包括业务操作、业务分析及需求挖掘以及业务互动与协作等，其概念结构如图 1-8 所示。

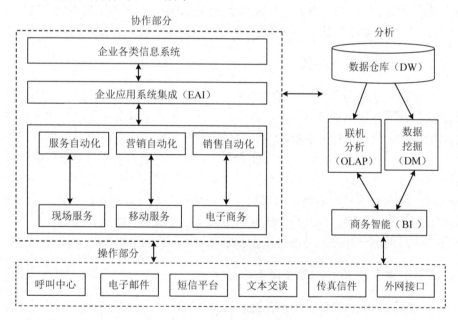

图 1-8　酒店 CRM 的概念结构

目前 CRM 最新的发展趋势是与互联网相融合，充分发挥两者结合的优势。酒店尤其是有一定规模的大型酒店或酒店集团，可以建立基于 Web 的客户关系管理系统，这对酒店形成服务品牌具有很强的影响力，能帮助酒店吸引更多的大客户和忠诚客户。

## 二、系统类型

自从酒店电子商务出现以来，由于酒店自身经营的情况不同和需要，有些酒店应用偏重于营销,有些酒店应用偏重于销售预订,在没有形成整合型平台以前,都是一些碎片化的系统应用。随着互联网技术的不断完善,尤其是移动互联网下的移动商务应用的普及,酒店电子商务的应用出现了多种系统类型的形式,如基于网站型的、基于社交服务型的等。有些电子商务并没有构成系统,仅是一种互联网的应用,在管理上也没有系统性的方法,属于碎片化的电子商务应用。近几年来,尤其移动互联网新技术的发展和应用,以及云端服务技术的进步,各种新型云系统层出不穷,常见的系统类型有网站型的电子商务、公众号的电子商务应用、小程序(App)的电子商务应用以及基于云物业管理系统(property management system, PMS)的电子商务应用等。

### (一)网站型的电子商务

网站型的电子商务是指酒店通过自己的门户网站开展的电子商务,这是目前大多数酒店开展的一种方式。但电子商务业绩好的并不多,主要原因是缺乏网站流量,引流技术不足。另外业绩不好的原因还有两个方面:一个是在线服务不足,酒店没有足够的重视和经验开展线上服务;另一个是没有形成完整的服务系统,好多酒店的网站没有完善的后台与 PMS 对接,使得商务流程断裂,数据无法在各环节流转,不能有效地提供服务。目前酒店为了迎合智能手机的应用,都开发了手机网站,通过手机的应用开展电子商务,方便消费者的服务获取,这虽然提高了一定的绩效,但离整个酒店的销售业绩指标还有距离。未来网站型电子商务的发展,主要从数据流转的自动处理方面入手,即通过形成完整的电子商务系统实现商务的高效电子化处理。

### (二)公众号的电子商务

公众号的电子商务是指利用微信的社交平台,通过消费者的关注开展酒店的电子商务。酒店利用公众号开展电子商务的业绩普遍好于网站型电子商务。其应用的主要缺点就是需要消费者的关注,而目前智能手机的存储容量限制使得消费者关注公众号的热情大减,影响了其推广的范围。从目前公众号的应用面来看,公众号应用的主要目的是招揽散客,由此销售业绩出现瓶颈,无法提升。目前从大多数酒店的应用情况分析,公众号基本都在关系客户上开展应用。将关系客户作为酒店的忠诚客户,利用公众号开展定向的网络营销和销售业务,有比较好的效果。因此,作为酒店如何利用公众号开展客户维系、开展一对一的服务,以及实现这些客户的电子商务,是值得探索和研究的应用内容。

### (三)小程序或 App 的电子商务

App 的应用目前已经过了应用热潮,因为它的开发、审核、发布、应用都是很麻烦的事。尤其在消费者应用方面,由于安装 App 需要消耗智能手机很大的内存空间,消费者一般不愿意装 App 以获取酒店的服务,这给利用 App 开展酒店电子商务带来了困扰。自从社交网络里出现了小程序概念以后,应用出现了转机。这里讲的小程序,也属于另一种 App 的形式,有的也叫应用号。其是在应用结构上进行了很大改进的小程序,其最大特点就是软件不占消费者手机的存储空间,也不需要安装,克服了以前 App 存在的不足,给旅游服务业开展网络营销和电子商务带来了机会。随着小程序应用的不断改进,在酒店业开展电子商务具有很大的发展空间,不但可以应用于关系客户,也给酒店潜在客户带来很大的吸引力,可以预见,酒店采用小程序开展电子商务将有很大的市场空间。对消费者来说,小程序获取、使用也方便,是未来酒店电子商务的主要系统类型。

### (四) 基于云 PMS 的电子商务

PMS 是酒店不可缺少的基本系统。随着移动互联技术的进步，酒店 PMS 逐渐成为酒店的一个开放型系统，是目前酒店名副其实的电子商务系统。当然，目前对大多数酒店来说，PMS 仅处理酒店的内部商务，很少有酒店提出在线服务的商务要求。随着云技术和物联网在酒店的应用，基于云技术的 PMS 不断涌现，这种云 PMS 系统逐步走向 C 端（consumer，消费者、个人用户端）化，不但能处理酒店的内部商务，还能处理互联网的业务，通过互联网接受在线消费者的预订、结算等交易业务。对于酒店来说，使用云 PMS 不但降低了 PMS 的使用成本，还能为酒店带来一定的客户，这些客户的多少取决于酒店提供在线服务的质量。因此，新一代的云 PMS 为酒店提供了一系列的云接待、云商务、云结算、云关怀等在线服务，这是未来酒店 PMS 和电子商务系统相结合的新型电子商务系统。

以上介绍的电子商务类型都是酒店自身开展的系统类型，这是酒店企业在互联网时代必须具备的商务系统，它们开展的目的都是提高自己的在线直销份额。除此之外，在酒店业还有许多第三方系统类型，如 OTA 的电子商务类型、分销型的如 GDS 的电子商务类型，还有许多地方性的门户网站的电子商务类型，它们也为酒店提供咨询、预订等在线服务。相信随着技术的不断进步，如区块链技术、大数据技术以及元宇宙概念等的应用，还会有更多电子商务系统类型出现。酒店利用这些第三方的电子商务系统，可降低自己的产品库存，扩大在互联网环境下的营销影响，增加酒店的收益。

## 第四节 我国酒店电子商务的发展与展望

我国酒店业开展电子商务起步较晚，始于 20 世纪 90 年代，当时少数旅游酒店用 GDS 分销渠道开始了电子商务探索，主要目的是满足国际客人到中国旅游和开展商务的实际需求。后来由于互联网的出现，电子商务才开始在我国酒店业普遍获得开展。其快速发展是在 2010 年后，随着移动互联网的兴起及应用，酒店开始把电子商务作为改进管理与服务的主要手段，积极加大电子商务软件的投入，并成为酒店创造竞争优势的核心标志。抖音、直播等小视频营销在酒店已非常普遍。可以说，目前我国酒店业的电子商务应用与发达国家相比，已经相差无几，目前的酒店电子商务应用已经不是技术问题，而是经营者的理念和开展策略问题。

### 一、酒店电子商务发展的几个阶段

酒店电子商务随着技术的进步而不断发展，这个技术主要围绕网络技术的进步不断影响着酒店电子商务的应用。因此，酒店电子商务发展基本围绕着 EDI 的应用、互联网的应用、移动互联网的普及而形成了三个阶段：EDI 阶段、互联网应用阶段以及移动互联网应用阶段。

### (一) EDI 阶段

20 世纪 80 年代末，基于 EDI 的 GDS 电子分销开始在高星级酒店应用，主要是借助国际电子分销渠道 GDS 开展酒店的订房商务操作，这是初期的酒店电子商务应用。应用 GDS 使酒店实现了酒店预订的"无纸贸易"，用电子数据开展与分销渠道、航空公司等的商务合作。这个时候的 EDI 电子商务功能还比较单一，业务数据传输速度也很慢，对系统的技术、设备、人员都有较高的要求，并且使用价格非常高，无法在普通酒店开展应用，仅是酒店电子商务的探索性应用，大多数中小型酒店难以应用 EDI 开展电子商务。但这个阶段计算机的应用已经在酒店业展开，前台服务已开始有 PMS 系统的应用，以处理接待的分房和排房业务。

### （二）互联网应用发展阶段

20 世纪 90 年代末，随着互联网进入中国，酒店电子商务开始在互联网开展订房应用，以携程旅行网为代表的 OTS（在线旅游服务提供商）首先发展起来，为酒店开展电子商务在线服务。进入 21 世纪，单体酒店也开始以网站形式开展电子商务应用，尤其是高档商务酒店，开始在互联网上开展网络营销，然后在互联网上开展在线直销，以各种不同的形式开展电子商务。基于互联网的电子商务受到大多数高端酒店的青睐，它比基于 EDI 的电子商务具有明显的优势：一是费用低廉；二是受众范围广；三是可以直接面对散客。这个阶段的酒店经营，已经开始意识到电子商务的作用，但由于酒店经营还没有感觉到特别困难，政府消费还比较流行，尤其是商务酒店收益没有走下坡路，所以对电子商务的应用还没有那么紧迫，电子商务主要以营销为主，客户的关怀和在线直销没有真正地开展起来，但大多数经济型酒店连锁已经开始用电子商务参与市场竞争，如 7 天连锁酒店，因此，这十年的经济型酒店得到了市场认可，开始迅猛发展。

### （三）移动互联网应用发展阶段

进入 2010 年，随着智能手机的普及，移动互联网在酒店业获得了快速发展，利用移动互联网全面开展电子商务的应用。2013 年后，酒店的 PC 网站纷纷转向手机网站，利用智能手机的终端开展无处不在的移动电子商务。在移动互联网环境下，酒店开展电子商务的形式也开始多样化：有公众服务号形式的，也有小程序形式的，各种应用的 App 层出不穷。可以说这个阶段的电子商务已经成为酒店创造竞争优势的主要手段，电子商务的在线直销已经成为酒店经营的常态。这个阶段酒店经营已经非常困难，尤其是高档商务酒店，政府消费基本消失，高档酒店遍地开花，经营的竞争压力非常大。而这个阶段的度假酒店和精品酒店发展迅速，它们利用移动互联网开展移动电子商务，用小程序关怀客户、服务客户，获得了成功。可以说移动电子商务助推度假酒店的发展，尤其是基于移动互联网的社交平台，为酒店开展关怀营销、精准营销提供了便利。电子商务的实践表明，未来的社交平台将是酒店移动电子商务的主战场，也是酒店业未来电子商务发展的主要方向。

随着"元宇宙"概念的出现，以及大数据、云服务技术的深入应用，酒店电子商务将会进入一个新的发展阶段，尤其是区块链技术的应用，基于大数据的区块链技术将进一步推动酒店电子商务的发展，它的支付技术、客户服务、数据安全将是一个全新的业态阶段。

## 二、酒店电子商务发展展望

随着技术的进步，酒店电子商务的发展将更加便捷和智能化。下一阶段酒店电子商务向哪里发展，是值得探讨和展望的事情，它将对未来酒店业的发展产生深远的影响。可以肯定的是，酒店电子商务发展的每一个阶段都是和技术进步相关联的，也和消费者的实际需求相关联。我们先展望一下未来新技术的发展：大数据、区块链技术、人工智能以及元宇宙将会是未来技术发展的主要方向，更新的技术的应用现在还很难预测。因此，未来酒店电子商务的发展将会进入基于大数据的区块链电子商务发展阶段，但目前在这方面还没有具体的应用，因此我们在这里只能以展望的形式探讨酒店电子商务的发展。

### （一）大数据在酒店电子商务中的应用

大数据（big data）是指无法在一定时间范围内用常规软件工具进行捕捉、管理和处理的数据集合，是需要新处理模式才能具有更强的决策力、洞察力和流程优化能力的海量、高增长率和多样化形式的数据资产。目前，大数据技术包括数据并行处理技术、数据采集和存储技术、数据分析和挖掘技术、预测模型分析技术、数据可视化技术、云计算平台技术、可扩展的存储技术等。

酒店在开展电子商务的过程中，会涉及商务过程中的价格问题、消费客人的偏好习惯问题、客户对酒店的忠诚度问题、未来某个时期的客源预测问题以及消费客源下降原因等问题。所有这些都需要酒店大数据的分析，才能精准开展有效的电子商务。目前大数据分析已经在酒店有开始应用的迹象，如智慧营销、客户挖掘等都已开始大数据的应用，但还没有形成大数据的分析体系，因此目前的应用还是零碎的，因为要形成大数据的应用，需要一个全面的大数据应用平台，每个酒店的电子商务系统都可以在大平台上获取数据或交换数据，形成强有力的数据支持系统。就目前酒店业的发展来看，酒店集团和酒店连锁有比较好的大数据应用，它们的电子商务可以平台化，给所有成员酒店使用；OTA 平台也有比较好的大数据基础，可以为单体酒店提供分析服务；PMS 技术服务商也有自己的大数据，同样可以为自己的用户酒店提供电子商务的大数据分析服务。

### （二）区块链技术在酒店电子商务中的应用

区块链是一种通过共识机制、密码技术和分布式数据存储技术，形成多方共享的、不可篡改的、附带时间戳的信息链和交易链，这里的共识机制是区块链系统中实现在不同节点之间建立信任、获取权益的一种数学算法。

未来的酒店电子商务会面临数字货币的支付问题、独立旅行的身份标识商务问题、要求商务信息的高度透明问题，同时也面临着商务信息在网络传输中被篡改的问题、商务信息必须可在线溯源防伪的问题、酒店大数据如何布局以及去中心化的问题，所有这些问题的全面解决需要区块链技术的应用和支持。自从 2009 年出现区块链技术以来，当时是为了支撑数字货币流通而开发的基础技术，现在开始成为移动电子商务技术支持追求的热点。近几年，旅游业也开始关注区块链技术的应用，尤其在酒店业，电子商务的数据资源管理、移动支付中的数字货币选择、客户忠诚度计划的实施以及智慧酒店技术架构的构建等，都需要区块链技术的支持。未来酒店电子商务通过区块链技术的应用，客户与酒店的商务操作将更加便捷，信息将更透明，酒店上下游的供应链关系将更加畅通，电子商务的诚信体系将会更加完整。

### （三）人工智能在酒店电子商务中的应用

人工智能（artificial intelligence，AI）是研究、开发用于模拟、延伸和扩展人类智能的理论、方法、技术及应用系统的一门新型技术科学，它属于计算机科学的一个分支，研究和探索智能的实质,并产生一种新的能以与人类智能相似的方式做出反应的智能机器或智能系统。

人工智能在酒店业早有应用,如机器人服务,就是酒店人工智能的应用实例。现在要把人工智能用于酒店的电子商务,提高电子商务自动化处理的水平,是目前酒店在电子商务中所追求的核心技术,如酒店在电子商务过程中的客户识别、商务助理、智能运算、在线客服、智慧营销等,都需要人工智能的技术支持。人工智能可使商务系统在精确思维能力上超过人,然后在模糊思维能力上超过人,形成个性化处理商务的具有创造力的自动化系统。这种能力是系统通过学习慢慢形成的,因此,这种人工智能的商务系统在创造力上会远远超过人类,最终系统的智力水平也会远远超过人类。因此,人工智能用于酒店电子商务系统后,可以实现客服的完全智能化,客户管理的完全智能化,商品及价格管理的完全智能化,以及酒店上下游供应链管理的完全智能化。人工智能使酒店的智慧商务产生无限可能,未来将拓展酒店线上、线下商务"融合"的概念范畴。

在人工智能中,元宇宙概念将影响酒店电子商务的应用:元宇宙(metaverse)作为一个科幻概念被世界热炒,成为当前科技、经济发展的热门话题,已成为下一代互联网的发展方向。元宇宙是一个并行于现实世界的虚拟世界,它可以把被数字化后的现实世界的所有事物复制到这个虚拟空间,然后进行交互、交流、游戏、开展业务和实现其他商务活动。因此,元宇宙是并行于现实世界的另一个虚拟世界,它通过定义的标准接口,利用最新的数字孪生等技术体系,实现虚拟世界和现实世界之间的连接、信息交换和互动。

距离元宇宙最近、与元宇宙最相关的概念,必然是虚拟现实、增强现实以及混合现实,这些技术的应用在酒店业早已开始,如"虚拟现实+社交""虚拟现实+游戏"以及"虚拟现实+购物"等。未来酒店业也必然通过数字化把酒店经营搬到元宇宙空间,全面开展虚拟世界的数字营销,进入与大众生活密切相关的游戏娱乐领域,开展游戏化的电子商务和娱乐化的营销。因此,元宇宙不但改变了人们的交往,也会改变酒店与消费者的服务方式以及交易方式。酒店在未来经营中会产生元宇宙中销售客服的虚拟服务员,它和现实世界酒店的真实服务员能实时相互连接、相互影响,协同完成酒店的销售服务工作。未来,受元宇宙社会系统发展的影响,酒店的交易系统、电子商务系统的应用架构将会发生颠覆性变化,尤其是数据接口,将会迎来一场现实世界与数字世界的接口革命。

新技术在不断涌现,酒店电子商务系统也会不断完善,新技术的应用将不断推进电子商务发展,未来酒店电子商务会发展到哪个阶段现在还难以预料。但有一点是肯定的,酒店电子商务是一种服务,而且是一种预约式的服务,不存在或很少涉及商务中的物流,服务永远是酒店商务中第一位的。所有技术的应用都是为了改进服务,使服务的提供与享受越来越便捷。因此,服务以及服务的个性化和场景很重要。未来酒店电子商务技术的应用还会使用增强现实(VR)的新技术,通过 VR 的应用,构建酒店电子商务的应用场景,以吸引消费者的订约和购买。这个场景也许是游戏化的,也许是情景化的,它可以激发消费者的兴趣和好奇心,以满足现代消费者在电子商务系统中交易操作的实际需要。

## 本章案例:酒店数字化儿童娱乐区解决方案

杭州新爵科技是一家创立于新加坡的高新技术企业,公司致力于为 2~6 岁儿童提供数字化的寓教于乐产品，2017年产品投放酒店亲子场所以来，得到了客户的高度认可。公司围绕"智"造快乐的经营理念，运用新兴的科技，结合先进的教育理念，设计、开发适合儿童的互动型数字化电子智乐产品，用"智"造快乐陪伴他们健康、快乐地成长。内容方面已经与多个国际知名IP（海底小纵队、超级飞侠、小猪佩奇、萌宝奇兵等）达成合作，如图1-9所示。目前，公司不断开发基于互联网的新型智乐互动产品，持续为广大儿童及亲子场所提供优质的数字化互动内容。

图1-9  公司的合作用户

**一、智乐游酒店应用场景**

酒店的基本服务就是住宿、餐饮、娱乐、休闲，而专门为儿童设置的数字化娱乐区并不多。现在，大多数酒店都规划有儿童娱乐区、酒店自助餐饮区、酒店儿童托管空间、亲子场所、亲子房等，但真正能吸引儿童智乐游的服务场景并不多。其实这些区域都可以给儿童规划一个好玩的智乐游产品娱乐区，面积只需在两百平方米左右。智乐游娱乐区包括魔法投球、梦幻滑梯、神笔蛋宝、奇幻地带、身高量量乐，如图1-10所示。从已有的酒店应用情况来看，智乐产品投放酒店娱乐场所以后，已受到儿童和广大家长的喜爱。

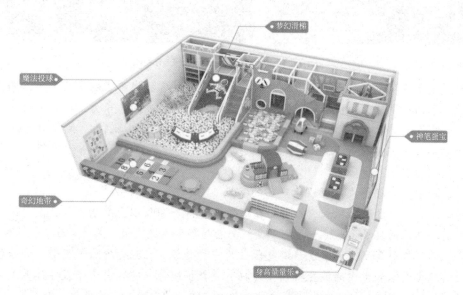

图1-10  智乐游酒店应用场景示意图

酒店设置儿童智乐游产品，可以给带有儿童的住客提供一个让孩子快乐玩耍的场所，而且其最大的特点是可以开发儿童智力，得到在家里体验不到的智力开发，并且带有很好的趣味性。在互联网的新时代，"智"造快乐也是许多新零售所需要的亲子场景。智乐产品的设计是依据当前的AR技术、机器视觉、自然人机交互技术以及移动互联网技术，为儿童活动场所，如儿童乐园、亲子场所、幼教机构等"智"造快乐场景，从而达到开发儿童智力、丰富儿童体验的目的。本产品引入酒店的娱乐场所或亲子场所，既为酒店提供了儿童类的智乐游产品，丰富了酒店的娱乐体验内容，也发挥了增加酒店营收的作用。例如，神笔蛋宝，充分将娱乐与教育相结合，提供多感官亲子互动，既培养了孩子的艺术创造力，又充分释放了孩子的创作天性，如通过AR技术实时生成有趣的动画场景，小朋友们特别喜欢。图1-11为智乐游产品的部分应用场景。

图1-11 智乐游产品的部分应用场景

酒店数字化儿童娱乐区解决方案能为亲子型酒店住客提供丰富的亲子娱乐空间，为入住酒店的孩子们提供健康的娱乐场地，全面提升酒店亲子服务的竞争力，也为父母与孩子提供安全、双赢的休闲方式，家长可放松身心与孩子共度美好假期。因此，便捷舒适愉快的住宿环境、数字化的儿童娱乐区既能为住客的整个旅行过程添彩，也能给住客留下服务良好的印象。

## 二、用电子商务解决儿童娱乐产品的痛点

随着中国居民的收入增长，旅游业在近年来保持着30%以上的增长率，大量的市场需求也推动着酒店业的发展，特别是近几年度假型酒店得到飞速发展。在旅游旺季，一些酒店"一床难求"的现象时有发生。亲子旅游更已成为一种趋势，在旅行中除了交通，酒店住宿和孩子玩耍的环境是家长考虑的最主要因素。据有关数据统计，是否有亲子服务体系是亲子旅游选择酒店的一个重要指标。现代消费主体已经从"60后""70后"转变为"80后""90后"，

"80后""90后"是新生代父母,他们是参与电子商务经济生活的一代,同时经济稳定、生活品质要求高。很多家长选择旅游度假酒店都会看该酒店是否有配套的亲子设施场所,如儿童乐园、托管空间等,同时他们也会关注配套的儿童乐园的设备是否先进、便捷、健康、安全等。

但是大多数酒店的儿童娱乐产品持续性不长,而且维护成本高,对儿童的重复吸引力不强。用于酒店的新爵智乐游产品方案的主要特色就是解决了传统儿童配套设施可玩性弱、黏性差、收益低、更新成本高等痛点,同时增加了基于互联网的电子商务功能。

传统儿童游乐设施可玩性弱、黏性差、收益低、更新成本高,而新爵科技酒店数字化儿童娱乐区解决方案以"多媒体互动体验"为核心,将先进的多媒体互动产品搭配传统的游乐设施,如海洋池、滑梯等,将几款人气爆棚的产品组合在一起,形成一个小型室内儿童快乐娱乐区,同时增加绘本区,在积木区增加亲子互动装置,结合移动互联网将互动产品线上联网,支持数据收集、在线更新、在线支付、线上活动营销等,消费者利用便捷的移动支付就可以实现娱乐支付,并获取相关的智乐游产品营销信息和服务信息,也可以和酒店前台POS(point of sale,销售终端)实现一次性结账。方案中各互动产品均有较多款主题内容(选择了国内知名的IP合作),如图1-12所示。以IP形象打造小朋友喜欢的互动主题,结合对应IP装饰和IP游乐设备打造主题乐园,不但能增加酒店的溢价,也能极大地增强儿童娱乐区的吸引力与差异度。

图1-12 授权IP个例

例如,解决方案中的益智数字化互动产品——神笔蛋宝。其支持微信支付,更加便捷,减少人员管理,同时所有支付数据和小朋友的涂鸦数据都能上传到平台,有助于通过数据分析用户行为。神笔蛋宝拥有二十多个主题,支持线上主题更新,减少运营更新成本。小朋友的涂鸦作品可以通过扫描存图,在神笔蛋宝公众号电子商务平台上将涂鸦作品定制成玩偶。涂鸦结束后小朋友可以获得卡牌,通过扫描在蛋宝益智卡小程序进行卡牌收集,卡牌分成1~5星共5个等级,获得1颗星卡牌积1分,获得2颗星卡牌积2分……以此类推,不同积分在酒店兑换相应的奖品,奖品可以设置为酒店优惠券、酒店特色产品、形象玩偶等。

**三、适合酒店类型及运营策略**

新爵酒店数字化儿童娱乐区解决方案主要运用于中高档度假型酒店、主题亲子型酒店等,也适合目的地型高端度假型酒店(例如海南岛三亚的度假型酒店、吉林松花湖滑雪度假区度假型酒店等)。

目的地型高端度假酒店会在假期接待大量家庭客群，因此，儿童娱乐区的承载力和体验性是需要考虑的首要因素。新爵数字化儿童娱乐区可以提供中大型方案。酒店选择中大型方案不但可以增加儿童娱乐的舒适性，还可以增加智乐游产品的配置。在运营策略上，建议采用免费模式，以增加酒店附加服务，丰富体验，提升酒店整体品质，增进入住好感度和口碑。另外，对于城市近郊中端型度假酒店（如图1-13中所示杭州开元森泊度假酒店、良渚君澜度假酒店），在周末或者小长假接待的家庭客群比较集中，客群具有一定的重复性，儿童娱乐区的体验性与黏性是需要考虑的因素。新爵数字化儿童娱乐区可以提供中型方案，配置趣味性强的智乐游产品，建议采用免费模式提升酒店整体服务水平，结合互动产品进行线上互动活动，获得积分兑换酒店服务优惠券或者奖品，形成后期延伸营销，促进未来重复消费。

图1-13　合作案例展示：杭州开元森泊度假酒店

城市中心型高端商旅酒店（如杭州黄龙饭店），会在平时接待一些家庭客群，尤其是其自助餐厅在周末有不少家庭来用餐，儿童娱乐区的便捷性是需要考虑的因素。新爵数字化儿童娱乐区可以提供小型方案，可以配置于自助餐厅区域边上。在运营策略上，可以采用部分设施免费开放+自助消费模式，结合多媒体的淘气堡设备免费，部分高端互动类体验设备扫码自助消费，在增加酒店服务水平的同时创造收益，使经营服务多元化。自助模式以扫描支付为主，减少人员管理，同时通过支付获得积分，积分可兑换IP奖品，等等。

对于主题亲子酒店的儿童乐园区和亲子房，可以结合IP，打造小朋友喜欢的IP主题酒店，以IP装饰空间+IP互动主题，通过IP提升小朋友的好感，增加酒店的吸引力和溢价。乐园采用免费模式，提升酒店主题概念和整体服务的水平，结合互动产品进行线上互动活动，获得积分可兑换IP衍生奖品，形成后期延伸在线营销，真正为酒店的娱乐服务增加电子商务内容。

资料来源：本案例由作者根据新爵科技有限公司官网信息整理。

**案例思考：**

1. 儿童智乐游产品的特点是什么？它的客户黏性主要体现在哪里？

2. 酒店数字化儿童娱乐区有怎样的服务特色？其电子商务的作用主要体现在哪些方面？

3. 从酒店电子商务的角度考虑，儿童智乐游产品需要怎样改善？

## 拓展知识

| | | |
|---|---|---|
| 酒店信息化 | 酒店管理信息系统 | 信息系统规划 |
| 信息化管理 | 信息化服务 | 数字化酒店 |
| 信息技术 IT | 数据技术 DT | B2B 模式 |
| B2C 模式 | O2O 模式 | EDI 数据交换 |
| 预约型电子商务 | 完全电子商务 | 公共网络 |
| 专用网络和虚拟专用网络 | 网络分销 | 在线直销 |
| 移动电子商务 | GDS 分销 | OTA 分销 |

## 思考题

1. 什么是酒店电子商务？它包含哪些内容？
2. 试举例说明酒店直销和分销的主要区别。
3. 通过拓展知识的自主学习，试解释什么是移动电子商务，用酒店例子说明。
4. 什么是电子商务模式？酒店应如何规划自己的商务模式？
5. 什么是完全性电子商务？什么是不完全性电子商务？主要区别在哪里？
6. 酒店电子商务的应用业务范围有哪些？如何整合这些不同应用的系统？
7. 酒店电子商务有怎样的市场竞争优势？单体酒店应怎样面对？
8. 通过拓展知识的自主学习，试解释 O2O 商务模式的含义。
9. 酒店开展电子商务有怎样的经营优势？如何用新技术创造市场的竞争优势？举例说明。
10. 酒店电子商务与制造业电子商务相比较有哪些应用特点？
11. 酒店电子商务的系统类型有哪些？单体酒店应选择怎样的系统类型开展电子商务？
12. 酒店集团或连锁酒店的电子商务应如何融合内部商务和外部商务？
13. 试分析酒店电子商务未来发展的趋势。
14. 通过拓展知识的自主学习，试解释什么是在线直销，酒店应如何提高在线直销份额。
15. 酒店电子商务与酒店前台 PMS 是怎样的系统关系？
16. 试从消费者的角度叙述酒店电子商务数据安全的重要性。
17. 通过互联网进一步了解元宇宙的概念，它的发展对酒店电子商务将会产生怎样的影响？
18. 通过实地调研，试制定一个单体酒店电子商务建设的系统方案。

# 第二章 酒店电子商务理论基础

本章要点

电子商务的开展需要一定的理论基础支持,尤其对酒店中相关的电子商务从业人员,在制订电子商务应用战略和研发或选择电子商务系统时,更需要理论基础的支持。本章首先介绍交易成本理论,这是电子商务交易必须了解的理论基础;然后介绍计划行为理论、技术接受模型、STP 理论、营销组合理论以及大数据技术的相关理论指导,这些理论有助于帮助我们开展电子商务,对酒店电子商务开展的构建、研发、策略及运维会产生积极的影响和指导作用。由于电子商务的理论还在不断发展中,尤其是技术性理论可谓日新月异,感兴趣的读者可以根据相关文献和文库了解更新、更完整的电子商务理论。

数字经济已经成为中国经济发展的重要引擎。酒店电子商务作为服务业数字经济最活跃、最重要的组成部分之一,在赋能旅游与酒店行业数字化转型、带动产业优化升级、推动数字经济和服务经济深度融合方面,发挥了关键且独特的作用。近年来,酒店电子商务市场规模的迅猛发展对理论研究和实践应用也提出了更高的要求。这些基本理论和模型有助于他们探索更好的酒店电子商务理论和方法。本章将围绕酒店电子商务领域的相关理论基础展开概括性的介绍,以便于读者用相关理论对电子商务应用实践进行解释和指导。

## 第一节 交易成本理论

交易成本理论是商品交易中开展贸易最基本的指导性理论。酒店商品在线交易过程中,会涉及各种交易成本,如售前的交易成本、售中的交易成本和售后的交易成本。尤其是进入互联网时代后,客户的搜寻成本、比较成本和服务成本借助电子商务可以大幅度降低,因此了解和掌握交易成本理论,可以更有效地帮助酒店开展电子商务。

### 一、交易成本理论概述

交易成本(transaction costs)又称交易费用,是由诺贝尔经济学奖得主罗纳德·科斯(Ronald H. Coase)提出的。交易成本理论中的关键思想,可以在 20 世纪 30 年代的法律、经济学和组织理论中找到源头。20 世纪 50 年代后期以及 60 年代初期,卡内基·梅隆大学

的产业组织研究生院的社会科学研究的交叉项目，以及 20 世纪 60 年代市场失灵研究的新发展，为交易成本理论的发展奠定了良好的基础。罗纳德·科斯关注传统的企业与市场组织理论在逻辑上的缺陷，他的开创性文章《企业的性质》就是对传统理论的第一次和最重要的一次挑战。在该文章中，科斯指出了传统经济学理论在逻辑上的缺陷。传统理论一方面认为企业和市场组织经济活动的分布是既定的，另一方面认为经济系统通过价格机制进行调节，而企业和市场活动也能调节生产活动。科斯在《企业的性质》中指出：备选方式的选择机制解释机理能填补经济学理论的空白。他认为交易成本即填补该空白的概念。根据科斯的解释，交易成本是"通过价格机制组织生产的最明显的成本，就是所有发现相对价格的成本"，"市场上发生的每一笔交易的谈判和签约的费用"，及"利用价格机制存在的其他方面的成本"。其核心论点是对企业的本质做出解释。在经济体系中，由于企业的专业技能与市场价格机制的运作，产生了专业分工的现象；但是使用市场价格机制的成本相对偏高，而形成企业组织这种为了追求经济效率所形成的组织体。交易成本泛指所有为促成交易发生而形成的成本，因此很难进行明确的界定与列举，不同的交易往往涉及不同种类的交易成本。

通常，交易成本可分事前交易成本和事后交易成本两大类：前者包括搜寻、谈判、签约、保障契约等成本；后者包括商品价格、运输费用、执行成本以及违约、交易约束等成本。另外，交易的不确定性、交易频率以及资产专用性等因素也会影响交易的最终成本。

## 二、交易成本理论的内涵

交易成本指完成一笔交易所要花费的全部时间和货币成本，它的理论内涵就是指导人们在确定交易时，需要考虑货币成本以外的所有成本费用，包括传播信息、广告、与市场有关的运输、仓储费用，以及谈判、协商、签约、合约执行的监督等活动费用和成本。从本质上说，人类有交互、交换的活动，就会有交易成本，而且有些交易成本是不确定的，这些交易成本是人类社会经济生活中一个不可分割的组成部分。

### （一）交易成本的来源

根据美国学者威廉姆森的研究，在人性因素与交易环境因素交互影响下所产生的市场失灵现象，造成交易困难（Williamson, 1975）。具体而言，这些因素主要包括以下七项。

（1）有限理性（bounded rationality）：指介于完全理性和非完全理性之间的在一定限制下的理性，指交易参与的人因为身心、智能、情绪等限制，在追求效益极大化时所产生的限制约束。在这个过程中，人的行为是一种有意识的理性，但通常这种理性又是有限的。

（2）投机主义（opportunism）：指参与交易进行的各方，为寻求自我利益而采取的欺诈手法，同时增加彼此的不信任与怀疑，因而导致交易过程监督成本的增加而降低经济效率。

（3）资产专用性（asset specificity）：在不牺牲生产价值的条件下，资产可用于不同用途和由不同使用者利用的程度，它与沉入成本概念有关。

（4）不确定性与复杂性（uncertainty and complexity）：由于环境因素中充满不可预期性和各种变化，交易双方均将未来的不确定性及复杂性纳入契约，使得交易过程增加了订购契约时的议价成本，并使交易难度上升。

（5）少数交易（small numbers）：某些交易过程专属性（proprietary）强，或因为异质性（idiosyncratic）信息与资源无法流通，使得交易对象减少及造成市场被少数人把持，使得市场运作失灵。

（6）信息不对称（information asymmetric）：因为环境的不确定性和自利行为产生的机会主义，交易双方往往掌握不同程度的信息，使得市场的先占者（first mover）因拥有较多的有利信息而获益，并形成少数交易。

（7）气氛（atmosphere）：指交易双方若互不信任，且又处于对立立场，无法营造一个令人满意的交易关系，将使交易过程过于重视形式，徒增不必要的交易困难及成本。

上述交易成本的来源反映交易本身的三项特征。这三项特征交互影响，直接决定了交易成本的高低。

第一，交易商品或资产的专属性。交易所投资的资产本身不具市场流通性，或者合约一旦终止，投资于资产的成本难以回收或转换用途。

第二，交易的不确定性。这是指交易过程中各种风险的发生概率。由于人类有限理性的限制使得人们面对未来的情况时，无法完全事先预测，加上交易过程中买卖双方常发生交易信息不对称的情形，交易双方会通过契约保障自身的利益。因此，交易不确定性的升高会伴随着监督成本、议价成本的提升，使交易成本增加。

第三，交易的频率。一般而言，交易的频率越高，管理成本与议价成本越高。通常，交易频率的提升会促使企业将该交易的经济活动内部化，以节省企业外部交易的总体成本。

### （二）交易成本的分类

对于交易成本的类型，学者们莫衷一是。有兴趣的读者可以通过文献库了解更多的分类方法。有些学者根据消费者的决策流程，将交易成本分为以下三大类。

第一类："购前"交易成本，包括搜寻成本、比较成本、测试成本；第二类："购中"交易成本，包括协商成本、付款成本；第三类："购后"交易成本，包括运输成本、售后成本。

以下为每项成本的简要解释。

（1）搜寻成本：指为找到某商品的市场最低价而支付的各种费用、时间、精力及各种风险的总和。信息搜寻成本的概念起源于对消费者商品购买行为的研究。由于消费者和商家之间的信息不对称，使得消费者努力寻找在不同地域或商店出售的同质商品的价格信息，以找到性价比最高的商品。

（2）比较成本：随着社会的发展、经济增长方式的转变，靠先天的要素禀赋形成的比较优势将逐步弱化，其作用和地位将逐步递减；靠后天的学习创新形成较高附加值的比较优势将逐步强化，其作用和地位将逐步递增。在智慧经济时代，靠后天的学习创新形成较高附加值的比较优势将占主导地位。由于比较优势的存在，对不同厂商、不同生产地域、不同季节、不同流通地域等的成本比较行为，会产生比较成本，并对交易双方获得选项、排除选项、排序选项、做出选择的比较成本做预计。我国还是发展中国家，通过自主创新形成的高附加值比较优势还比较薄弱。

（3）测试成本：指验证供方提供的产品或服务信息是否属实的成本。

（4）协商成本：指为了保证交易双方能顺利执行交易条款，交易方所必须开展的工作并付出的提前防范的成本。

（5）付款成本：指为了保证交易双方资金安全所必须付出的资金流通保护的成本。

（6）运输成本：指物理上为完成商品的交付所必须付出的运输、保管及管理成本。

（7）售后成本：指为了保障承诺的正常使用所必须付出的服务成本。

### 三、电子商务背景下的交易成本

在电子商务实践中，电子商务的交易成本通常包括：企业在交易开展中的软硬件配置、学习和使用、信息获得、网上支付、信息安全、物流配送、售后服务以及商品在生产和流通过程中所需的费用总和。

电子商务最大的好处就是能降低交易成本。互联网上有充足的信息，而你只要坐在计算机前，便可以到世界各地的网站搜索信息，因此互联网可以大幅降低交易成本中的搜索成本；由于互联网可以让生产者直接面对消费者，省掉常规多层次的经销体系，因此交易过程中的协商成本和契约成本也可以大幅降低。尽管网上零售商或其他企业对消费者（B2C）的公司，如 Amazon 或 eBay，总是成为媒体追逐的焦点，但互联网对经济的最大影响来自以企业对企业（B2B）形式出现的电子商务活动。联合国贸易与发展会议（UNCTAD）2021年发布的最新报告显示：2019年全球电子商务销售额跃升至 26.7 万亿美元，较 2018 年增长 4%。这其中包括企业对企业（B2B）和企业对消费者（B2C）类电子商务企业的销售额，相当于当年全球国内生产总值（GDP）的 30%。其中，B2B 电子商务销售额在 2019 年约为 4.9 万亿美元，比 2018 年增长 11%。根据 DHL 快递 2021 年 3 月在德国发布名为《B2B 电子商务指南：传统已去，数字化已来》的白皮书，到 2025 年，B2B 领域内供应商和买方之间 80%的销售互动将在数字化渠道中进行。

B2B 电子商务在三个方面降低了公司的成本：首先，减少了采购成本，企业通过互联网能够比较容易地找到价格最低的原材料供应商，从而降低交易成本；其次，有利于较好地实现供应链管理；最后，有利于实现精确的存货控制，企业从而可以减少库存或消灭库存。这样，通过提高效率或挤占供应商的利润，B2B 电子商务可以降低企业的生产成本。从经济学的角度看，在供求经济模型中，总供给曲线向右移动。

## 第二节　计划行为理论

作为服务性行业，酒店电子商务的开展是渐进式的，它需要信息技术进步的支撑，也需要系统在线客户的支撑，因此，作为电子商务系统，尤其是基于服务的酒店电子商务系统，其开展和成熟过程通常是渐进式的，因为酒店有一个适应过程，客户也有一个适应和培育过程，应用中需要计划行为理论的应用支持。已有实践表明，通过该理论可以完善电子商务系统的规划、设计、实施，使系统不断改进和完善。近年来，酒店电子商务系统的规划行为、设计行为、控制行为等都已有该理论的具体应用。

## 一、计划行为理论概述

作为预测和解释人类行为的重要理论,计划行为理论(theory of planned behavior,TPB)被广泛应用于管理学、教育学、护理学、公共关系、广告活动、医疗保健、体育管理和信息科学等领域。根据计划行为理论,人的行为并不是百分百地出于自愿,是深思熟虑的结果。该理论是由美国学者 Ajzen 提出的。计划行为理论是对理性行为理论(theory of reasoned action,TRA)的扩充和延展,认为人的行为是经过深思熟虑的计划的结果。其核心思想是:人的行为并非百分百出于自愿,而是处于控制之中,个体的实际行动除了受使用意愿的影响,还受感知行为控制的影响,而行为态度、主观规范和知觉行为控制是决定用户使用意愿的三个主要变量,且这三个主要变量之间也会相互影响。

计划行为理论能够帮助我们理解人是如何改变自己的行为模式的,主要包括以下六个观点。

第一,非个人意志完全控制的行为不但受行为意向的影响,还受执行者个人能力以及机会资源等外在控制条件的制约。在控制条件充分的情况下,行为意向直接决定行为。

第二,准确的感知行为控制反映了实际控制条件的状况,因此它可作为实际控制条件的替代测量指标,直接预测行为发生,预测的准确性取决于知觉行为控制的真实程度。

第三,行为态度、主观准则和感知行为控制是决定行为意向的三个前因变量,即态度越积极、重要他人支持越大、知觉行为控制越强,行为意向就越大,反之就越小。

第四,个体拥有大量有关行为的信念,但在特定的时间和环境下只有相当少量的行为信念能被获取,这些可获取的信念也叫突显信念,它们是行为态度、主观规范和知觉行为控制的认知与情绪基础。

第五,个人以及社会文化等因素(如人格、智力、经验、年龄、性别、文化背景等)通过影响行为信念间接影响行为态度、主观规范和知觉行为控制,并最终影响行为意向和行为。

第六,行为态度、主观规范和知觉行为控制从概念上可完全区分开来,但有时它们可能拥有共同的信念基础,因此它们既彼此独立,又两两相关。

## 二、计划行为理论的演变

1975 年,美国学者 Fishbein 和 Ajzen 提出了理论行为理论(theory of reasoned action,TRA),主要用于分析态度如何有意识地影响个体行为,关注基于认知信息的态度形成过程。根据理性行为理论,个体使用意愿直接影响行为,而使用意愿受行为态度和主观准则的影响。在早期的态度研究中,态度决定个体行为是不容置疑的观点。然而 1934 年,LaPiere 在对美国旅店和餐馆是否接待亚洲人(当时美国对亚洲人的歧视很严重)的调查中发现,店主们的态度与他们的实际行为并不一致。随后社会心理学领域掀起了研究态度与行为关系的热潮。1969 年,Wicker 在其关于态度与行为关系的综述性研究中指出态度不能预测行为,并且认为社会心理学基本上可以摒弃态度这个概念。Wicker 的这一观点引起了相当大的反响。自此以后,越来越多的社会心理学家投身到致力于提高态度对行为预测力的研究行列中。目前该领域已经发展出一些整合的行为理论，其中最著名的是计划行为理论。

计划行为理论的理论源头可以追溯到 Fishbein 的多属性态度理论（theory of multiattribute attitude）。该理论认为行为态度决定行为意向，预期的行为结果及结果评估又决定行为态度。后来，Fishbein 和 Ajzen 发展了多属性态度理论，提出理性行为理论（theory of reasoned action）。理性行为理论认为行为意向是决定行为的直接因素，它受行为态度和主观规范的影响。由于理性行为理论假定个体行为受意志控制，严重制约了理论的广泛应用，为了更加精确地预测和解释不完全受意志控制的复杂行为，Ajzen 于 1985 年在他的文章《从意图到行动：计划行为理论》中将感知行为控制纳入模型，初步提出计划行为理论模型。随后，1991 年 Ajzen 发表《计划行为理论》一文，标志着计划行为理论模型的成熟（见图 2-1）。

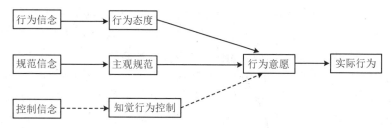

注：未加虚线箭头所示关系图表示理性行为理论；加入虚线箭头所示关系图表示计划行为理论。

图 2-1　计划行为理论概念框架

在概念框架中，已对三个重要变量进行如下解释。

1. 行为态度（attitude toward the behavior）

行为态度是个体对某一行为积极或消极的评价或感受。依据 Fishbein 和 Ajzen 的态度期望价值理论，个体拥有大量有关行为可能结果的信念，称为行为信念。行为信念包括两部分：一是行为结果发生的可能性，即行为信念的强度（strength of belief）；二是行为结果的评估。

2. 主观规范（subjective norm）

主观规范是指个体在决策是否执行某特定行为时感知到的社会压力，它反映的是重要他人或团体对个体行为决策的影响。与态度的期望价值理论类似，主观规范受规范信念（normative belief）和顺从动机（motivation to comply）的影响。其中，规范信念是指个体预期到重要他人或团体对其是否应该执行某特定行为的期望，而顺从动机则是指个体顺从重要他人或团体对其所抱期望的意向。

3. 知觉行为控制（perceived behavior control）

知觉行为控制是指个体感知执行某特定行为容易或困难的程度，它反映的是个体对促进或阻碍实施某行为因素的知觉。知觉行为控制的概念源于社会认知理论的自我效能理论（self-efficacy theory，SET），由班杜拉（Bandura）于 1977 年提出。根据班杜拉的说法，期望（例如动机、绩效和与反复失败相关的挫败感）决定了效果和行为反应。班杜拉将期望分为两种不同的类型：自我效能感和结果期望。其中，自我效能感是一种信念，即人们可以成功地执行产生结果所需的行为。结果期望则是一个人对给定行为将导致某些结果的估计。知觉行为控制的组成变量可用期望价值理论进行类推，它包括控制信念（control beliefs）和感知强度（perceived power）。其中，控制信念是指个体知觉到的可能促进和阻碍执行行为的因素，而感知强度则是指个体知觉到的这些因素对行为的影响程度。

## 三、不同的信息系统与 TPB

在企业信息技术应用中有各种不同的信息系统类型：有企业管理类的信息系统、开展交易用的电子商务系统，也有局域网的信息系统，更有基于互联网的移动型信息系统。通常这些信息系统有自己不同的研发计划和路径，在实践中也就会有不同的 TPB 应用。

### （一）电子商务信息系统与 TPB

电子商务通常是指在全球各地广泛的商业贸易活动中，在互联网开放的网络环境下，基于浏览器/服务器应用方式，买卖双方不用见面也能进行各种商贸活动，实现消费者的网上购物、商户之间的网上交易和在线电子支付以及各种商务活动、交易活动、金融活动和相关的综合服务活动的一种新型的商业运营模式。电子商务信息系统作为当前最常见的一类信息系统，其使用场景非常广泛，涵盖了多种商品、多类服务、多个行业和领域，也包括酒店服务业，是 TPB 在信息系统研究中的主要应用领域之一。作为电子商务最为常见的模式之一，B2C 电子商务信息系统及服务受到了业界与学界的广泛关注。B2C 中的 B 是 business，即商业供应方（泛指企业），2（two）则是 to 的谐音，C 是 consumer，即消费者。B2C 电子商务是按电子商务交易主体划分的一种电子商务模式，即表示企业对消费者的电子商务，具体是指通过信息网络以及电子数据信息的方式实现企业或商家机构与消费者之间的各种商务活动、交易活动、金融活动和综合服务活动，是消费者利用互联网直接参与经济活动的网络形式。

从上述介绍我们可以看出，在 B2C 的背景下，消费者使用电子商务系统的主要目的是产生消费行为，而对于商家和平台运营商来说，它们的目的则是促进并形成消费者的购买行为。因此，TPB 提供了研究在线购物意愿及其影响因素的重要理论基础和框架。学者们以 TPB 作为理论框架，探讨了用户对于 B2C 电子商务系统和服务的采纳意愿。相关研究结果显示，TPB 在解释 B2C 电子商务系统和服务采纳方面非常有效。其中，行为态度和主观规范是较为重要的影响因素，但是知觉行为控制的影响不大，甚至不显著。随着信息系统和通信技术的不断发展，各行各业对于电子商务系统的使用程度越来越高，学者们也会以 TPB 作为理论基础，聚焦某个特定领域探讨消费者对于电子商务系统的使用意愿和影响因素。这些领域包括医疗电子商务采购系统、在线旅游信息系统以及在线金融信息系统等。

此外，随着社交媒介、无线网络技术的发展和移动智能终端设备的普及，社会化电子商务和移动商务已经成为电子商务未来的发展趋势。因此，社会化电子商务和移动电子商务系统及服务的采纳成为学者们的重点研究领域。

### （二）"新"信息技术与 TPB

以生产为主导的传统商业经济模式已无法支撑企业降本增效的需求，随着新技术、新模式、新业态对传统产业冲击的不断加强，数字化转型已经成为全球企业的共识，数据驱动企业运营模式发生变革已经成为必然的趋势。面对数字化转型的浪潮，新兴数字技术的支撑作用体现得愈发明显。5G 技术以低时延、大带宽、广连接的优势，为行业场景应用和用户体验带来质的飞跃，将深刻地改变人类社会的发展进程。而云计算作为其中重要的力量，可以预见将会汇聚更多样化的算力和应用，让越来越多的企业进入上云的快车道，加速产业的智能升级。基于优秀的算法、海量的数据以及云端丰富的算力，AI 技术也将成为产业变革的重大引擎。

面对这些迅猛发展的"新"信息技术，学者们和商家需要回答一些非常重要的问题：消费者对这些新技术会产生哪些主观态度和行为意愿？他们的行为将会受到哪些因素的促进或阻碍？为了探求这些问题的答案，学者们基于 TPB 及相关理论模型，研究企业内外部人员对于新信息技术的采纳意愿和行为。通过对文献的梳理，我们可以发现首先进入研究领域的是企业内部人员对新信息技术的采纳意愿和行为，包括企业高管对网络 IT 的采纳意愿、企业员工对新信息技术的接受意愿和对即时通信的使用意愿。随着新信息技术的不断深入发展，越来越多的学者将注意力放到企业外部的消费者身上，研究消费者对于云技术的接受意愿、AI、物联网和智能应用技术的采纳意愿。可以预见，随着信息技术的不断发展，TPB 将成为学者们探讨新技术和新系统的重要理论基础和框架。

### （三）移动信息技术与 TPB

随着移动互联网和移动通信技术的发展，移动信息化成为很多行业信息技术的重要关键词。移动信息化是指在现代移动通信技术、移动互联网技术构成的综合通信平台基础上，通过掌上终端、云服务器、个人计算机等多平台的信息交互沟通，实现管理、业务以及服务的移动化、信息化、电子化和网络化，向社会提供高效优质、规范透明、实时可得、电子互动的全方位管理与服务的过程。

通过对相关研究的梳理，我们可以了解目前对于移动信息化技术的探讨主要集中在消费者的使用意愿上。值得一提的是，这些研究并不多。这可能是因为基于 TPB 探讨消费者对移动信息技术的使用意愿，其影响因素与在非移动互联网环境下的并无太大的区别。值得一提的是，在移动互联网环境下，信息安全和消费者隐私方面的问题成为研究的焦点。当个人在工作环境中使用个人移动设备的时候，如何保障企业组织的信息安全呢？有学者基于 TPB 探讨组织成员在移动设备上主动披露信息的意愿及其影响因素，从而帮助组织保护其重要信息不被泄露，保障其信息系统的安全性。

以上是对计划行为理论的简单描述。计划行为理论可以涵盖人们的非自愿行为，而理性行动理论却无法解释这种行为。当个人对行为的控制不完全时，个人的行为意图不能成为行为的决定因素。通过增加"知觉的行为控制"，计划行为理论可以解释行为意图与实际行为之间的关系。当然，我们也不能忽视该理论的局限性。一些学者认为该理论在采取某种行动之前忽略了个体需求，而这种需求会影响行为，但是与所表达的态度无关。例如，一个人可能对牛排有非常积极的态度，但由于他不饿故不想订购牛排。或者，在寻求团体成员身份时，人们可能对饮酒持非常消极的态度，几乎没有饮酒的意图，却饮酒了。也有学者认为该模型忽略了双向因果的问题。例如，一些实验研究挑战了以下假设：意图和行为仅仅是行为态度、主观规范和知觉的行为控制的结果。在一项研究中，提示参与者形成支持特定环境组织的意图，比如签署请愿书。当这种意图形成后，行为态度、主观规范和知觉行为控制发生了变化，参与者变得更有可能对该组织产生积极态度，并且更倾向于假定他们的社会群体拥有可比的态度。这些发现意味着行为态度、主观规范以及知觉的行为控制这三个关键要素与意图之间可能是双向因果关系。

# 第三节 技术接受模型

在研发电子商务系统时，企业开始总是为研发哪种系统形式争论，因为现在有各种各样的技术能开发用户所需要的系统，尤其是在移动互联网时代，一个好的电子商务系统能被消费者意愿所接受，系统开发就成功了一半。在酒店电子商务系统的应用开发中，技术接受模型一直是系统开发的指导性理论，酒店根据经营定位的消费者群体，用技术接受模型分析和设计消费者意愿使用的最佳系统形式，可以提高系统开发的成功率。下面我们简单了解一下关于技术接受模型相关理论的应用要点。

## 一、技术接受模型概述

技术接受模型（technology acceptance model，TAM）是研究影响用户接受各种信息系统技术因素的重要理论，由于模型结构简单和各种实证研究对其价值的证实，技术接受模型被广泛应用于信息系统、情报学、图书馆学、企业管理等研究领域。技术接受模型认为系统使用是由行为意向（behavioral intention）决定的，而行为意向由使用的态度（attitude toward using）和感知的有用性共同决定，使用的态度由感知的有用性和易用性共同决定，感知的有用性由感知的易用性和外部变量共同决定，感知的易用性是由外部变量决定的。外部变量包括系统设计特征、用户特征（包括感知形式和其他个性特征）、任务特征、开发或执行过程的本质、政策影响、组织结构等，为技术接受模型中存在的内部信念、态度、意向和不同的个人之间的差异、环境约束、可控制的干扰因素之间建立一种联系。使用的态度是指个体用户在使用系统时主观上积极的或消极的感受。使用的行为意愿是指个体意愿去完成特定行为的可测量程度。

该模型是Davis等人在1989年运用理性行为理论（theory of reasoned action，TRA），研究用户信息系统接受的影响因素时所提出的一个模型（见图2-2）。Davis等人提出技术接受模型最初的目的是对计算机广泛接受的决定性因素做一个解释说明，他们充分吸取了理性行为理论中行为态度、使用意愿以及实际行为三个变量和三者之间的关系，提出用户对信息系统的接受程度主要受到感知有用性（perceived usefulness）和感知易用性（perceived ease of use）这两个因素的影响。其中，感知的有用性反映用户认为使用一个具体的系统对他工作业绩提高的程度，而感知的易用性则反映一个人认为容易使用一个具体的系统的程度。感知有用性和感知易用性这两个变量吸取了众家之长。其中，感知有用性是基于期望理论模型中的激励力量、成本收益理论的主观决策绩效，以及通道配置理论的价值维度而提出的；感知易用性则来自自我效能中的自我效能、创新采纳理论中的复杂性、成本收益理论中的主观决策以及通道配置理论中的易用性维度。

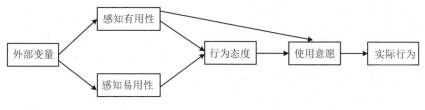

图 2-2 技术接受模型（TAM）

## 二、TAM 理论的演变

随着技术的进步和研究方法的进步，近三十多年来，学者们注意到用户特征、环境因素和时间因素对用户技术/系统接受存在影响，从而对 TAM 理论进行了不断完善，极大提升了 TAM 的解释力，使得 TAM 能够适应不同的组织环境、使用阶段和用户群体，TAM 也从最初只包含六个变量的经典模型引入了越来越多的研究变量。具体用户特征、环境因素和时间因素对技术接受模型的影响可以分为以下三大类。

（1）用户特征对技术接受的影响。随着研究的不断深入，学者们逐渐发现用户自身的特征会对技术接受产生影响。2000 年，Venkatesh 等学者对 TAM 模型进行了改进，考虑了用户自愿性和经验对技术接受的调节作用，提出了技术接受模型 2（TAM2）。在 2003 年的另一项研究当中，Venkatesh 和他的合作者们进一步改进了 TAM2，提出了考虑性别、年龄的人口统计学因素调节作用的整合型技术接受模型（UTAUT）。随着研究的不断深入，研究者们发现越来越多的用户特质会影响技术接受度。用户主要的影响特质包括人格特征、性别、年龄、经验和教育水平等。研究者们主要采用 Costa 提出的大五人格理论探讨人格对技术接受的影响程度，发现在五种类型的人格中，具有外向型、宜人性、尽责性和开放性特征的人群对新技术的接受程度更高，而具有神经质特征的人群会更倾向回避新技术。这是因为神经质人格更倾向于规避风险、行事谨慎和持怀疑态度，他们更难以接受技术创新。性别因素对用户对新技术的接受起着重要的调节作用。但是，目前对于性别的调节作用，学术界尚未达成共识。在对用户加入社交网站的研究中，Lin 等人发现同伴压力是影响女性持续使用意愿的重要因素，但是同伴压力和用户人数对男性没有显著影响。另外，在对学生采用电子游戏进行学习的接受程度进行的研究中，Bourgonjon 等发现被差异化和游戏偏好之间并没有直接关系，而会受感知易用性和经验的调节作用。用户年龄也是影响技术接受程度的重要影响因素。一般认为，随着年龄的增长，人的心理和生理都会发生变化。青少年通常更具有好奇心且精力充沛，而且容易受同龄人影响，更加注重追求生活品质和享乐。而对于老年人而言，虽然新技术产品能够为他们的生活带来便利，但是网络风险也成为他们不愿意使用社交网站的重要障碍。经验和教育水平对技术接受有着重要的调节作用：对于缺乏经验的用户而言，感知易用性对于接受程度起着重要的作用；而对于经验丰富的用户来说，感知有用性的作用则更大。与此同时，教育水平也会影响人们的技术接受度，因为教育水平较低的人更容易感受到计算机焦虑，这使得他们对互联网系统的使用意愿更低。

（2）环境因素对技术接受的影响。2003 年，Venkatesh 等学者提出的 UTAUT 模型中，在考虑理性行为等理论的基础上，考虑了社会影响因素。其实早在 2000 年，研究者们就已经关注了社会因素的相关影响，在 TAM2 中增加了主观规范和使用者形象作为社会影响过程的重要组成部分。2008 年，Venkatesh 等学者在 TAM2 的基础上补充了感知易用性的影响因素，提出了技术接受模型 3（TAM3），增加了培训、组织支持和同伴支持作为信息系统实施后的计入因素。在 TAM2 和 TAM3 中，研究者们都强调了不同类型组织环境下，用户的技术接受度会呈现出不同，其中主观规范和文化因素是两个主要的环境因素。主观规范通常是指一个人对于大多数人认为他是否应该执行某行为的认知。研究者们发现主观规范会对用户使用电子商务网站的意愿程度产生影响。以同伴压力和家庭影响为代表的主观规范会对技术接受产生重要影响。另外一个环境因素是文化因素。作为划分不同族群的集体文化，民族文化对不同国家的接受具有重要影响。民族文化的测量项包括权力距离、不确定性的规避等。

（3）时间因素对技术接受的影响。早在 2000 年的 TAM2 模型中，研究者们就已经关注到时间维度对用户技术接受度的影响，考虑了用户的经验，并且在实验的设计中开始使用纵向数据，将调查的时间跨度延长到五至六个月。在 TAM2 中，研究者发现随着时间的推移，主观规范对技术接受的影响会越来越弱。作为一个非常重要的时间尺度，用户在信息系统使用的不同阶段，其使用意愿的影响因素有着较大的差异。一般说来，潜在用户容易受到主观规范等环境因素的影响，而早期用户往往会受到创新意识的驱动，晚期用户则更加注重系统的实用价值。与时间相关的另外一个因素是习惯，它反映了用户在其使用经历中所发展出的一种无意识的、自动化的行为倾向。

## 实例：数字化 iRoom 上线，为客房电子商务赋能

客房是宾客在酒店逗留时间最长的场所，如何提升服务，又能留下数据痕迹，尤其是提高客房的商务能力，一直是酒店经营追求的目标。从电子商务的角度看，客房电子商务涉及客房服务员、收银员和送货服务，在服务过程中遇到问题还涉及相关管理人员，以及涉及其他的非商务服务，其流程通常比较复杂，一般酒店很少肯投入精力去开拓客房的电子商务。尤其客房电子商务需要了解宾客的消费行为、消费爱好，还需要了解客人对新系统使用的接受意愿、新技术应用的接受意愿等，以及应用创新理论所形成的跨平台处理系统。为了提升住店客人的数字化体验，挖掘客房的电子商务潜力，绿云科技最近开发了一款 iRoom 数字化产品，以满足客人在客房期间的数字化体验需求，也获得了较好的接受意愿和商务效益，实现了酒店在客房服务中用数字化降本增效的目标。iRoom 是绿云科技为客房电子商务赋能的数字化小程序，通过移动技术打通了与客房相关的各个服务环节，可为住店客人提供即时的数字化服务和商务服务。它通过 i-Hotel 平台可即时联系客房服务员、经营管理员，所有的商务服务都可通过 PMS 按房号集中统一处理，如图 2-3 所示。

iRoom 是一款针对酒店客房业务研发的服务产品，它以小程序为载体，连接客人、酒店基层服务人员与管理层。它将客房服务流程数字化、纸质表单数据化、商务流程网路化、运营公式信息化，为管理决策提供数据支撑，为业务标准 SOP（作业程序）落地提供有力支撑。iRoom 在提升效率的同时，也提高服务质量，提升宾客满意度，增强宾客黏性，增加了客房的商务效益，从而提高酒店营收。

图 2-3　iRoom 通过小程序实现即时服务

iRoom 可与绿云智慧住、PMS、POS 等直连，实现前台数字化、客房数字化、餐饮数字化等酒店全场景数字化的融合，让宾客在住前、住中、住后的数字化体验更流畅，让酒店的数字化管理和服务更全面，从而为酒店的电子商务赋能。

传统酒店客房的商务管理存在许多痛点，如客房的纸质台账不易保存和复盘，缺少数据支撑的工作流程；客房服务员无法知晓住店客人的消费需求，无法快速响应客人的服务需求；有些服务需求还需请示管理层，基层员工和管理层在大多数情况下不能即时沟通；商品配送和结算无法满足住店客人的个性化需求。iRoom 以云 PMS 为基础，可以有效解决客房中的商务服务和痛点，它以服务中台为核心，连接基层服务人员、管理层与宾客，形成宾客需求、客房业务、客房服务、客房管理、宾客满意度的闭环管理。全程线上操作，小程序自助下单、自动接单、自动生成报表，为宾客带来便捷体验，为员工提高工作效率，让管理层精准决策，是客房电子商务的得力助手。

iRoom 最大的优势是直连云 PMS（标准版、商务版适用），两者高度集成，可使信息实时传递，数据快速交互。当宾客发起服务请求时，信息会自动匹配到员工端与管理层端，涉及商品配送可自动给智能机器人发送指令，利用数据驱动实现客房的精细化服务与管理，提升酒店的人效及服务质量。同时通过 iRoom，提升客房 minibar（微型酒吧）消费处理效率，以及提升酒店商城的商务处理效率，也对客房物耗处理、客人借品管理实现数字化处理。同时宾客也可通过 iRoom 客户端在线随时查看房间服务动态以及消费订单情况，如图 2-4 所示。客人通过小程序，随时随地呼叫客房服务，在线生成服务需求，自动实时传递服务信息，服务快速、高效、精准。同时宾客可在线提交服务评价及意见建议，有利于酒店做出更好的服务策略。同时 iRoom 可对接机器人、语音音响等多种智能化设备，为客人的智慧化体验提供更多可能的在线服务。

宾客可通过 iRoom 小程序自助下单享受洗衣服务、minibar 商品、客房送餐、酒店商城等酒店其他产品及服务，既可为酒店带来稳定的创收，客人使用意愿的接受程度也比较高。同时，客人可以享受住店期间的其他免费服务，所有的请求服务都可在客人自己的手机上操作，轻松、便捷、快速地完成。iRoom 作为酒店客房数字化解决方案之一，已成为客房电子商务中最高效的服务中台，它不仅赋能客房服务和管理，让流程透明、过程可控、数据可视，也为酒店降本增效的同时，提升客户住店的满意度。

资料来源：由绿云软件的绿云学院提供，作者整理。

图 2-4　iRoom 小程序宾客端操作界面

## 三、不同的信息系统与 TAM

信息系统应用于企业管理的不同层次：有的仅是操作业务使用，有的用于管控系统运行，也有的是为知识型员工服务。系统应用层次不同，就会有不同的系统表现形式，需要在研发前研究用户对系统应用的接受意愿，使新开发的信息系统能被大多数应用人员所接受，这就需要探讨不同的信息系统与 TAM 的关系。

### （一）知识管理系统接受模型

目前，越来越多的组织意识到组织竞争力来源于智力资源的有效管理，从而使知识管理迅速成为一个非常重要的组织职能。知识管理包括大范围的复杂的组织、社会、技术和行为的因素，其中信息技术是研究知识管理的一个重要因素。这是因为知识管理是由信息相关技术系统所支撑的，因而 TAM 已成为探讨接受知识管理系统的重要模型与框架。在最初的接受模型中，知识管理系统接受模型主要包括感知的有用性和易用性在内的两个因素与用户使用知识管理系统的意向，以及实际使用之间的关系。同 Davis 最初的 TAM 相比较，该研究模型并没有考虑使用态度这个因素，这是因为 Davis 在 1989 年的研究结果显示：使用态度对感知有用性与使用意愿关系只能起到部分中介作用。

### （二）企业资源计划（enterprise resource planning，ERP）应用系统接受模型

企业资源计划是一个具有处理包括财政、人力、制造、物资管理、销售和分配在内的多种资源功能的系统。实施 ERP 需要大量的组织资源并存在因投资量大所带来的风险，相比于传统的简单的信息技术系统的实施，这是一个完全不同的信息技术应用范畴。

在 ERP 模型中，着重研究感知有用性和感知易用性两个主要的因素。模型包括技术接

受模型的主要因素，同时还定义了三个外部变量：ERP 系统的计划交流、对 ERP 系统所产生利益的共识和 ERP 系统的训练。在组织中，最先可能接受 ERP 系统的是高级管理工作者。ERP 系统的计划交流使关于 ERP 系统的信息从高级管理人员流向其他人员。对 ERP 系统能产生利益的共识是指同行以及管理人员之间对 ERP 系统价值所达成的共识。ERP 系统的训练包括内部训练和外部训练，是指对用户的一系列应用培训。

### （三）互联网应用接受模型

近年来，越来越多的企业使用互联网，特别是在共享重要的信息资源时。开发基于互联网的系统以及建立企业内部的内联网有助于打破供应者与需求者之间时间和距离的障碍，以减少管理成本，提高生产率。企业使用互联网主要用来收集信息和建立服务系统，但怎样获取企业所期望的客户和信息是企业使用互联网的一个主要障碍。收集与任务有关的信息已成为使用互联网的一个主要方面，更为重要的是信息处理的性能也越来越取决于信息系统与组织任务的匹配程度。

在该研究模型中，使用技术接受模型对个人的工作业绩进行评估。对日常工作中互联网使用的评估主要依据个人对使用与任务有关的网站和互联网的印象。为了实证研究工作人员对与任务有关的互联网的使用，综合运用了技术接受模型和多伦多大学 Chun Wei Choo 教授提出的信息行为模型，信息行为模型主要说明人们怎样通过信息的"需求—搜寻—使用"循环降低任务的不确定性。以信息行为模型的三步循环为基础，从三方面对工作中互联网的使用进行评估研究。在信息需求阶段，主要就相关的信息能否解决问题的个人判断进行模拟研究，提出因素—相关性；在信息搜寻阶段，使用两个技术因素（感知的有用性、易用性）和一个个人因素（想用的态度）对个人的评估进行研究；在信息使用阶段，通常用感知的业绩进行研究，对用户来说，相比具体的使用互联网，评估制定的决策所带来的结果和使用互联网能解决的实际问题更为重要一些。

### （四）Online Shopping 接受模型

近几年来，大量网上单体零售商的破产使得人们对商家—消费者（B2C）网上销售模式的过度乐观的期望有所降低。目前，B2C 电子商务还处于不断完善和发展过程中，传统销售渠道与网络销售渠道博弈激烈，尽管如此，B2C 电子商务作为一种销售媒介已被广泛接受。

Amazon、eBay、Travelocity 这几个电子商务网站持久稳定的发展，显示出电子商务零售商有能力克服时间和空间上的障碍为消费者提供更好的服务——大量的产品信息、专家建议、定制化服务、快速的下订单过程、电子产品的快速交付等。但同时这种模式也存在很多挑战，尤其是在网站界面设计、订单填写、付款方式以及消费者个人信息的保护上。

采用技术接受模型须对 Online Shopping 接受进行研究，但由于消费者在选择零售商时享有更多的自主权，所以还必须考虑除感知的有用性和易用性这两个因素之外其他因素的影响，包括兼容性、隐私、安全、规范的信念和自我效用。

### （五）基于无经验和有经验消费者的 Online Stores 接受模型

吸引新的消费者并留住已有的消费者是电子商务成功的关键。消费者对网上商家的信任在吸引新的消费者和留住已有的消费者两方面都起着重要的作用，尤其是消费者对网上商店信用的判断将会影响新老消费者参与电子商务的意愿。信任在电子商务中显得格外重要，因为消费者在网络这种不确定环境中更容易被商家利用。Amazon 就曾在没有征求消费者同意的情况下与第三方机构共享消费者个人的信息。消费者的信任是影响消费者接受并使用电子商务的一个很重要的因素，却并不是唯一的因素。在进行网上交易时，消费者通过商家的网站与商家进行交互，与其他信息技术的应用一样，决定开始使用网站并且继续使用它同样取决于技术接受模型中两个关键因素——感知的有用性和易用性。这样对 Online Stores 接受的研究就可以从两个紧密联系且互补的方面进行：一个是商家，另一个是信息技术。

在该研究模型中，以 Amazon 为研究对象，使用技术接受模型和电子商务的熟悉与信任模型（familiarity and trust mode）从上述两个方面对消费者的网上购买意向进行研究。

当今，TAM 模型更有价值的应用意义在于探索并预测一项全新的技术产品被市场接受的程度，引导市场相关的管理决策，比如产品体验测评与优化、群体定位与宣传以及技术估值与投资决策。需要强调的是，在商业分析中，TAM 的价值已经远远超出了一种基于问卷调查的管理调研分析工具，而是提供了一整套系统的、面向技术市场的产品分析框架。上述分析充分表明 TAM 强调的是用户对技术产品本身的感知与态度，以及基于此的使用行为。TAM 模型并没有考虑技术产品的市场竞争因素，因此，采用 TAM 分析技术产品的市场竞争力问题时，需要注意：即使 TAM 可以从用户接受度出发，很好地预测一款产品的成功，但是由于同质产品或者更优竞品的存在，产品战略仍有可能面临失败。

通过 TAM，可以找到真正影响用户使用一款技术产品的内在因素，这为产品的优化和提升提供了很好的分析思路，并帮助产品更具市场竞争力。

## 第四节　STP 理论

作为一个应用系统，电子商务离不开营销，当开发完一个电子商务系统后，为了让客户知道系统的存在，总是先开展市场营销的推广。市场营销总是先进行市场细分的分析，确定系统在市场上的定位，然后确定目标市场，但如何分析、如何确定目标市场、如何进行市场定位，这就需要营销学中的 STP 理论的指导。为了更有效地开展电子商务市场营销，开发出更受客户欢迎的营销软件系统，我们需要了解营销学中的 STP 基本理论内容。

### 一、STP 理论简述与市场细分

STP 理论是营销学中营销战略的三要素，是指企业在一定的市场细分基础上，确定自己的目标市场，最后把产品或服务定位在目标市场的确定位置。营销大师菲利普·科特勒（Philip Kotler）认为一切营销活动都是以 STP 为基础的，他把营销战略制定的过程分为市场细分（market segmenting）、目标市场（market targeting）、市场定位（market positioning），称作 STP 理论。

市场细分的概念是由美国市场学家温德尔·史密斯（Wendell R. Smith）于 1956 年在《产品差异和市场细分——可供选择的两种市场营销战略》中提出的。二战后，随着生产技术的不断提高，市场由卖方市场转变为买方市场，企业营销思想和营销战略随之改变，以消费者为中心的现代市场营销观念受到企业的认同。市场细分的概念就产生在这种时代背景下。市场细分是选择目标市场的基础工作，根据市场调研，企业根据不同需求、购买力、购买习惯等方面的差异，把某一产品的市场整体划分为若干消费群体的市场分类过程。企业按照某种标准将市场上的顾客划分成若干个顾客群，每个顾客群构成一个子市场，不同子市场之间，需求存在着明显的差别。在市场细分理念的指导下，企业的市场活动包括细分一个市场并把它作为公司的目标市场，设计正确的产品、服务、价格、促销和分销系统"组合"，从而满足细分市场内顾客的需要和欲望。

企业通常利用地理、人文、心理和行为等因素进行细分市场，以确定目标市场，即目标客户，主要细分变量如表 2-1 所示。

表 2-1　市场细分的主要变量

| 细 分 标 准 | 具 体 变 量 |
| --- | --- |
| 地理因素 | 国家、地区、城市规模、不同地区的气候及人口密度等 |
| 人文因素 | 年龄、婚姻、职业、性别、收入、受教育程度、民族、宗教信仰、可自由支配收入等 |
| 心理因素 | 个性、购买动机、价值观念、生活格调、追求的利益等 |
| 行为因素 | 进入市场的程度、使用频率、消费偏好等 |

## 二、目标市场选择

著名的市场营销学者杰罗姆·麦卡锡（Jerome McCarthy）提出一个观点：应当把消费者看作一个特定的群体，称为目标市场。对市场进行细分有利于明确目标市场。对市场进行细分之后，企业就需要根据企业的战略计划和产品特征确定目标市场。一般而言，目标市场具有一定的规模和发展潜力，并且符合企业发展目标和能力，是企业打算进入的市场或者计划满足具有某种需求的顾客群体。目标市场就是通过市场细分后，企业准备以相应的产品和服务满足其需要的一个或几个子市场。目标市场的选择有助于明确企业的服务对象及其相关需求，是企业在营销活动中的一项重要策略。

企业进行市场定位是为了进入目标市场。目标市场是在市场细分的基础上，经过分析、比较和选择，最终决定作为企业服务对象的潜在顾客。为什么要选择目标市场呢？这是因为任何企业都没有足够的人力资源和资金资源满足整个市场的需求，并不是所有的子市场对企业都有吸引力。为了使企业有限资源的效益最大化，企业只有扬长避短，找到有利于发挥本企业现有的人、财、物优势的目标市场，才能做到有的放矢，不至于在庞大的市场上到处碰壁。

目标市场的选择策略主要有三种。如果我们用"P"表示产品，用"M"表示顾客，则可以"3×3 矩阵"的方式分别表示这三种市场的选择模式，如图 2-5 所示。

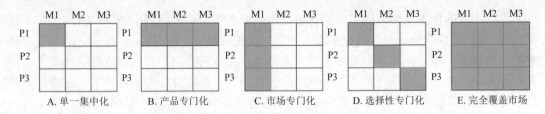

图 2-5　市场覆盖模式

第一种为无差别性市场策略，为图中的 E（完全覆盖市场），就是企业把整个市场作为自己的目标市场，只考虑市场需求的共性，而不考虑其差异性，运用一种产品、一种价格、一种推销方法，吸引尽可能多的消费者。采取这种策略的往往是大企业，大企业借此生产多种产品，面向多种顾客，以占据整个市场。这种策略的优点是：产品单一，容易保证质量，能大批量生产，降低生产和销售成本。但是，这种策略的缺点也很明显。如果同类企业也采用这种策略，必然会形成激烈竞争。

第二种为差别性市场策略，即把整个市场细分为若干子市场，针对不同的子市场，设计不同的产品，制定不同的差异化或专门化营销策略，以满足不同的消费需求。而对不同的子市场又可以根据产品和市场进行不同的差异化策略，因此存在多种差异化的策略：① 生产一种产品，面向多种顾客。这样可以分散经营风险，发挥企业的生产、技术潜能，有利于在某个产品领域树立较高声望。但是一旦出现新技术或替代品，产品和企业会遭遇很大风险。这种策略称为产品专门化，如图 2-5（B）所示。② 面对一类顾客，生产他们所需的多种产品。这样也可以分散经营风险，在某一类顾客中树立较高声望。但是一旦顾客购买力下降或减少这方面的购买，企业收益就会受影响。这种策略称为市场专门化，如图 2-5（C）所示。③ 选择若干细分市场为目标市场。从产品、顾客等角度来看，这些细分市场之间很少或者没有内在联系；但从机会及吸引力的角度看，它们呈现出更高的开发价值。实际上这也是一种多角度化战略，可以分散风险。这种策略称为选择性专门化，如图 2-5（D）所示。

第三种为集中性市场策略，即在细分后的市场上，选择两个或少数几个细分市场作为目标市场，实行专业化生产和销售，又称单一集中化策略，如图 2-5（A）所示。其在个别少数市场上发挥优势，提高市场占有率。采用这种策略的企业对目标市场有较深的了解，这是大部分中小型企业采用的策略。企业选择一个细分市场只生产一种产品供应一类顾客。之所以这样选择，是因为：有的企业充分具备了开发这个细分市场的条件；有的企业资源有限，只能经营一个细分市场；有的企业没有竞争者。规模较小的企业经常这样选择，以一个小市场作为生存"利基"；大企业采用这一战略，通常是由于初次进入，以这个细分市场"投石问路"。采用集中性市场策略，能集中优势力量，有利于产品适销对路，降低成本，提高企业和产品的知名度。但有较大的经营风险，因为它的目标市场范围小，品种单一。如果目标市场的消费者需求和爱好发生变化，企业就可能因应变不及时而陷入困境。同时，当强有力的竞争者打入目标市场时，企业就要受到严重影响。因此，许多中小型企业为了分散风险，仍应选择一定数量的细分市场作为自己的目标市场。

上述三种目标市场策略各有利弊。对目标市场的选择必须考虑企业面临的各种因素和条件，包括企业规模和原料的供应、产品类似性、市场类似性、产品寿命周期、竞争的目标市场以及信息技术应用能力等。企业内部条件和外部环境在不断发展变化，使得选择适合本企业的目标市场策略成为一项复杂多变的工作。为了确保目标市场的正确性，企业尤其在开展电子商务时需要不断通过市场调查和预测，掌握和分析市场变化趋势与竞争对手的情况，结合电子商务系统战略，扬长避短，发挥优势，把握时机，采取灵活的适应市场态势的策略，为企业创造较大的利益。

### 三、市场定位

企业要为自己或产品、品牌树立某种特色，塑造预定形象，并争取顾客认同。这种使目标市场全面理解、认识本企业有别于竞争者的行为，即定位（positioning）。定位是艾·里斯（Al Ries）和杰克·特劳特（Jack Trout）1972年提出的，他们把定位看成对现有营销的创造实践，认为定位起始于产品，该产品可以是一件商品、一项服务、一家公司、一个机构，甚至是一个人。但是，定位并非对产品本身采取什么行动，而是针对潜在顾客的心理采取行动，即要将产品在潜在顾客的心目中定一个适当位置。强调定位不是改变产品本身，而是改变名称和沟通等要素。营销大师菲利普·科特勒认为：定位是一种对企业产品和形象的策划行为，目的是使它在目标顾客的心理上占据一个独特的、有价值的企业形象位置。

定位概念一经提出，就被广泛使用于营销领域，并衍生出多个专门术语（如产品定位和竞争性定位），其中市场定位是使用频率最高的一个。市场定位是指根据竞争者现有产品在细分市场上所处的地位和顾客对产品某些属性的重视程度，塑造出本企业产品与众不同的鲜明个性或形象并将其传递给目标顾客，使该产品在细分市场上占有强有力的竞争位置。具体而言，市场定位用来塑造一种产品在细分市场的位置。产品特色或个性可以从产品实体上表现出来，如形状、成分、构造、性能等；也可以从消费者心理上反映出来，如豪华、朴素、时髦、典雅等；还可以表现为价格水平、质量水准等。

根据不同的分类方式，市场定位可分为初次定位与重新定位、针对式定位与创新式定位。初次定位是新企业初入市场、新产品投入市场或产品进入新市场时，面向缺乏认识的目标顾客进行的定位。重新定位是企业改变市场对其原有印象，使目标顾客对其建立新的认识的过程。针对式定位是选择靠近竞争者或与其重合处，以相同、相近的特色争夺目标顾客，彼此在产品、价格、分销及促销等方面少有不同。创新式定位则是避开与竞争者的直接对抗，定位于某处"空隙"，发展目前市场上缺少的某种特色。

定位理论的核心为"一个中心，两个基本点"：即以"打造品牌"为中心，以"竞争导向"和"消费者心智"为基本点。菲利浦·科特勒将市场定位过程归纳为三个步骤。

第一，识别可能的竞争优势，列出与竞争者的差异点。通过对行业环境的分析，从整体的视角思考市场中的各种因素，及其相互作用关系，做到知己知彼。只有知道自己的优势和弱点，才能有效利用自己的优势并隐藏自己的弱点，而只有知道竞争者的优势和弱点，才能避开竞争者的优势并打击其弱点。不能找到对手的弱点，则打击不会有效；不能集中自己的优势兵力，则成果不可能扩大。而不了解对手的优势，则容易被竞争者抓住己方的弱点进行定点打击。在商场上做到知己知彼，才能百战不殆。

第二，选择合适的竞争优势，使优势具有独特性、感知性、营利性等特征。在分析行业环境的基础上，寻找一个概念使自己与竞争者区别开来。找到"敌人"的弱点，这个"敌人"可以是竞争对手，也可以是消费者。比如发现一个空白的市场，那么赶快占有它，空白市场就是消费者的弱点。

第三，传播并送达选定的市场定位，用相应的营销策略予以配合。找到合适的竞争优势之后，并不能自然产生成果，因为这个优势还没有有效传递到消费者，所以消费者的头脑就是企业的发力方向，企业要靠传播才能将概念植入消费者心中，并在应用中建立自己的定位。

STP 理论就是将三要素组合起来，是企业在一定的市场细分的基础上，确定自己的目标市场，最后把产品或服务定位在目标市场中进行一系列品牌战略行动。

## 第五节　营销组合理论

酒店开展电子商务往往需要通过营销的组合做市场推广，以达到最佳的市场营销效果。但是营销组合需要一定的理论基础指导，并不是随意采用几种营销方法组合起来。在基于互联网的电子商务领域，如何掌握开展市场（网络）营销的方法，又如何组合不同的营销方法，这就是营销组合理论研究的内容。本节概要地讲解了什么是营销组合理论，以帮助企业在互联网时代有效开展市场营销。

### 一、营销组合理论（4Ps）的发展

营销组合理论（4Ps）产生于 20 世纪 60 年代的美国。1953 年，尼尔·博登（Neil Borden）在美国市场营销学会的就职演说中首次提出了"市场营销组合（marketing mix）"这一术语，其意是指市场需求或多或少在某种程度上受到所谓"营销变量"或"营销要素"的影响。为了寻求一定的市场反应，企业通常要对这些要素进行有效组合，从而满足市场需求，以获得最大的市场利润。1960 年，杰罗姆·麦卡锡在《基础营销》（*Basic Marketing*）一书中将这些要素概括为四类：产品（product）、价格（price）、渠道（place）、促销（promotion），这就是著名的 4Ps。1967 年，菲利普·科特勒在其畅销书《营销管理：分析、规划与控制》第一版中进一步确认了以 4Ps 为核心的市场营销组合方法，奠定了产品、价格、渠道和促销的营销组合理论。

4Ps 营销理论站在企业的立场，比较注重对产品的推销，是从管理的角度处理市场营销问题。产品策略主要是指企业向目标市场提供各种产品满足消费者需求的策略。实现产品策略，注重产品的质量和生产。价格策略，指的是企业按照市场规律的价格浮动制定产品价格，以达到市场营销的目的。渠道策略，指的是建立多个销售渠道，与各个区域分销商合作，拓展销售渠道，建立多个合作关系，达到互利共赢的最终目的。促销策略，指的是企业以各种传播方式、销售行为刺激消费者，以使消费者产生想要购买的欲望。随着 4Ps 的应用和互联网的发展，该组合出现了它自身的局限性，如只追求产品质量和价格，缺少对消费者需求的关注，所以产生了许多无法解决的市场问题。后来又产生了以客户为中心的 4C（顾客、成本、便利、沟通）营销理论，进一步发展了市场营销的组合理论。本节主要介绍最基本的 4Ps 理论及其应用。

## 二、营销组合理论（4Ps）的内涵

菲利普·科特勒认为一次成功和完整的市场营销活动意味着以适当的产品、适当的价格、适当的渠道和适当的促销手段，将适当的产品和服务投放到特定市场。营销组合是企业为满足目标市场的需求而加以组合的可控制的变数。不同的因素通常有不同的内容组合，所指对象均为目标市场（见图2-6），以下为对其中各因素组合的内容分析。

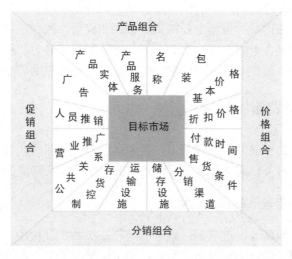

图 2-6　市场营销组合因素

（1）产品策略。产品是企业提供给目标市场的商品和劳务的集合体，它包括产品的效用、质量、外观、式样、品牌、包装、规格、服务和保证等因素。企业以向目标市场提供各种满足消费者需求的有形产品和无形产品的方式实现其营销目标，主要包括对产品的规格、样式、包装、品牌以及各种服务措施等因素的组合和运用。

（2）价格策略。价格是指企业出售商品和劳务所追求的经济回报，包括价目表所列的价格、折扣、折让、支付方式、支付期限和信用条件等，通常又称为定价。定价策略是指企业以按照市场规律制定价格和使其合理变动等方式实现其营销目标，包括对同定价有关的基本价格、折扣津贴、付款期限、商业信用以及各种定价方法和技巧等可控因素的组合运用。定价的一般方法包括成本导向、需求导向和竞争导向。

（3）渠道策略。渠道是指企业为其产品进入和达到目标市场所组织实施的各种活动，包括商品流通的途径、环节、场所、仓储和运输等，通常又称为分销渠道。渠道策略是指企业以合理地选择分销和组织商品实体流通的方式实现其营销目标，包括组合和运用分销渠道覆盖面、商品流转环节、中间商、网点设置以及储存运输等可控因素。

（4）促销策略。促销是指企业利用各种信息传播手段刺激目标市场进行沟通的传播活动，包括广告、人员推销、营业推广、公共关系与宣传报道等。因此，它包括品牌宣传、公关、促销活动等一系列营销方式。

产品、渠道、价格和促销是市场营销可以控制的关键因素，这四种营销要素的组合，其英文的第一个字母都为"P"，所以通常也称为"4P组合"。4P组合策略是市场营销学最核心的理论之一，也是企业市场营销的主要手段，由此形成了市场营销策略的组合策略，包括产品策略、定价策略、分销策略和促销策略。它们之间不是彼此分离的,而是相互依存、相互影响和相互制约的,并组合使用。开展市场营销活动不能孤立地考虑某一因素(或手段),因为任何一个因素的完善并不能保证营销目标的实现,需要对各种因素进行综合考虑、整体规划、合理编配、优化组合,使它们密切配合,发挥出系统功能,实现最佳的市场营销效果。它强调了围绕"产品",运用价格、渠道以及促销等手段实现差异化营销。

4P营销理论是系统观念在市场营销活动中的具体体现和运用,它涉及企业对市场营销活动的手段和方法的基本认识。在竞争激烈的市场条件下,企业要满足顾客需要,完成经营目标,赢得市场竞争的胜利,不能依靠某种单一的营销手段和策略,必须从目标市场的需要和市场环境的特点出发,根据企业的资源条件和优势,综合运用各种营销手段,形成统一的、配套的营销组合策略,通过企业上下各部门的协调努力、密切配合才能实现。4P营销理论是营销理论中最基本的营销策略,对电子商务实践产生了深远的影响。

## 三、电子商务背景下的4Ps

在信息无缝对接的互联网时代背景下,各企业纷纷探寻新时代背景带来的机会,改变自身营销组合策略,力争在这一具有里程碑意义的大变革中获取更多的市场份额。

### (一)电子商务背景下的产品策略

在线下实体店,消费者走进店铺,能够看到产品实物,并使用产品。但是,在电子商务背景下,消费者无法亲自体验商品。因此,这是电子商务在产品策略方面首先要克服的缺点。在线购物过程中,通过产品信息的呈现,让顾客可以马上知道商品的特点,这不是一般销售人员所能够提供的。以下是关于有效呈现电子商务产品详情并实现顾客转化的九种方法。

(1)明确产品名称。一般来说,产品名称越长越好。这是因为,一方面名称中的每个词都是自然搜索的潜在关键字。与此同时,更长的产品名称使客户更容易准确地找到他们想要的东西。在互联网页面上,客户无须点击浏览每种产品,他们只要扫描产品名称即可找到他们想要的产品。

(2)将产品说明的重点放在消费者身上。在撰写产品说明时,人们很容易在例如尺寸、重量、电池寿命等规格上花费许多口舌。尽管这些问题很重要,但产品描述的主要重点应该放在产品如何使消费者受益上。这意味着需要了解目标客户,包括他们的需求、问题、愿望以及他们用来描述这些内容的语言,从而用合适的措辞撰写产品说明,以迎合客户的需求,解决客户的问题,并满足客户的愿望。此外,产品说明还应当做到:易于快速浏览,没有晦涩的专业术语,充满必要的关键信息,帮助客户消除误解,回答客户的相关问题,等等。

(3)价格要清晰明了。对于许多购物者而言,价格是他们是否购买的主要驱动力。如果他们无法轻易找到价格,他们可能会变得警惕起来,并在其他地方购物。因此,商家应将价格放在突出的位置上,如果某个产品有折扣,应该清晰地划掉旧价格。

(4)提供明确的行为指令。如果在产品详情页面里明确列出了产品的主要优势,消除了潜在的异议,并回答了潜在客户的疑问,这就等于向客户发送行为指令。在大多数情况下,这个行为指令是以"添加到购物车"按钮呈现的,以方便客户随时操作。行为指令应该放在显眼的位置上，并且要尽可能简洁，尽一切努力使客户的购买、结账过程顺利进行，并尽量减少其中的交易阻力。

（5）使用多张高分辨率图像。电子商务网页与实体店的不同点在于，潜在客户无法实际接触网站中的产品。这种差异使高清晰度的产品图像必不可少。在电商网页上，用图片从多个角度展示商家的产品，以便潜在客户可以全方位了解它们的外观。此外，在详情页中放入能够展示产品使用过程的图片，可使潜在客户进一步了解使用该产品时的样子。

（6）使用视频。视频对电子商务产品页面越来越重要，因为相比图片它们可以显示商家产品的更多方面。研究结果表明，数据显示出视频对详情页的重要性，视频可以使产品详情页面转换率提高84%～144%。为什么视频如此有效？原因有三个：第一，如果商家的产品可能让客户觉得难以使用，那么视频可以证明它实际上的操作有多么简单；第二，如果客户想知道某些商品功能之间的差异，视频可以快速准确地将其描述出来；第三，这或许是最重要的一点，视频能帮助客户想象出自己使用产品时的具体场景。

（7）引入"社会认同"。现实情况是，比起公司、广告商和营销商的宣传话语，人们更信任身边的人。营销人员的核心目的是销售产品，这使得他们更有可能夸大收益并淡化任何潜在问题。在讨论产品时，身边的人所给出的评价更有可能是客观的。这就是社会认同（如客户评论）如此重要的原因。一些统计数据（可能有夸大成分）表明，用户评论比营销声明有用12倍。虽然数字本身可能并不准确，但是客户评论对于每个电子商务页面都是绝对必要的。在社会认同方面，可以使用用户评论、社交媒体帖子、专家推荐等。根本目标应当是让潜在客户认为：他们购买该商家的产品是明智的选择，而且他身边使用过此产品的人都拥有良好的体验。

（8）让用户轻松地比较产品。潜在客户往往认为，他们所看到的第一个产品并不是他们的最佳选择，他们可能想要其他的颜色、样式、大小等。商家通过在产品详情页推荐和比较其他产品，可以维持潜在客户的注意力并使他们更趋向于购买。在理想情况下，详情页可以使用历史数据（所有客户的宏观购买趋势）以及重新定向（如浏览历史记录），以提供个性化的建议，当然，这些建议都以迎合消费者的口味为宗旨。

（9）激发信任。一般而言，目标客户中总会有一部分人不愿在线购买，也许他们有过不愉快的网购经历，或者他们是从未网购的老一辈人。对于这些人，将信任元素添加到商家的产品页面可以大大增加他们的购买概率。信任元素包括如下几种：明确的退货政策、退款保证、与客户服务代表实时聊天、保修政策、配送细节等。这些信任元素向客户传递了一个信号：如果他们遇到问题，商家会竭尽所能将其纠正。当商家可以与犹豫不决的客户建立信任关系时，就会增加销售机会。

另外，客户定制的购买方式也会赢得更多的回头客，并使批量购买变得更容易。企业可以将小礼品和客户购买的商品"捆绑"在一起寄给客户。比如，给在线购买打印机的客户额外赠送墨盒。我们可以通过客户定制满足不同顾客的需求。例如，某国际运动鞋品牌提供客户定制运动鞋的服务。消费者可以自己设计运动鞋，并可以看到自己设计的运动鞋样品，再决定是否购买。

**（二）电子商务背景下的定价策略**

在电子商务组合中，定价是一件比较难的事情，因为它需要考虑很多方面。传统的定价法基于生产成本，重点考虑客户数量和竞争者的价格等因素。后来，网上商店的出现，导致价格竞争尤为激烈。对于网上商店而言，许多成本，比如库存成本、员工成本的消失，给传统的零售商带来价格压力。但是，相比于传统零售，电子商务的消费者对价格表现得更为敏感，商品定价的合理与否变得极为关键。

电子商务背景下的定价策略需要充分考虑以下三个因素。

1. 成本因素

明智定价的前提是要清楚自己的实际综合成本。一般说来，电子商务卖家的实际成本包括进货成本+物流成本（快递成本+破损率）+售后维护成本（包括退货、换货、破损率）+其他综合成本（人工成本、促销成本、物流包装成本等）。另外，入驻进口电子商务平台的卖家还要加上平台推广成本、平台年费等。作为资金实力不是特别雄厚的中小卖家，对于商品的促销和推广投入成本应该谨慎并且有非常详细的预算，一般建议采用如下公式：(产品进价+物流成本)×10%-35%。如果超过成本40%，运营压力会非常大，相当于店铺在本质上长期处于亏损阶段了。

2. 市场竞争因素

市场竞争因素也是影响产品定价的关键因素，尤其是新店或新手卖家，采取根据市场上同类商品竞争结果的可销零售价格反向推算自身价格的定价方法会比较稳妥。比如，在淘宝等大型电子商务平台选择自身的产品类目，统计搜索页面前10页的产品价格做一个平均价格水平调研，再综合自身成本情况进行定价。一般而言，在自身产品没有显著溢价能力或差异化优势的情况下，中等偏下的价格水平最具市场竞争力。如果有条件，还可以针对消费者进行定价测试。比如为产品制作两个引导页，其页面的内容完全一样，只是价格不同。在一段时间之后，商家就可以知道哪个页面的销售成绩更好，从而选择合适的销售价格。

3. 品牌调性与目标客户因素

品牌文化、市场定位以及目标客户群都影响着产品的定价。根据产品品牌价值确定合理的目标客户群，了解他们的平均经济水平、消费观念、价值偏好、喜欢的价格区间等信息，能够让商家的定价更符合实际，更易获得认可。

针对上述因素，电子商务背景下的常用的定价策略包括以下四种。

(1)产品组合定价策略。传统电子商务一般采取2：7：1的产品组合定价策略。对20%的产品一定要定低价，可在打造引流爆款的同时在消费者心中营造出整个店铺性价比较高的印象；对70%的产品可参考行业整体市场的平均水平，依照公式[低价+(高价-低价)×0.618]设计出中等价位。这是电子商务领域用得比较多的定价方法，公式最早来源于统计学，里面的低价与高价是指同类型竞争产品的最低定价与最高定价。实践证明，这个黄金分割点上的价格可以让卖家盈利，也可以让买家满意；另外，对10%的产品需要定高价，用于提高店铺档次和形象。

(2)阶段定价策略。阶段定价策略就是根据产品寿命周期各阶段不同的市场特征而采用的不同的定价目标和对策。一般原则如下：投入期以打开市场为主，成长期以获取目标利润为主，成熟期以保持市场份额、利润总量最大为主，衰退期以回笼资金为主。比如，对市场周期短、款式翻新快的产品，刚上市时可采用高价位，以尽快收回成本，留下足够降价空间，在出现竞争者后再逐步降低价格；而对市场需求量大、价格敏感度高、能通过多销获利的产品，可以用渗透定价，即以一个较低的价格打入市场，以便短期内获得市场占有率。

（3）促销类定价策略。促销类定价一般用于特定时间点或特定商品，以达到短期提高销量的目的。常用的方法有：团购式定价法，只要预购人数超过一定数量，就给予较大力度的优惠价格；抢购式定价法，设置具有时效性和数量限制的优惠商品，刺激规模消费；会员积分式定价法，会员积分可兑换现金折扣，鼓励老客户消费；与产品未来利润增长挂钩的持续回报式定价法，承诺在一定时期内如商品价格发生变化，卖家可予以差价返还，此法适用于价格波动比较大的产品。

（4）心理性定价策略。这是运用小技巧让消费者感到心理满足，从而刺激消费的定价策略。常见的方法有：小数点定价，把产品价格精确到小数点后一位，制造精准感；分割线定价，将上百元的整数价格细分，按照最小的计量单位报价，比如市场上普遍卖 200 元的商品你卖 198 元，会比较容易让用户感受到实惠，促成消费；高开低走定价，先定一个较高价格，再根据市场变化逐步调整定价。比如，相对于直接将产品定价为 398 元，运用"796 元打五折，优惠后为 398 元"的定价话术，效果会更好。

### （三）电子商务背景下的渠道策略

近十几年来，互联网经济强势崛起，电子商务为人们带来了更低廉的商品和更方便的购物体验，创造了新一轮的渠道繁荣。但是当互联网人口发展到一定规模，电子商务的增速就会放缓，发展就会遇到瓶颈，互联网的广告、引流和转化成本也会不断上升。另外，互联网也有先天的弱势，即互联网是一种虚拟的购物场景，难以满足人们在休闲、体验、社交等方面的需求。因此，销售方必须保证商品在合理的时间递送给消费者，从而使渠道建设非常重要。网络渠道涉及在网站的什么位置上放置电子商务的链接。了解客户人群的特点并了解该类人群常去的网站，将有助于找到更有效的网络渠道放置广告和链接。

为了应对这种市场结构的变化，线上+线下的全渠道模式已经成为很多企业的首选方案。在全渠道模式的转换过程中，需要注意以下三点。

（1）厘清线上、线下渠道的关系。线下店面的存在有助于更快地取得顾客的信任，但是，线上业务的开展借助大流量也具有较大的机会。线上和线下不是非此即彼的关系，缩短二者之间的路径，竞争优势就会得到凸显。

（2）先开始线下经营就要增加线下老顾客的转化，前期更有效的办法就是借助强有力的第三方平台，在稳定了老顾客后，再增加以店为核心的小程序和社群运营。

（3）线上直接切入，要能和线下产生链接点，比如借快递驿站取件的客流，还有就是异业联盟，以及通过第三方外卖平台，等等，这些都需要做好相关的链接。

### （四）电子商务背景下的促销策略

在电子商务和 O2O 领域，促销是运营人员的一个主要的让利行为。促销活动期间的购买量也较之普通活动期更高，在不同的阶段，对于促销的要求也是不同的。促销实质上是一种沟通活动，即营销者（信息提供者或发送者）发出刺激消费的各种信息，把信息传递给一个或更多的目标对象（即信息接收者，如听众、观众、读者、消费者或用户等），以影响其态度和行为。下面介绍五种电子商务常用的促销方法。

（1）买赠。买赠即消费者在购买商品时，会获得额外的赠品。以免费为诱因，让产品看起来更加划算，刺激消费者购买商品。赠送不同的赠品有不一样的目的，通常用以下三种赠品方式展开活动。

① 赠送新品。有些新品刚上市时，产品的知名度不高，用户在接受时存在种种障碍。以试用的方式将新品作为赠品进行推广，除了可以让用户接触新品，提高新品的认知率，还可以让用户通过亲身体验、试用新品，提高对新品的感知，进而产生试购行为。

② 赠送金额较低的同款产品或关联产品。赠送的同款产品或者关联产品实用性较高，直接对消费者让利。例如，"购买电动牙刷赠送牙膏""买 500mL 浴液的消费者送 100mL 浴液的旅行装"等，都属于这种方法。在物质上，同样的价格消费者获得了更多的产品，更加划算；在心理上，消费者会产生实惠的感觉，增加对产品的好感度。

③ 赠送同款。赠送同款属于力度较大的促销手段，主要应用场景有三种。第一种是在公司周年庆等主题活动时，通过这种大力度的促销，回馈消费者，在维系与老客户的友好关系的同时扩展新客户。第二种是产品的销量不佳，库存积压，公司为了清理库存而进行"买一送一"等促销活动。第三种就是当产品要退出市场时，利用赠送同款的方式使产品尽快撤出货架。

（2）团购。团购是指消费者联合起来，按商家的要求组成一定人数的小团体，即可享受优惠价格，根据薄利多销的原理，参与团购的消费者可以用低于产品零售价格的折扣价购买商品。在我国，团购最出名的就是拼多多，拼多多利用团购营销策略，正吸引着越来越多的用户。拼多多通过用户在微信朋友圈等社交平台上分享团购信息，实现社交裂变，精准触达更多目标用户，利用顾客的关系网络实现拉新促活，大幅度提高产品的销量。

（3）满减。满减即用户购物满多少金额后，立即减价多少元。除了在同一店内使用，有时还可以跨店使用。这种促销方式主要是促使消费者为了凑够满减价而购买一些可能在原计划外的商品，通过凑单带动其他产品的销量，从而提高客单量。

（4）换购。换购即在购买原商品后，可以用较低的价格购买原价较高的商品。当我们在淘宝上支付订单之后，会跳出"以××的价格即可换购原价为××的某商品"的界面，就是运用了换购的方法。换购将商品的原价与优惠价都标注出来，形成鲜明的价格差对比，更容易激发消费者的购买欲望，提升主品的带货率。

（5）预售。预售是指在产品销售之前提前下单的行为，是近几年电子商务平台运用较多的促销手段之一，尤其是在"6·18""双 11"等大促期间。预售商品一般为价格较正式商品低的商品或者有更多的赠品，因此也属于促销方法之一。站在消费者的角度来看，他们获得了实质性的优惠。此外，预售的付款分为定金和尾款两部分，总价被拆分为两次支付，每一次支付的价格都会相对较低，消费者也就不会那么"心疼"。而对于商家来说，他们可以根据支付定金的人数确定总订单量，从而决定要生产的商品总数，合理调控商品的销售产量。

## 第六节　大数据理论在酒店营销中的应用

进入互联网时代，尤其是移动互联网的广泛应用，大数据技术及相关理论已成为企业开展电子商务应用的关键技术理论，当今的商务环境进入了真正意义的大数据时代。实践表明，由于移动互联网的应用，数据的收集形成企业经营所需的数据中心已成为可能，借助于这些数据，企业就可以开展更加有效的网络营销或精准营销，提高电子商务的收益。由于大数据应用理论涉及很多方面，有技术的，也有管理的，更有营销方面的，本节主要介绍大数据在内容营销和精准营销方面相关的理论应用。

## 一、大数据的内涵及其商业意义

进入互联网时代以来，大数据越来越为人们所重视，在企业经营中，管理人员越来越多地意识到数据对企业经营的重要性。在电子商务实践中，了解大数据对企业电子商务的开展尤其重要，它为在企业发展过程中全面洞察经营方向提供了前所未有的空间和潜力。因此，作为企业管理者了解大数据的内涵以及大数据应用的商业意义就显得非常必要。

### （一）内涵

大数据时代的到来，彻底颠覆了此前的市场营销模式与理念，导致企业经营整体发生变革。根据中文互联网数据研究资讯中心的定义，大数据是指那些用现代常规处理技术无法处理的海量数据，这些数据往往成为传统计算可望而不可即的无用资源。在维克托·迈尔-舍恩伯格及肯尼斯·库克耶（Viktor Mayer-Schönberger）编写的《大数据时代》（*Big Data: A Revolution That Will Transform How We Live, Work, and Think*）中，大数据指的是采用所有数据进行分析处理，而不是抽样数据。总之，大数据是指无法在一定时间内用常规软件工具对其内容进行抓取、管理和处理的数据集合。2013年，IBM白皮书《分析：大数据在现实世界中的应用》赋予了大数据四大特征（4V）：数据体量巨大（volume）、数据类型多样（variety）、处理速度快（velocity）及价值密度低（value）。

对于企业来说，大数据的内涵就是对企业洞察经营有用的数据，或者能洞察企业隐含的价值和优势，通过分析工具能获取企业发展先机或业务扩展先机的数据集。通常，企业通过自己经营的数据中心数据，结合外部的互联网数据，对数据进行有目标的分析，实现用数据助力企业发展。在企业里，信息系统下面的数据集、电子商务平台下的数据集、云服务端下的数据集等都是企业大数据的组成部分，具有企业的资产特征和市场特征，利用好这些数据，可以为企业创造巨大的价值。

### （二）商业意义

大数据的商业意义主要包括以下五点。

第一，挖掘用户行为数据和潜在需求。消费者对于大部分产品的消费是基于自身需求，而不是被动地消费企业生产的产品，如果通过大数据分析并设计消费者需要的产品，便可使企业产品更符合市场的需求，从而更贴合消费者对于产品的体验。

第二，帮助企业开展低成本、精准化营销。通过大数据技术，可以帮助企业对客户资源进行精准锁定、定位服务。在企业正常的运营过程中，客户资源的挖掘方式、具体情况和分布情况等，可使企业在品牌推广、区位选择、战略规划方面更有把握，从而选择更适合企业的营销活动平台、推广方向，提升企业运营效果。

第三，优化内部管理，提高企业工作效率和服务质量。因为有了大数据，企业的重大决策将不再只依靠领导者和智囊团的个人经验和直觉，而是让数据说话，通过数据分析，让经营决策变得更科学。

第四，挖掘全新的海量信息流将为公司业绩带来革命性的提升，优化合作伙伴和销售渠道，也将导致企业管理决策文化的变革。

第五，变革商业模式，引领时代潮流。随着大数据思维的不断流行和技术的不断发展，主流的商业模式将逐渐演变为以大数据为基础的产业互联网。主流的创新模式将是在物理世界、网络世界和数据世界中自由穿行的创新，未来会有一种主流的商品，那就是数据应用商品。

酒店行业大数据的营销实践在一定程度上体现了营销方面的变革趋势。

（1）消费者行为数据化。移动互联网的发展带来数据流的膨胀，消费者行为皆可被量化，各类数据通过深度挖掘皆可成为营销的依据，形成了以数据为核心的营销闭环。

（2）广告营销操作更加智能化。大数据通过受众分析，帮助广告主找出目标受众，预估和调配广告投放的内容、时间、形式，完成广告的整个过程。大数据使得广告营销操作更加智能化，投放效果更明显。

（3）个性化服务实现高效能转化。消费者大数据的管理使得营销策略定位于接触点策略，投放有针对性的广告、提供人性化的客服信息和个性化页面等，让个性化营销效能更突出。

## 二、内容营销

内容营销与传统营销方式最大的不同之处就是它不通过广告直接向消费者传达信息，而是通过创作与企业品牌有关联的优质内容吸引和保留目标受众，它提供的是一种有价值的服务，如软文、短视频、直播、综艺，甚至是游戏等内容表现形式。可以说，内容营销是数字化营销时代的核心，在开展电子商务的实践中，了解内容营销并指导电子商务的实践是企业数字经济增长的关键理论。

### （一）内容营销的内涵

内容营销是以提高顾客忠诚度为核心的策略，也是一种关注价值体验创造的策略，尤其是大数据的出现，使内容营销更具实用意义。在内容营销语境下，企业所建立的内容平台能让人们互相帮助、分享有价值的信息、丰富社群，同时能帮助企业在社群中成为思想领导者。平台上的内容是有吸引力的、方便分享的，最重要的是能够帮助顾客（自行）找到他们想要的关于产品或服务的信息。

在新媒体时代，内容营销包括专业生产内容（professional generated content，PGC），更重点突出算法生产内容（computer generated content，CGC）和用户生产内容（user generated content，UGC）。其中，PGC是指由专业的人或者团体生产更权威的内容，更加重视内容制造专业性，以转化或吸引更广泛潜在的用户关注。而CGC则是利用用户的相关行为通过数学算法推测出用户可能喜欢的东西进行个性化推荐的生产模式。个性化推荐实现了对传统被动服务模式的突破，能够更好地利用多种资源优势，主动地展开满足用户个性化需求的全方位服务。UGC 则指用户以任何形式在网络上发表其创作的文字、图片、音频、视频等内容，是 Web2.0 时代下一种新型的网络信息资源创作与组织模式，也就是所谓的"众包"模式。

内容营销通常有四个维度。第一个维度是知识型内容，具有一定的专业性，与消费者紧密相关，是消费者真正关注的、对消费者有帮助的内容，与内容营销定义中"有价值的信息"相吻合。知识型内容主要包含三个要素，即专业、有用、可靠。这些要素主要立足于行业视角，创建的内容将价值信息传递到产品和服务之外，提供行业内最专业的内容，打造专家的品牌形象，提升品牌在消费者心中的可信度和感知价值，进而提升品牌的忠诚度。第二个维度是娱乐型内容，能够激发消费者兴趣，抓住消费者的好奇心而提供关于社会热点、创意营销或品牌故事等内容。娱乐型内容营销包括热点、创意、轻松和独特四个特点，这些特点能够引起消费者的兴趣，满足消费者的娱乐的需求，给消费者带来愉悦的心情和美好的感觉。第三个维度是情感型内容，企业以情动人、以爱感人，用朴实的内容和感性的交流营造情感氛围，建立品牌与消费者之间的情感链接，以此实现与消费者的共鸣。有感情的内容能够温暖人心，充满正能量，能有效地契合消费者的情感经验，在朴实、真诚的内容中潜移默化地影响消费者，释放消费者的压力，快速找到消费者沟通的痛点和兴奋点，从而使其产生对品牌的偏好和购买欲望。第四个维度是互动型内容，促进消费者和企业、消费者和消费者、消费者和媒介产生相互作用的内容。从心理角度来说，互动型内容可以促进消费者在交易过程中追求情感、被尊重、被认可、自我实现等更高层次心理需求的满足。从行为角度来说，互动型内容是由一定的动机所驱动的消费者关注企业或品牌的一种行为表现。

### （二）内容营销的特点

在互联网的情景下，社会化媒体时代内容营销的特点主要有以下四点。

第一，从"单一媒体"到"媒体整合"。内容营销意味着创建出有价值的免费内容对客户产生吸引作用，实现用户的内容共享，并在这一过程中扩大产品影响力，将潜在客户转化为实际客户，将普通用户转化为忠实用户。首先，营销的内容只有免费，才能在最大程度上吸引客户。在免费的基础上，内容营销更加注重对媒体的整合，使内容以最快的速度到达传播媒介，并在全媒体平台上被传播，这就需要媒体整合的技术。其次，内容的多元性可以成为消费者体验的一种形式，可以将受众接触信息的广度与深度进行拓展。最后，通过对媒体进行整合抓住每一个媒介的特点，最大程度吸引受众注意，通过提升用户体验传达有价值的内容，能够最大程度提升内容营销的效果。

第二，从"突出产品"到"融入环境"。在内容营销 3.0 时代之前，营销的内容更突出产品或者品牌的信息，而在 3.0 时代产品信息不再被突出。这一阶段的内容营销强调以人为中心，通过在营销过程中创造出与受众群体生活紧密相关的原生内容和环境，使传播内容融入用户的生活环境。内容营销 3.0 时代注重内容生成的实效性，顺应内容传播新闻化、事件化的趋势。

第三，从"发现兴趣"到"引爆兴趣"。内容营销是典型的注意力经济，从植入营销阶段，传播内容便着力寻求消费者群体的注意力。在信息时代，消费者的信息获取量和注意力都十分有限，消费者都希望在有限的时间中最大限度地获取对自己有价值的信息。因此，内容营销需要抓住精准营销的精髓，通过数据对消费者的兴趣点与关注点进行挖掘，使得内容更加具有针对性，迎合客户的兴趣。只有精确了解客户群体的偏好，内容营销才能够引爆消费者的兴趣，提高关注度。

第四，从"消费者"到"合作者"。新媒体的出现，使人们与媒介之间的距离更近。在"人人都有麦克风"的时代，传播信息的方式发生了很大改变，用户群体的信息参与度大大提升。内容营销的核心是为用户群体提供有价值的内容，所以借助内容打动消费者，就要使消费者从过去内容的接受者转变为传播的参与者，成为内容营销的合作者。一方面，内容信息的病毒式传播能够使企业以最小的投入获取最大的传播效果；另一方面，参与式传播能够强化消费者自身与品牌的情感沟通，有效提升对产品与品牌的忠诚度。

### （三）内容营销的 4P

英特尔前全球营销战略总裁帕姆·狄勒（Pam Didner）在《首席内容官》（*Global Content Marketing*）一书中指出内容营销由规划（plan）、制作（produce）、推广（promote）和完善（perfect）四部分组成。

（1）规划：针对目标受众，策划内容营销，使生产内容与营销目标保持一致。

（2）制作：制定战略活动主题并制作与国家和区域文化相关的故事，再利用相关工具和数据不断优化内容。

（3）推广：针对目标市场，建立一个借助社交媒体或付费媒体的内容推广计划。

（4）完善：不断优化和测量内容营销的效果，以形成持续完善的反馈体系。

内容营销有别于传统营销之处在于它以价值内容为基础，强调跨媒介、场景化、IP 化营销手段的运用。一是跨媒介平台营销，多媒体内容发布。利用微信、微博、博客、论坛等众多平台构建垂直社群，发布新闻稿、视频、软文、案例分析、课题报告、电子书等有助于体现品牌信息的任何形式的作品内容。二是立足场景与沉浸感，优化客户体验。场景体验营销是企业通过开发体验产品和营造体验情景，吸引顾客参与互动，从而形成体验价值并加以实现，以达到企业经营目标的一种创新商业模式。三是价值内容 IP 化，推动流量变现。IP 营销是指通过将 IP 本身的内容与品牌内涵联系起来，借助 IP 的群众基础捕捉产品的推广对象，从而实现营销目的。这种营销手段更多侧重对产品内涵的推介，受众往往是在理解了产品品牌内涵之后才做出消费选择。

## 三、精准营销

1999 年，美国的莱斯特·伟门（Lester Wunderman）提出了精准营销（precision marketing）的概念。精准营销被定位为一个营销的学科和理论：它是以科学管理为基础，以消费者洞察为手段，恰当而贴切地对市场进行细分，并采取精耕细作式的营销操作方式，尤其是大数据技术的出现与应用，将市场营销做深做透，进而获得预期的营销效益。

### （一）精准营销的内涵

精准营销是非常时髦的一个营销术语，是指充分利用基于大数据的各种新式媒体，将营销信息推送到比较准确的受众群体中，从而既节省营销成本，又能起到最大化的营销效果。这里的新式媒体指的是除报纸、杂志、广播、电视之外的媒体。精准营销就是在精准定位的基础上，依托现代数字技术的大数据手段建立个性化的顾客沟通服务体系，实现企业可度量的低成本扩张之路，这是态度网络营销理念中的核心观点之一。因此，企业需要更精准、可衡量和高投资回报的态度型营销沟通，注重结果和行动的营销传播计划，并越来越注重对直接销售沟通的投资。

大体而言，精准营销包括以下三个层面的含义。

第一，精准的营销思想。营销的终极追求就是无营销的营销，营销的终极思想就是逐步精准锁定目标客户群。大数据技术寻找可以更好地满足市场营销业务需求的目标对象。通过对数据的整合分析，可以得出清晰的用户画像，了解用户的个性与需求，从而实现一对一的精准投放和服务。例如，拥有强大的数据管理平台（data management platform，DMP）的 TalkingData，能对超过二十亿移动受众人群的数据进行汇聚、清洗、萃取，结合一系列算法模型，输出人群分类标签数据体系和目标受众分析工具。由此，企业可以更加精准地找出目标受众，进行针对性的广告投放。

第二，实施精准的体系保证和手段。这种手段是可衡量的。运用大数据对消费者的需求进行筛选和聚合，使精准营销的层次得到进一步提高。在大数据技术的支撑下，可以得到清晰的目标受众定位，有效细分人群，提供针对性较强的个性化聚合服务。它改变了以往精准营销提供综合性服务的局面，大大提高了营销的实际效果。

第三，通过精准营销达到低成本、可持续发展的企业目标。大数据技术使营销投入，尤其是广告投入，更加准确，从而大大提高广告的转化率和收益率，降低成本。在大数据的支持下，可以挖掘与消费者相关的大量数据信息，从中分析消费者的基本属性、兴趣爱好、消费习惯、消费需求等，从而更加准确地定位目标受众并进行细分，再运用人群定向技术，精准地向受众投放针对性的广告。这样的精准投放，改变了以往大范围、无目的的广泛投放模式，可大大节约广告投放成本，避免浪费。同时，精准的广告信息往往能主动迎合消费者的需求，更容易使其对产品和服务产生好感，从而大大提高广告的转化率和回报率。企业在大量的数据支持下进行正确的市场营销，可以将营销成本控制在最低限度，从而提高品牌价值，最终实现低成本发展的企业目标。

精准营销也是当今新时代企业营销的关键。如何做到精准，这需要系统化、数字化的电子流程，有的企业会通过营销做好相应的企业营销分析，如市场营销状况分析、人群定位分析，最主要的是充分挖掘企业产品所具有的诉求点，实现真正意义上的精准营销。

### （二）精准营销的步骤

具体而言，精准营销可分为六个阶段：确定目标、收集数据、分析与建模、制定战略、过程部署和评估。

第一，确定目标。制定明确、可量化的目标是执行精准营销的第一步。在建立目标之前，企业需要回答以下问题：最希望实现哪些营销目标或业务需要？想要解决哪些问题？目标是否可测、可实现，是否具有相关性与适时性？然后，企业才可以在以下四个目标中进行选择：客户保留、客户增长、客户激活和客户获得。

第二，收集数据。数据是洞察客户的关键，它可以帮助企业深入了解顾客，并与之建立更密切的联系。数据收集过程需要明确数据收集对象与渠道。互联网的发展为企业提供了丰富的数据来源,这要求营销部门与预测分析团队密切合作,更加全面地收集客户数据,以充分了解不同消费者的偏好以及购买习惯,并据此准确、有针对性地推送最适合他们的产品或服务。

第三,分析与建模。分析模型是将原始数据转化为丰富客户信息的创造性工具。一般而言,数据分析建模过程包含分析已有数据,利用数据培养洞察力,在此基础上进行预测。通过各种技术、软件工具和资源,营销人员可以依据情境构建不同的模型,帮助企业选择正确的客户,利用正确的渠道在正确时机向顾客分享正确信息。

第四,制定战略。战略是企业制定的长期愿景与规划。将丰富的原始数据转化为珍贵的商业信息后,企业应在此基础上制定战略,明确未来发展方向。在战略制定阶段,数据及内外部环境的变化是战略制定的前提,分析团队应将数据进行更深入的挖掘、分析与建模,整合多种营销渠道,确保营销战略切实可行。

第五,过程部署。在制定企业整体战略规划之后,企业应根据战略制定每一阶段具体的过程行动计划。精准营销的过程部署即具体的战术规划,在此阶段企业应将关联性信息与目标客户以可预测的方式整合,设定合理的规划监测选定的渠道。通过策划营销活动、整合营销渠道、管理客户信息与客户互动等,实现投入回报最大化。

第六,评估。评估是精准营销的最后一步。众所周知,在管理过程中,只有能够被衡量的事物才能被管理,因此,精准营销的评估标准既要符合业务目标,其结论还能用业务术语进行描述和量化。一方面,评估确保活动可度量,帮助营销人员判断哪些投资有价值,哪些没有回报,是否达到预期目标。另一方面,根据评估结果,企业可以及时调整营销目标和战略,并通过进一步搜集数据、分析建模等,形成精准营销闭环。

### (三)精准营销模式

大数据背景下的精准营销是指基于多平台的海量数据,在大数据技术的基础上,应用于互联网广告行业的在线营销方式。大数据营销依托多平台的大数据采集,以及大数据技术的分析与预测能力,能够使广告更加精准有效,给品牌企业带来更高的投资回报率。其对于营销决策模式的影响可总结为以下三个方面。

(1)营销决策过程从被动变为预判式(有数据,有依据,可研判,可分析)。

(2)决策方式由业务驱动转变为数据驱动(不再依赖对业务现状的掌握,数据利用能力是核心竞争力)。

(3)决策主体由小众化转变为大众化(不再是企业高管层,而是以大众数据来源为基础)。

在精准营销模式的实施框架中,以客户为本作为核心价值观,从策略、流程、技术三方面着手,实现精准营销模式的实施。其中,策略指营销策略;流程是由客户获取、客户培育、客户挽留组成的最佳管理实践流程;技术则是基于用户信息的数据分析和数据挖掘。首先要保证精准营销理念在整个组织中有效贯彻,以保证战略决策者、方案制定者和活动执行者必须充分理解和认可精准营销的理念,并能做到融会贯通,可以制定彰显这一理念的相应的营销策略和方案;其次通过流程穿越、流程改造等方式,在不断的创新和探索中建立与客户互动的有效行为模式;最后不断提升技术水平,充分利用技术实现精准化。实践表明,坚实的技术后盾是精准营销理论落实的保障,使技术具有可操作性,并在很大程度上推动了营销精准化的进程。

策略、流程、技术三个方面的能力是精准营销能力的有机组成，三者相辅相成，缺一不可。策略对流程有战略性的指导意义，因为策略构成中的营销策略是建立在最佳管理实践的流程之上的；流程必须建立在技术的基础上，因为数据挖掘与分析模型是客户细分与分析的基础，而后者则贯穿最佳管理实践流程的始终；数据挖掘与分析所使用的海量数据，则来源于业务系统中沉淀的用户信息。精准营销模式的核心是"以客户为中心"，更加注重"目标客户"，在识别出目标消费者后，聚焦目标客户群，分析目标客户群的需求，然后为这一特定群体推出最适合的细分产品，制定适应目标客户群的价格，通过相应的渠道和传播、促销方式进行产品营销。要达到这一目的，就需要对客户的特征进行具体的分析。

整体而言，策略、流程和技术组成了酒店业精准营销的基本架构，促进了精准营销的驱动者、行动方案和可行性保障三方面的紧密结合。同时坚守以客户为出发点的立场，确保客户在整个精准营销活动中始终处于核心地位。策略、流程、技术三个方面的能力既是精准营销能力的有机组成，也是数字化营销的模式要素。

基于大数据营销的精准营销的核心在于让网络广告在合适的时间，通过合适的载体，以合适的渠道和方式，投给合适的人，即精准数据+精准分析+精准推送。

1. 精准数据

当下，企业拥有复杂的数据源，包括静态信息数据和动态信息数据。其中，静态信息数据是指用户相对稳定的信息，包括人口属性、商业属性等方面的数据。这类信息自成标签，如果企业有真实信息则无须过多建模预测，更多的是数据清洗工作。而动态信息数据则是指用户不断变化的行为信息，包括用户数据（各种活动数据、电子邮件订阅、在线或离线数据库以及客户服务信息）。这是一个累积数据库，其中最基本的部分是如何收集网站以及App用户行为数据。比如，在消费者登录公司网站时，小型文本文件（cookie）仍保留在浏览器中。目前，精准营销情境下精准数据主要是指动态的信息数据。

2. 精准分析

在移动互联网环境下，用户不断变化的行为信息都能够被记录和收集。当行为集中到互联网，乃至电子商务平台或应用的小程序，用户行为就会聚焦很多。通常，在浏览网页的过程中，用户的触摸动作、点击位置、按钮、喜欢、评论、粉丝和访问路径等，都有助于对该消费者进行记录和识别。然后企业继续分析、查看其关键字和页面，以分析他的短期需求和长期利益。企业还可以通过分析朋友圈非常清楚地了解他人的工作、爱好、教育等，这比个人填写的表格信息更全面，更真实。

这一过程被称为"用户画像"。用户画像的焦点工作就是为用户打"标签"，而一个标签通常是人为规定的高度精练的特征标识，如年龄、性别、地域、用户偏好、消费要求等，最后将用户的所有标签综合起来，就可以勾勒出该用户的立体"画像"了。这就是可以识别和记录客户真实需求的精准分析。

3. 精准推送

精准推送通常是指新媒体根据对大数据的信息化处理，从而将人们想看的新闻、视频、段子、商品信息等置于优先位置，推送给特定的用户。在传统媒体媒介中也存在精准推送，如报纸的不同版面、不同主题的电视台、广播不同波段的不同主题等也属于精准推送范围。简单来说，就是根据不同用户的使用、观看、浏览、购买等一些爱好，通过大数据分析处理，使其个性化，发送给想要使用、观看、浏览、购买的用户群体，形成精准推送的系统化操作。信息推送的核心是大数据分析，很大程度上是用户想要的内容，也是精准营销的关键所在。实践表明，通过算法精准推送满足了人们多元化、个性化的信息需求，同时通过定制化、智能化的信息传播机制，实现了用户与信息的快速精确匹配，大大降低了电子商务中信息传播和获取的成本，为生活和消费带来便利。但是，算法推荐在高效与便捷的同时，也引发了诸如大量低俗劣质信息的推送、大数据杀熟等诸多乱象。

以上介绍的电子商务相关理论，有兴趣的读者可以进一步查阅相关文献，了解其详细的内容，这里仅是概括性、指点性的介绍，希望能对读者在酒店电子商务实践中有所帮助。当然电子商务涉及的相关理论还有很多，尤其是技术性的应用理论，如区块链技术、云宇宙、数字孪生等技术理论，对电子商务的开展以及未来的应用发展都有积极影响，也是未来指导酒店电子商务开展的重要理论，限于篇幅，这里就不一一介绍了。

## 本章案例：杭州望湖宾馆用"智慧住"提升前台商务效率

1986年开业的杭州望湖宾馆是浙旅投集团公司的全资子公司，处于商业中心地带，交通便捷，距西湖仅一步之遥，其地理位置得天独厚，是宾客商务、旅游、休憩的理想之所。

作为一家品牌酒店，望湖宾馆多年来致力于通过数字化技术改造，提高管理水平和服务水平，提升服务质量和顾客体验，进而提升酒店的市场竞争优势。为了实现切实有效的数字化转型，杭州望湖宾馆与PMS服务商绿云科技建立了长期的战略合作，在共同研发了酒店服务运营平台"金管家"的基础上，于2021年4月专门针对前台环节的数字化改造，开始实现吃、住、行、游、购、娱服务的全面在线化，7月上线"智慧住"全链路解决方案。

简而言之，"智慧住全链路解决方案"（以下简称"智慧住"）是一套多功能、轻量化、全链路的酒店数智化解决方案，如图2-7所示。"智慧住"以数字化接待为基础，以数字化服务为驱动，以数字营销为目标，赋能酒店的全场景数智解决方案。为消费者打造更智能、更高效、更自在的智慧住店体验。在技术操作层面，实现支付、PMS、CRS、CRM、PSB等众多系统接口的统一，即客房服务、客房商品、停车收费、客房送餐、叫醒服务、电子发票、扫码点餐、酒店商场等众多酒店内部系统全部统一接口对接。在2021年9月，"智慧住"系统降本增效显著，"智慧住"入住占比增长80%。望湖宾馆月度累计节约100.77小时，日均节省时间108小时，提升办理入住速度2.5分钟/人次。每3位前台员工就有1位走出前台服务，接待效率大幅度提升。便捷的服务和自主性的提升，大大增强了消费者的满意度。酒店员工从重复的工作中解放出来，跟客人进行更加有效的交流沟通，极大提升了工作的满意度。"智慧住"应用提升了酒店入住流程、住中服务管理、支付宝生态利用的数据化。

### 一、入住流程的数据化

在传统酒店，前台发挥着重要的作用。办理入住时，设备繁多，员工工作量大，宾客需要排队等候。在顾客较多的时候，前台要依次为他们办理入住手续，工作压力较大。这也是传统酒店在经营管理方面存在的挑战。作为电子商务酒店，这些烦琐的接待流程大多数可以数据化，"智慧住"可以极大地提升接待效率。如"智慧住"投入使用以后，用户通过支付宝蜻蜓 IoT 设备自助办理入住，完成身份核验、订单核实、健康码验证、线上支付、领取房卡、办理会员、续住、退房等一系列入住/退房手续，如图 2-8 所示。相比传统的前台办理，上述环节的办理时间从 3 分钟缩短至 30 秒。这不仅能帮助酒店节约时间和人力成本，还能进一步优化顾客的入住体验，减少顾客的接待等待时间。

图 2-7　智慧住全链路解决方案流程图

图 2-8　IoT 设备：可完成人证比对、健康码核验、订单支付等所有步骤

进入客房后，用户扫支付宝二维码或通过入住后自动触发的支付宝服务消息，进入住中小程序进行客需沟通，如图 2-9 所示。客户可利用小程序了解酒店周边旅游攻略、一键快捷打车、订餐送物、客衣收洗、酒店商城购物、停车等。而过去完成上述每一项服务都需要用户致电酒店总机，再由总机客服下达命令给各服务部门，不仅整个过程质量控制缺位，服务耗时也比小程序下发增加 1/3。

在入住酒店的过程中，顾客可能会随时提出各种个性化的消费需求。为了满足这些需求，酒店企业推出了一系列增值服务，期望借此为顾客创造良好的入住体验，提升酒店的市场竞争力。随着"智慧住"系统的上线，望湖宾馆的增值服务也实现了数字化。停车服务如图 2-10 所示。以前，车辆离店前需要去酒店前台领取停车券或者扫码登记，流程耗时麻烦，增加前台工作人员的重复工作量。但是，"智慧住"系统中的停车服务，可提前自助输入需要进出酒店的车辆车牌号，住店期间可以随意出入，无须前往酒店前台进行人工办理。

图 2-9 支付宝推送入口：住中小程序操作界面　　图 2-10 支付宝小程序停车服务入口

### 二、接待入住服务的数据化

传统的接待管理缺乏一套比较标准的管理体系，管理者做决策大多依靠直觉和经验。得益于互联网技术的发展，消费者链路中的触点都能以数据的形式沉淀下来。管理者可以通过大数据分析将直觉性和经验化的东西转化为实实在在的、可被分析和利用的数据，从而做出更加科学、规范、个性化和程序化的服务决策。正确合理运用大数据进行整合与分析，能够为酒店的经营带来巨大的经济效益和商业效益，同时提高客人对服务的满意度。酒店管理者已认识到大数据对接待服务与管理的重要性，将大数据与管理模式相结合，利用大数据分析优势，提高决策服务的有效性和敏捷性。

酒店用户在消费链路中触点丰富，经过收集和分析能形成有效的数据资产，如大堂、客房、走廊、酒吧、洗涤中心等都存在客人感兴趣的消费触点。管理者可以选取一定数量的数据样本进行分析，推断接待管理和入住过程中的变化趋势以及存在的服务。在"智慧住"系统上线望湖宾馆之后，酒店管理人员采用数据分析功能对后台采集的数据进行分析，大大提升了客人的住店体验和服务满意度。客人办理入住后，可以通过支付宝小程序在客房选择相应的服务，如图 2-11 所示。客人选择服务后，小程序信息的服务会直接传达到对应楼层对应房间片区的客房服务人员手机上，服务人员根据该服务任务点击确认进行所需的个性化服务，效率提升的同时提高准确率，实现了对客的即时精准服务。可是在该系统应用前，传统客房服务通常由客人致电酒店总机，再由总机交给

图 2-11 支付宝小程序客房服务界面

房屋中心进行任务分派，整个过程中传话容易出错，任务进度无法跟踪，服务质量也无法保障。

"智慧住"上线之后，望湖宾馆能够通过服务数据沉淀分析，提升客人体验，提高了服务效率。如管理人员通过对客房服务的相关数据进行分析后发现夜间送水服务使用频率

较高，而夜班人员往往需要负责好几个楼层甚至好几幢楼的送水服务，容易出错，这不但影响客人体验，也严重影响酒店人员的工作满意度和积极性。后来，望湖宾馆将客房的瓶装水从300毫升换成了550毫升，或者增加瓶装水的数量。经过一段时间的试用服务，夜间的送水服务大大减少，夜班人员的工作积极性也得到了提高。

### 三、搭建基于支付宝生态的直销平台

在互联网时代，消费者对于酒旅（住宿与旅游）方面的消费观念不断变化，从电话预订到线上预订再到内容平台下单，新流量入口的出现不断改变着消费者预订方式，也抬高了消费者对于预订流程便捷化的要求。诸多的流量入口为酒店带来潜在机遇的同时，也让酒店面临私域流量生态的运营和维护成本偏高的痛点。为了提升直销占比，酒店急于寻求增量，并形成一套成熟有效的持续运营方案。望湖宾馆以支付宝小程序为主要载体，通过与"智慧住"的链接，在支付宝用户池中进行拉新和会员精细化运营，收到了非常好的直销效果。

在酒店通过支付宝企业号授权开通支付宝小程序之后，消费者在支付宝搜索栏查找相应关键词，即可展现酒店所有的小程序，如图2-12所示。与此同时，支付宝根据商家的运营深度引导用户"上支付宝，搜杭州望湖宾馆"，可通过精准搜索直达小程序。

在会员留存和复购上，望湖宾馆的支付宝小程序不断完善"搜索—收藏"等运营链路、丰富内容表现形式，并且通过会员互通、付费会员的深度运营，在获客的基础上促进会员复购和复访。具体而言，消费者在接受相关协议后，可以以用户的支付宝会员自动匹配酒店会员等级，从而支持用户以酒店会员价预订客房且享受专属权益。对于消费者来说，用会员价预订一间客房的前提是：授权小程序获取当前支付宝等级，匹配到酒店会籍，注册成为酒店会员。支付宝会员等级越高，匹配的酒店等级也越高。

图2-12 支付宝搜索结果界面

对于付费会员而言，以往消费者办理酒店会员卡，需要额外付费或满足一定的入住天数。现在用户只需上支付宝搜"酒店黑金卡"，就可以根据自身支付宝账户等级，匹配领取全国多家酒店集团的尊享会员卡，在全国多家门店享受会员特权。这些权益包括迎宾果盘、免费升房、水疗等，各酒店集团权益将免费、零门槛开放给支付宝用户。在小程序上线以后，望湖宾馆单日新增用户数65人，单日访问量为268次，单日服务量达300次。

"智慧住"和小程序的融合应用，不但解决了客户住前、住中的一些服务问题，提升了客人的服务满意度，而且解决了住后的一些服务问题，为对客精准营销提供了有效的数据，也为酒店电子商务的直销提供了数据基础，已成为酒店电子商务服务环节中重要的软件节点。

资料来源：本案例由作者依据杭州望湖宾馆、绿云官微以及相关访谈资料整理而成。

**案例思考：**

1. "智慧住"系统为望湖宾馆带来的竞争优势体现在哪几方面？结合相关信息，了解全服务酒店数字化转型升级的关键要素。
2. 基于信息化平台的数字化管理解决了酒店在企业管理方面的哪些痛点？
3. 结合酒店电子商务理论基础的内容，分析越来越多的酒店接入支付宝生态的原因以及存在的挑战。

## 拓 展 知 识

| | | |
|---|---|---|
| 主观规范 | 知觉行为控制 | 行为意向 |
| 营销智能 | 信息推送 | 信任模型 |
| 扩散理论 | 长尾理论 | 结构方程模型 |
| 结构洞理论 | 资源依赖理论 | 大数据营销 |
| 交互记忆系统 | 期望理论 | 营销组合 4P |
| 社会资本理论 | 印象管理 | 营销组合 4R |
| 自我效能理论 | 服务接触理论 | 客户画像 |
| 集体行动理论 | 决策树理论 | |

## 思 考 题

1. 试叙述酒店电子商务理论基础学习的重要性。
2. 什么是交易成本理论？它对开展酒店电子商务有怎样的指导作用？
3. 在酒店电子商务的实践中，请你列出电子商务开展中实际产生的交易成本。
4. 试叙述酒店电子商务中交易成本的组成。
5. 什么是基于大数据的营销方式？如何降低酒店交易成本？
6. 试解释精准营销如何精准定位以降低酒店交易成本。
7. 通过拓展知识的自主学习，试基于"结构洞理论"探讨酒店营销人员如何发现电子商务为酒店带来的机遇。
8. 结合技术接受模型，试叙述：大数据时代背景下，酒店电子商务用户产生了哪些新需求？
9. 基于 STP 理论，对酒店电子商务用户进行"画像"。
10. 基于计划行为理论，试阐述文化环境如何影响不同国家和地区酒店电子商务用户行为。
11. 通过拓展知识的自主学习，试阐述长尾理论在酒店电子商务中的应用。
12. 试阐述大数据背景下的酒店线上营销与传统营销存在的异同点。

13. 基于内容营销的内涵，试阐述适合采用内容营销的电子商务平台的特征。
14. 什么是精准营销？在精准营销的过程中如何体现和反映个性化？
15. 不同类型的酒店如何利用互联网思维，结合酒店业务流程，提供精准服务？
16. 在全民社交的时代，精品酒店如何利用社交媒体实现精准营销？
17. 如何基于大数据分析，提前布局和设计酒店产品预售机制和模式？
18. 试阐述大数据时代，酒店电子商务面临的挑战与机遇。
19. 大数据时代，酒店如何规划和打造"私域流量"？
20. 结合 STP 理论，分析不同酒店品牌的营销战略。
21. 大数据时代，酒店首席信息官（chief information officer，CIO）需要具备哪些技能？
22. 假如你是酒店电子商务部门经理，你将如何构建酒店"电子商务生态圈"？

# 第三章 酒店电子商务技术基础

**本章要点**

　　电子商务涉及哪些技术应用，其应用具有怎样的优势，这是许多业界人士需要关心的内容。其实本章的重点并不是介绍技术的本身，而是介绍这些技术应用所产生的作用能解决酒店电子商务中的什么问题，这是作为未来从事酒店相关工作的人士需要了解的。本章首先介绍基础性的技术，这是酒店信息化的基础，也是酒店开展电子商务的基础，如内部网和外部网技术、网站技术、数据库技术、网络软件技术等，这些基本技术是酒店信息工程师必须掌握的。除此以外，为了在电子商务中具有竞争优势，酒店还需要了解云服务技术、大数据技术、人工智能技术等，以及它们在电子商务中的作用。它们的应用对酒店电子商务的构建及运维将会产生积极的影响。由于信息技术的发展日新月异，感兴趣的读者还可以根据关键词的指引了解其他技术内容。

　　酒店电子商务的发展主要依赖于当今信息通信技术的快速发展。早期阶段电子商务依赖于网络技术中的数据传输，通过电子数据实现商务数据的交换；到中期阶段电子商务的发展依赖于互联网以及移动互联网技术的发展，实现了商务数据网络化的实时传递；今天，电子商务的发展依赖于人工智能和大数据技术的发展，实现了商务的智能和智慧型电子商务。电子商务发展的每一步都与信息通信技术的发展密切相关，酒店电子商务的发展同样如此。未来酒店电子商务发展的程度将取决于数据技术（data technology，DT）的应用，成熟的 DT 技术将助推电子商务在酒店的深入应用，并推动酒店业的稳步发展。因此，酒店电子商务的普及应用离不开信息通信技术的进步和应用，未来在新技术的推动下，电子商务将演变为酒店经营的常态。概括起来，酒店电子商务的技术基础主要包括基础性技术、云服务技术、大数据技术以及人工智能技术。

## 第一节　基础性技术

　　酒店开展电子商务，必须做好酒店信息化建设的基础性工作。今天，酒店从信息化已提升至数字化，如数字化管理和数字化服务。在现阶段，开展这些基础性工作，需要应用数字化基础性技术。本节主要介绍最基本的内部网和外部网、数据库和数据库管理系统、网络软件技术、信息网站技术、标记语言以及移动互联网技术。了解这些技术的应用，对掌握电子商务完整的知识体系会有所帮助。

## 一、内部网和外部网

内部网（intranet）是酒店内部的网，也称企业网，主要用于酒店内部电子商务业务的沟通。外部网（extranet）是酒店外部沟通的网，主要用于酒店合作伙伴之间的业务沟通与数据交换。内部网和外部网都是构建战略型信息系统必用的网络技术，采用的都是互联网相关技术。内部网和外部网是酒店信息化建设的重点内容。

通过内部网，酒店内的员工可以快速地获取所需要的整个酒店的信息和知识，从而更有效地完成自己的工作任务；分散在各地的酒店员工可以利用内部网访问系统，实现实时的沟通与交流，共享信息资源；酒店还可以利用内部网展开在线员工培训活动，这种方式大大降低了培训的费用，而且实施起来非常便利。由此可见，内部网性能高且费用低廉，它不仅降低了酒店内部的通信成本，还有助于增进员工之间的感情，提高员工群体的凝聚力和生产力，改善酒店内部的流程管理。外部网可以看作内部网的扩展和延伸，它是与酒店合作伙伴内部网建立联系的一种网络方式，也是用互联网技术构建的开放型网络，位于互联网和内部网之间，对一些经过选择的合作企业开放，其目的就是加强酒店与这些合作伙伴之间的联系。与内部网一样，外部网的外围也建有防火墙，通过访问控制保证双方企业信息交换的安全性与保密性。外部网通过提高酒店与合作伙伴的沟通与交易的透明度，可以加强双方业务的进一步合作，提高双方的业务处理效率和效益，实现互惠互利，是企业对企业电子商务的主要网络形式。

社会公共网络、VPN专用网、虚拟网络等是酒店常用的外部网，酒店的合作伙伴、上下游供应链以及酒店的大客户，在建立电子商务时往往会用到外部网。因此，内部网、外部网以及互联网是现代电子商务中非常重要的网络概念，这三种网都基于相同的技术概念，并建立在开放型技术的基础上。内部网专门处理酒店内部的电子商务；外部网处理企业间协作的电子商务；互联网处理所有对外的电子商务，包括酒店的网络营销和各种促销活动。内部网、外部网、互联网三者的关系如图3-1所示。

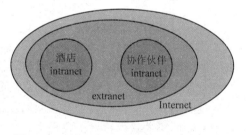

图 3-1 Internet、extranet 和 intranet 关系图

## 二、数据库和数据库管理系统

数据库和数据库管理系统是构建酒店信息系统的核心技术。其中，数据库用来存放酒店的经营数据，而数据库管理系统则是建立、操作、管理、应用和维护数据库的技术平台。

数据库中的数据具有良好的组织结构，可以充分地反映客观事物之间的相互关系。在数据库中，数据具有良好的一致性和完整性，可供多个用户并发地调用与共享，并且数据独立性好、可靠性高、冗余小、安全性好。可见，建立一个高效的数据库中心，是酒店企业迅速、方便、准确地调用和管理其业务数据所必需的基础性工作，也是开展电子商务的基础性技术。现在的数据库逐渐加入了非结构性数据，因为在酒店电子商务中，非结构性数据在逐渐增大。

数据库管理系统是指位于用户与操作系统之间的负责管理和维护数据库的软件系统，它为用户的应用程序提供访问数据库的方法。用户对数据库进行的一切操作都是通过数据库管理系统进行的，因此它是数据库系统的核心。数据库管理系统主要负责数据库的定义、建立、操纵和维护，为数据库的有效运行和管理控制提供了保证。它的主要目的是对数据库中的数据进行有效的管理，以确保其数据使用的一致性和正确性，并能供各种用户共享。

然而，随着智慧酒店和智慧商务需求的飞速发展和酒店企业之间竞争的加剧，人们已不能满足于数据库中简单的事务性数据操作，而是希望有一种新的方式能有效地对酒店现有的数据进行重新组织和分析，从中获取有意义的信息，形成一定的企业性知识，以指导酒店的经营决策并挖掘酒店的竞争优势。数据仓库和数据挖掘技术就是在这种情境下发展起来的一种新的技术解决方案，通过数据仓库我们可以分析和挖掘有意义的知识信息，这是未来酒店电子商务智能化和智慧商务开展所需要的基础性技术。

数据仓库（data warehouse）是支持管理决策过程的、面向主题的、集成的、与时间相关的、相对稳定的数据集合。数据仓库是一个多维的数据库，具有联机分析处理的能力。数据仓库中的数据都来源于酒店中的其他数据库，它能集成整个酒店范围内的不同数据形式。数据仓库的根本任务就是对数据进行深入的分析，挖掘出其中对酒店经营有用的信息，并将这些信息重新组合整理，最后及时地提交给相关管理人员，供他们管理决策所用。数据挖掘（data mining）则是对大量的数据进行分析，从中提取有用的、可信的、有效的信息以支持管理决策的技术。由于它能够挖掘出事物发展规律、事物之间的联系以及事物未来的变化趋势等信息，因此在电子商务中用途非常广泛且发展迅速，如客户消费趋势挖掘、客户消费需求挖掘、客户忠诚度挖掘以及消费关联度挖掘等。数据仓库、数据挖掘以及能有效处理非结构化数据是未来数据库管理系统发展的方向。

### 三、网络软件技术

网络软件包括通信支撑平台软件、网络服务支撑平台软件、网络应用支撑平台软件、网络管理系统以及用于特殊网络站点的各种应用软件等。它们有属于广域网的软件，有属于局域网的软件，也有属于互联网以及移动互联网的各种应用软件。网络软件技术包含的技术有通信类的软件技术、安全类的软件技术、应用编程类的软件技术以及系统或平台架构类的软件技术等。

酒店的信息系统都是基于网络的应用类软件，目前大多数的应用软件属于互联网或移动互联网软件。在酒店的电子商务实践中，好的系统取决于好的技术应用，网络软件技术决定了信息系统的功能和质量，也是体现酒店竞争力的关键技术。例如，开发战略型的酒店信息系统、智慧型的电子商务系统必须用新一代的网络软件技术，这是酒店未来开展电子商务、提升创新能力的核心技术。

网络软件技术可以为酒店管理的每一个环节打造有用的应用软件，使整个管理系统、服务系统对酒店经营产生价值。它可以是专门设计开发的，也可以是面向广大酒店的标准化的通用软件，如前台的 PMS 系统、客房的上网管理系统等。网络软件技术是开发酒店管理软件的工具，目前这些工具主要包括数据库软件、浏览器软件、电子邮件软件、下载类软件、开发类软件包、防火墙等安全类软件和文件传输类软件等。它们往往提供酒店信息管理所需要的某种特定功能，在通用性、集成性和可扩展性方面有较高的要求。例如，客房的迷你吧，可为客人在房间提供商务服务，除了服务的通用性，它还需要与前台 PMS 系统有良好的集成。未来的各种网络软件技术会互相融合、互相促进，越来越符合人类的思维模式，并且会彻底地改变人们的工作方式和信息获取方式。

## 四、信息网站技术

网站技术是现代酒店经营不可缺少的信息和通信技术（information and communication technology，ICT），包括商务网站、门户网站以及学术讨论型网站等。如今，门户网站已成为酒店经营的重要窗口，酒店可以利用门户网站开展预订、营销和直接销售等服务，也可以利用门户网站开展电子商务。通常，信息网站需要的技术包括创建网站结构的技术、修饰网站样式的技术、制作网站特效的技术、实现网站业务逻辑的技术、处理数据的数据库技术等，作为酒店的知识工程师和 IT 技术人员应该熟练掌握这些技术。在酒店的实际应用中，门户网站还包括 PC 门户网站和手机门户网站（微门户），它们在应用技术上还略有差异。

酒店门户网站的主要功能包括两方面：一方面是营销，网站代表了酒店在网上的品牌形象，图文并茂地展示产品与服务，实时发布信息咨询，与客户进行沟通交流，起到营销的效果，属于营销型网站；另一方面是销售，即利用网站直接开展网上预订，针对一般客户或专门的关系客户等，属于商务型网站。门户网站的规模可大可小，大的网站有成千上万个页面，每天都有许多页面被更新。小的网站只有几个介绍页面，功能也比较简单。一般来说，营销型网站规模要小一些，而商务型网站随着功能的增加其规模都比较大。

酒店门户网站的建设关键是设计和定位。原则上网站是酒店开展网络营销的接入点，它是陌生顾客了解酒店的一个重要途径，故需要有完整而全面的信息展示。网站设计的好坏、技术采用的优劣都将直接影响酒店的形象。因此，酒店必须对自己的门户网站进行全面规划，以吸引客户的关注。酒店需要根据自身经营的实际情况并结合定位客户的需求，确定门户网站的栏目结构、内容、商务与风格定位。同时，酒店需要根据自身的实力、经营业务与发展战略科学地定位符合自身需要的门户网站，既不盲目追求豪华，也不过于节约费用，这样才能建立起高效率而又低成本的门户网站，为酒店的电子商务提供最有效的互动窗口。

## 五、标记语言

标记语言是维护门户网站以及开发服务型的应用系统必须掌握的语言技术。酒店开展电子商务，设计电子商务系统或网站，使用最多的就是标记语言。标记语言有标识性、过程性、描述性三种类型。对于 Web 设计和开发，最常用的主要有 HTML、XML、XHTML 等几种标记语言，酒店的知识工程师或系统维护员都必须掌握标记语言的使用方法。

标记语言主要用来管理电子页面中文本内容的显示（HTML），以及用来开发电子商务中的数据处理程序（XML）。标准通用标记语言（SGML）是最早的标记语言，是一种可以用来定义其他标记语言的元语言。尽管它有较强的规范性，但昂贵的费用和较高的学习难度使它的发展受到了一定的限制。

超文本标记语言（HTML）是在 SGML 的基础上发展起来的语言，它是目前应用最为广泛的标记语言。HTML 能够对文字、图像、声音和动画等多媒体数据进行统一处理，具有简洁明了、简单易学的特点，因此特别适合网页页面的显示。但是它不能解释页面上数据的含义，也不能处理一些需要专门格式的文件（如数学公式等）。

扩展标记语言（XML）是目前最流行的基于 SGML 发展起来的标记语言。XML 的主要功能是定义数据结构，它能描述页面的内容且具有数据跟踪的能力，这些都使网上信息查询和数据交换变得更加便利。XML 的出现，满足了电子商务等大规模数据传输和处理的应用需求，它将有助于人们更加高效地利用网络开展电子商务应用软件的开发。目前，XML 已应用到 Oracle 数据库管理系统中，用来处理电子商务中非结构化的数据类型。通常，HTML 的主要作用是确定电子页面该如何显示，而 XML 主要确定显示哪些数据内容，可实现不同系统间的电子商务数据交换。

### 六、移动互联网技术

移动互联网技术出现近十年来，其应用已遍布国民经济各个领域。这里，我们并不涉及移动互联网的底层技术（传感技术、通信技术、计算机技术），也不介绍其编程技术和开发技术，主要介绍作为酒店管理人应该了解的一些应用技术。这些应用技术包括在线搜索技术、位置服务技术、视频直播技术、信息接驳技术、网络接入技术、网络营销技术、自媒体制作技术、页面链接技术等，以及互动分析技术、舆情预测技术、数据安全技术、情感分析技术等。作为酒店管理人，要知道这些应用技术在经营管理中的作用、在电子商务运营中的作用，并知道在哪里可以获取这些应用技术的服务。

在线搜索技术对于酒店开展互联网营销有非常好的效果；位置服务技术可以帮助酒店开展灵活的移动服务，满足客户的位置服务需求；视频直播技术对于酒店的营销和带货有非常好的功效；信息接驳技术可以在对客服务过程中快速地满足客户的服务需求；网络接入技术可以熟练地处理移动设备的接入问题，并可及时地获取系统的信息；网络营销技术有助于酒店选择合适的网络营销方法和渠道；自媒体制作技术可以解决酒店的移动营销服务问题，有助于开展在线直销；页面链接技术有利于酒店自己维护和运行网站，提高酒店信息的发布效率；互动分析技术有助于酒店分析客户的访问行为，便于情感沟通；舆情预测技术有利于降低和减少酒店的负面信息传播；数据安全技术有利于酒店预防商务数据被篡改和被窃取；情感分析技术有利于酒店增加门户网站的流量。这些技术在酒店电子商务开展中都有应用的需求，作为酒店的知识工程师需要熟练地运用这些应用技术。

在构建电子商务系统，尤其是移动电子商务系统时，酒店与合作伙伴的通信网络或者连锁酒店之间的相互通信，一般都选择移动互联网相关技术来实现。了解和掌握这些移动互联网的应用技术，不但可以提升酒店电子商务的效益，也能提高酒店数据传输的安全性，它是目前较为普遍、成熟的通信网络应用技术。

## 第二节 云服务技术

云是一种网络，是互联网的一种比喻说法。云服务是基于互联网的一种相关服务的增加、使用和交互的应用模式，如酒店的云 PMS 服务。这种服务所需的资源是动态变化的，通过云计算自动获取用户所需的资源。通常有三种云服务类型模式：基础设施即服务（IaaS）、平台即服务（PaaS）和软件即服务（SaaS），酒店可以根据自己的需要选择云服务。目前提供这些云服务的大型服务商有 AWS（Amazon Web Services，亚马逊云科技）云服务商、谷歌云服务商、阿里云服务商、百度云服务商等。这些服务商都能提供给任何用户所需的访问服务器、存储空间、数据库和各种应用程序服务，并维护此类应用程序服务所需的联网硬件，而用户只需要通过 Web 应用程序就可以预置和使用需要的所有资源。

## 一、云服务的类型

一个应用软件的安装运行，需要基础层的硬件环境，也需要平台（系统）软件的应用环境。例如，酒店前台应用软件 PMS，它需要平台软件，如 Windows 软件的平台、数据库管理系统的软件平台，有了这些支撑的平台，酒店的 PMS 系统才能运行起来。现在应用软件都云端化了，可以在互联网大环境下运行，但同时也需要平台环境才能运行，这个平台就是云服务平台。云服务平台同样包括以上所需的支撑平台层次，即 IaaS、PaaS、SaaS 的应用平台层次。IaaS 是应用软件需要的基础层次，包括服务器和存储系统资源；PaaS 是软件平台层次，包括应用软件所需的操作系统和数据库管理系统等支撑平台；SaaS 是应用软件层面，它是具体的应用系统，也可以租用，如杭州绿云的酒店 i-Hotel 应用平台，就属于 SaaS 型云服务。下面我们就简单介绍一下云服务的这三个层次。

### （一）基础设施层服务 IaaS

IaaS（infrastructure as a service）是"基础设施即服务"的简称。用户可以通过互联网从云服务商那里获取完善的计算机基础设施服务，这类服务称为"基础设施即服务"。如酒店用户可以利用 IaaS 直接从云服务商那里租用硬件设施，自己不需要建立中心机房及服务器等硬件设备，开展电子商务等应用系统需要的机房设备就可以直接租用，以后也不需要自己维护，节省了大量的硬件购置费和维修费。目前国内提供 IaaS 云服务最大的服务商是阿里云。随着技术的进步以及用户的实际需要，在实际应用中 IaaS 平台也包括数据库管理系统等内容，已经不是单纯的硬件设施平台了。由于价格低廉，目前酒店的应用系统几乎都开始租用 IaaS 平台，为酒店的信息化和电子商务建设提供了极大的便利。

### （二）软件平台层服务 PaaS

PaaS（platform as a service）是"平台即服务"的简称。用户可以通过互联网从云服务商那里获取完善的系统软件服务，这类服务的平台称为系统平台即服务。比如酒店以前建立中央机房都要购买系统软件，包括操作系统和数据库管理系统，现在可以通过 PaaS 直接从云服务商那里租用，酒店所有的云端应用软件不需要自己对系统软件进行维护和管理，如需要其他系统软件也可以从 PaaS 那里租用，从而节省了高昂的系统软件购买成本。在理论上，PaaS 实际上是指将软件研发的平台作为一种服务，也包括 CPU 等硬件要求，形成用户所需要的研发环境，最后以 SaaS 的模式提交使用者。因此，PaaS 也是 SaaS 模式的一种应用，它的出现可以加快 SaaS 平台的发展，尤其是加快 SaaS 应用的开发速度。有开发能力的酒店集团用户，一般也是通过租用 PaaS 平台开发自己需要的应用软件，尤其是开发酒店自己的电子商务系统。

## （三）应用软件层服务 SaaS

SaaS（software as a service）是"软件即服务"的简称，用户可以通过互联网从云端服务商那里获取完善的应用软件，这类服务平台称为应用软件即服务。SaaS 的含义就是应用软件用户也可以不需要购买，直接租用按需付费就行了。这是随着互联网技术的发展和应用软件的成熟，在 21 世纪开始兴起的一种完全创新的软件应用模式。它与按需软件（on-demand software）、应用服务提供商（the application service provider，ASP）等具有相似的含义。例如，酒店的 PMS 系统，以前酒店都是购买使用；现在也可以通过 SaaS 模式按需租用，酒店不需要购买该软件，省去了高昂的 PMS 购买成本和维护费用。尤其对中小规模的酒店来说，PMS 的 SaaS 模式可以节省大量的系统建设费用。现在的酒店电子商务系统也可以通过 SaaS 模式构建，如绿云 i-Hotel 酒店平台就是在这样的模式下开发出来的。因此，未来酒店企业不用再购买软件，而改用向提供商租用基于 Web 的软件管理酒店的经营活动，且无须对软件进行维护，服务提供商会全权管理和维护软件，软件厂商在向客户提供互联网应用的同时，也提供软件的离线操作和本地数据存储，让用户随时随地都可以使用其订购的 SaaS 软件和服务。对于许多小型酒店来说，SaaS 是采用先进技术开展电子商务的最好途径。

SaaS 平台的应用软件服务价格通常为"全包"费用，囊括通常的应用软件许可证费、软件维护费以及技术支持费，也包括需要的硬件设施和系统软件平台费用。在电子商务应用领域，SaaS 是未来服务业应用市场最大的云服务平台，任何规模的酒店业都可以从中获取收益，具有很好的发展前景。

## 二、云 PMS 技术的应用

云 PMS 是利用云计算技术构建的酒店前台系统，负责处理酒店前台的所有业务，属于酒店业的垂直型系统，系统的职能是内部电子商务的处理。客人到达前台后的所有业务都由云 PMS 系统处理，包括网络电子订单到达前台后的所有后续流程。由于 PMS 系统存储在云端的公有云中，对于酒店来说，与传统的 PMS 相比较，使用云 PMS 可以节省很多硬件购买成本和运维成本以及管理系统运营的技术员工人力成本，同时还可以享用云 PMS 服务商提供的酒店业市场大数据预测报告，即可以享用酒店业大数据的分析成果。因此，云 PMS 应用的优越性非常明显，近年来发展势头很猛，成为酒店开展完全电子商务的重要前台软件。

### （一）云 PMS 的概念与特点

云 PMS 是指以采用云计算技术 PaaS+SaaS 的模式提供软件产品及服务，将酒店的 CRS、CRM、PMS、电子商务等整合成一体的酒店信息化平台，它能让酒店数据得到更加广泛的应用，形成平台下的酒店大数据，给酒店带来更多的收益、利润等。云 PMS 的根本作用是酒店前台商务的管理。新一代的云 PMS 让酒店的管理范围更加广泛，逐渐成为酒店的 XMS，这里的"X"指超越了前台业务，包括酒店内部的所有业务。与传统的 PMS 相比，新一代的云 PMS 在数据的抓取、读取方面更加及时，将跨系统平台之间的数据交换层的数据压缩到最低，避免数据的传输、同步造成的延时和数据不一致，同时云 PMS 的跨平台整合实现了资源共享、会员漫游，从而加快了酒店联盟商务的联合推进，可以轻松实现酒店联盟之间会员客户的共享和业务协同。

与传统 PMS 相比，基于云计算及移动互联网技术的云 PMS 具有以下几个典型的应用特点。

1. 易扩展性

在互联网环境下，随着用户量和访问量的增加，单个应用和数据库将会成为性能瓶颈，云 PMS 可以轻松地解决这些应用问题。易扩展性包含应用的易扩展性和数据库的易扩展性。应用的易扩展性是指当现有的应用不足以支撑当前的访问并发量时，可以方便地增加应用分担流量。数据库的易扩展性是指当现有的数据库性能或者空间不足时，可以按照某种策略将数据水平或垂直拆分到多个数据库中，或者按照其他方式（如冷/热数据）将数据拆分到多个数据库中。

2. 分布式部署

具备分布式部署能力是云 PMS 的一个基本要素。分布式部署除了可以分担访问和存储压力，还可以针对实际的应用情况（例如，酒店分布范围特别广，将不同区域的酒店路由到不同的应用上，以加快访问速度；或者某些偏远地区网络通信条件差，需要部署本地服务器以减少网络抖动造成的影响）加快访问速度，提升用户应用体验。

3. 高安全性

（1）服务器安全。成熟稳定的操作系统应用服务器采用授权安全机制；服务器集群和热备，兼具高可用（high availability，HA）和容错（fault tolerance，FT），每台服务器提供 DDoS（distributed denial of service，分布式拒绝服务攻击）防护、DNS（domain name system，域名系统）劫持检测、入侵检测、漏洞扫描、网页木马检测、登录防护等安全服务。

（2）网络安全。数据传输采用 HTTPS（hyper text transfer protocol secure，超文本传输安全协议）、机房双线接入、VPN（virtual private network，虚拟专用网络）网络、4G 后备网络、本地应急系统。

（3）客户端安全。其包括硬件注册控制、数字签名安全机制、空闲锁屏、授权机制等安全措施。

（4）数据安全。数据均通过应用服务器授权，不能直接读取；敏感数据（如密码、信用卡号等）采用加密存储，符合 PCI 安全规范；数据库采用集群技术保证系统数据无损失。

4. 移动化应用

云 PMS 不仅适用于计算机端（Windows/Mac 系统），更能够兼容平板、手机移动终端（iOS/Android 系统），让酒店管理和服务随时随地触手可及。对于酒店而言，管理成本降低，管理效率和服务质量都得到极大提升。

5. 系统的社会性

云 PMS 采用 SaaS 服务模式，酒店无须购买和部署相应的硬设备和全套系统，可以按需购买和付费，这是一种类似社会化的服务。同时，基于移动互联网技术进行架构的云 PMS 天生具有无限的开放连接性，是对接和整合酒店上下游资源（如 OTA、官网、微信预订、自助机、景区、周边商场、电影院、打车软件等）的社会化服务平台。这些应用可服务于酒店、服务于酒店客人，也是一个为酒店创造价值的营销工具，通过与 PMS 的连接，使云 PMS 也具备了系统应用的社会性特点。

### 6. 高性能

云 PMS 采用分布式集群部署方案，充分利用资源优势发挥集群计算能力，提升访问速度，大大提高酒店的工作效率，如系统的接待处理能力、会员共享能力以及与第三方平台的数据交换能力等都体现了高性能的优势。

### （二）云 PMS 的技术架构

云 PMS 通过互联网为酒店提供前台的软件服务。从应用场景来看，云 PMS 需要完成的不仅是常规的酒店业务操作，还需要对接各种 OTA 渠道和第三方（见图 3-2），如酒店官网、微信、自助机、支付宝、银联以及其他第三方应用等。应用程序接口（application program interface，API）层负责对外提供不同的业务接口，满足不同场景的业务需求。酒店业务有别于其他应用，在某些时间段或时间点是业务高峰期，如十一国庆节高峰、每天早晚上下班高峰、酒店夜审高峰，此时系统的并发量是平时的几倍甚至几十倍。如果这些并发量直接作用到数据库上，会造成数据库 I/O（输入/输出）堵塞，响应变慢。此时需要一个缓存层响应静态数据查询，减轻数据库的冲击和压力。为减轻当前数据库的查询压力，一些查询频次低、耗时长的业务应该独立成服务，如历史数据查询服务、报表查询服务、日志查询服务等。

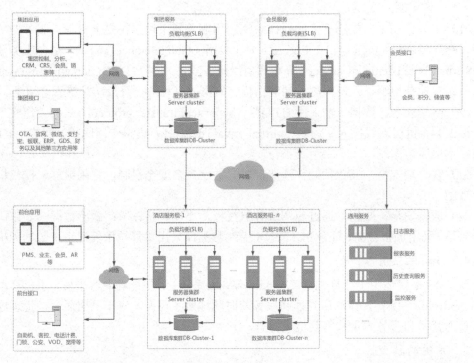

图 3-2 云 PMS 技术架构图

在图 3-2 所示的技术架构中，主要包括集团应用系统的接口、第三方渠道和社交平台的接口、前台应用的所有接口、通用服务的所有接口以及会员服务的所有接口等，同时包括所有服务器集群的负载均衡器应用。随着酒店用户量和数据量的增加，单个应用和数据库已不能满足实际应用需求，此时需要根据某种策略垂直或水平拆分扩展，将数据分布存储在不同的业务 DB（数据库）中。针对一些突发的系统问题，需要及时发现、及时处理，此时系统可配备监控服务记录问题发生的现场并自动报警。

### （三）云 PMS 的应用前景

市场、客源层次、互联网科技、人工智能、体验消费等不同潮流不断影响着酒店行业的运营与发展。在酒店的经营过程中，酒店管理系统的发展与应用的角色从管理工具逐渐转化为营销运营、体验服务、智慧酒店等特色发展的内容，在经历了三代 PMS 酒店管理系统的发展后，第四代云 PMS 近年市场占有率、客户量不断攀升。以绿云 PMS 为例，从 2010 年开始进入市场至 2018 年 8 月的这段时间内客户急剧增至 14 000 家，市场增长速度、占有率跃居中国 PMS 厂商首位，前三代 PMS 厂商已经无法阻挡第四代云 PMS 的市场抢占，番茄来了、别样红等云 PMS 厂商也正根据各自不同的市场定位不断地抢占市场份额。云 PMS 能够给市场造成如此冲击，主要是因为其功能、技术、发展前景等相较于前三代 PMS 更加贴近酒店的现实需求，其间，集团化酒店运营需求的感受尤为深刻。

1. 酒店集团化管控

进入基于互联网的新经营时代，市场不断透明化、体验消费创意不足、客户群体需求层次化加大等将酒店的软硬性竞争差异不断地缩短。相较于集团性酒店，单体酒店的敏锐度、客户群体范围、成本、人员调配、经营管理创新等都不断地趋于弱化。酒店品牌集团化、单体酒店加盟集团、集团品牌兼并等将增加集团酒店成员店的数量。单体酒店依托酒店集团通过品牌效应、集团经营策略来提升自身的市场竞争力；酒店集团也需要强化对单体成员酒店的管控以确保集团的品牌品质、经营策略得到完善执行，且数据通达以便能够根据单体酒店的区域、客源、软硬件服务不同等得到及时分析调控。本地部署的 PMS 在数据互通、集团营销策略下达、集团管控等方面均无法满足酒店集团的需要；而云 PMS 可云部署、可"本地+云部署"的部署依托于云技术使酒店集团的数据上行下达畅通无阻，同时出于对酒店集团的管理、运营考虑，将代码管控、权限管控、价格管控、营销策略等在产品设计中不断完善，云 PMS 在真正意义上实现了酒店集团经营的集权管控。

2. 酒店合纵、经济共享

无论酒店集团的资金、规模、市场占有率如何大，鉴于其发展速度、市场定位、区域经营布局等限制，其市场覆盖无法满足扩展战略和客人的需要。技术支持缺乏造成信息、资源、市场浪费，除了通过各自的酒店集团营销策略抢占市场，酒店集团间的联盟、资源共享也成为客户挖掘和市场占有的一种方法。从组织体系来看，目前单体酒店和集团酒店的会员制、管理体系均为垂直体系，而垂直系统不但无法满足酒店快速扩张的需求，而且面对竞争的挑战，会造成营销战略上的缺失。于是横向的酒店联盟出现了，通过联盟酒店可以实现以下功能。

（1）利用会员共享、会员权益及积分互通等优势吸引更多会员加入。

（2）联合营销，提升品牌联动效益，减少成本投入，达到更好的营销效果。

（3）通过酒店联盟，实现酒店间实时库存、会员、房源的信息共享，增加酒店订单量。

（4）采购途径、管理经验分享交互，降低成本，提升管理与服务质量。

横向联盟的优势还包括在酒店间根据内部消耗、市场需要等进行相匹配资源的置换。云 PMS 既为酒店联盟打通酒店集团间线上、线下会员共享，房间资源库存共享、互订等，也为酒店集团资源置换、经济共享的横向平台提供技术支持，尤其是云 PMS 可以轻松实现会员资源共享，无形中实现了酒店的业务扩展。

### 3. 链接一切，共建酒店云平台

今天，云 PMS 不仅是一个前台的管理工具，它已成功转型：以营销为主线，依托互联网，整合资源，互联互通，实现资源对接客房管理、财务核算、对客服务等；它为酒店提供服务，更为酒店创造价值，是一个面向酒店业的 B2B 交易和服务平台，包含酒店联盟平台、对接平台、CRS 预订平台、置换平台、服务平台和管理平台等，如图 3-3 所示。例如，绿云科技的数据平台产品已获得国内主流的酒店联盟、OTA、订房平台、旅游 B2B 平台的普遍认可与广泛合作。其主要客户及合作伙伴有四方联盟、中国精品酒店联盟、亚太酒店联盟、云盟、簇盟、宿哪网、天府易住酒店互助平台、艾悠游、泰坦云、智游宝等，它与主流 OTA、第三方支付、收益管理也实现了数据对接。

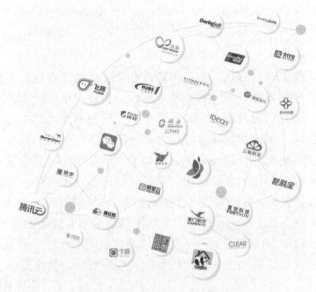

图 3-3　云 PMS 链接一切示意图

### 4. 移动化、自助化

近年来智能化成为各行业热议的话题，酒店也不例外。基于云 PMS 的移动化产品、自助化产品是智能化的一种体现，不管是接待和预订、房间开门、结账付款，还是退房等场景，都实现了移动化和自助化的处理，如图 3-4 所示。移动化产品的加入使酒店管理和服务变得随时随地触手可及，它将科技手段与情感结合，用精准的服务及管理为酒店降低了管理成本，不仅使酒店服务流程简洁化，还提高了管理效率，提升了服务质量，转换了营销模式。

图 3-4　云 PMS 环境下的移动化和自助化应用场景

## 第三节　大数据技术

大数据是近几年电子商务实践中应用最热门的技术。什么是大数据？从旅游服务业的角度看，一般来讲，能洞察旅游业或企业发展隐含的价值和优势，通过分析工具能获取企业发展先机或业务扩展先机的数据集，并助力企业发展或扩展成功，就是大数据，它的技术奥妙就是能挖掘出隐藏着的发展先机。因此，近年来大数据技术的应用已成为旅游电子商务发展的又一个新机遇。酒店电子商务的发展同样需要大数据支持，以产生在线商务的智慧，如酒店的订房需求、客户的偏好、未来市场的变化、消费者的行为习惯、消费热点趋势、客服的精准性都隐藏在大数据中，只有通过大数据分析，电子商务才更有针对性，才会推进在线旅游的发展。酒店经营中有意向的客户在哪里，客户什么时候需要订房，又需要怎样的服务，与竞争对手的差距在哪里，这一切都离不开大数据技术的分析和挖掘。未来的酒店电子商务就是建立在大数据基础上的电子商务系统，它能够洞察客户的消费动向，为客户提供实际需要的个性化服务产品。

### 一、大数据的类型

开展对大数据的研究，主要是为了经济发展中的智慧应用。目前，大数据应用有理论研究、技术研究和应用研究。理论研究包括模式研究、隐私研究、价值探讨等内容；技术研究主要包括感应技术研究、存储技术研究、云计算研究以及区块链技术研究等；应用研究针对的是行业大数据、政府大数据、消费者大数据以及互联网大数据等，使这些数据为企业经营和行业发展所用。酒店的大数据应用主要是应用研究，即针对酒店行业的应用，探索其大数据的类型以及相关数据的应用实践。

在酒店业的大数据应用中，如何建立大数据是政府部门和企业非常关注的问题。其实大数据永远存在于自然界中，存在于企业自己的经营系统中，以前没有人提出大数据概念主要是技术的原因，现在信息技术的发展已经可以建立平台型的大系统，而这个平台可以聚集所有应用软件的数据，形成一个可以被利用的大数据集。因此，在酒店行业中涉及的大数据类型，从应用的角度看，包括政府平台下的数据集、OTA 平台下的数据集、电子分销平台下的数据集、云数据中心的数据集、行业服务平台下的数据集，以及企业自己数据中心的数据集。这些不同数据集形成了资源数据类型、OTA 数据类型、分销数据类型、云数据类型、行业数据类型以及企业数据类型等。作为酒店企业，如何应用这些大数据是目前深感迷茫的事情，因为不同类型的大数据存在于不同的软件平台中，它们需要通过互联技术与酒店企业的软件平台进行数据交换，才能为企业的经营所用。目前的互联技术主要是"互联网+"，通过"互联网+"与不同平台进行数据互联，才能形成真正意义上的大数据应用。我国已把"互联网+"作为国家战略在重点推进，就是为了实现大数据的互联与应用。因为"互联网+"不但可以整合有用的数据集，对大数据进行分析和挖掘，还可以用"互联网+"实现大数据的利用，实现大数据的实时分析，并实现企业的业务拓展和在线协同。这里主要讲的就是"互联网+"情境下的大数据分析技术。

## 二、大数据的分析技术

大数据的利用主要是通过分析技术形成对经营有用的小数据,小数据就是个性化的数据。例如,酒店数据中心的大数据,有经营性数据、客户消费数据、企业资源性数据以及酒店的财务数据,如果酒店想知道在哪个季节迎来什么样的客人,他们消费的服务产品是哪一类的,每次消费的额度是多少,这就需要在数据中心的大数据中挖掘。如果酒店还想知道这些客人是通过什么渠道知道酒店的,他们的网络行为怎样,在什么情境下预订了酒店产品,这时就要到互联网大数据中挖掘,并对挖掘到的数据进行分析,抓取互联网环境下客人的交互信息。因此,对于一个酒店的经营者来说,如何利用知识工程师寻找有用的数据,发掘个性化的小数据,是酒店能否创造市场竞争优势的关键。通常,在酒店业的大数据分析中,主要有数据采集和存储技术、分析和建模技术、可视化应用技术、管理和运维技术、学习和挖掘技术以及数据服务平台技术等,如图 3-5 所示。

图 3-5 大数据技术应用的内容

在图 3-5 中,数据采集和存储技术解决了酒店的数据来源以及如何存储为酒店经营所用等问题。电子商务开展过程中不仅需要依靠酒店内部的数据,还需要依靠外部的数据源,如社交数据、政府数据等,如何采集和通过互联网接驳这些信息是电子商务成功的关键。存储是为了使用,而许多酒店存储的数据都无法利用起来,抓取和使用极不方便。分析和建模技术是解决酒店寻找关键信息和企业知识的一种应用技术,对酒店来说主要解决如何选择模型的问题,然后发掘对酒店有用的信息。可视化应用技术可解决酒店信息系统应用中的监管问题,如服务平台的可视化、移动服务的可视化、舆情检测的可视化等都要用到可视化技术。管理和运维技术可解决电子商务系统的信息管理、安全管理、内容管理等问题,如在不同的季节酒店的商务内容应如何布局,以及系统运转中的日常性维护问题,有效的维护技术可以节省维护成本,提高系统维护管理的效率。学习和挖掘技术可解决酒店电子商务系统的智能化问题,一个电子商务系统要简单地处理业务过程,需要智慧化地解决商务问题,这就要求系统具有学习功能,能灵活处理一些客户商务需求问题,如客户在用餐过程中对座位有一定偏好,系统记录后下次客户预订时就会主动询问,让客户觉得有亲切感。同样,通过挖掘技术也可以把客户的一些习惯行为提炼出来,可为客户提供敏捷的个性化服务。数据服务平台技术是酒店电子商务平台化的核心技术,它具有对信息系统的整合能力。酒店有许多电子商务小应用,包括微信公众号、小程序 App 等,把它们的应用整合在一起,以保证信息的一致性、服务内容的一致性、推广活动的同时性、商务处理的协同性,就要用到软件的平台化技术。未来酒店的电子商务中,软件系统是经营中点的应用,软件平台才是酒店电子商务的一个整体,是创造酒店电子商务竞争优势的主要技术。

一个酒店的电子商务系统是否有创新能力,在市场中是否有竞争优势,大数据分析技术的应用是关键,它是未来智能化电子商务系统必须具备的应用技术。想进一步了解这些技术的读者可以关注大数据应用技术的有关专业书籍,这里就不再赘述。

## 三、大数据在酒店中的应用

对于单体酒店企业来说，建立和应用大数据的确很难；对于有一定规模的酒店集团或连锁酒店来说，大数据的建设说难也难，说容易也容易。对大数据中心的建设，大多数酒店集团已有很好的应用实践。其实大数据是相对的，多大的数据集才是大数据，目前还没有定论，当然是越大越好，但只要对某数据集分析获得的数据信息总是有效的、恰当的，预测的结果是符合经营方向的，这个数据集就是企业所需的大数据。除了自己的数据集，酒店还需要利用行业的数据集，利用互联网，特别是社交平台的数据集，这就需要和外部数据源的实体进行合作，这样才能形成酒店的大数据——对酒店经营有用的数据集。

### （一）软件平台化的概念

随着酒店信息化的不断深入，酒店各类软件应用系统越来越多：有前台的 PMS，也有后台的财务软件系统、客房的迷你吧系统，以及 App 小程序，如果是酒店集团，其信息系统就更多。这些应用软件是在不同时期购买或建立起来的，大多数系统都自成体系，相互之间实现数据交换有时很麻烦，最后影响整体的信息化效果和效率，尤其是开展电子商务的效益不明显，给客户的感觉就是服务不及时。这种效率和效益的低下是系统的数据流动性差引起的，有的系统中数据根本不流通，需要对酒店整体信息化应用进行改造，软件平台化就是在这样的情境下提出的。所谓软件平台化，就是把酒店所有的信息系统整合起来，实现统一管控，并对其运营进行可视化管理，促使各系统的数据相互流通，形成平台管控下的数据中心。数据中心是酒店软件平台的数据集，一个酒店只能存在唯一的数据中心，以便实现统一管理、统一使用，从而提高所有信息系统的运营效率和电子商务的效益。酒店信息系统软件平台化概念图如图 3-6 所示。

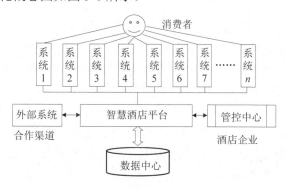

图 3-6　酒店信息系统软件平台化概念图

在图 3-6 中，系统 1、系统 2……系统 n 是指酒店中所应用的所有信息系统，有的是前台用的信息系统，有的是后台用的信息系统，它们是在不同时期购买或开发的，各自独立地在不同部门中运营使用。数据可能是各自系统管理的信息孤岛，很少能相互流动使用。平台化就是把这些信息系统逐步地整合在一起的过程，实现各系统数据相互流动，通过数据的流动实现对客户的敏捷服务，形成一个智慧酒店的服务平台，并由管控模块实现对各系统的可视化运营管理，形成系统智慧和人的智慧相结合的管控中心，最后形成在智慧酒店平台下能统一管理的数据中心，这个数据中心就是酒店经营中能直接使用的企业大数据。平台连接的外部系统是指酒店的合作伙伴数据：可以是 OAT 分销渠道的数据，可以是旅行社等服务企业的数据，也可以是政府部门的数据。这些数据通过协议或约定可以相互交换，为酒店的经营所用。酒店电子商务系统也是平台下的一个系统，同样由管控中心可视化地管理其运营，以实现电子商务的智慧化处理。任何酒店的信息系统整合都要经历平台化这一过程。可能有些系统太陈旧而无法整合，这样就需要在平台化过程中重新开发一部分系统，但大多数的信息系统可以通过互联网+整合到平台中以实现统一管理。图 3-7 就是杭州绿云科技开发的 i-Hotel 酒店平台的应用架构图，是目前酒店用户最多的电子商务应用平台。

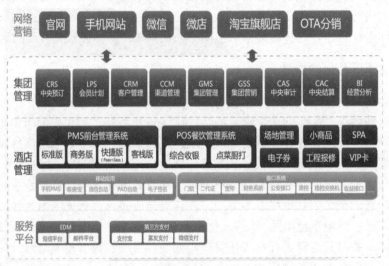

图 3-7　i-Hotel 酒店平台的应用架构图

### （二）电子商务中的大数据应用

酒店信息系统平台化以后，电子商务系统的数据就可以和其他信息系统的数据实现任意流动，在真正意义上实现无缝对接，实现酒店商务的自动化处理，甚至实现智慧化处理。例如，电子商务系统可以和前台 PMS 系统实现数据对接，实现网络客户订单的在线确认和自动排房；酒店门户网站和前台系统的对接可以实现对门户网站的访问者的精准预订问候，使访问者感到非常亲切。因此，一个酒店的信息系统平台化以后，由于数据的流动性，就会形成大数据的流动效应，这个流动效应产生于客户对服务的满意度。作为一个酒店的电子商务系统，要不断地去挖掘大数据的流动效应，这就是最具体的酒店大数据应用。

大数据的流动效应为酒店经营节省了服务成本，增加了收益，主要表现在可精准市场定位、挖掘有价值客户、多维度分析客评、建立最佳收益模型、实现精准市场营销等方面。精准市场定位主要围绕服务产品的设计档次、客源类型以及产品价格等，通过大数据的分析定位合适的经营产品、服务群体以及恰当的价格；挖掘有价值客户主要围绕受众群体进行，寻找与金卡客户、白金卡客户、银卡客户相似的受众，或者分析出与酒店忠诚客户有相似消费爱好的潜在客户；多维度分析客评是通过社交平台数据进行客评分析，从中可以分析客户的消费偏好和潜在需求，同时分析社交平台上的正面信息和负面信息，为改进酒店服务、确定营销方向提供依据；建立最佳收益模型是通过各渠道的销售数据以及酒店经营数据来建模，寻找酒店服务产品的最佳收益模式，可以按酒店经营的不同季节构建收益模型；实现精准市场营销是通过大数据分析的客源分类，有目标地开展营销，通常精准营销需要平台的实时分析来实现，因为现在的消费者都是通过手机即时通信，随时可以在社交平台上发布和获取信息，因此，通过酒店平台可以有效处理酒店的精准营销问题。基于酒店平台的精准营销就是智慧型营销，它的构建框架如图3-8所示。

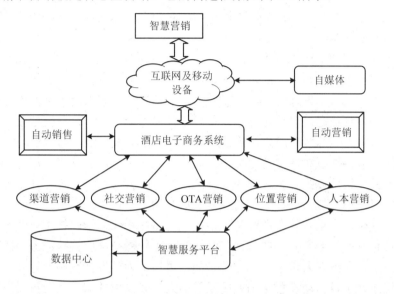

图3-8　基于智慧服务的酒店平台架构示意图

酒店软件平台构建的侧重点须根据酒店的实际情况确定，不同的侧重点有不同的平台架构。从已有的实践经验来看，有偏重于管理的，有偏重于服务的，也有专门为营销而建的，不同的侧重点实现的平台架构不同。图3-8其实是以智慧营销为主体的酒店平台，它的构建必然以酒店电子商务系统为核心，因为网络营销已是电子商务的重要组成部分，同时需要整合酒店所有的微系统，这样才能形成软件平台下的数据中心，这个数据中心就是酒店的大数据。酒店平台同时整合了目前移动电子商务中所有的营销方式和渠道，如渠道营销、社交营销、OTA营销、位置营销以及人本营销等，正是有了以即时通信为基础的人本营销，酒店才可以利用平台的可视化管理实现对客户的精准营销。

## 第四节　人工智能技术

人工智能是近年来酒店电子商务应用中最热门的关键技术，它和电子商务融合成为智慧商务最热门的应用。当前最受关注的智慧酒店建设已离不开人工智能的应用，酒店的智慧型商务，如酒店的商务助手、服务机器人、智能客房、刷脸入住、咨询代理等都是人工智能在酒店的具体应用。酒店赖以生存的根本是优质服务，所有经营的产品都与服务有关，除了提供给客人吃住，酒店的重头戏就是酒店的附加服务和增值服务，如娱乐服务、信息服务、休闲服务等。这些服务的敏捷度和服务水平的高低直接关系到酒店的口碑以及生意，尤其关系到消费者的满意度。人工智能在酒店服务过程中能提供什么样的可能性体验呢？

下面我们从接待服务、商务服务、营销服务等方面来了解人工智能在酒店中的具体应用。

### 一、人工智能在酒店接待服务中的应用

近年来,人工智能在酒店接待服务中的应用除了机器人,还有许多应用的场景。例如,客人进入酒店接触的第一个部门是酒店的前厅部,人工智能技术与酒店前厅部配合,可以在以下方面提高员工效率和对客服务品质:人工智能的人脸识别技术可以在客人跨入酒店的那一刻,通过大数据识别客人的基本信息,其可以读取公安数据或者机场数据,最终实现数据共享;在客人掏出证件之前,员工就可以亲切地称呼客人的姓名,前台接待软件上也已跳出客人的预订信息,自动化办理入住登记;客人无需房卡,系统就会自动将房号发到客人手机上;客人到达客房门前,门锁摄像头识别出客人身份,就会自动打开房门。

在酒店的会议接待、餐饮接待服务中,同样有人工智能的新技术应用。例如,餐厅员工通过人工智能耳机可以听到客人的相关信息,及时为客人安排位置,并推荐酒店特色菜品;刷脸技术可以用虚拟人进行入席问候,然后开始电子点菜;客人在餐厅用完餐后,也无须到收银台结账,人工智能会通过基于多模式传感器和深度学习技术研发的快速结算支付系统进行后台结账,为客人节省了结账时间。人工智能在酒店接待服务中的应用既提高了服务的敏捷度,又给客人带来了新体验,如:可提前为客人打开房间灯光,根据该客人之前的入住记录,可以自动设置空调温度以及客人喜爱的电视节目,还可以自动声控窗帘及台灯亮度,让客人有回家一般的亲情体验;在客人入睡前,询问客人是否要设置闹钟;闹钟设置成功后,第二天,虚拟人像会用甜美的声音呼叫客人起床,在客人出门前会提供当地的天气预报,并提前安排客人所需的车辆。

## 实例:阿里巴巴的未来酒店

2018年10月30日,在2018年"双11"到来之前,阿里巴巴集团建设、运营的首家未来酒店在杭州首次揭开了神秘的面纱。

这家名为菲住布渴(英文名FlyZoo Hotel)的酒店充满了各种智能科技元素,包括刷脸入住、到处游走的智慧机器人、自动开门的电梯和房门、专属的客房小管家等。它包括了六大未来生活场景,即智能身份、智能连接、智能服务、智能景观、智能客房、智能餐饮。

与传统酒店不同,这家未来酒店给客人带来了另外一番体验:一旦客人进入大堂,互动景观大屏映入眼帘,没有前台,而替代以机器人"天猫精灵福袋"迎宾、指引,客人可在大堂自助机刷脸办理入住或在手机上凭电子身份证完成登记入住;基于覆盖酒店内全场景的客人身份识别,无感梯控、无触门控将自动进行人脸识别,智能点亮客人入住楼层,自动开启房间门;借助无感体控定位系统,在客人离开房间的瞬间,电梯也将自动响应等候。

而客人一旦进入房间,客人专属的客房管家天猫精灵智能音箱已经被唤醒,可直接对室内温度、灯光、窗帘、电视等进行语音控制。客人还可以通过客房管家发出送餐、送水等客房服务指令,随即会有机器人"天猫精灵太空蛋"和"天猫精灵福袋"将客人所需的物品送到客房。

客人去餐厅用餐，只需要点餐就行，吃饱了就走。如果需要付费，会自动将费用计入客人房间的账单。如果客人退房，只需要在手机上进行退房操作，支付完成，走就行了，电梯会把客人送下去，整个过程，客人不需要接触任何人，接触的都是各种人工智能设备。听起来很酷，体验起来也很酷。

据了解，这家酒店是阿里巴巴经济体内多个团队协同打造的成果：飞猪设计了全链路的体验流程；达摩院负责酒店创新研究计划，阿里云提供稳定安全的大数据底层服务，人工智能实验室启用了最新设计的智慧机器人；智能场景事业部完成酒店整套数字化运营平台和 AI 智能服务中枢以及智能场景系统的研发；天猫国际推出七个国家主题房，天猫等平台则为酒店家具、床品提供了供应链。

特别值得一提的是，客房内的家具、床品及其他物件，未来将支持 App 拍照后一键在线下单。阿里巴巴未来酒店的首席执行官王群介绍："通过酒店管理平台系统能力的提升，未来酒店的人效比是传统同档次、同等规模酒店的 1.5 倍。"

资料来源：阿里巴巴未来酒店 FlyZoo Hotel 开业了，这个"新物种"真的能颠覆酒店业吗？[EB/OL]. (2018-12-20). https://www.tmtpost.com/3651035.html.

## 二、人工智能在酒店商务服务中的应用

人工智能的应用已给酒店的商务带来无限可能。它的潜能几乎是无限的，在酒店商务咨询服务中的应用已达到人类的智力水平。人工智能应用会给酒店销售工作带来新的机遇，使其在客人个人偏好、需求和消费能力的基础上做出更精准的客户分析，凭借对客户更深入的大数据了解，为其打造个性化的、有创意的、更有效的商务服务。目前，人工智能在酒店的应用主要建立在酒店大数据和机器学习的基础上，为客户提供更有效的商务服务，如智能客服、产品设计、数据分析、订房参谋等都是人工智能的具体应用。

酒店的智能客服主要是电话咨询和网络咨询：通过人工智能的自然语言理解，用机器人助理帮助回答客户的咨询问题，如房类问题、价格问题、楼层问题等；还可以通过大数据了解客户的潜在需求，提供咨询中问题的相关建议；通过学习功能，机器人助理可以记忆客户的消费需求。在酒店大堂，也可以通过设计虚拟人解答客户咨询的有关酒店周边的旅游问题。产品设计是通过人工智能为客人个性化组合或设计合适的客房产品和餐饮产品，包括环境的布置、色彩搭配、功能配置、安全要求等。系统只要输入相关的需求要素，通过系统的规划和设计，就能很快地提供客户需要的产品方案。数据分析主要是帮助酒店挖掘小数据，为客户提供智慧型的服务，而且是在线、实时为客户提供类似虚拟人的服务。系统具备充分运用影像识别技术、语音识别技术、语义识别技术、生物识别技术、机器深度学习的人工智能技术，能实现在大堂、客房、餐厅等环境的虚拟人服务，既提高了服务效率，又增加了客户的体验，具有服务场景中的亲情感。订房参谋是酒店商务中最有效益的一个人工智能应用，它的应用可为酒店直接增加收益，尤其在酒店的门户网站上，订房参谋可以有效地培育网络客户群，为酒店的在线直销增加份额。订房参谋可根据订房者的历史数据，或者通过大数据分析获取的客户消费习惯和喜爱，给订房者推荐其感兴趣的产品，以给客户带来意外的在线体验。

### 三、人工智能在酒店营销服务中的应用

酒店要真正实现精准营销或者自动化营销，同样需要人工智能的技术支持。开展市场营销，不管是在电子商务系统（elasticity cloud server，ECS）中，还是在客户关系管理系统（CRM）中，都需要通过系统的深度学习功能实现精准营销。很多酒店在进行营销决策时并没有明确的目标和受众，手中虽掌握着大量的潜在高价值数据，却不能将其转化为有效的营销决策路径依据。酒店运用人工智能和数据挖掘算法，可依据不同客户的消费需求，探索出有效的营销渠道路径，实现针对特定客户营销的智能化和自动化，从而大幅提升精准营销的效率。例如，酒店用人本营销开展面向相似受众的市场营销，可以利用人工智能寻找相似受众指定客户群的上网行为；然后挖掘他们在不同平台上的行为轨迹，酒店就可以有目标地针对这些平台渠道开展营销，这时投放的营销信息正符合这些受众的需求，慢慢地这些相似受众就会成为酒店的核心受众；再结合系统地深度学习，就可以实现对核心受众有的放矢的自动营销。人工智能在酒店营销服务中的应用主要介绍以下几个方面。

#### （一）营销内容智能生成

引入人工智能进行广告内容或一般新闻的撰写，是人工智能在酒店营销中的应用尝试。这意味着人工智能将逐渐具备高效、快速编撰营销内容的能力——将原始数据转化为叙事文章并自动生成营销标题及内容。

这同样意味着，人工智能有能力在文案写作方面引导酒店的市场营销转型。目前，一款名为"automated insights"的人工智能写作系统在许多美国企业得到应用。通过一种可将数据变为符合人类阅读习惯文本的"自然语言生成"技术，它能够自动收集与主题相关的信息，然后从中筛选有价值的部分，最后形成可阅读的文案。尽管这些内容在文法上仍有瑕疵，却包含所有阅读者需要的各类信息、数据，有些甚至有连贯上下文的关系。

这一技术还将提高营销人员的工作效率。借助人工智能，营销人员可以改进广告、网络软文等写作质量，通过搜索引擎优化（search engine optimization，SEO）提高营销工作的效率。个性化内容传播就是最典型的代表。人工智能在目标消费者信息的基础上，针对其个人撰写与其相关、"投其所好"的营销内容，比起千篇一律、大水漫灌式的传统营销，显然会得到更积极的效果反馈。

#### （二）精准营销智能推送

营销内容推荐是当今酒店针对常客展开的常见的营销方式之一。人工智能的加入，让这种营销模式如虎添翼，因为它可以迎合消费者需求精准推送。

美国 Outbrain 公司就借助人工智能，将制作好的内容推送给被公司挑选出来、更有可能阅读的网民。这极大地减轻了营销人员从海量反馈中挑选被推荐者的工作，并且保证公司希望传达的信息会以较高的概率被目标消费群体阅读。酒店也是这样，借助人工智能可以把营销内容推送给选定的目标受众。

在未来的人本营销中，酒店可以根据自己的核心受众、自定义受众、相似受众自动推送不同的信息，这就需要人工智能技术自动划分不同的受众群体。其实目前大多数的电子

商务网站、OTA 平台等每天都会根据消费者的浏览历史，自动推荐一些客户很有可能感兴趣的文章和商品，而这些推送都是通过人工智能自动发送的。未来酒店可以通过营销专家系统实现对指定客户群的营销信息自动推送。

可以预见，从咨询开始提供选择购买的意见，到广告文本的自动写作，以及营销信息的主动推送，再到门户网站界面的智能设计，人工智能将一步步覆盖当代酒店营销的方方面面。

### （三）精准定位目标客户

开元旅业集团旗下的原杭州之江度假村是一个娱乐和休闲功能兼具的度假酒店。这里有很大的江边草坪，养了许多鸽子，孩子们都喜欢在草坪上玩耍。由于鸽子繁殖很快，总经理担心鸽子越来越多，饲养的场地会不够用。后来总经理要求信息部在历年的资料库中寻找带有小孩的客户，按地址给每个小孩寄一只鸽子，用鸽子做目标客户的营销工具。结果，第二年的暑假，之江度假村的客房几乎满房，获得了前所未有的客房率，这就是开展精准目标客户营销带来的收益。通过这件事，总经理要求营销部每年做营销计划时先分析历年的客户数据特征。

人工智能通过酒店的大数据分析和深度学习功能，可以在数据库中依据营销方向设定特定客户群，尤其是未来针对基于 ID 消费客户（这些客户有相同或相似的消费偏好），然后分批向不同的客户群开展有目的的营销，或一对一的营销。在未来酒店的营销中，人工智能可以轻松地把具备相同或相似行为习惯的消费者加以细分、组群，进而根据社群的共性制作更加个性化的营销内容并更加精准地推送，极大地提高了酒店市场营销的投入产出比。例如，酒店 App 的访客、门户网站的访客，以及小程序应用的访客，都可以通过人工智能跟踪其习惯行为，然后将其分类组成不同的客户群，这样有区别地推送营销内容到不同的目标群，既节省了人力，又提高了营销的效益。

### （四）预测未来需求趋势

每个酒店都想预知未来，但具有预测能力的酒店少之又少，大多数酒店通过 OTA 平台或搜索引擎平台购买与自己相关的预测报告。对于有创新能力的酒店，一般在参考购买的预测分析报告基础上，还要结合自己酒店平台数据中心的历史数据分析，形成下一年的市场预测趋势报告，为下一年的营销计划做准备。在移动互联网时代，虽然酒店对市场的未来趋势可以做出预测，但做到精准预测非常困难。为什么酒店的市场营销需要运用人工智能？因为社会生活环境时刻在发生变化，旅游的热点也时刻在发生变化，消费者的需求也时刻在发生变化，酒店必须随时对营销计划做出调整，对于平台化的酒店，即时的联机分析在人工智能技术的支持下就显得非常方便。因此，正确地预测趋势、灵活地调整方案可为酒店的智慧化营销带来巨大的收益。

如何运用人工智能让酒店预测趋势的准确性大大提高，这是每个酒店的营销部都需要了解的问题。其实运用人工智能也需要对酒店信息化有个战略方案，这就要有一个开放的 PMS，有一个酒店平台（如绿云科技的 i-Hotel），有一个好的门户网站，再加上有一个好的电子商务系统，并且以上这些信息化系统都有人工智能的技术支持，把它们的数据都关联起来，把不同历史时期的数据也关联起来，这时再去做预测的趋势分析就不是很难的事情了。当今是数据爆炸的时代，先进的信息技术以及人工智能让酒店能够从不计其数的渠道中获取各类数据，这些数据经过知识工程师的分析，就能形成小数据，为酒店做营销决策提供依据。精明的营销者应当意识到，人工智能技术从某种程度上将成为指引酒店发现、挖掘未知金矿的真正"先知"。

借助特殊的智能算法，人工智能首先在数以百万计的数据中遴选与酒店自己、行业和消费者相关的有效信息；然后预测酒店主要客户的客源地，预测最受欢迎的客房类型，预测酒店发展方向的最佳类型，预测当今消费者的偏好点，预测消费者最关心和喜爱的平台渠道，预测高消费者访客和一般消费者访客的行为区别，预测酒店忠诚客户的订房习惯和渠道，预测OTA客户和酒店在线直销客户的消费行为区别，还可以预测门户网站访客的行为特征，以及预测门户网站访客浏览却不订房的原因。

未来，用于电子商务的新技术还会不断涌现，尤其是区块链技术以及元宇宙概念的出现，未来酒店电子商务会有更智能的应用场景出现。作为一个酒店企业，应密切关注这些新技术的出现以及它的应用竞争力。限于篇幅，这些新技术的应用在这里就不介绍了，对其感兴趣的读者可以通过拓展知识或网络学术文献进一步详细了解。

## 本章案例：锦江国际集团的电子商务之路

锦江国际集团是中国规模最大的综合性酒店旅游企业集团之一，有近一个世纪的中国酒店旅游品牌和文化传承，拥有酒店、旅游、客运三大核心主业和地产、金融等相关产业及基础产业，目前初步形成了以酒店为核心的旅行服务产业链。锦江国际集团深耕国内，布局全球，加快传统业态创新转型，着力提升品牌、质量、效益，经济总量和产业规模都取得了重大突破。

随着酒店业人力、物料等成本的增加，以及互联网电子商务的日益普及和渗透，酒店业发展迎来了新的机遇与挑战。锦江国际集团致力于国内和国际的全球化布局，旗下酒店的数量和规模不断增长，为更好地管理下属酒店，迎合市场变化，满足消费者日益多样化、个性化的需求，锦江国际集团作为中国旅游行业的领导品牌，积极利用高科技着重打造锦江电子商务平台，用电子商务推动企业的持续发展，以不断适应时代发展的要求。

### 一、打造锦江国际电子商务平台

2010年7月以来，集团全面启动了打造锦江国际电子商务平台项目，成立了锦江国际电子商务有限公司，借助互联网全面发展自己的在线直销战略。2012年年初平台全面上线，不再仅仅是旅游酒店以及简单的"机票+酒店"度假产品的展示和预订平台，更是与锦江国际集团各项线下旅游业务的网络接口，包括国内、出境、入境等旅游服务业都将利用此网络平台分步骤、有计划地实现实时在线的产品发布与预订、客户服务与信息交互。主要产品战略包括：①"锦江旅行+"，是集团整合创新业务与传统业务的互联网平台，其功能涵盖集团下属的酒店、旅游、汽车租赁等产业的产品展示与销售预订。②"锦江礼享+"，是集团倾力打造的会员忠诚度奖励计划，全面覆盖集团旗下的酒店、旅游及汽车服务，针对不同人士提供个性化服务。③"锦江e卡通"，是已获《支付业务许可证》的商务储值卡，将依托先进的智能系统和安全可靠的金融网络，让广大消费者享受安全、高效、便捷的刷卡服务，还支持公共事业缴费、手机充值等在线支付服务。该卡目前已涵盖锦江国际集团旗下所有商户，是锦江国际官方唯一指定的储值预付卡。未来将以锦江国际集团核心业务为依托，力争成为上海地区旅游行业的标志卡。锦江国际电子商务平台与其他打造一站式旅游服务的纯电子商务网站相比，其优势在于依托集团完整的旅游服务实体产业链，拥有强大的线下品牌支持，电子商务平台是对现有业务模式的一个网络延伸。有线下业务、品牌、渠道、顾客等多方面资源的支持，线上的电子商务平台运营将更稳健。图 3-9 是锦江电子商务的业务发展战略框架示意图。

锦江电子商务的业务发展战略主要考虑五个方面：统一的网络营销，通过 SEO、SEM 实现网络营销联盟，统一对会员推行促销计划；统一积分，利用集团 CRM 统一管理积分，利用集团资源优势，统一推行锦江礼享会员的忠诚度计划；统一结算，通过锦江 e 卡通增加消费黏性，实现集团内部的统一结算；手机联动，利用便捷的移动支付与银联电子支付和第三方电子支付合作，实现即时通信下的一对一营销服务；市场合作，利用电子商务平台与第三方渠道实现多渠道合作，形成锦江国际线上、线下融合的电子商务竞争优势。

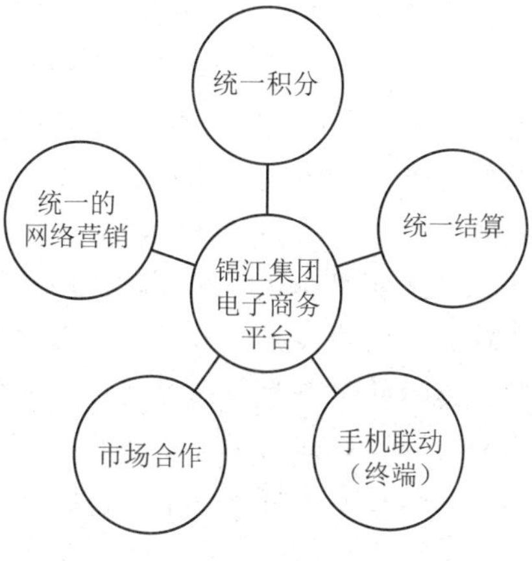

图 3-9 锦江电子商务的业务发展战略框架示意图

锦江电子商务于 2013 年年底创建了具有国际领先水平的锦江国际 Hadoop 大数据应用平台。该大数据应用体系不仅独创性地实现了高效列式内存存储格式和 Spark 计算引擎在旅游行业大数据系统中的高效应用，更完美地实现了一对一精准营销和智能化推荐，并最终为锦江国际在精准营销、提高用户体验以及实时分析预测等方面发挥了巨大作用。锦江电子商务大数据分析平台通过利用对每次用户服务体验所产生的大量结构性和非结构性优质数据的高效收集和多样化分析应用模型等优势，多维度、深层次挖掘个性化数据例证，而这些涵盖了用户对旅行产品品牌、价格及服务偏好信息的大数据分析例证，可以让锦江国际旗下各企业对客户服务体验、营销推广等做出策略性调整，使其更为贴切地满足用户的实际需求，进而有效地推动企业整体收益的稳步提升。

2017 年，集团按照"基因不变、后台整合、优势互补、共同发展"16 字方针，引入"互联网+共享经济"理念，整合全球行业资源，加快打造"一中心三平台"，即锦江酒店全球创新中心和 WebHotel 全球旅行产业共享平台、全球统一采购共享平台、全球酒店财务共享平台。2018 年年底，以"再出发，新体验"为主题的锦江全球采购平台 B2B 电子商务系统上线启动仪式在上海公司所在地成功举行。作为集团"一中心三平台"任务中重要的跨年度重点项目，以 B2B 电子商务平台为核心的"三位一体"新平台系统更新后成功上线，不仅完成了对原来分散在各集团内部自有系统的替代，也标志着采购平台公司将正式承载起今后锦江国际旗下三大酒店板块集团的集采物资采购及供应链管理的重任。在不久的将来，该平台系统还将对接集团更多海外酒店板块的集采物资采购业务。

二、建立全新直销平台，拓展服务场景，优化服务体验

为了顺应消费者移动商务的需要，根据普及的智能手机终端，锦江国际认为真正的在

线直销时代已经来临。除了建好电子商务的大平台，集团还必须建立基于移动服务的小前台，以便酒店能快速响应消费者的预订需求。用移动型的 App 拓展服务场景，强调和优化客户的服务体验，由此启动了"锦江旅行"App 计划。

2017 年，锦江国际集团正式发布"锦江旅行"App。这一全新的直销平台不但提供锦江、铂涛、维也纳三大酒店管理公司旗下 20 多个品牌近 5000 家酒店的预订服务，更全面提升了酒店、旅游、订车等在线预订和会员服务功能。在"锦江旅行"App 上，有多个品牌酒店供用户选择，范围包括经济型、舒适/三星、高档/四星以及豪华/五星不同档次的酒店，这些酒店遍布全国各地，客房总数约 50 万间，可满足用户不同的地域和消费需求。除了酒店预订，这一移动型新平台还集会员礼遇、旅游、订车等多功能为一体，包括"今夜特价""凌晨房""热销酒店""猜你想去"等特色服务功能，并全面支持银联、支付宝、微信等主流支付方式，以期通过给力的优惠、可信的房源、便捷的预订、省心的支付，为用户打造全新的高品质出行服务体验。"锦江旅行"App 的全新上线，是锦江国际集团顺应并把握互联网和共享经济时代的机遇及趋势，围绕消费者利益最大化和资产价值最大化，对全球旅行服务共享平台建设的全面推进。"锦江旅行"App 以期用更优的价格、更多的品牌、更酷的服务为人们智慧出行提供新方式和新选择。2018 年，"锦江旅行"App 上线一周年之际，锦江国际正式推出全新升级版，以更优的产品、更好的服务回馈广大用户长期以来的信任和支持。一年来，作为锦江国际线上直销渠道的"锦江旅行"App，持续拓展业务场景，不断优化服务体验，目前已涵盖国内酒店、海外酒店、度假、商城、钱包、会员服务等多个领域，登录用户数已突破千万人次。

### 三、利用高科技打造智慧酒店

上海锦江集团是最早推行电子商务平台化的酒店企业，但在电子商务开展过程中总觉得客户体验存在许多不足，为了使酒店电子商务的应用场景的体验感更好，锦江国际从酒店基本的服务开始抓起，利用目前的高科技全力打造基于电子商务的智慧酒店。

锦江国际集团在创建电子商务平台的过程中，还将高科技引入酒店。随着消费者需求的不断提高，以解决传统酒店痛点、提升用户体验为核心的智慧酒店正快速兴起。锦江电子商务以锦江国际多元化产业资源为依托，以物联网技术为主体，以用户个性化体验为核心，于 2014 年年底成功完成了锦江国际"智慧酒店"一期项目的创新开发并投入试运营，新一代无线网络、智慧电视、多屏互动成为此项目的三大亮点。从 2015 年开始，锦江电子商务用 4G 信号标准所提出的酒店一体化无线覆盖解决方案，不仅使得宾客拥有了比现有一般网络快 3 倍的无线上网速度，更让酒店的无线网络技术在未来数年内无任何升级更新之忧。同时，锦江电子商务通过对底层安卓解决方案的应用，让客房电视机华丽转身为第二代智慧电视平台。该平台以客房智能电视为载体，以客户智能手机为核心，以平板电脑、可穿戴设备等智能设备为辅助，形成一个集行前体验、信息推送、入住服务、行后评估于一体的个性化的 O2O 旅游信息闭环。

锦江电子商务还在继续开发并应用身份证识别、人像识别等技术的智慧酒店应用系统。锦江国际集团于 2018 年下半年打造首家智能样板酒店，利用高科技为服务加码，其智能机器人、自助入住、智能门锁、智能电视、智能清扫系统、电子房卡等多样化智能设备，可让客人只需通过手机即可体验"搜索、预订、支付、入住、逗留、离店"全流程的智能化服务。高品质的居住体验迅速吸引了市场的关注。

资料来源：本案例来源于锦江国际官网，经作者加工整理。

**案例思考：**

1. 上海锦江集团的酒店电子商务竞争优势体现在哪几方面？结合它的官网，了解最近的锦江电子商务新发展。
2. "锦江旅行"App 有怎样的市场竞争优势？它是如何实现线上、线下融合的？
3. 上海锦江集团为什么要打造智慧酒店？它采用了哪些高科技？打造的智慧酒店和酒店电子商务是什么样的关系？

## 拓 展 知 识

| | | |
|---|---|---|
| XML 标记语言 | 物联网技术 | IP V6 技术 |
| 公有云技术 | 私有云技术 | OLAP 联机分析技术 |
| CRM 客户关系管理 | AR/VR 技术 | BI 商业智能 |
| 服务器集群 | 负载均衡器 | 移动 App 应用技术 |
| 小程序应用技术 | 移动支付技术 | 深度学习 |
| 专家系统 | 机器人服务 | 自然语言理解 |
| 舆情检测技术 | 在线互动技术 | 区块链技术 |
| 元宇宙 | 数字孪生 | 增强现实 |

## 思 考 题

1. 试叙述酒店信息化和酒店电子商务的关系。
2. 基础性技术包含哪些？它的应用能解决酒店的哪些管理问题？
3. 内部网和外部网的含义是什么？分别有哪些酒店应用？
4. 什么是门户网站？酒店门户网站与电子商务的关系是什么？
5. 什么是网络软件技术？酒店的信息工程师掌握网络软件技术的用途是什么？
6. 通过拓展知识的自主学习，试解释什么是 AR/VR 技术，它在酒店有哪些应用。
7. 什么是云计算技术？它有哪些应用模式？
8. 云计算技术的应用对酒店电子商务的应用架构产生了哪些影响？
9. 什么是云 PMS？它和传统 PMS 有什么不同？它有怎样的应用前景？
10. 与传统 PMS 比较，云 PMS 的应用特点体现了怎样的市场优势？
11. 什么是物联网技术？物联网和互联网是什么样的关系？
12. 什么是大数据？旅游大数据包含哪些内容？酒店大数据又包含哪些内容？
13. 试解释大数据技术的内容，说一说这些技术的应用解决了酒店的哪些商务问题。
14. 什么是软件平台化？平台化的主要作用是什么？
15. 什么是人工智能？它在酒店中有哪些应用？举例说明。

16. 人工智能在酒店营销中的应用有哪些？举例说明。
17. 如何运用大数据和机器学习功能构建酒店电子商务的智慧架构？
18. 通过拓展知识的自主学习，试解释什么是 BI 商务智能，举例说明。
19. 通过拓展知识的自主学习，试说明未来区块链技术在酒店有怎样的应用。
20. 通过网络学术文献的学习，试解释云宇宙是一个怎样的虚拟世界，它会给酒店电子商务带来怎样的影响。
21. 通过本章的学习，作为一个酒店的 CIO（首席信息官），应怎样规划和开展电子商务？
22. 结合图 3-7 i-Hotel 酒店平台的应用架构图，试设计一个单体酒店的商务平台示意图。

# 第四章　酒店电子商务的创建与管理

**本章要点**

　　酒店电子商务的创建与管理是酒店经营者在应用中面临的关键问题。电子商务的创建可能只是建一个 App 应用,也可能是建一个完全型的系统,或者建一个电子商务交易平台。凡事开头难,从何处做起,是每个酒店管理者需要面对的问题。本章围绕酒店电子商务的创建,介绍创建电子商务的目的、创建电子商务的准备,以及创建电子商务的规划等问题。其中,通过回答"什么很重要"这个问题明确系统建设的定位和目的性。因为电子商务是战略性的技术应用,不能盲目地开展无效或低效的电子商务应用。本章最后对电子商务系统建成以后的电子商务运行管理进行探讨,包括系统运行中的制度管理、绩效评估和改进管理以及数据和商务管理等内容。

　　电子商务的创建与管理是一个综合性、系统性的过程。酒店战略目标和定位是电子商务开展的最终目标,电子商务的创建和管理是酒店独特竞争优势的主要来源。电子商务系统是一个技术系统,也是一个管理系统,更是一个经营性的服务系统。因此,电子商务的创建前期准备非常关键,包括技术准备、人员准备和开发准备,然后是创建电子商务系统的规划工作。酒店电子商务首先是一个应用系统。作为一个应用系统,要先规划后实施,包括酒店业务的规划、系统建设的规划以及系统建成后营销推广的规划,最后是对系统上线后的运行管理和营销推广进行组织。电子商务是一个综合性的交易系统,上线后,需要对运行、商务、客户、营销等开展一系列的管理工作,处理对客服务工作,培育线上客户群,为提升酒店在线直销效率打下扎实的客户基础。

## 第一节　明确创建电子商务的目的

　　酒店电子商务创建的基本目的是增加经营收益,降低销售成本,并创造战略性的市场竞争优势。但真正做起来没那么容易,酒店电子商务成功的案例并不多。开展的工作往往达不到理想效果,主要原因在于电子商务的技术要求太高,酒店缺乏这样的技术型人才。真正存在的问题是酒店对开展电子商务的定位和目的不够明确,在电子商务的开展理念上出现偏差,盲目地开展电子商务的组建工作,最后的结局是:做的不是消费者所需要的,或者是没有迎合消费群体的实际需要,从而无法实现开展电子商务的预期收益。因此,酒店电子商务的开展须从经营环境的分析、系统定位的分析以及明确电子商务的目的做起。

## 一、酒店经营的环境分析

酒店开展电子商务的效果和酒店的经营环境息息相关,具体包括网络环境、客户环境、法律环境和社区环境等。建立一个电子商务系统需要详细分析这些环境,不能盲目地建立一个技术系统,然后投放到不熟悉的环境中。对网络环境的分析,能够建立满足消费者便捷需求的系统,因为不同的系统对网络环境的要求也不同,基于网站的系统,可以是基于移动手机的系统,也可以是基于微信平台的系统,或者是基于支付宝的系统,或者是基于小程序的App系统等,这些系统的网络环境是不一样的。客户环境要求必须了解目标客户所在地的经济情况和当地的消费水平,了解他们的习惯和使用环境,以便于对系统的商务环节的定位和设计。对于法律环境,经营者需要了解电子商务的相关法律,以及商务约束的相关情况,特别是国际电子商务,要熟悉目的地国的相关商务习俗和政策法规,保证呈现给当地用户的电子商务系统界面不会出现法律问题。对于社区环境,经营者主要了解社区群类的消费层次情况,以及社区的一些周边情况,以便电子商务系统针对社区群开展个性化和有针对性的营销。

其中,最重要的是对客户环境进行分析,了解哪些客户是酒店的消费人群,需要分析系统针对的目标客户群有怎样的消费能力、消费偏好、消费频次、网络习惯、生活习俗以及当地的经济发展水平如何。通过分析,使酒店电子商务系统的界面、商务流程、价格定位、情境风格、支付习惯符合这些消费客户的需要,尤其是促销和商务操作的界面,符合这些客户群的喜爱要求可以增加系统流量,提高系统的商务转化率,最终提高系统的电子商务收益。

## 二、创建电子商务的定位

酒店电子商务系统创建前需要进行多方面规划,主要包括群体、系统类型、技术架构、实施步骤等应用创建。面临庞大的客户消费群体,酒店电子商务需要明确定位,确保电子商务系统能够支持酒店经营的战略目标。系统是建立移动型的电子商务还是建立非移动型的电子商务,同样需要定位。另外,因为电子商务系统有多种不同的技术架构可以实现,所以酒店电子商务系统未来运行过程中采用的软件架构也需要定位。电子商务系统存在系统型和平台型等不同类型,建设规模大小各异,作为酒店也需要定位考虑系统类型。电子商务系统是建区域型的还是国际型的,同样需要根据自己的业务范围进行定位。电子商务系统是分阶段实施,还是一次建成,也需要实施步骤的定位。明确群体、系统类型、技术架构、实施步骤等定位,直接影响酒店电子商务系统的运行方式、开发工作量、系统价格和运行的维护成本,甚至还会影响系统运行产生的收益。

其中客户定位是最关键的,它要和酒店经营的客户定位一致,是一般的商务客户,还是高端的商务客户,或者是一般的度假客户,系统建设的要求存在差异。其中,相关的定位包括价格定位、场景定位以及私密性要求定位等。移动型和非移动型定位会涉及系统可接入的设备类型。相比较而言,移动型由于设备类型多,需要满足未来各种移动设备的使用要求。系统架构主要考虑软件架构、数据架构和网络架构等技术,它会影响系统开发工具、数据库架构系统以及架构系统的技术（云技术或区块链技术）与网络环境的选择。系统类型是建基于微信的商务系统、小程序 App 系统，还是整合型的集成系统，等等。如果建平台型的电子商务，需要将酒店所有的应用系统和数据都整合在平台，实现数据相互交换和使用，提升业务的对接与融合的便捷性和灵活性，当然开发费用也比较高。分阶段实施的定位主要取决于酒店的建设资金。分阶段实施费用可逐步筹集使用，总体价格能够承受，一次性完成开发则总体开发费用较高，适用于大的酒店集团开发建设。目标区域定位主要考虑区域型和国际型两种，这也和酒店经营的定位相关。高端旅游酒店都定位国际型，低端酒店和经济型酒店则定位区域型的多。区域型电子商务系统对系统设计的语言要求、安全性要求、界面操作要求都比较低，而国际型系统对语言要求、法规要求、私密性要求、界面友好性要求都比较高。因此，酒店在开发和设计系统以前，必须对这些定位要求进行必要的论证和确认，然后才能进入下一步的开发建设。

### 三、创建电子商务的目的

酒店开展电子商务是为了能增加网络收益，至少能降低酒店的经营成本。经过近四十年的发展，伴随着信息技术的发展，我国酒店业不断壮大。之前，电子商务作为酒店经营发展中重要的创新手段，也是酒店创新管理与服务的主要内容。现在，电子商务已经是酒店经营的常态，不管是内部的商务往来，还是与外部的商务往来，基本已经实现全面电子化，无纸化商务已经成为主流。在现阶段，酒店在电子商务的开展程度方面存在个体差异：有的酒店主要在前台和后台主要部门开展电子商务，而有的酒店则全方位铺开。酒店电子商务程度的差异是由创建电子商务的目的不同而造成的。可以说，目的不同，酒店开展电子商务投入的资金和产出的效益都是不同的。这里我们可以简单地了解一下目前不同酒店类型应用电子商务的目的。

目前的酒店类型主要分为旅游酒店（原国家旅游局下的星级酒店，大部分是商务型酒店）、度假型酒店和经济型酒店。每一类酒店都有高低档之分，如旅游酒店有高档的五星酒店，度假型酒店有高档的精品酒店，经济型酒店有高档的品质时尚酒店，这些高档酒店之间也有层次差别。在我国低档酒店总体上的电子商务应用水平还比较低，这里并不去讨论它们应用电子商务的目的，主要讨论高档酒店一类的电子商务应用的目的。高档酒店开展电子商务基于以下几个主要目的。

（1）市场营销。很多酒店认为现在的网络营销非常重要，利用互联网和移动互联网开展无处不在的营销，如搜索引擎营销、社交平台营销、小程序 App 营销、人本营销、内容营销以及 OTA 平台广告营销等。它们通过营销增加酒店的市场份额，增加收益，但自己还没有完整的电子销售体系。

（2）增加自己的在线直销份额。带这种目的的酒店都具有较高的电子商务能力和信息化水平，它们不想通过 OTA 增加网络市场份额，而是通过自己的电子商务平台、自媒体平台、小程序App、门户网站等开展在线销售、在线服务、在线关怀、在线营销，形成自己的平台式全方位的电子商务应用体系。

（3）会员客户销售。现在许多酒店有会员制度，根据消费的层次划分为多种会员客户，如白金卡客户、金卡客户、银卡客户等。它们开展电子商务的目的是便于会员的商务处理，如开元酒店集团利用电子商务会员可以方便地预订客房、餐饮，也可以为会员提供消费后的历史查询服务。所有的会员商务都可以通过系统进行在线处理，因为会员是酒店的重要客户，服务好会员的商务处理是酒店经营的第一要务，有利于培养酒店的忠诚客户群体。确认了电子商务建设的目的，就围绕该目的开展电子商务应用的创建。这些不同目的的电子商务有较大的差异，建设的费用也会不同。

## 第二节 创建电子商务的准备

酒店电子商务涉及技术、管理、服务，既是一个技术性的系统，又是一个经营战略的布局和应用。作为酒店经营者不能想当然地创建其应用。完整的电子商务系统是一种复杂的应用系统，它涉及计算机技术、网络技术、数据库技术以及人工智能技术等。作为酒店的电子商务应用人员虽然不需要具备电子商务所涉及的所有技术，但作为一个处理商务的系统人员需要知道怎样应用这些技术，怎样形成系统所需要的技术氛围，又怎样管理电子商务系统的运行。因此，酒店在购买或开发这样的电子商务系统时，需要做一定的准备工作，不能盲目地上马建设一个系统。准备工作包括技术准备、人员准备和开发准备（如果是购买系统，需要相关的调研准备）。

### 一、技术准备

技术准备的依据是酒店电子商务系统采用什么样的架构、采用什么样的运行方式，这些内容还需要根据酒店目前采用什么样的 PMS 系统，目前酒店有哪些应用系统与电子商务系统相对接进行明确。这些内容明确了以后，就可以开始做相关的技术准备工作，包括网络环境的准备、数据架构的准备以及外部系统对接的相关准备。网络环境的准备主要是互联网和移动互联网接入的准备，要做好各部门对接移动互联网的所有准备工作，包括网络安全的相关措施等。目前网络设施都租用云平台，因此选择合适的云设施平台就基本解决了网络和服务器的问题。这些准备工作可以通过调研去选择，如阿里云、腾讯云等都是国内的著名品牌。数据架构的准备主要确定有哪些业务数据以及有哪些系统的数据需要接入电子商务系统，包括所有酒店自己内部的数据和协作业务外部的数据，尤其是外部数据的要求会影响到系统开发的所有数据接口设计。这些准备还包括数据的形式、数据的格式、数据的传输要求、数据的私密性以及数据的安全性等要求。外部系统对接的准备涉及的内容就比较多，因为一个电子商务系统是一个综合性的系统，类似于一个软件平台，平台下有很多应用系统整合在一起，如酒店有 PMS 系统、财务系统、中央预订系统、网站系统、电子支付系统、移动 App 系统等。这些系统都需要和电子商务系统对接，系统对接得好，数据交换就快，在线业务处理就越智慧，效果就越好。因此，外部系统对接的准备是一个很大的信息系统工程，必须认真对待，否则开发出来的电子商务系统运行效率也不会很高。

技术准备还包括用什么数据库管理系统管理电子商务的业务数据，这是以后数据管理、数据分析、数据挖掘的关键系统，也是创建电子商务是否具有先进性、交换灵活性的关键技术应用，酒店需要通过专业的人员论证所选择的数据库管理系统的可行性。另外，在整体技术层面上，酒店还需要考虑社交平台技术的应用，如怎样利用微信平台构建自媒体，协同电子商务系统开展社交营销、人本营销、内容营销的信息对接，包括搜索引擎平台的利用，如怎样利用百度搜索平台建立自己的搜索营销体系、关键字体系等，以便跟踪和挖掘相关的潜在客户。技术准备还包括与 OTA 分销渠道对接的相关技术利用，如携程旅行网、途牛网、去哪儿网等。在这些平台上开展有针对性的广告营销，可实现自己品牌的有效传播。所有这些都会涉及数据的在线交换和管理，需要技术上的准备和对接。

如果酒店电子商务完全由自己组织人员创建和开发，则它的技术准备工作差异性就很大，因为不同的规模和不同的系统完整性考虑的技术范围都不相同。共同的内容可能需要开发模式的讨论和开发工具的选择等，如语言的选择（是选择 PHP、ASP、JSP、C#，还是选择其他），还包括平台的选择。酒店选择跨平台开发还是单一平台开发，都需要在具体开发前做好准备工作，以及对开发环境进行网络选择，尤其是对电子商务流行的移动互联网相关技术的选择，也包括人工智能技术的选择问题。对这些选择都要结合酒店自身的具体情况以及已有信息系统的技术应用情况综合考虑，以确定最后的开发工具和语言的选择。

## 二、人员准备

创建一个酒店电子商务系统，不管是自己开发还是去技术服务商那里购买，都需要有相应的人员开展电子商务的实施工作，尤其是酒店自己组织开发建设一个系统，人员的准备更是创建中的重点工作，是顺利完成系统开发建设的基本保障。酒店电子商务系统是一个综合性的系统，又是一个整合各方面数据的集成型系统，因此，它需要各方面的技术人员参与。最基本的参与人员主要包括系统分析员、酒店业务分析员、网络编程员、数据架构设计员、人工智能设计师、系统测试员等。

系统分析员的职责是根据酒店的核心需求提出实现系统的架构和软件架构的逻辑模型。他是系统开发最核心的指导人员，在系统开发以前必须确定要开发怎样的一个系统，以后系统在怎样的环境下运行，这些问题都由系统分析员确定。酒店业务分析员是开发过程中汇总酒店需求的关键人员。他必须熟悉酒店业务，熟悉酒店所有业务流程，是系统确定功能模块和核心功能的主要参与者。他与开发人员讨论需求分析、功能架构、数据处理流程，保障系统开发的每一个功能都符合酒店业务处理要求。网络编程人员是系统开发过程中最多的一类人员，其核心职责就是网络编程。系统所有的功能模块、输入与输出模块、模块调试等工作都由网络编程人员承担，这类人员须有丰富的软件工具知识和开发能力，是系统商务处理功能的创造者。数据架构设计员是系统数据结构的设计师。电子商务中处理的所有数据都要经过设计员的设计，包括类型设计、范式设计、结构设计、关联设计、流程设计、安全性设计等。一个系统是否优秀，系统处理事务的效率是否高，关键看数据架构的设计，因此系统开发要求数据架构设计员必须有丰富的设计知识和经验，还要具备对数据的分析能力和挖掘能力。人工智能设计师负责系统的商务智能和自动处理设计。现在对电子商务数据处理的智能化要求越来越高，如电子商务中的客户识别、自动营销、ID 跟踪、客户划分、数据挖掘、偏好分析等都要有人工智能技术的支持。系统对每一个商务模块都需要智能化的分析处理，以提高电子商务系统每一个功能模块的处理效率。系统测试员负责系统的联调和测试，测试的目的是寻找错误漏洞，证明程序是否还有错误，然后验证系统是否符合酒店商务的需求。因此，系统测试所选的用例很关键，通过用例尽可能地发现系统错误，这就要求测试员具有丰富的测试经验，并掌握尽量多的测试方法，可采用交叉的形式测试，通过最后发现问题进一步提高系统开发的软件质量。

人员准备还包括文档整理编辑员。一个大型的应用软件会涉及许多开发的技术文档、数据文档、测试文档等，还包括开发后的技术手册、用户手册等使用文档，这些文档需要专门的人去整理、编辑，最后成为系统开发的档案资料。酒店要求参与的编辑员具有较好的文档处理能力、编辑能力，以及文字的组织能力，使开发后的酒店电子商务系统有完善的文档资料，也便于后面的系统升级和再开发。但如果酒店向技术服务商直接购买系统，则这些人员基本可以简化，这时需要准备的是营销人员和数据分析人员等相关运维人员。

### 三、开发准备

技术准备和人员准备完成后，就可以进入开发准备。开发准备主要是面向酒店的。在开发准备过程中，酒店经营者要对各部门开动员会，发动所有的业务相关人员，挖掘对电子商务的真实需求。真实需求的获取不能靠技术人员去做简单的分析，而需要动员酒店各部门去挖掘，形成电子商务系统完整的需求文档。因为电子商务系统实施后，系统会代替人工自动完成某些工作，因此酒店各部门还要做好部门调整或者人员增删的准备。在开发准备过程中，酒店经营者要把建设电子商务系统的利弊告知员工，以获得所有员工对电子商务系统建设的支持，并形成完整的各部门业务处理对系统的真实需求，最终形成酒店电子商务创建的用户需求文档，作为系统开发使用的《需求分析说明书》的依据。

此外，开发前的准备还包括资金的准备。酒店开发系统费用的开销是逐步进行的，整个开发的费用是有预算的，酒店要根据预算准备好开发资金，以保障系统开发能按时间要求顺利地完成。如果创建电子商务系统采取租用云平台的形式，那么酒店无须自行购买服务器和相关设备，但是需要确定云服务商的选择、租用服务器的容量和要求、系统运行的安全性要求，以及存储设备的容量要求和租用的费用价格等。在完成上述准备工作后，酒店就可以正式进入电子商务系统的开发阶段了。

## 第三节　创建电子商务的规划

无规划则建不成一个优质的信息系统，酒店电子商务经历了碎片化的应用，需要进入系统化规划的创建阶段。作为一个综合性的软件系统，酒店电子商务系统开发阶段的第一件事就是进行系统规划。在完成创建前的准备工作后，实质性的系统创建就进入了规划阶段。本书并不是介绍系统开发的专著，在这里仅介绍规划的基本概念和相关内容，让读者明确规划在系统开发过程中的重要性。规划的核心内容包括以下三个方面。第一，酒店业务的规划，明确进入电子商务系统业务的电子化流程。第二，系统建设的规划，包括建设中的系统规划、功能模块规划、处理流程规划等。第三，系统建成后的营销推广规划，确定网络推广路径，提升电子商务系统的运营效果。读者如果要详细了解这些系统规划的内容，可以参考软件工程以及管理信息系统一类的教科书。

## 一、酒店业务的规划

电子商务的业务规划是明确酒店核心业务转向电子商务的实现路径,包括明确转向的实施目标和酒店的电子商务战略,以及支持目标实现和战略达成的电子商务系统体系。酒店的业务基于不同服务对象,存在多种类型。面向消费者的业务可以分为客房销售业务、餐饮销售业务、娱乐销售业务等。面向供应商的业务包括客房用品采购、餐饮食料采购、工程设备及配件采购等。在电子化过程中,这些业务是部分转向电子商务,还是全部转向电子商务,或者采取分步实施转向电子商务,都需要在系统规划时进行明确。不同的业务规划涉及不同的系统结构以及技术方案和完成时间,费用开销和产生的收益也会存在差异。

总的来说,酒店开展电子商务的业务规划有两种情况:第一种是全部酒店业务转向电子商务,通过一次性业务规划完成系统开发。这种方式适合大型酒店和酒店集团企业。在业务规划中,可以按照不同业态开发成独立的子系统,然后再对子系统进行整合,但必须对业务转向做统一规划。例如,可以用 App 或者小程序的形式,把客房销售系统、餐饮销售系统、宴会系统、物品采购系统等传统业务转向电子商务。该种业务规划的优势是:所有系统是统一规划的,具有完善的电子商务数据流程,系统处理商务的效率比较高。缺点是:开发和转向的风险比较大,开发成本也高。

第二种是分阶段业务规划完成系统开发,即将不同的业务逐步转向电子商务,优先规划已经确定转向的核心业务,独立规划和设计对应的电子商务系统。这种方式适合单体的中小型酒店企业。因为分阶段业务规划开发规模小,见效快,目前大多数酒店采用这种方式。比如,某家酒店确定将客房销售转向电子商务,需要先进行客房业务的规划。在客房电子化业务成熟后,再把会议室销售转向电子商务,再规划会议室业务。分阶段业务规划的投入费用小,转向电子商务的风险也小,但是,缺点也很明显。由于缺乏整体规划,子系统的技术和架构工具可能存在差异,而信息技术更新迭代变化快,可能会导致最后形成的电子商务系统在数据交换、网络安全、智能助理方面存在无法兼容等问题。

## 二、系统建设的规划

在明确业务规划的内容之后,就进入了系统建设的规划阶段。这一阶段的工作就是根据酒店的业务需求进行系统的规划,制定出酒店电子商务的发展战略思路,确定系统设计的范围和总体方案,并明确酒店电子商务的主要信息需求、资源需求,最后制订出系统建设的资源分配计划。一个完整的酒店电子商务系统所涉及的规划包括门户网站规划、主控系统规划以及移动服务系统规划等。系统规划的具体组织工作主要由系统分析员主持。

作为系统规划中的重要内容,酒店门户网站是酒店电子商务的窗口,也是接触客户、了解客户需求的通道。门户网站的规划是在酒店电子商务系统定位的基础上,明确网站的开发建设思路,包括内容的规划、流程的规划、商务的规划、支付方式的规划、展示位的规划等,从而实现通过门户网站分层次地为客户提供随时随地的服务。主控系统规划是整个电子商务系统规划的重点,在规划前需要明确酒店已有信息系统及其数据产出,厘清现有系统存在的不足与需要完善的空间。然后基于计划开发的电子商务业务规划,明确要接入电子商务系统的应用系统,并对要接入的系统进行整体性的系统规划,作为将来进行电子商务系统总体设计的依据。因此,在主控系统规划过程中,系统分析员有必要召集酒店管理层、酒店业务分析员以及网络编程设计员等一起讨论和分析电子商务系统现有环境以及将来面临的变化,形成电子商务系统开发的系统规划报告。移动服务系统规划是确定电子商务系统前端的移动服务软件。它们受电子商务系统主控系统的控制,可以独立地运行于手机端,形成一个电子商务服务的整体。移动服务系统也可以是一个客房销售的App,或者是提供会议服务的App,又或是专门用于关系客户营销的小程序。移动服务系统的具体形式、数量、商务职能以及数据交换的安全要求等,都需要有统一的规划来明确。

### 三、营销推广的规划

为了使系统在建成后能快速地进入市场,在系统开发的过程中,酒店就需要做好营销推广的规划工作,包括推广渠道的选择等,为系统上线做好准备,形成营销推广的规划文本。系统的营销推广需要根据酒店客源地的定位、客户的定位,在网络渠道中有选择地做推广,让客户知道酒店的在线服务特色、在线商务特色和推广活动中的优惠措施等。例如,社交营销的规划、搜索引擎营销的规划、事件营销的规划、网络广告营销的规划等都是推广活动规划的重要内容,这些规划都必须事先做好准备,并筹集相应的推广资金。

社交营销是营销推广中的重点,如微信营销、微博营销等。酒店要充分利用微信平台构建自己的自媒体营销,尤其是面对自己的消费客户,让基于微信的自媒体与电子商务系统成为一体,可视化地关注消费客户的需求动向,对这些社交营销的活动需要提前做出计划。搜索引擎营销同样是电子商务活动中经常采用的方式,这种营销需要关键字的规划设计,需要落地页的规划设计,还需要与搜索引擎服务商商谈服务的价格,如购买关键字、广告排序、预测分析等,这些工作都要事先做出安排,以便消费者很快关注到酒店开发的电子商务系统。

事件营销规划是为酒店电子商务系统发布制造热点。在确定系统发布的时间以后,就要策划相关的事件活动。这些活动主要发布在自己的门户网站或相关的分销渠道,事件营销可以是喜庆活动、推广活动、颁奖活动、评选活动以及热点新闻等。网络广告营销规划主要在分销渠道、综合性门户网站做广告推广,可以选择携程旅行网、途牛网、去哪儿网做广告,也可以选择新浪网及专业门户网站做广告,这些广告怎么投放、内容怎么做,都需要事先安排,有预测、有预算、有选择地进行事先计划。

营销推广规划的内容还有很多。酒店在推广规划前需要进行全面的调研,了解各渠道的客流情况,比较哪一家适合酒店做电子商务的推广,使营销规划落到实处。另外,酒店要在传统媒体、网络媒体上同步做营销推广的规划内容,确定哪些内容做互补性的营销,通过同步规划一步一步落实推广才会有比较好的效果。

### 实例:绿地酒店旅游集团的数字化营销规划思路

绿地酒店旅游集团系世界500强企业绿地集团全资子公司。其前身为绿地国际酒店管理集团,正式成立于2011年。2018年更名为绿地酒店旅游集团,是一家全面负责绿地集团旗下的酒店、旅游和会展业务的经营、管理和发展的综合性产业集团。

为了顺应数字化浪潮和酒店业的发展,绿地旅游酒店集团积极规划以数字科技助力酒店旅游业,实现数字化转型和品牌迭代升级,借助杭州绿云科技共同规划和打造集团的数字化营销,实现集团的流程数字化、运营数字化、产品数字化,开启了数字化营销商业新模式,提升了管理的透明度、住客互动率、住客转化及复购率,形成的规划思路有以下几点。

## 一、启动全业务链平台,推动文旅全产业链升级

集团的数字化转型从全业务链平台的数字化搭建开始。按照美国学者迈克尔·波特的逻辑,每个企业都处在产业链中的某一环节,一个企业要赢得和维持竞争优势不仅取决于其内部价值链,而且取决于在一个更大的价值系统(即产业价值链)中,一个企业的价值链同其供应商、销售商以及顾客价值链之间的连接,这是数字化转型的关键。企业的这种关系所反映的产业结构的价值链体系,可通过投资、协同合作等战略手段深化与产业价值链上下环节的企业的关系,在开发、生产和营销等环节上进行密切的协同和合作,使自身的产品和服务进一步融入客户企业的价值链运行中,从而切实改善其运作效率,进而帮助其增加产品的有效差异性,提高产业链的整体竞争能力。在此过程中企业得以结构化地提升存在价值,市场竞争优势得到巩固和加强,同时也符合产业链的控制权和利润区向末端转移的产业演进趋势,必然可使企业获得较高的利润回报和竞争位势。

绿地酒店旅游集团经过几年的发展,已经形成了以酒店为核心业务,以旅游及会展为两翼引擎的"一核两翼"模式。用数字化手段强化与产业价值链上下游协同合作的关系,有效提升了集团整体快速响应市场的能力。一般而言,旅游酒店产业链上下各环节间的协同是长期且持续改进的。基于此,2021年,绿地酒店旅游集团举行战略合作集团签约暨全业务链线上平台合作启动仪式,这意味着资本平台公司、文旅产业集团、科技公司等在行业上具有强竞争力的大型集团化公司通过数字化融合,纷纷成为绿地酒店旅游集团快速发展道路上的战略合作伙伴,同时,开启了绿地文旅小镇轻资产输出探索的步伐,该联盟得到业界的纷纷响应。

至此,绿地酒店旅游集团与国内各头部平台深化跨界的数字化融合,打通全业务链的数据通道,实现了全业务链线上平台合作,丰富绿地酒店的服务品类与场景,为消费者带来全新的出游体验,也为全业务链数字化营销打下了基础。

## 二、建立"绿地"系会员联盟,用数字化营销消除数据孤岛

有了全业务链的数字化平台,需要规划和构建产业链上的会员联盟,这是开展数字化营销的基础。企业发展到一定阶段会出现多个事业部,每个事业部都有各自的会员数据。通常事业部之间的数据往往各自存储,各自定义,造成每个事业部的数据就像一个个孤岛一样,很难甚至无法和企业其他数据进行连接互动,也很难与企业产业链上其他数据连接互动。数字化流程和产业链交易平台的利用可以有效地消除数据孤岛。2019年7月16日,绿地酒店旅游集团"G-Care 尊享会"会员体系与绿地商贸集团旗下"G-Super 绿地优选"于上海绿地公馆举行隆重的会员联盟签约仪式,双方通过此次绿地内部资源协同的合作,实现了会员等级互通和会员权益共享,共同探索高价值用户服务路径,启动了会员联盟数字化的建设。

具体而言,成为绿地酒店旅游集团"G-Care 尊享会"会员或绿地商贸集团"G-Super 绿地优选"任一平台会员,即可同时获得相应绿地旗下酒店住宿、旅游度假、景区观光、长

租公寓等产品消费的一系列专属服务与礼遇特权（额外积分、迎宾礼遇、专属服务、消费优惠、生日特权、升级计划、积分抵扣等），并可获得积分奖励用于兑换酒店客房、旅游产品、消费抵扣、积分商城及第三方合作伙伴提供的产品，以及"G-Super 绿地优选"会员专享价、会员日折扣、会员积分等基本福利，还有会员专享的体验课、美食品鉴会等活动。通过数字化营销的针对性促销，各事业部的业绩得到了快速提升。

此次签约代表着绿地旗下酒店旅游集团"G-CARE 尊享会"会员与商贸集团 G-Super 会员的等级和权益成功打通，扩大了绿地集团的会员体系规模，增加会员体系影响力，丰富会员的更多权益。双方建立起长期稳定的绿地内部资源协同合作关系，互惠互利、共生共荣，通过更深层次的合作携手获得更广阔的发展空间。更重要的是，企业会员权益上的打通，意味着绿地集团内外部资源整合的通道成功链接的开始。通过内外部资源的完全打通和优势互补，绿地酒店旅游集团将以用户多元化的需求为核心，为用户在同一产业链的不同场景下提供与其需求匹配的产品服务，不断延伸用户的服务路径，深耕高价值用户服务价值。

这一高度联合的"绿地系"会员体系打通正在给双方带来巨大价值，推动双方更好地进行品牌运营、用户管理、渠道拓展和产品开发。未来，企业各方还将为会员们带来更大的会员权益享受，并为消费者提供高频使用场景，以及更省心省钱的消费体验。

### 三、搭建直销平台，实现一站式获客及转化

数字化营销的关键是获客及转化，形成企业独有的高效率直销平台。在数字化背景下，利用互联网持续引流，通过社交平台开展社交经济，是数字化转型后旅游酒店企业的主要增长获利模式。除了传统 OTA 渠道以及 OTP 平台自营旗舰店，绿地旅游酒店集团的会员体系主要扎根于官方微信公众号平台以及小程序服务。原因如下：一是考虑到消费者本身跟微信的强黏性，几乎所有基于会员的多媒体内容营销都可以通过微信平台定向触达目标用户；二是微信公众号给了开发者很多空间和机会，在实现用户分层经营上大有可为，用小程序为不同用户提供即时的个性化服务；三是从微观层面看，微信生态由不同的功能组成，比如公众号、朋友圈、小程序等功能，微信内部的入口很多，几乎能覆盖用户的全通路路径。

绿地旅游酒店集团与绿云的数字营销合作从 2018 年开始，绿云的团队与其协作一些基础性的规划工作，比如：规划和搭建系统框架，与营运部门沟通的系统设计，进行全员培训，进行产品上线后的营销，等等。通过这些精细的规划，系统上线后效果显著，最重要的是在基于绿云 PMS 运营绿地酒店旅游集团官方微信的两年以来，会员增长率高达 2933%。这是一个庞大的私域流量池，我们可以用低成本直接触达这些在线的潜在用户，为今后的在线营销奠定良好的基础。

会员管理是一项系统化工作，既离不开系统的规划，更需要技术赋能。绿云的信息化管理平台可以深挖沉淀的数据，对会员进行精准化分析，提供标签化的用户画像，对用户行为进行数据追踪，形成一系列获客的转化措施，从而达到精准营销的目的，提高会员的复购率。另外，会员管理可通过会员专属优惠券、会员日互动等活动提高粉丝的活跃度，增强粉丝黏性，真正实现客户驱动。这种数字化营销能直接连接用户、发展用户、运营用户的能力，让酒店降低营销成本，减少对渠道的依赖。

资料来源：资料来源于作者对杭州绿地酒店的访谈，并经作者加工整理。

## 第四节　系统的运行管理

从电子商务的实践来看，电子商务运行管理是现代酒店经营管理中的一个重要内容，却未得到酒店的足够重视。比如，酒店的门户网站是电子商务的门户，但很多酒店几乎没有对酒店的网站进行运维，只是一味埋怨自己的网站没有流量。可是，没有好的服务，访客会增多吗？不可能的！酒店的电子商务是一个系统，也需要重点维护和运营。电子商务系统运行管理涉及面广，涵盖内容多，为酒店成功开展电子商务带来了巨大的挑战。本节聚焦电子商务系统运行管理的一般运维内容，包括系统运行中的制度管理、系统运行中的绩效评估和改进管理，以及系统运行中的数据和商务管理等内容。

### 一、系统的运行管理概述

运行管理的目的是使电子商务系统能更好地为客户服务。其实电子商务运行涉及的管理有很多，如系统维护管理、战略管理、系统安全管理、营销管理、绩效管理、流程升级管理、制度管理、数据与商务管理等。下一小节重点阐述关键的制度管理、绩效评估和改进管理、数据和商务管理。本小节我们主要介绍酒店门户网站的运行管理、主控系统的运行管理以及移动服务端软件的运行管理这三个重要的日常运行管理。

门户网站是电子商务系统的窗口，它的运行管理涉及面向消费者的服务。在实践中，同一家服务商为两家酒店开发了同类型和同样商务流程要求的网站，实际效果却存在较大差异。这个差异的根源在于对网站的运行管理存在差异，管理好的往往就会有好的收益。在系统运行管理中，精细化管理是运行管理的重要组成内容，是实现科学化、个性化管理的重要手段。精细化管理强调关注访问者的行为，及时地更新信息、积累信息、制造热点、关注客户，并敏捷地采取相应措施，培育和维护酒店的在线忠诚客户。

主控系统的运行管理就是可视化管理链接的所有应用系统，特别关注移动服务端软件的运行状态，其中重点关注客户的咨询、交易或系统异常的情况，并采取相应的管理措施。这类管理的主要职责是保障所有服务系统的运营和数据交换正常进行，并对系统数据的安全加以关注，在出现问题时可以及时采取措施。主控系统是整个电子商务系统的掌控系统，必须有专门的人负责值班管理。

移动服务端软件的运行管理既要关注其运行的日常管理，还要关注消费者的行为及动向，包括交互管理、转发信息审核管理、咨询服务管理等。例如，微信服务号的运行管理，需要关注消费者在微信圈里的交互行为，引导消费者的行为方式并消除负面信息的影响。由于一个酒店可能有许多移动服务端软件，运行管理工作量非常大，酒店需要有专门的人负责这些管理。

运行管理与维护是应用软件生命周期中最重要的一个阶段，也是经历时间最长的一个阶段，酒店需要相关部门做好系统的运行管理与维护工作。对于电子商务的主控系统和移动服务端软件的运行管理，除了适应性维护、完善性维护、预防性等技术性维护工作，酒店自身在系统运行管理过程中还需要考虑以下四个方面的日常维护内容。

### （一）运行情况记录管理

电子商务运行情况主要是在线服务中客户所反映的问题，需要如实记录下来。有些是服务功能性的问题，需要记录下来反映给系统的技术服务商，尤其是主控系统中存在的问题。对于移动服务端记录的情况，主要是客户反映系统打不开，或者打开后无法操作，这些都需要反映给技术服务商进行在线维护处理。其他需要记录的运行情况包括系统的访问量变化和业务交易量的变化，需要通过平时的记录进行客观的分析。电子商务需要一定的培育过程，而网络客户的培育需要根据运行情况记录制定培育策略。

### （二）应急措施落实管理

电子商务系统运行会碰到各种突发情况，如系统运行缓慢、系统访问量猛增导致卡机、社交平台的负面舆情爆发、支付系统受到黑客的攻击等，需要通过一定的应急措施来应对。为了能使系统维持正常运行，需要对可能的突发事件采取应急措施来预防，将突发事件带来的系统运行损失降到最低。

### （三）系统资源完善性管理

酒店电子商务系统的资源是一个变动的资源，不管是酒店的客房资源还是娱乐资源，甚至是酒店的客户资源，都会随着系统的运行不断变化，因此，需要有效的完善性管理方法应对资源变化。在电子商务中，不管是门户网站还是移动服务App，都需要在服务环节通过交互吸引黏住客户，这是运行管理与维护中最关键的管理内容。完善性管理就是要建立一套有互动环节的服务流程，充分体现个性化的需要。

### （四）系统内容维护管理

一个高效率的酒店电子商务系统一定有内容管理的要求，尤其是系统的人工智能的应用，智能化的系统可以通过模板内容的管理实现高效的操作和运行。电子商务系统中的产品搜索、安全控制、信息集成、智能助理、界面组合、系统整合等都可以通过相应模板的内容管理来自动实现。在酒店网络营销过程中，可以通过对视频、直播、社交、广告等内容管理实现有效的个性化分类营销，系统后台也可以通过知识模板的内容管理获取系统前端的互动信息，从而分析和预测未来客户的变动趋势。

## 二、运行中的制度管理

酒店电子商务系统是一个综合性的大型信息系统，涉及人、系统、数据、客户等诸多因素。在运行过程中，为了确保系统能安全有效地运行，降低人为因素的影响，需要建立一套运行管理的保障制度。尤其是电子商务占销售总额比重较大的那些酒店企业，制度管理就显得非常重要。在现阶段，酒店电子商务运行中的制度管理包括客服管理制度、信息管理制度、岗位职责制度、行为规范制度、安全管理制度等内容，对酒店电子商务系统的运行来说，这些制度的制定和管理是不可缺少的内容，也是提高系统运行效率和效益的基本保障。

客服管理制度是电子商务中最重要的运维内容，它是系统对外的窗口，也是客户接触系统的第一感知窗口，对酒店的服务形象有很大的影响。因此，为了提升服务，塑造酒店的品牌服务形象，必须对在线客服人员的行为、礼仪、咨询范围等进行制度化管理。信息管理制度是系统运维中的核心内容，系统的信息更新、删除、分类、展示、搜索以及使用都需要根据整体的策略，建立管理制度来实现。好的信息管理制度能够提升系统的信息丰富度，进而挖掘出更有使用价值的信息。岗位职责制度是系统运营中根据职位建立的管理制度，如客服岗位、运行技术岗位、商务交易岗位等，可通过制度来确保系统运行中的系统、服务、交易正常运作。行为规范制度面向涉及系统的所有人员，制度内容包括酒店的商务保密和防止数据泄露等要求。安全管理制度主要针对系统运行的安全、网络的安全、数据的安全等做出规范的管理规定，以防止和减少人为因素对系统的影响。

未来酒店电子商务系统是通过云计算环境建立的，系统数据都保存在云端。数据管理岗位将是未来酒店系统运行很重要的岗位，需要协同云服务商共同对系统数据进行管理，也需要相应的管理制度来操作，包括数据的完整性、安全性、上传下载等管理。运行管理的制度也会随着软件环境的变化而不断完善。酒店应根据自身的具体情况量身定制以上运行管理制度。

### 三、绩效评估和改进管理

酒店电子商务系统既是一个软件系统，又是一个酒店业务（商务）系统，系统需要持续改进，业务需要按时进行绩效评价，电子商务系统才能不断得到完善。因此，对于一个综合性系统，需要持续改进和进行绩效评估，以提升酒店电子商务系统的效率和效益。提升效率要求改进系统，包括系统的功能性改进、数据结构优化改进以及缺陷性补丁改进等。提升效益要求商务优化，包括分销渠道改进、直销方式改进、商务流程改进，以及服务流程优化，以满足客户即时通信中的即时服务需求。酒店开展电子商务后就需要围绕这些内容做好绩效评估和改进系统的管理。

功能性改进管理的计划必须根据每次测试的情况来制订。任何软件在每次测试中都能找出问题，在不影响运行的前提下，要把问题记录下来进行功能性改进，待下一版本发布时再完善系统存在的问题。功能性改进程度有大有小，必须根据实际需要以及改进的成本制订改进计划。数据结构化改进主要改进子系统之间的交换数据可能存在的缺陷，以提高数据交换效率。随着系统不断整合，数据交换越来越多，会出现交换效率下降的问题。因此，需要优化系统的数据结构关系，改善系统运行效率。缺陷性补丁改进主要针对系统出现的小问题，用加补丁的形式加以改进，对这类改进问题，随时发现便随时用补丁加以弥补，这是系统改进中的一项经常性管理工作。

分销渠道改进也是一项经常性的工作。目前，在采用多分销渠道的背景下，系统管理人员和业务人员需要时刻监控分销渠道的有效性，协调关注分销渠道业绩的变化，以便在业务下滑、市场份额下降时对分销渠道及时进行优化调整。直销方式改进是酒店根据业务策略，对在线直销业绩变化做出监控与调整。酒店通过自己的平台在各种渠道中开展直销，需要根据直销效果对直销渠道进行调整，如社区平台的选择、直销方法的选择，都需要通过绩效的评估来改进和优化它们的组合。商务流程改进的工作也是通过绩效分析确定的。商务流程搭建完成之后，须经过一定时间的运行以及改变商务对象优化和改进流程。商务对象不同，商务流程也会存在差异。在商务对象不断变化的互联网环境中，需要不断地调整商务流程以适应酒店业务发展的需要,从而提升系统产生的效益。

### 四、数据和商务管理

数据和商务都是酒店电子商务系统的经营财富,是酒店经营中最核心的内容。数据是生产力;商务是生产关系,是业务交易的形式。电子商务系统中存在大量的业务数据和客户数据,管理好这些数据能为酒店创造更大的财富和意想不到的收益。例如,杭州绿云软件股份有限公司的 i-Hotel 平台,其系统中有几万家酒店的业务数据,通过这些数据提供的经营预测报告,可以精准辅导酒店的市场营销,帮助酒店在经营中增加收益,所以该平台下的酒店用户都会获得很高的数据分析附加值。在现阶段,电子商务的数据和商务管理主要包括客户数据管理、商品价格体系管理、备份和搜索管理以及会员合同(协议)数据管理等。

对于客户数据管理,目前有专门的系统来处理(如 CRM)。在酒店电子商务系统中,客户数据包括客户资源数据和客户交易数据。对客户资源数据的管理主要包括客户分类、客户偏好、客户区域等。对客户交易数据的管理主要包括消费数据、结算方式、客户等级等,精细化地管理客户数据可以激发客户消费,培育酒店的忠诚客户群体。商品价格体系管理主要针对酒店的服务产品进行个性化的划分,为不同等级的客户提供合适的服务,包括会员客户、企业客户、VIP客户等,酒店的精细化服务需要建立一套受客户喜爱的商品价格体系。备份和搜索管理主要为系统数据建立备份方案,以便系统可以即时找到备份的经营数据。当然,在云计算平台的支持下,系统数据几乎处于海量的存储系统中。作为酒店经营管理者,定期对系统的数据进行备份(如按年度),是一种比较好的管理理念。结合搜索方法,系统可以随时获取所备份的历史数据;会员合同(协议)数据管理是专门针对协议客户制定的,涉及企业大客户等。电子商务系统对这些协议客户有一定的期限和条件要求。在规定的期限和条件下,系统能对这些客户进行自动营销和自动销售,并在约定的条件下自动结算。系统管理人员和业务人员需要跟踪这些协议信息,尽可能地提醒消费客户,使客户能按照规则续签协议和满足约定的条件,保障系统的会员客户不流失,以不断提升系统的经营收益。

截至目前,大多数酒店的电子商务还没有形成系统,都是一些碎片化的软件应用,因而没有形成一体化的数据管理,还停留在经营中的客史管理。一体化的数据管理必须形成酒店电子商务的应用平台,通过平台化实现数据管理。因此,要创造电子商务的竞争优势,渐进式的平台化数据管理是未来数据技术应用的基础。酒店在未来开展电子商务的过程中,既要管理客史数据,又要管理潜在客户数据,还要管理在线交互数据,取得竞争优势的关键就是酒店能识别潜在客户的当前需求。这些数据经过管理和分析,能形成未来酒店开展精准营销和个性化营销的知识依据,也是未来电子商务智慧营销所需要的数据。

## 本章案例:君澜酒店集团的在线营销和直销

君澜酒店集团(NARADA HOTEL GROUP)是由君亭酒店集团(SZ301073)控股的高端酒店品牌,是品质生活载体的创造者,专注于国内高端酒店领域,以南宋文化为基因,倾心打造独具文化魅力的品质生活汇聚之所，为全球消费者带来难忘的休闲生活体验。君澜以"品"字形格局，建立"君澜度假"（经山海）、"君澜大饭店"（越城华）、"君澜理"（回君理）三个子品牌，营造具有打卡式复购特色的君澜度假圈，并提出"真正的度假，在君澜"这一口号，与旅客共筑有品时光。君澜酒店源起浙江、布局全国，经过二十多年在高端休闲商务及旅游市场的开拓与创新实践，在会员打造、市场推广、产品塑造、市场赋能等方面均有着丰富的经验积累与庞大的支撑体系，是全国范围内屈指可数的高端酒店集团领军者之一。同时，君澜在北京、上海、广州、杭州等城市设立销售办事处，立足江浙沪，深耕北上广，以君澜度假圈为核心覆盖全国客源流量市场，以产品为核心的市场逻辑构架为项目提供源源不断的客源。

君澜擅长将"中国各地地域文化、民族文化和特色文化"有机结合及有效分享，以打造别具魅力的高品质特色主题酒店。近年来，君澜通过对旗下酒店主题文化的持续深化，进一步增强了每个独立的君澜酒店的文化特色和层次感，形成了君澜酒店所独有的中国酒店气质。截至2021年5月，君澜酒店集团管理业绩遍及国内浙江、江苏、海南、陕西、山东、山西、湖南、湖北、河北、河南、江西、安徽、福建、吉林、甘肃、广东、广西、四川、贵州、云南、上海、北京等23个省（区、市），投资管理超过210家酒店，客房总数逾55 000间。凭借对中国式服务业和本土文化的深刻理解，君澜始终坚持"不以豪华材料装饰取胜，以文化内涵取胜"，"不以硬件设施自豪，以软件、优秀员工队伍自豪"，"不以常规服务自满，以差异个性服务自信"，务求为客人营造拥有如"家""博物馆""社区"一般的情感、艺术、社交场景及服务氛围。

随着互联网信息技术的发展，5G、大数据、人工智能等不断挑战现有企业管理和营销方式。基于大数据、人工智能的各种新媒介技术应用正在改写酒店行业的营销方式。基于渠道整合的全域旅游推动产业与消费的结合，已经成为酒店集团的发展新机遇。2014年年初，绿云PMS与多种餐饮系统正式上线君澜酒店集团旗舰店——浙江世贸君澜大饭店，开启了绿云与君澜的战略合作；2016年，开始进入渠道对接阶段；2018年，绿云电子商务全面负责集团官微代运营；2019年，达成"度假东方"平台（协议通）合作；2020年，浙江世贸君澜酒店管理有限公司、浙江浙商互联信息科技有限公司与杭州满客网络信息有限公司（绿云子公司）签署战略合作协议。最近几年，君澜在在线直销方面深入数字化建设，通过对官微的全方位运营支持和多种形式的活动增强会员黏性，实现促活拉新，提高复购率，培养用户使用官微的习惯，形成了酒店在线直销的重要举措。经过努力，君澜酒店集团2018年营收年平均增长33%，粉丝年平均增长185%，会员年平均增长240%，复购年平均增长80%，即使在3年的疫情期间也有较好的经营业绩。

一、互通互联：酒店线上、线下一体化营销

互联互通的合作应该本着公平、互惠、双赢的原则。酒店需要OTA带来产量，OTA也同样需要借助酒店产品产生利益。保证线上价格的"干净"，日常对账准确，是对渠道最基本的尊重。不要轻易将乱价现象归咎于渠道；酒店本身优选合作渠道，重视合同条款，规范限价，才是解决问题的关键。此外，还要重视酒店的服务评分。较高的服务评分会在线上赢得更多的展示机会，增进酒店与渠道间的相互信任和友好合作。酒店应严格把握佣金的及时支付，宣传合规，杜绝切客等失信行为。君澜开展的线上、线下一体化营销能有效解决与渠道的信任关系，线上渠道的形象也是酒店本身形象的一种展示，诚实地履行合作协议可以让酒店与渠道的沟通更加便捷与顺畅。

代理乱价现象是很多酒店进行网络销售所面临的问题。尤其是酒店集团会员制和OTA之间价格的平衡，容易让很多代理商抓住漏洞，而搞一体化营销就是为了建立相互的信任关系。宾客在申请售后时，存在诸多不便，这些问题往往会归咎于酒店责任。在一体化营销操作中，利用绿云PMS，君澜搭建官微自营渠道可直连绿云PMS系统，实时房价、房态同步，避免价格和客房存量发生混乱。与此同时，自营渠道预订订单直接同步PMS，还能减少酒店信息维护成本，无需人工搬单，提升员工订单处理运营效率，通过可拖曳的聚合页启动节省了极大的开发成本，节约了运营自己上架启动页的时间，在方便宾客的同时，也最大限度地维护了酒店利益。

伴随着携程、艺龙、去哪儿等OTA渠道的崛起，越来越多的线上渠道悄然抢占了旅游度假市场。虽然在日历房上产量较低，但套餐、预售抢购、周边度假等有着不错的销量。为了顺应形势，酒店采取"广种薄收"的策略，努力发展多种渠道，将线上旅行商和小渠道列入收益管理范围。不同的渠道有相应的客户群体，针对每一个不同的渠道，设计出符合酒店价位及营销方案，并且适应渠道受众群体的套餐，以此促进酒店产品的售卖。君澜酒店集团搭建官微自营渠道，在线预订及商城产品售卖的完整准确的数据反馈，便于根据数据信息化进行收益管理，动态调节淡旺季房型房价，启动产品套餐方案，更清晰地感知顾客需求，通过信息化提升产品品质，提升效率。与此同时，酒店在渠道一体化营销的基础上，帮助对接携程、飞猪、美团等主流OTA，并拓展开通一些新分销渠道，如龙腾捷旅、红色加力、周末酒店、航阳国旅、倍礼安等，大幅增加集团订单流量入口。

## 二、酒店导流新渠道：君澜会员卡

酒店业属于典型的充分竞争模式，具有低复购、高客单价、低决策难度的特点。因此，酒店不仅要获取泛流量的关注，还要找准用户需求，通过复购提升收入水平。通常，当LTV（用户生命周期价值）大于3倍的CAC（企业获客成本）时，企业才能从客户身上获利。近年来，酒店愈发重视用户质量，已从追求流量发展到追求流量与转化并重，对于会员体系也越发重视。如何利用会员体系和数字化互相导流提升复购率，成为酒店着力解决的关键问题。显而易见，酒店的复购行为多发生在会员身上，会员即酒店的核心客户。伴随着传播媒介的变化，企业和消费者之间的沟通方式从最早的电话、PC网站变成现在的App、小程序，而这种变化的产生也是因为企业在试图寻求更低成本的触达会员的工具。当酒店的营销触达用户后，将流量转化为存量则是会员体系设计的最终目的。

2018年，在杭州绿云提供技术支持和运营服务的基础上，君澜澜嘉会会员卡正式加入支付宝卡包，成为支付宝卡包上线的首家酒店类会员卡，如图4-1所示。上线后，支付宝用户点击卡包-会员卡功能，即可在旅行酒店类会员中领取君澜澜嘉会会员卡，领取后会员信息会自动和君澜酒店集团CRM会员信息进行匹配，实现双向互通的会员应用，为酒店打开线上营销运营的新天地，从而形成酒店导流的新营销渠道。

君澜澜嘉会会员卡在支付宝卡包上线后，为君澜酒店集团打开了营销运营新的流量窗口，其价值不可估量。酒店可通过这一渠道将各类促销和互动活动诸如优惠券、红包等推送到支付宝用户面前，从而为酒店的线上营销运营开辟了新的阵地。

支付宝卡包上线后，支付宝会员领取的会员卡等级是以支付宝会员等级为判断依据的，领取会员卡后，绿云数据平台将自动把会员信息同步录入CRM/PMS系统。平台通过预设字段进行判断，CRM/PMS 中已有的会员信息和卡包会员卡信息若相同则自动匹配，并实时同步更新并保留相对较高的会员等级。值得一提的是，通过支付宝生活号预订的订单也会即时通过绿云数据平台同步进入 CRM/PMS 中。这种线上、线下一体化的营销解决方案，可保证通过支付宝导流的会员信息被酒店所拥有和控制，为酒店进一步开展会员营销或个性化营销提供有效的数据基础。君澜澜嘉会会员卡在支付宝卡包上线的半年内，就为君澜酒店集团带来了四万多名新增会员。

图 4-1　君澜澜嘉会会员卡上线支付宝卡包

在助力酒店会员卡入驻支付宝卡包的同时，绿云也将为酒店量身打造支付宝生活号。客人通过卡包领取会员卡后，点击即可进入酒店卡包界面，如图 4-2 所示，查看会员权益、积分、优惠券，通过点击"酒店预订"或"生活号"均可进行酒店预订以及获取酒店的其他在线应用。

图 4-2　君澜酒店支付宝卡包界面

### 三、基于微信生态的大型促销活动

利用微信生态圈开展在线促销是酒店的另一个重要举措。目前，国内个人微信注册量已经超过七亿。作为一款即时沟通的社交软件，微信逐渐成为人们沟通交流的主要渠道。通过微信所具有的定位功能以及社交功能，酒店可以为客人及时发送商品信息；用户在接收到商品信息后，可以通过转发、点评等方式帮助商家实现更加精准的营销。作为一种基于亲密关系的营销方式,在微信营销过程中,很多微信商家往往通过与消费者建立亲密的关系来实现商品的销售,微信商家常常会通过与消费者聊天、解答消费者的疑虑的方式与消费者渐渐成为朋友,并通过消费者的影响力带动商品的销售。

君澜酒店集团与绿云电子商务基于微信生态平台展开了一系列的合作,下面以基于微信生态的大型促销活动进行分析。在实践中,基于微信的促销活动分为如下六个环节。

第一环节:活动方案确定。在该环节,确定引流产品、主打产品和带动产品、活动细节以及活动目标。

第二环节:指标确认及拆分。在该环节,对活动细节进行进一步确认,包括时间、责任部门(人)以及协同部门(人)等。

第三环节:产品搜集及上线。在该环节,确定产品类型、抢购售价以及类型,并确定库存房及价格有效期以及使用规则等内容。

第四环节:选品和上线预热。酒店想要让消费者知道促销价及商城中有新品,公众号预热是必不可少的工作,在首页中加入新品上架的宣传海报、欢迎词以及链接等,可增加新品曝光度,告知进店消费者酒店新品并且引导消费者收藏加购。

第五环节:产品开售。通过对销售数据的实时更新,可即时将销售情况反馈给酒店。基于售卖情况对售卖不佳的产品及时进行优化。对于爆品进行重点推广。

第六环节:活动总结。其包括活动整体目标完成情况分析、目标完成情况分析。

以上促销活动对酒店的微商产品促销特别有效。在引流转化的相关环节中,既有微信营销的基础操作,如在酒店大堂张贴显眼的公众号和二维码图片,以方便客户扫描。并且,在客人酒店用餐、入住等过程中,通过提供优质服务、打折优惠、赠送小礼品等方式,可以免费吸引客户注意,增强活动声誉,引导客户关注微信公众平台。此外,还有新型微信营销活动,如大转盘、优惠券、问题抢答等方式。消费者关注集团公众号后,可以前往小程序领取日历房抵扣券、商城产品满减券等。

最值得一提的是,在基于微信生态"做粉丝"的用户战略中,可先让员工成为粉丝,实行全员营销。公众号文案内容先经公司全员学习,并转发、分享,引起第一波的传播和激荡,以期获得更多的关注。微信公众号与微信个人号相互推荐,也可以取得双重保险,获得更多的客户好友或关注。

在全年推行基于微信生态的营销模式之后,君澜酒店集团在2021年官微订单数超过3.5万,官微营收超过2460万,同比增长99%;官微会员增长超过34万,产生购买会员数为2.3万,成功转化率为6%。考虑到微信用户池的超大体量,6%的转化率仍然有很大的增长空间。而2021年,在"6·18""双11""双12"期间,君澜酒店总预售交易额超过380万元。

资料来源:本案例来自君澜酒店集团官网,并经作者加工整理。

**案例思考:**

1. 君澜酒店集团所采用的在线直销方式给其他度假酒店集团带来哪些经验启示?

2. 请你结合本书第七章,谈一谈君澜酒店集团如何通过信息技术实现会员体系与技术互相导流。

3. 酒店在网络营销中应如何精心策划促销活动?又如何吸引消费者参与活动?请举例说明。

## 拓 展 知 识

| | | |
|---|---|---|
| 软件战略规划 | 碎片化应用 | 软件项目管理 |
| 软件项目运行 | 系统规划 | 需求分析 |
| 系统设计 | 系统实施 | 电子商务法律环境 |
| 电子商务道德 | 电子商务安全 | 隐私保护 |
| 软件需求管理 | 软件需求开发 | 系统性能分析 |
| 委托运行管理 | 自运行管理 | 云服务管理 |
| 内容管理 | 流程管理 | |

## 思 考 题

1. 电子商务开发建设的准备包含哪些内容？
2. 酒店创建电子商务的目的是什么？应如何开始创建？
3. 为什么酒店开展电子商务首先要进行定位？定位包含哪些内容？
4. 本章介绍了三种创建电子商务的不同目的，除此以外，还有其他的目的吗？
5. 通过拓展知识的自主学习，思考：酒店电子商务作为一个应用系统，为什么要进行系统规划？
6. 通过课外或网络搜索的学习，试介绍一个信息系统，并说明目前在系统规划中一般有哪几种规划的方法。
7. 软件的需求分析和需求开发有什么不同？
8. 什么是系统规划？系统规划目前有哪几种方法？
9. 如果一个酒店的电子商务系统由自己开发、自己运行管理，需要做哪些技术准备？
10. 假如一个酒店的电子商务系统是购买的，酒店应如何做营销推广规划？
11. 为什么酒店电子商务系统的运行管理需要制度建设？它考虑了哪些因素？
12. 酒店电子商务系统的运行管理包含哪些内容？对于酒店自身需要完善哪些管理内容？
13. 通过自主学习，试解释：什么是电子商务的碎片化应用？它与系统化应用有哪些区别？举例说明。
14. 如果一个酒店的电子商务系统通过云服务运行，它应如何开展运行中的数据管理？
15. 通过自主学习，试解释：什么是电子商务的内容管理？它有哪些管理内容？
16. 如何开展酒店电子商务的绩效评估？结合评估结果，又如何对电子商务系统进行改进？
17. 什么是电子商务的功能性改进？功能性改进的依据是什么？
18. 为什么说电子商务系统的数据管理很重要？它是一种怎样的经营资源？
19. 从市场竞争的角度出发，酒店的电子商务应怎样创建才能体现市场的竞争优势？

# 第五章　酒店前台电子商务

本章要点

　　酒店前台是对客服务的部门集合，它的电子商务应用场景包括前厅、客房、会议室和娱乐服务，以及餐饮服务。对于餐饮电子商务，将在第六章进行介绍。本章主要介绍前台的前厅电子商务、客房服务电子商务以及会议室娱乐服务电子商务等基本内容。前台的内外电子商务交叉存在。一方面，前台电子商务内容主要是内部电子商务，即具体业务的电子化处理。另一方面，大多数前台电子商务与外部的电子商务联系在一起，如预订中心、门户网站、娱乐等服务的电子商务。这些电子商务内容都是在统一的酒店电子商务平台框架下开展的，形成独立而又相互有关联的电子商务系统应用。本章主要介绍这些与前台相关的电子商务内容，涉及前厅、客房、会议室、娱乐服务等，包括相关应用系统的功能结构框架，希望读者对酒店前台电子商务有一个完整的了解。

　　酒店前台是酒店经营的主要场所，由前厅部、客房部、餐饮部以及会议和娱乐等业务部门构成。作为酒店的核心经营部门，凡是和客户直接相关的业务部门都称为前台。随着酒店互联网技术的应用，前台的电子商务呈现交叉复杂的态势，既有外部的电子商务，也有内部的电子商务。外部的电子商务主要是网络营销和网络渠道订单的接入，包括 OTA 订单、酒店的门户网站订单等。内部的电子商务主要是客人预订和接待的电子化处理、客房消费的电子化处理、餐饮和娱乐消费的电子化处理，以及会议室租用业务和宴会消费的电子化处理。本章的主要内容是针对酒店内部并与客户相关的电子商务，内部商务与外部的网络商务协同化的电子处理是本章介绍的重点。

## 第一节　前厅服务的电子商务

　　客人到达酒店后，只要在服务台完成入住登记或自助登记，以后在酒店的任何地方消费所产生的业务都可以实现电子化处理结算，这是对酒店前厅电子商务的基本要求。按照常规，每个住店客人都可以把消费单汇集到服务台实现一次性电子化处理。在完全电子商务的酒店里，客人也可以通过刷脸或刷卡的方式完成登记，非常便捷。消费时的付费也一样，每个人都可以选择最方便的形式进行电子支付。基于区块链技术的酒店办理入住和消费付费更加便利。基于区块链技术的智能合约能够实现无中间商的酒店预订交易。交易无

须经过第三方机构,经买卖双方确认即可完成交易。区块链的智能合约允许在没有第三方的情况下进行可信交易,交易可追踪且不可逆转。用户付款预订以后,款项将直接打入智能合约。得到商家确认,智能合约条件就会因此得以满足,最终自动达成交易。在酒店前厅服务范围内,涉及的电子商务内容包括预订中心,因为客人的预订房间都需要前厅确认;还包括门户网站以及 App 服务的在线直销,网络订房的订单也需要前厅确认后才能进行排房处理;在住客人的消费账务都需要汇集到服务台实行统一处理,这些消费单都必须实现电子化传递,其中不能存在人工收费和人工传递的情况,这是对完全电子商务酒店业务处理的最基本要求。

## 一、预订中心的电子商务

预订中心的职责就是管理酒店订单,涉及外部的电子商务和内部的电子商务。在网络化经营的时代,预订中心的订单来自不同的销售渠道,包括 OTA、门户网站,以及合作伙伴或者散客电话预订等。从不同渠道传来的订单,在预订中心形成规范的电子订单,通过前厅服务台的确认形成有效电子订单。酒店集团有专门的系统管理这些订单,常见的系统为中央预定系统(如 CRS)。有效电子订单包括两种情况:一种是已经付款或者付了订金的确认订单;另一种是还没有付款或付过定金的不确定订单。对于前一种订单,酒店可以直接进入 PMS 排房的电子化处理,而对于后一种情况,酒店只能做预留房间的电子化处理操作。酒店的预订中心必须时刻跟踪不确定订单,尤其是在预订日期前的一天,与预订人保持联系,必要时给客人提供一定的帮助和方便,以防止不确定订单的流失。

### (一)预订中心的商务接驳

在开展电子商务的过程中,预订中心除了把传统预订转变成系统有效的电子订单,还需要将各种渠道来的预订单接驳到相关的业务部门进行确认,形成系统能自动处理的有效订单,实现完整的商务电子化处理。例如,对从 OTA 渠道来的网络订单进行确认与接入,对从国际分销渠道(如 GDS)来的订单进行确认与转化,对从门户网站来的客户订单进行确认与接入,以及对从销售部内部转来的业务订单进行确认,等等。通过预订中心接驳确认的网络订单可以直接进入前台的 PMS 系统进行排房处理。对于有些网络渠道与酒店有协议通过接口接入的网络订单,就可以省略确认的步骤直接接入前台 PMS 系统进行排房处理。随着人工智能的应用,预订中心的商务接驳正在朝智能化方向发展,如对于电话预订可以通过语音识别自动转化成电子订单、网络订单的智慧识别、有效订单的智慧接驳以及确认订单的自动接入等。同时,酒店在预订中心可以安排机器人客服,能够更加智慧地为客人提供在线服务,使预订中心的电子商务实现完全智能化,提高预订中心电子商务的效率和效益。

预订中心虽然不直接管理客房,却掌握着所有客房的预订情况。预订中心要在房控允许的情况下,尽量提高预订率,而提高预订率与预订中心的商务接驳效率直接相关。及时处理客户的预订信息,快速地确认订单,有助于建立良好的服务形象。为了提高预订中心的服务效率和服务精准性,就需要有完整的信息系统。但是,目前酒店预订中心的信息系统相对酒店较薄弱,无法有效实现各部门的商务信息互动沟通,这对整个酒店的电子商务会造成不良影响。因此,为了提升酒店电子商务的竞争优势,预订中心需要提升预订服务管理系统,或开发基于移动互联网的新一代系统。在酒店房控指标、房类管理等要求下,酒店应以各部门之间的商务接驳为核心功能，对预订订单确认流程进行可视化管理，结合智慧型服务机器人为预订者提供快速响应服务，并协助客户办理电子化的预订服务协议，使预订中心真正成为酒店商务信息的智慧中转站。

### （二）预订中心的网络营销

预订中心的网络营销是在营销部的统一规划下实施的，也有一些小型酒店的网络营销直接通过移动互联网由预订中心具体负责。关于营销部主管的网络营销，第六章会做专门介绍。预订中心的网络营销主要通过移动服务 App 或者小程序，让消费者知晓预订中心的预订方式、预定渠道以及促销活动。因此，预订中心必须有自己的小系统，让客户知道酒店的预订便利通道。

在移动互联网环境下，酒店的预订中心需要走出去，直接面向消费者展开各种形式的网络营销，让消费者直接访问预订中心的移动 App 服务，了解酒店产品，直接预订服务，用与 OTA 不同的方式向互联网消费者提供移动服务。目前大多数酒店的预订中心都是"等客户上门"。作为一个电子商务酒店，预订中心需要有创新的思路，围绕电子商务采取"走出去"的方式开展工作，到互联网世界主动寻找客户。"走出去"也是预订中心开展网络营销的主要思路，预订中心和营销部或市场部捆绑营销是"走出去"的一种形式。用营销绑定服务，体现了营销部在营销中有服务、预订中心在服务中有营销的经营策略。作为预订中心的营销，协同门户网站的营销重在预订服务细节。通过 App 或小程序移动服务将相关细节推送至微信客户群、会员客户群、微博群以及社交网络的自定义客户群中，也可以推送至合作伙伴的网络渠道中，甚至可以基于客户 ID 号精准推送，让互联网消费者或 OTA 客户感受到酒店预订中心与 OTA 不一样的、便捷的预订服务。

预订中心的电子商务系统还有一个重要系统就是中央预订系统（CRS）。大多数连锁酒店或酒店集团都具有这个系统，其核心功能就是预订管理，并把有效订单接驳到各成员酒店，管理所有成员酒店的预订订单。目前专门基于互联网的中央预订系统既有预订功能，又有营销功能。未来 CRS 可以与 OTA 服务商实现数据对接，酒店可以监管各 OTA 的网络价格。我国的大多数单体酒店几乎都没有自己的 CRS 系统，或者仅有简单的计算机预订系统，它们的电子商务主要还是依赖 OTA。对于有营销功能的 CRS，基本设计有移动服务的客户 App 服务端，可以专门为酒店会员提供定制服务。

## 二、门户网站在线直销

门户网站是酒店对外的服务窗口，也是酒店电子商务的对外门户。一个酒店的电子商务是否成功，其门户网站的在线直销占比是一个很重要的衡量指标。在业务管理上，门户网站上的每一个订单都由酒店前厅的预订中心确认。网站的商务主要围绕转化率展开，一个好的门户网站不但能提供好的服务产品，还能提供智慧型的服务，这个服务能提升消费者访问的转化率，最终提高门户网站的在线直销销售额。这里提到的智慧型的服务，是指网站能预测访问者的需求，并为访问者精准提供咨询信息，帮助访问者找到符合需要的服务和产品。另外，网站的商务逻辑能根据访问者的历史访问行为预测访问者的产品需求，并持续跟踪访问者的访问行为，通过后续精准营销将访问者转化为酒店的消费客户。因此，酒店门户网站的智慧服务设计是酒店竞争优势的主要来源，也是门户网站智慧商务实现的技术基础。

### （一）门户网站的营销作用

门户网站的营销也是在营销部的统一规划下实施的。目前大多数酒店的门户网站的营销作用都很弱，访问量不大，自己的会员客户也很少访问。为什么会这样？酒店应从自身寻找问题：门户网站的信息是不是用户所需要的？对门户网站的咨询是否及时回复？门户网站的信息有没有及时更新？更重要的是，门户网站是否有热点新闻？门户网站是否有消费者感兴趣的热点事件？这些都会影响门户网站的访问量，进而影响门户网站的营销效果。总之，门户网站的访问量低，大多是因为服务不足，或服务不细致，缺乏有效的商务流程和信息发布流程。一个门户网站仅靠酒店信息部维护网站信息远远不够，因为部门协调和信息整理会极大地影响信息发布的时效性和效果，从而影响门户网站的营销效果。

因此，要想使一个门户网站取得好的营销效果，必须在门户网站信息流程的合理性上下功夫。有研究表明，对网站的营销效果来说，信息流程设计是关键，信息热点发布是重点，趣味性的场景必不可少。多家酒店门户网站建设的经验告诉我们，门户网站与前台相关部门的信息流程示意图（见图 5-1）对酒店营销有较好的影响和促进作用。

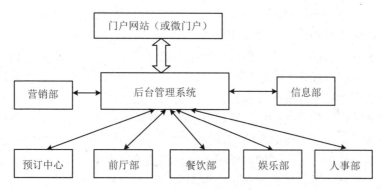

图 5-1　门户网站与前台相关部门的信息流程示意图

访问者通过门户网站咨询相关信息可以得到相关部门的快速响应，从用户的角度看就是有很好的服务，有即时的服务就能产生营销作用。其中，后台管理系统设计是关键，它应有敏捷的信息接驳功能。从门户网站信息更新的角度看，网站信息与前台相关部门都有关系，并不是酒店信息部单独在工作，每个部门都应负责相应服务产品栏目的信息更新。前厅部负责客房产品的信息维护，餐饮部负责餐饮服务产品的信息维护，娱乐部负责娱乐服务产品信息的维护，以确保网站上服务产品的信息是最新的。另外，每个部门都有责任发布门户网站的热点新闻或热点事件。如果仅仅依赖信息部发布热点信息，那么门户网站永远做不好。门户网站的热点信息可以由营销部负责统筹，根据经营的情况在门户网站上制造热点，吸引消费者访问。例如，酒店可以要求前台每个部门每周必须发布一个热点信息，不能间断；营销部和信息部共同监督信息的发布过程——营销部负责监督发布的内容，信息部负责信息传播的安全。只有持续不断地发布热点信息和开展促销活动，门户网站的营销作用才能越来越明显，从而培育出酒店自己的网络客户群体。

作为一个电子商务酒店，如果门户网站有自己稳定的客户群，那么它的营销作用将更加明显，因为酒店自己的客户群需要什么，门户网站后台管理系统的各部门就可以敏捷地推送相关信息，结合营销部掌握的客户资料，利用移动互联网一对一地推送信息。这样的网络营销既省钱，效果又好。因此酒店门户网站的营销作用是建立在合理的信息流程和信息积累的基础上的。

### （二）门户网站的直销功能

门户网站的营销效果明显，其网络预订的直销功能就会水到渠成。门户网站的在线直销是酒店销售的重要战略内容，有了直销的销售占比，网络市场就有自己的话语权。

酒店在线直销主渠道是门户网站，如果酒店门户网站的销售额能占到全年销售额的30%以上，那么酒店就没有做不好的生意。拿客房来说，门户网站的直销信息流转主要在网站、预订中心和前厅部之间。一个有效的订单被预订中心接收以后，要先经过前厅部的确认，然后由预订中心传给前厅服务台进行预留或排房处理。酒店要在直销过程中提供在线服务，如客户的咨询、对房间的要求、价格的问题、周边的交通、购物场所等相关内容，都有可能在直销过程中出现互动交流。客服人员或在线销售人员必须认真做好在线服务，快速给予客户满意答复，这就是在线直销互动环节。图5-1所示的信息流程图表明：相关部门都可以围绕访问者的互动要求参加信息互动，酒店必须认真做好每一个在线服务环节的互动，以满足访问者的各种咨询需求。只有这样，才能提高门户网站的转化率，这也是酒店提高在线直销的份额和收益的最基本的服务。

除了基本的直销功能，一个好的门户网站还应该有学习功能，最好达到深度学习。网站就像一个窗口客服一样，它能认识每一个访问者，回忆起这个访问者以前浏览过的栏目信息，回忆起访问者以前咨询过的问题，以及能回忆起以前访问者消费过的服务产品。通过大数据梳理和分析，门户网站能预测该访问者此次访问的目的和需求，并提供给这个访问者相应的操作建议或所需要的帮助，进而极大地提高在线销售量，增加网络直销的收益。因此，除了前面说的做好各环节的在线服务，高科技的应用也是直销过程中不可缺少的内容。其中，人工智能应用、大数据分析应用等能给访问者带来新的交互体验，激发访问者购买服务产品的欲望，使门户网站的信息流程、信息交互更顺畅，使在线直销的效果更好。除了客房服务产品，门户网站的直销功能还包括餐饮服务产品的在线销售，以及娱乐服务产品的网上销售。

## 三、住店客户消费的汇总处理

酒店中除了住宿产生费用，还有许多消费项目需要账务处理，对这些账务采用人工处理还是采用电子化处理，涉及酒店对客服务的形象。在酒店无非就是两种消费账务：一种是住店客人的消费账务，另一种是非住店客人的消费账务。对于电子商务酒店，住店客人的消费可以通过记账实现服务台一次性结账，但账单必须电子化并实时传输到服务台。非住店客人的消费账务可以在消费收银点用第三方的电子支付方式进行支付。目前电子商务酒店基本上都可以接受第三方的电子支付方式；有些酒店也可以在服务台换取酒店消费卡，这类卡可以在酒店的任何消费点使用。在现代的度假型酒店里，酒店的消费点非常多：既有休闲产品项目，又有娱乐产品项目，还有丰富的地方特色产品销售。住店客户消费的汇总处理可以方便住店客人进行结算,提升酒店服务电子化的良好形象。

### (一)收银点的电子化处理

酒店的收银点有比较复杂的电子化处理业务,包括银联电子支付系统、信用卡支付系统、第三方电子支付系统以及现金的电子流程处理,还包括记账和挂账的电子流程处理。虽然客人大都有网络预约或预订,但一般到店后服务结束时才结算。

在酒店各收银点,现金支付和刷卡支付的电子化处理比较简单。除了正常的收银功能,收银点还要提供住店客人的挂账服务和记账处理。对于住店客人的账务,收银点需要根据客人房号形成电子消费单,客人结算时电子消费单可以自动传输到服务台,并按房号账务自动汇总,为客人提供一次性服务结账。对于协议客人,收银点通过挂账形成电子消费单,并把电子消费单传输给后台财务,由财务负责汇总后按协议进行结算。收银点的系统必须使所有客人的消费形成电子消费单,作为相关部门和客人结算的依据。收银点的电子消费单可以在服务台、财务、销售部等相关部门通过网络实时传送,或通过网络查询,并且有客人的电子签单作为结算的凭据。随着人工智能的应用,酒店收银点的系统也将朝智能化方向发展,客人签单可以通过刷脸、指纹等新技术实现,结算将更加高效,消费的电子结算将更加便捷,客人消费的电子化处理过程将更加智能。

### (二)服务台的收银系统

服务台是酒店经营的中心,所有住店客人在酒店内的所有消费都要在服务台结算,因此对酒店服务台收银系统的电子化处理的智能化要求更高。在服务台,各营业点的收银台或收银终端形成的电子消费单都会传到这里,自动按房号分类汇总,形成客户结算所需要的消费清单。同时,在服务台的收银系统中,为了满足客人的消费结算需要,具有银联电子支付的接入、第三方电子支付的接入,以减少客人的等待时间,提高结算效率。在新一代的收银系统中,为了更有效地实现客人消费的汇总处理,出现了更智能的刷脸消费单、指纹消费单,以及客人真实 ID 号消费单。客人的脸型、指纹、ID 号是唯一的真实信息,而按房号形成的电子消费单有可能会产生差错。当然这些智能的电子消费单也能和房号进行关联,提升服务台结账的效率。新一代的智能收银系统功能框架如图 5-2 所示。

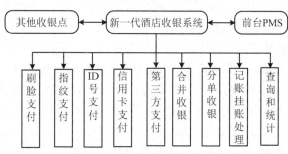

图 5-2 新一代的智能收银系统功能框架示意图

作为服务性企业,酒店电子商务都以预约型为主,因此,电子商务的"最后一公里"就是结算。服务台的收银智能化是这最后环节的重点,酒店收银的服务形式应多样化、高效率,通过人工智能技术简化最繁忙的结算环节,为客人尤其是商务客人节省等待时间,这是酒店电子商务成功经营的关键。

# 第二节  客房服务的电子商务

在品质酒店经营中，客房也有辅助服务以供住店客人消费，也需要电子商务来管理客房的消费交易。很多酒店的客房服务的电子商务目的是促进客人消费，为客人提供更好的服务，因此，酒店需要让消费者知道客房的消费特色。客房服务包括吃、用和娱乐等消费项目，这些消费需要在线处理或挂账处理。有些酒店通过客房的迷你吧处理入住客人的消费结算，也有的酒店通过客房指南的 App 完成客人需要的购物和送餐需求，也有的酒店通过电话用挂账的方式处理消费商务。在电子商务酒店，这些客房的消费商务都需要纳入酒店电子商务系统进行统一处理，一方面是为了提高酒店的服务效率，另一方面是为了提升酒店的电子化处理服务形象。

## 一、迷你吧消费的电子商务

长期以来，客房迷你吧一直是酒店比较有争议的服务项目，原因是大多数酒店的客房迷你吧都是亏损状态，盈利的很少。迷你吧的商品大多价格贵、质量不佳，还存在管理迷你吧的人工费用居高不下等问题。在酒店业实现转型的新消费时代，如何在高端酒店提供客房迷你吧项目服务，一直是酒店人思考的问题。在智慧型迷你吧和机器人服务出现后，这个问题有了新的转机，所以在这里和读者一起再探讨一下迷你吧的电子商务。其实，只要降低迷你吧服务的管理成本，提升迷你吧的商品质量，精准定位迷你吧商品的价格，提升迷你吧商品结算服务的智慧水平，迷你吧的客房服务就一定会受到客人青睐。新一代的客人入住房间后，常会产生各种各样的消费，以前对于消费的账务处理都靠人工服务来解决，现在有了移动互联网，通过软件把人工服务改为智慧型迷你吧，这个迷你吧专门为客房的客人提供消费的账务处理以及商品的质量管理，客房的商务就应运而生了。

智慧型迷你吧电子商务主要解决客户消费的结算以及产品质量问题，尤其是食品的质量（如生产日期检测与管理），保证迷你吧销售的商品质量，再加上智慧化的结算服务，就形成了有高科技体验感的迷你吧服务系统。作为一个电子商务品质酒店，选择智慧型迷你吧系统为住店客人提供服务，可以提高酒店整体电子商务的服务形象，也可以通过客房电子商务为酒店创造收益，让顾客满意。智慧型客房迷你吧系统的功能结构如图 5-3 所示。

在图 5-3 中，迷你吧系统采用了感应识别技术，并与智慧客房的控制系统和前台的 PMS 系统实现对接，形成数据自动对接的智慧型迷你吧，可以给客人一个全新的体验，促进客房电子商务的成效。存放在迷你吧的商品通过识别以后，可以自动提示商品的生产日期是否超期，自动提示消费商品的价格，并提示客人是自己通过第三方电子支付直接付费，还是到服务台退房时一次性结账。当没有商品或商品不足时，客人可以通过服务呼叫请客房服务人员送上所需的商品。客人消费的商品总金额会出现在迷你吧液晶显示屏上，令人一目了然，所有消费的项目和费用都可以传到服务台，客房在退房时不需要人工查房，由系统将相关信息自动显示在服务台，消费清单清晰可见。

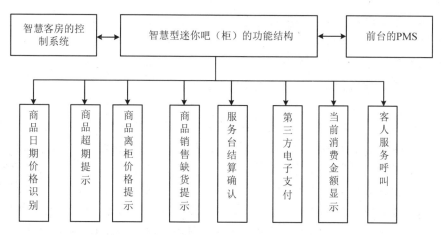

图 5-3　智慧型客房迷你吧系统的功能结构图

智慧型迷你吧的开发将成为未来品质酒店客房服务的标配。它的优势在于：不但实现了迷你吧商品的精细化管理，而且节省了迷你吧管理的人力资源成本。所有迷你吧服务与管理都由系统自动完成，包括消费结算、商品质量监管、查房、商品配送等，尤其是提升了酒店客房服务的档次，也增加了酒店电子商务中的客房收益。为了提高客房智慧型迷你吧的服务效率，酒店可以配备智慧机器人。通过机器人配合智慧型迷你吧，既能提高客房电子商务效率，又能满足客人避免接触服务员的个人化需求。

## 实例：新新人类机器人在酒店服务中的应用

沈阳东北大厦于 2017 年 12 月开始使用新新人类整套机器人，前台迎宾机器人应用于酒店大堂，帮助酒店做迎宾接待；自助机器人帮助酒店客人办理自助入住、退房服务；送物机器人服务于酒店各个房间，完成送物和酒店日常信息播报任务，如图 5-4 所示。这些新颖机器人成为酒店新一代的客服人员，为酒店客人提供敏捷的精准服务。

2018 年 11 月 18 日，张小姐和王小姐因公出差入住沈阳东北大厦，看到前台的迎宾机器人"北北"后非常开心，这是她们第一次近距离地与机器人接触。两人顾不得办理入住手续，一直与"北北"互动，了解酒店信息，如图 5-5 所示。

图 5-4　沈阳东北大厦前厅三台机器人合影

图 5-5　迎宾机器人与住店客人互动

"你叫什么名字？"——"我叫北北，请问有什么可以帮您？"
"你是男是女？你有朋友吗？"
"你都会做什么？你会跳舞吗？"
"太可爱了，我们和它合个影，我要发朋友圈。"
……

两人和"北北"一问一答，一直玩耍，舍不得离开，20分钟后才想起办理入住手续。收拾完行李后，两人下楼觅食，发现"北北"不见了，找到前台询问："你们的机器人去哪里了？"前台告知，机器人已经收起来了，第二天早晨才会再拿出来。两人很失望，表示第二天上午有事就直接离开酒店了，还想再与"北北"玩一会儿。为什么要收起来呢？原来是大堂经理考虑到晚上值班人员较少，担心机器人的安全问题，另外，担心机器人24小时不间断运转会出问题。一到晚上就会由专人把机器人放进办公室，第二天上班才会放到大堂。

两位客人非常不理解地说："一个机器人还需要藏起来吗？我们还想再和它聊一会儿。机器人不应该是给客人服务的吗？"幸好当天巡检工程师在现场，帮助酒店解决了这个问题。在两位客人与大堂经理沟通后，"北北"再度现身，现场工程师还让"北北"给客人使出一些隐藏本领，让两位客人非常满意。事后，工程师再次给酒店做了培训，新新人类机器人虽不能完全代替人类，但是可以24小时不间断地工作，帮助人类员工分担一些基础工作。比如晚上的值勤，当夜间有客人到店后，由迎宾机器人接待，会带给客人不一样的感受。如果深夜有客房需要物品，送物机器人可将其送上楼，既规避了工作人员的安全问题，也避免了一些因特殊物品带来的尴尬和深夜工作人员的态度问题，能够保证酒店提供24小时高水准的服务。

机器人服务不仅给东北大厦带来了良好的口碑，更激发了住客的主动分享欲望，通过一系列与机器人服务互动的优惠活动，为酒店的客房电子商务带来了喜人的收益，也将东北大厦的影响力不断扩大。应用机器人从事基础的重复工作以及楼层客房商品的配送，使服务人员有更多的时间为客人提供人性化服务，进而为酒店赢得更多客人的好评。

## 二、叫餐与其他服务电子商务

由于配餐的复杂性和客户的不同需求，叫餐服务在客房一般都用移动服务App来实现，餐厅所提供的餐饮种类和菜谱以图片的形式显示在App上供客人选择。客人有叫餐需求时，可以在客房服务指南中扫描二维码获取点餐服务App。酒店所提供的其他服务也可以在App上获取。目前有些酒店通过开发客房服务App提供客人所需要的服务，包括叫车服务、导游服务、叫餐服务、洗衣服务、医疗服务等。酒店所提供的这些服务中，对于有偿服务，客人可以选择第三方电子支付方式直接付款，也可以选择服务台的退房功能一次性结账。因此，客房的App服务既是提升客房服务形象的需要，也是酒店客房电子商务一体化管理的需要。图5-6是客房服务App系统的功能结构示意图。

图5-6所示的客房服务移动App是一个纯软件系统，目前用得最多的功能是叫餐服务或订餐服务，其次是娱乐预约服务。App系统功能基本提供有偿服务，少量提供一些免费服务，如叫醒服务，因为大多数酒店的叫醒服务在电话机上已经设置了，所以在移动服务App上就不再设置了。很多酒店也在"其他商务服务"一栏中提供一些当地的特色产品服务，

这些特色服务可以通过软件服务商定制，如可以根据客人的需求提供一些内衣类的商品服务，酒店如何准备这些商品要根据酒店及当地情况来确定，凡是客人有需要的，酒店就为客人准备，这是客房服务 App 为酒店电子商务增收所设计的商务软件，如果定位准确，产品组织得当，可以给酒店带来可观的电子商务收益。例如，在台湾的一些酒店和民宿中，通过客房的 App 服务，可以为客人购买当地的凤梨酥土特产，并代为邮寄到大陆指定的地址。这种客房服务 App 的特色服务受到了很多客人的喜爱，也可以为酒店创收增收。

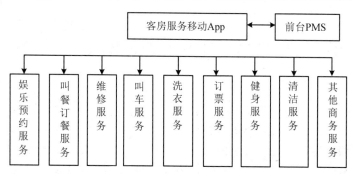

图 5-6 客房服务 App 系统的功能结构示意图

图 5-6 所示的客房服务 App 同样可以和前台 PMS 系统对接，客人消费时，除了在 App 中通过第三方电子支付结算，也可以把消费电子账单传送到前台 PMS，实现退房的一次性结账处理，以方便客人个性化结算的需要。实践证明：客房服务 App 的应用为酒店客人提供了更便捷的服务，方便了客人住店期间的购物，也满足了客人随时用餐的需要，这是目前酒店客房电子商务最理想的应用系统。

### 三、客房中心的电子商务

客房中心的电子商务是间接性的，它对客人的信息沟通质量和服务质量会影响客人在客房的消费。客房中心是信息沟通和服务的指挥中心和协调中心，客房中心的高效运作是酒店为顾客提供各项客房服务的基础。虽然客房中心不直接接触客人，但它必须对各种信息进行汇总、分拣和传递，确保服务信息在客人和酒店各服务部门之间敏捷传递，使客人在房间的需求能得到满足。客人在酒店内的吃、住、行、娱、购等总是在快节奏中进行的，客人在提出服务需求时以酒店只为他本人服务为标准，但是酒店在那一时间段可能会收到诸多客人的服务要求，因此，对客人的需求是否能做出及时的反馈并满足客人是非常重要的，客房中心在整个客房服务过程中发挥着至关重要的作用。

通常，在住客人通过酒店工作人员或电子通信设备将自己的需求传至客房中心，客房中心通过客人的要求对信息进行确认、分拣，传达给相应的服务部门或客房服务员；客房中心还需要随时与各部门保持良好的沟通和联系，以确保能够获取各项服务信息，及时对客人的要求做出处理和反馈。客房中心是在住客人与酒店各项服务提供者的联络部门，通过电子商务，客房中心对各项信息做出及时、准确的反应，保证信息在客人和各部门之间有效传递，从而为顾客提供及时、准确的客房服务。

例如，客房中心要利用便捷的移动系统掌握和管理好房态，及时与前厅接待沟通房态，确认客人入店、离店情况，以便于客房服务员及时清扫房间，保证客人可以顺利入住；客房中心还要掌握房间设施设备的状态信息，及时通知工程部对房间进行维护，以保证客房的可使用性；客房中心也要与餐饮部保持沟通，为客人提供良好的会议接待以及送餐等服务。所有这些都需要信息的即时沟通，才能为客人提供敏捷的服务，最终为客房增加消费收益。所有这些部门之间的沟通管理与服务，可以为客人营造更好的客房环境，提供更好的客房产品和便利的客房增值服务，大大提升客人的住宿体验，进而提升酒店的形象，增加客房的消费收益，获得客人的满意度和忠诚度。

## 第三节  会议和娱乐服务的电子商务

会议室、娱乐服务是酒店在为顾客提供基本的住宿、餐饮服务的基础上，为满足社会需求和提高市场竞争力，同时为满足顾客日益增长的多元需求而衍生出来的酒店业务。酒店的会议和娱乐服务电子商务主要是内部电子商务和网络营销，目前这部分已成为酒店的主要经营业务。有些商务酒店的会议室租赁和娱乐服务已成为酒店电子商务较为重要的核心商务，酒店如何利用电子商务开展会议服务和娱乐服务的营销，如何利用电子商务开展更有效的营销以及给客户提供更好的服务，是酒店在开展电子商务过程中需要重点考虑的问题。例如，企业的会议、消费者的婚宴等都会租用酒店的会议室，需要有预订、销售的业务处理。对于某些休闲型的度假酒店，娱乐服务是一个重要的经营项，在一些度假村中有非常丰富的亲子游娱乐项目。例如，杭州开元酒店集团的度假村系列酒店，大型娱乐项目与酒店客房结合已成为度假村系列酒店经营的最佳搭配，这些娱乐项目的预订、销售和售后服务等已实现了便捷的电子商务系统管理，能为客户提供优质的在线咨询和服务。

### 一、酒店会议服务电子商务

酒店会议服务电子商务主要考虑如何用电子商务手段提高会议室资源的收益，酒店需要了解客户对于会议服务的需求，以及酒店能提供的会议服务产品。常规的会议服务主要是利用会议室场地提供会议、宴会、产品展示等服务，客户可以利用酒店的电子商务系统预订和租赁会议室场地，酒店利用该系统也可以帮助客户实现会议室的电子签到、座位安排、时间控制、抽奖娱乐等智能化服务。电子商务系统的核心作用就是可以提高会议室的利用率，为酒店增加收益，对于有各种会议室资源的酒店来说，会议服务是酒店经营中很重要的服务产品，可以带动酒店的餐饮销售，做好会议服务也成为酒店经营的重要战略。长期以来，如何提高会议服务收益是酒店经营者一直在思考的问题。酒店探索会议室的智慧管理，用信息技术提高会议室的利用效率，就是为了吸引客户，提升服务，多元化地创造酒店住宿、会议、娱乐、休闲等方面的服务品牌，以此提升酒店的市场竞争优势。现阶段在会议服务方面，电子商务主要围绕智慧化管理和智慧化商务展开。

#### （一）会议服务管理系统

酒店有一个完善的会议服务管理系统，就可以更便捷地为客户提供会议服务，提高酒店会议室使用的效率和效益。会议服务管理系统是一个基于移动互联网的开放型、智能化的会议服务管家,它主要为会议主办方或承办方以及参会者提供数据管理、签到管理(或报名管理)、互动管理、同声翻译管理以及现场抽奖管理等服务。酒店利用会议服务管理系统可以更好地为客户提供智慧化的会议服务,提高会议室的使用效率和效益。下面简要介绍该系统数据管理、签到管理、现场管理的一些功能。

1. 数据管理

数据管理是会议服务管理系统的基本要求,是会议服务电子商务的基础性功能。一个智能化的会议服务管理系统有很强的数据管理功能,这可以帮助客户简化许多烦琐的会议数据整理工作,提高会议会务组的工作效率。该功能主要实现了会议资料管理、会议图片管理、会议 PPT 演讲文档管理、会议议程管理、会议嘉宾管理、会议参会人员管理、会议地图管理、报名费凭证管理、组织方名单管理、票务订单管理以及会议费用支出管理等;同时对这些数据可以进行简单的分析和处理,如报名来源统计分析、签到率统计分析、报名费统计分析、赞助服务商统计分析以及会议流程统计及会议纪要生成自动编辑等。

2. 签到管理

作为一个智慧型的会议服务管理系统,签到管理的电子化是提升会议服务的重要环节,也是提高接待签到服务效率的重要手段。此外,作为一个智慧型的会议服务系统,应具有多样化的电子签到方式,以满足不同参会者的需要。目前,多样化的签到方式主要包括微信签到、二维码签到、RFID(无线射频识别)签到、身份证阅读器签到、人脸识别签到、平板电脑移动服务签到以及手机号码签到等方式。

3. 现场管理

现场管理通常是指移动式的、实现动态管理会议现场的所有议程事务的管理形式。系统的会议现场管理可以帮助会议举办方提高议程的流程控制效率和管理工作量,通常采用移动设备辅助现场的呼叫管理。这些现场管理内容包括演讲文档的顺序管理、同声翻译管理、嘉宾分座管理、会场互动管理、抽奖方式管理、时间控制管理以及展示位分布管理等。会议服务管理系统的功能结构如图 5-7 所示。

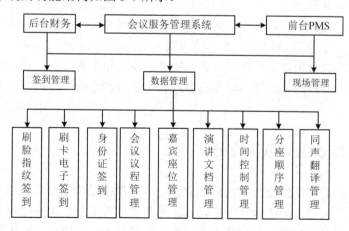

图 5-7 会议服务管理系统的功能结构示意图

## (二)会议服务营销

我国每年的会议市场业务量很大:有政府的各种会议,有企业的各种会议,有学术界的各种创新论坛会议，还有各行各业的各种总结会议，等等。酒店的会议业务市场近几年竞争非常激烈，尤其是在信息非常透明的互联网环境下。作为一个会议服务电子商务的软件系统，营销是酒店开展会议电子商务的核心功能，它满足了客户获取会议服务信息的需求，酒店应根据自己会议服务的优势通过电子商务获取更多客户。例如，杭州的黄龙饭店有非常丰富的会议室资源，该饭店从2010年起就围绕智慧酒店建设开发了智慧型会议服务管理系统，迎合了新时代客户对会议服务的智能化需求，获得了许多高端会议客户的普遍认可，近几年来该饭店的会议服务收益一直处在杭州饭店业的前列。

在电子商务普及的今天，酒店的会议服务也需要电子化营销业务才能更好地发展。当前会议服务营销主要依赖网络营销，通过移动互联网推广酒店的会议场地特色和服务特色，通常可以通过新闻网站、酒店门户网站以及行业专用网站等渠道做推广。例如，酒店可以把会议服务管理系统通过嵌入式广告在酒店的门户网站、自媒体平台做推广，也可以做专门的 App 或小程序在社交网络平台上做推广。通过会议服务管理系统的功能特色介绍，逐渐形成酒店特有的会议服务品牌，使酒店会议服务成为区域高端会议的首选场所。会议服务营销小程序的功能结构如图 5-8 所示。

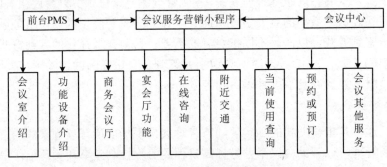

图 5-8　会议服务营销小程序的功能结构示意图

图 5-8 所示的营销小程序可以投放到酒店当地的门户网站上，或酒店会员客户群中，不但对酒店会议室业务的推广有很大的帮助，也简化了酒店接待的流程和时间，这是会议室电子商务开展过程中较有效果的形式。客户通过小程序可以和会议中心服务人员互动，咨询相关的信息。这种移动服务式的会议室营销对提高酒店会议室使用率有很大的促进作用。之所以用小程序形式营销，主要是因为会议室介绍中有很多图片，不适合采用普通的 App 开展营销，小程序的特点就是使用时不占客户移动手机的空间，有较好的使用效果和营销效果。

## 二、酒店娱乐服务电子商务

近些年来，人们可支配收入和闲暇时间的增多，使得以休闲度假为主的旅游逐渐融入人们的日常生活。人们来酒店除了满足吃、住等基本生存需求，也开始寻找舒适的生活娱乐方式。酒店不再仅仅是吃、住等基本生活服务的提供者，更需要为客人提供多功能、自动化的配套齐全的娱乐设施，为客人提供专业化、系列化的优质服务，满足客人对精神享受的追求。

因此，社会的新需求使得娱乐服务逐渐成为酒店非常重要的赢利业务，尤其是度假型酒店。实现娱乐服务产品收益最大化，把握现代消费者对酒店娱乐产品的偏好，以及客人娱乐服务的时间，尤其是开展有效的网络营销让消费者知晓酒店娱乐服务产品的吸引力和优势，是酒店娱乐服务电子商务需要解决的问题。通常，酒店在娱乐经营管理过程中涉及娱乐服务的预订、销售和结算，其中有住店客人的娱乐消费，也有非住店客人来酒店的娱乐消费。以前这些业务的处理都靠人工，自从有了酒店电子商务系统后，酒店就可以电子化处理娱乐服务的预订、销售和结算。尤其是有了电子商务系统后，娱乐服务产品的营销推广实现了网络化和电子化，还可以利用系统的智慧性挖掘客户的消费需求。因此，随着电子商务应用的普及，通过移动互联网实现游戏化的营销，消费者可以很方便地获取酒店的娱乐服务信息，并在需要时通过在线预订进行消费。

### （一）娱乐服务管理系统

酒店的娱乐服务管理系统是一个开放式、智能化的一站式全流程数字管理平台，是在移动互联网技术支持下为用户提供预订、销售和营销服务的技术型系统。酒店利用该系统可以实现娱乐项目经营的电子化管理，结合 App 的移动服务，还可以为客户提供娱乐服务的信息咨询、娱乐服务预订以及电子化的支付等。同时，酒店利用该系统提供的客户管理功能，可以大概知道客户什么时候需要消费，并向客人提供精准的服务信息，实现有效的精准营销。一个智慧型的娱乐服务管理系统是智慧酒店建设的重要组成部分，也是娱乐服务的大管家，同时可以为客户提供更敏捷的精准服务。下面是目前娱乐服务管理系统所具备的基本功能。

1. 登记管理

客户到酒店娱乐部消费首先要进行登记，建立客户的消费账户。登记管理功能允许客户修改登记，更换消费项目；对于预订的客户同样要进行预订登记，也允许客户进行修改预订、删除预订或查询预订等管理操作；在娱乐过程中，也允许客户增加消费项目，以及接受客户的消费查询等操作。

2. 销售过程管理

销售过程管理也是与客户互动的过程，通过该系统的移动服务功能与消费者进行信息交互，洽谈关于消费需求的有关细节。作为酒店，通过销售过程管理可以吸引潜在客户的消费动机；作为消费者，通过互动过程可以获得最实惠的娱乐服务。酒店通过这样的销售过程，记录了所有转化成功的客户互动信息，通过积累节省了大量的客户开发成本，也有利于维系原有的老客户，防止竞争对手挖墙脚的情况出现。

3. 收银管理

娱乐的收银通常是电子化收银，基本不收现金。这也是为了便于酒店各收银点的统一管理，是电子商务酒店的基本要求。客户的娱乐消费结束后，系统就会自动统计客户消费的所有项目，并完成结账的收银工作。客户可以通过银联信用卡支付、支付宝或微信支付，也可以通过其他第三方支付。如果是在住客人消费，可以把客人的消费账单进行挂账处理，然后合并传输到酒店服务台，实现退房时的一次性结账。收银管理允许客人消费账的拆分和合并处理，满足客人对消费账单支付处理方面的要求，并提供相关的查询和交接班等管理功能。

#### 4. 会员管理

娱乐消费会员是酒店的重要客户资源。会员管理功能可以对消费会员进行细分，为会员提供更精准的服务，也为酒店娱乐业务收益创造更好的机会。该功能有基本的会员信息管理功能，包括增加会员、删除会员、修改会员信息等，也具备会员查询等服务功能。每一个会员的消费记录都可以在线查询，并进行消费记录的分析，挖掘潜在的商机，同时通过分析为精准营销提供依据，向客户提供客户需要的服务信息，并在适当的时候发送关怀信息。

#### 5. 营业查询

营业查询是娱乐服务管理系统的基本功能。系统有非常丰富的项目查询和智能报表，包括客户信息查询、会员客户查询、收银明细查询、营业情况查询与分类统计、消费分类和排行统计以及生成各类统计分析报表等，同时可以提供报表的导出、打印等服务。

娱乐服务管理系统还有一些其他的管理功能，读者可以通过课外学习了解新一代的智慧型娱乐服务管理系统。随着技术的进步和新型系统的运用，酒店的传统娱乐业正朝着现代娱乐业方向转化，而现代娱乐业一个最显著的特征就是使用智慧型的信息化管理系统，具有很高的服务效能，也受到消费者的喜爱，开发和使用智慧型娱乐系统也成为娱乐经营者们的共识。新一代的智慧型娱乐系统具有信息量大、数据准确、速度快、管理效能高的特点，已获得广大娱乐企业管理者的认可，它克服了人为因素、人情因素所造成的经营管理上的不便，明显提高了酒店娱乐业务的工作效率，是酒店娱乐服务未来发展的方向。娱乐服务管理系统的功能结构如图 5-9 所示。

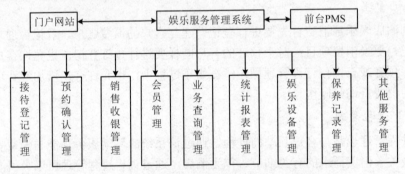

图 5-9 娱乐服务管理系统的功能结构示意图

娱乐服务管理系统也是一个开放型的服务系统，它可以和酒店门户网站对接，门户网站的预约订单可以传输到该系统实现预约确认的统一管理。系统也可以和前台的 PMS 系统实现对接，住店客人的娱乐消费所产生的电子消费单可以传输到 PMS 系统，实现退房结算的一次性支付处理。该系统所需要的服务特色也可以在其他服务管理中通过软件服务商进行定制处理，形成酒店特有的娱乐服务电子商务特色。

### （二）娱乐服务的营销

我国酒店娱乐业的营销还处于比较初级的水平，尤其是商务酒店的娱乐服务营销。一个娱乐项目往往要投入大量的资金，尤其是大型娱乐项目和智慧型的儿童智乐游项目，酒店需要通过良好的经营才能收回成本。但良好的经营仅仅依靠在住客人的娱乐消费是远远不够的，必须需要通过营销吸引更多的娱乐爱好者来消费，设计客人喜欢的组合产品包来开展市场营销。因此，对于酒店的娱乐服务，可利用互联网，通过社交网络开展促销活动。用网络营销吸引娱乐爱好者是目前最佳的营销选择。例如，开元森泊度假乐园是开元旅业集团投资11.7亿元创新研发的适合中国游客短期度假和家庭亲子游的全天候一站式旅游综合体项目，有460个客房，有丰富多彩的室内外娱乐项目，包括大型水上游乐园、儿童乐园、亲子互动、户外探险等娱乐设施。该项目从建设开始就开展了网络营销，通过社交网络媒体、门户网站广告、移动App等形式，用组合产品包的方式在移动互联网上持续推广。通过有效的网络营销，开元森泊度假乐园开业后收到了非常好的经营效果，客房、娱乐项目、餐饮都获得了非常好的收益。

目前酒店的娱乐服务如何开展营销，一直是酒店经营者感到比较困惑的事。在以前的许多酒店经营的案例中，娱乐服务能持续热销的并不多，这使得许多酒店投资者对娱乐项目投资非常谨慎，国内像开元旅业这样的在酒店创新开发娱乐项目方面的大手笔并不多。就当前酒店业娱乐服务经营情况看，最有效的营销是设计客房、娱乐、餐饮的组合消费包——针对不同的消费人群设计不同的组合包，然后在不同的社群中做网络推广，而且需要分阶段开展持续的推进工作，这样才会有比较好的营销收益。随着区块链技术的成熟应用，酒店可以采用精准的人本营销方式，针对娱乐消费社群和酒店自己的会员客户，有目标地推送组合服务包信息，可以将娱乐和客房组合、娱乐和餐饮组合，以及专门设计带小孩的三人亲子游组合包。除此以外，酒店的娱乐服务还可以采用各种营销策略组合，包括市场细分策略、形象策略、价格策略、促销策略、服务策略、宣传策略、连锁与特许经营策略、内部营销策略等。例如，在社交网络平台上需要将细分策略和价格策略组合起来开展营销，在门户网站上需要将服务策略和形象策略组合起来做营销，在分销渠道上需要将促销策略和价格策略组合起来做营销，在在住客人群体中需要将内部营销策略和服务策略组合起来开展面对面的营销。

酒店在娱乐服务营销中还必须关注消费者需求的变化，对紧跟社会潮流的娱乐项目要及时选择与更新。对于酒店来说，只有对娱乐项目不断推陈出新，才可以保持娱乐服务的生命力和活力。现在，随着互联网的渗透及电子商务在酒店各部门的应用，酒店须通过官网、微信公众号、小程序或手机App等多种方式，为客人呈现即时的娱乐信息。作为娱乐服务的小系统，更需要将营销与服务捆绑起来，以方便客人获取需要的娱乐服务。在营销服务的过程中，内容应不断更新并迎合客人的需要，尤其是在社交平台上的营销。娱乐服务的客服人员要利用即时通信的便捷性，跨越时间和空间的限制，随时随地与客人互动，使得客人的问题能够得到及时的回应和解答，从而提高酒店娱乐消费的收益。

## 本章案例：开元酒店集团的电子商务之路

开元酒店集团历来重视电子商务和技术创新，是全国最早开展电子商务的酒店集团之一。集团在发展早期就搭建了门户网站，并开展了信息化酒店建设及线上订房业务；集团在2014年进行战略考虑，投资成立了由专业运营及技术团队组成的互联网科技公司，一方面持续开发和运营自有线上直销渠道（PC 官方网站、移动 App、官方微信公众号、官方支付宝生活号等），另外，通过技术直连完成与主要外部渠道的合作和对接。在历经多轮的持续发展之后，开元酒店电子商务业务获得快速发展，目前在技术上完成了支持跨平台横向扩展的架构平台，实现了会员、直销、分销三者的有效融合，中央渠道贡献也已占到集团总客源的 30% 以上。开元酒店集团的电子商务发展大致经历了以下几个阶段。

**第一阶段（2003—2007 年）：建立 PC 官方网站，搭建集团市场运营体系**

开元酒店集团非常注重官网门户的网络营销，开始建立官网是以营销宣传为主。网站以展示集团品牌及各酒店信息、树立企业形象为主要目的，那时关注的是网站页面形象、图片内容形象等。客房在线预订功能虽有涉及，但在功能上较为单一，且限于用户的预订习惯及网站运营人员的专业性，线上订房量占比较小，用户的主要订房途径依然是通过线下或电话订房。但网站的建立为品牌提供了一个较好的对外展示窗口，相较于传统的纸质印刷品，网站在易于获取、传播及可以承载更多的图片及文字信息等方面的优势显而易见，更有纸质印刷品不可比拟的成本优势，且可针对酒店的变更信息随时修改。在此阶段，网站在运营维护上也主要以信息更新、酒店资料维护管理为主，并建立官网规范管理制度，明确网站信息维护、系统维护及更新、搜索排名及对外推广等各项管理职责，确保网站制作设计和维护更新的统一性、规范性、安全性。

在与分销渠道合作方面，集团配置了专员进行合作开发和业务对接，较早系统性地认识和学习了分销渠道的运营方法和规则，并有针对性地设计了产品和定价。这个阶段的订单全部通过 eBooking 的方式进行传递，虽然效率不高，但是基于标准化的操作流程依然可以非常顺畅地完成订单、库存、房价的管理。

在此阶段开元酒店集团还完成了整体上关于会员体系、大客户体系、渠道体系、市场体系、房价体系等方面的规划梳理工作，形成了较为完整的运营体系，为后续电子商务业务的持续开展奠定了基础。

**第二阶段（2008—2013 年）：全面开通预订和会员服务，完成系统直连对接**

在上一阶段集团整体市场和运营体系标准化管理工作的基础上，开元酒店集团在 2007 年和 2008 年集中力量搭建了中央订房系统和会员管理平台，并成立了呼叫中心，由此逐步形成了中央预订平台和会员管理服务体系。2009 年，开元酒店集团重新设计开发官方网站，重点建设窗口的预订商务流程，并正式开通了线上客房预订和会员服务功能，实现了订单和会员直连功能，极大地提升了用户体验；与此同时开元成立了独立的电子商务团队，主要由运营和技术开发人员构成，虽然当时团队规模不大，但是从体系上进行了规划，整个运作效率和推进速度很快；开元还完成了移动端 H5 的网站开发工作，构建了集团微门户，并在 2012 年成功对接到微信平台公众号，基于社交流量和用户价值开启了移动互联网发展之路。

开元于 2013 年适时推出开元商祺会手机客户端，手机 App 以九宫格形式呈现，在订房功能上，通过与中央预订系统的对接，用户可较为便捷地查询到各酒店的实时库存及价格。另外，在会员服务上，则主要提供积分查询、卡值记录、会员资料管理等功能，鼓励会员官网订房。这一版本手机 App 在功能上则相对单一，所能承载的内容较少，但移动端订房的便捷性无疑为开元的电子商务业务插上了腾飞的翅膀，开元商祺会 App 的订单量很快就超过了 PC 官网的订单量，在 2014 年 App 的单月订单量已经是 PC 官网订单量的 2 倍以上。

在这个阶段，开元与分销渠道的合作也进一步加强，集团与携程、艺龙、去哪儿等都建立起了战略合作关系。在2012年和2013年，开元通过与艺龙和携程在商务和技术上的多轮沟通洽谈，成功完成了与艺龙和携程的技术直连对接，这在当时也是比较先进和超前的做法。通过技术对接，开元所有酒店的库存和价格可以快速同步到渠道，而渠道订单可以实时下载到开元中央预订系统，这一方面加强了用户订房体验，另一方面极大地提升了开元中央和酒店的订单处理效率。

**第三阶段（2014—2016年）：投资成立科技公司，全面拥抱移动互联网**

随着移动互联网的快速兴起，人们的生活习惯和出行方式发生了巨大的变化，开元的电子商务整体战略方向也进行了快速优化调整：一方面建立了多品牌发展战略；另一方面也看到了科技对效率的推动作用以及电子商务对业务的强大动能，成立了浙江金扇子网络科技有限公司。

互联网公司的成立，彻底改变了传统的管理机制和运作模式。开元在人员结构和组织效率上进行了重组变革，主要由市场运营和技术两个板块组成，而市场运营又包括会员、直销、新媒体、合作渠道、客服等板块。通过两大板块的有效组合，基于共同的绩效目标，开元很快就取得了不错的成绩。

从2014年开始，开元对开元微信公众号重新定位，升级到了服务号，无论在技术上还是在运营上，开元进行了持续的投入和开发。开元酒店针对无线官网、手机App进行了全新迭代升级，在版式、功能及业务模式上均有大幅优化，发现板块丰富了移动端的内容咨询，从品牌到酒店所在城市，从开业介绍到优惠活动，宾客可以通过手机查看各类信息资讯；新增主题房板块，打造个性化的客房产品，给宾客多样性的选择，凸显平台特色；另外，持续培养会员用户黏性及活跃度也是这一版本着重强化的，在会员相关业务上，客房预订增加了积分抵扣功能（会员宾客在预订时，可以使用积分直接抵扣最高10%的房费），有效提升了积分价值及感知度，并进一步丰富了积分商城的商品，为会员提供更多积分兑换的选择；新增了电子优惠券功能，通过开展各类营销活动，为会员提供了便捷和福利；会员还可以通过每日签到功能持续获取积分，会员的线上活跃度得到有效提升。

除了针对个人散客市场的微信社交平台和手机App，开元酒店依托集团连锁优势，还针对协议散客市场全新推出"扇子商旅"预订平台。平台秉承"人人都是订房人，人人都是销售员"的全员营销理念，基于扇子商旅微信公众账号及全布局移动端应用，结合全新预订支付体验，并引入了虚拟货币和实时奖励政策，鼓励异地客源交叉营销，为酒店带来了大量异地协议客源。到2016年年底，扇子商旅订房平台为开元各酒店输送的订单已占到开元总订单量的5%。

在此期间，开元继续保持与主流分销渠道的紧密合作，除了携程、艺龙、去哪儿，继续开通与飞猪（阿里旅行）、美团的技术直连工作。开元通过集团化营销优势大幅提升了酒店在渠道的曝光度，同期在天猫、去哪儿等平台的旗舰店也相继上线，进一步丰富了客源构成。

**第四阶段（2017—2018年）：精细化用户运营，聚焦服务价值**

随着集团品牌影响力不断扩大，门店规模快速布点，会员规模和粉丝数量持续提升，基于精细化运营和流量价值的需求，开元重新进行自我定位，除了做好线上营销，更加关注用户精细化运营，为用户提供线上、线下相融合的服务体系。

在此期间，开元继续不断完善平台用户体验，并完成了技术架构平台的转型，以保证持续增强的用户访问和预订请求。开元对预订流程进行了重新设计优化,在活动配置、点评管理、酒店详情页展示等方面均进行了多项优化,积分商城进行全面升级,将拼购商城全面升级为开元悦选商城,通过一系列的迭代升级,开元酒店官网也从客房预订拓展到全会员服务,线上活跃会员量及订单量均大幅提升,2018 年开元酒店官网单月访客数和订单量同比增长都超过了 100%;在官网全新上线的"种草"①社区,用户可以发帖、回复、参与话题讨论等,在 1.0 版本上线后,开元将在后续不断升级这一板块,将其打造成为酒店与用户、用户与用户之间有效连接的新型虚拟社区。

在此期间,开元酒店在线上 OTA 渠道的业务也得到持续提升。2016 年 8 月,开元酒店与美团开展合作并上线美团酒旅频道,美团业务上线后整体订单量迅速提升,2018 年美团订单量同比增长高达 75%,美团也成为继携程、飞猪后的开元酒店第三大 OTA 客源渠道。此外,天猫"双 11"活动影响力不断扩大,已逐渐发展成为一场全民购物狂欢。开元酒店在上线天猫旗舰店后,每年均参与这项年度盛事,并随着"双 11"影响力的不断扩大,在成交量上获得了爆发式增长。开元酒店在"双 11"当天的成交额从 2014 年的不足 100 万元发展到 2016 年破 2000 万元,再到 2018 年超 4000 万元,四年增长了几十倍,获得了飞猪平台最具人气品牌大奖,开元酒店的品牌影响力也因此得到进一步提升。

截至 2018 年年底,商祺会会员规模达到 800 万,全年中央渠道产生间夜量达到 200 万间夜,总客源量占比超过 30%。

**第五阶段(2019 年及未来):以智能化全场景打造服务闭环**

进入 2019 年,开元利用基于大数据的人工智能积极打造服务闭环。未来开元酒店的线上业务通过高科技将全面与线下场景结合,通过在线预订、在线选房、在线入住、在线服务、在线点餐、在线开发票、在线结账等功能实现全链路的智能化服务,迎接酒店全面电子商务的到来。同时酒店小社区作为所有会员的服务入口,打造酒店服务闭环,提升效率。同时,开元将借助用户行为数据分析会员画像,设计更符合用户需求的多样化的产品内容,实现更精准的产品推送,满足用户更为个性化的需求。

资料来源:本案例由开元酒店集团提供素材,并经作者加工整理。

**案例思考:**

1. 开元酒店集团的电子商务之路给酒店集团带来了怎样的市场竞争优势?有哪些经验可以借鉴?
2. 作为酒店集团的电子商务战略,开元的战略部署起步于 2014 年,它的电子商务战略特点是什么?
3. 开元酒店集团的第二阶段电子商务在整个集团电子商务战略中起到了什么作用?

........ **拓 展 知 识** ........

前厅服务　　　　　　　　预订中心　　　　　　　　在线直销

---

① 分享某一商品的优秀品质,以激发他人购买欲望的行为。

| | | |
|---|---|---|
| 客房迷你吧 | 智慧前台 | CRS 系统 |
| 智慧客房 | RFID 阅读器 | 智慧娱乐 |
| 智慧服务 | 电子化管理 | 电子化服务 |
| 数字会议 | 刷脸签到 | 指纹签到 |
| 小程序 | 即时通信 | 社交营销 |

## 思 考 题

1. 什么是酒店前台？酒店前台电子商务包含哪些内容？
2. 酒店前厅部的职责主要是销售和提供接待服务，它的电子商务开展对前台服务有怎样的影响？
3. 酒店预订中心的电子商务包含哪些内容？怎样提高它的电子商务效益？
4. PMS 系统在酒店前台电子商务中是怎样的角色？
5. 什么是门户网站的在线直销？如何挖掘网站的在线直销功能？
6. 为什么说前台的服务收银点要倡导电子化收银管理？
7. 什么是客房电子商务？客房电子商务包含哪些内容？
8. 什么是智慧型客房迷你吧？它通常有哪些智能的商务实用功能？
9. 什么是会议娱乐电子商务？它有哪些电子商务的业务内容？
10. 酒店的会议室有哪些应用功能？如何提高它的电子商务效益？
11. 什么是会议室服务管理系统？它通常有哪些服务与管理的处理功能？
12. 什么是娱乐服务营销？目前有哪些娱乐服务营销的方法？
13. 通过课外学习，试解释什么是在线直销，请举例说明。
14. 在移动互联网的影响下，酒店的娱乐服务营销应如何开展？
15. 预订中心的主要职责是管理酒店的订单，它的电子商务涉及哪些内容？
16. 通过会议服务营销小程序的功能结构示意图（见图 5-8），试设计一个酒店的会议特色服务。
17. 在图 5-9 中，娱乐服务管理系统的功能结构示意图应如何体现酒店娱乐的特色服务？
18. 在图 5-9 中，娱乐服务管理系统的数据流程涉及哪些服务系统？结合前面介绍的内容，试列出所有的业务数据流程。
19. 酒店的前台服务的电子商务系统设计和前台的 PMS 系统应是怎样的关系？

# 第六章　餐饮电子商务

本章要点

　　餐饮电子商务是酒店电子商务中的重要组成部分,是互联网时代餐饮经营的新业态。但是,因为酒店的餐饮仅是一个部门,它和社会上的专业餐馆、快餐业以及餐饮连锁的独立实体企业不同,因此,其开展的电子商务方式和内容也与独立实体企业不尽相同。如何利用电子商务让酒店的餐饮重新引领酒店各业态的发展,尤其借助数字化高科技应用的发展,是本章需要考虑的重要内容。本章主要介绍餐饮电子商务的概念和概况,包括信息化管理和信息化服务的情况。在此基础上,本章介绍餐饮电子商务系统的概念和平台的概念,然后介绍餐饮电子商务的运行模式,合适的运行模式对电子商务能起到事半功倍的作用,最后介绍酒店内餐饮电子商务的一些典型应用。

　　本章所讲的餐饮电子商务是指酒店内的餐饮商务。近年来,由于移动互联网的普及,餐饮电子商务发展迅速。消费者可以用自己的手机订餐,到了餐厅也可以用平板电脑点菜,用餐结束后可以用电子支付方式结账——整个消费过程都由移动电子商务完成,既省力,又省时,极大地推进了我国餐饮业的快速发展。餐饮电子商务的推广使我国餐饮文化特色和个性化经营的作用更加明显,管理与服务更趋于信息化,有利于特色餐饮品牌的网络传播。因此,近年来餐饮电子商务的不断推进,预示着传统餐饮正逐步向现代餐饮方向转变。餐饮业是大众性行业,数据信息量大,有利于电子商务的应用和发展。实践表明,餐饮和信息通信技术的结合,能够使餐饮经营的服务数据更准确、传播速度更快、管理效能更高,改变了以前餐饮业低科技、低效能的状况,也是餐饮业转型升级的重要举措,这在快餐业和连锁餐饮业发展中体现得更加明显。本章将围绕餐饮业电子商务的概况、餐饮电子商务的运行模式以及酒店中餐饮电子商务的应用,向读者做系统介绍。

## 第一节　餐饮电子商务概况

　　我国酒店的餐饮电子商务基本是从电子点菜的应用开始的,这和社会上连锁的专业餐馆不同,它们是从电子采购开始做起的。酒店的餐饮电子商务从酒店内部的电子商务开始做起,如电子点菜、电子传菜、电子结算等,当餐饮部的服务能力超过了住店客人的需要时,就需要通过网络招揽本地客人消费,这时受互联网的影响逐步采用走出去的方式,从网络营销开始向外做网络推广,到社交网络平台做 App 应用,以及在网络渠道做推广活动,

等等，形成了餐饮电子商务的一个应用分支。应该说餐饮电子商务已成为酒店电子商务的重要组成部分。但作为酒店的一个经营部门，它的电子商务发展有其独特性。它的经营对象除了住店客人，其他的几乎都是本地客人，如婚宴客人、寿宴客人、谢师宴客人等。因此，餐饮电子商务的推广重点是在本地区域。下面我们从餐饮信息化，即酒店内部电子商务的基础开始介绍。

## 一、餐饮信息化基础

餐饮开展电子商务信息化建设是基础，不管是餐饮的预订、接待，还是菜品上传和厨房分单，以及餐饮的收银和成本控制，都需要信息系统的流程支撑辅助经营管理。有了这些基本的信息化管理流程，才能逐步形成信息化服务的基础环境，这时餐饮服务流程的电子商务就会水到渠成。我国餐饮业虽然具有巨大的消费市场，但由于进入门槛低，竞争非常激烈。长期以来餐饮业的竞争就是拼价格、拼菜品、比档次、比服务，随着互联网在餐饮业的普及应用，高科技服务已成为餐饮业竞争优势的关键内容。电子商务就是餐饮企业高科技应用的一个方面，它能促进餐饮服务的信息化。目前，许多餐饮企业逐渐依靠先进的电子信息工具，不断地提高市场应变能力和服务能力，就是信息化建设的主要体现。在介绍餐饮电子商务概况以前，我们先了解餐饮业信息化建设的基本概况，不管是一个独立的餐饮部门还是一个餐饮企业，信息化建设都是开展电子商务所必须具备的技术基础。

### （一）餐饮的信息化管理

"信息化"是 20 世纪 60 年代末由日本最先提出的。1963 年，梅棹忠夫在其所著的《信息产业论》一书中首先向人们描绘了"信息革命"和"信息化社会"的前景。当时他就预见到信息技术的发展和广泛应用将会引起一场全面的社会改革，并将人类推入"信息化社会"。

随着时间的推移，"信息化"的内涵和外延不断发展丰富。许多学者对信息化进行了专门研究，形成了以下几个有代表性的观念。

（1）从技术方面来看，信息化是以信息资源开发利用为核心，以网络技术、通信技术、数据技术、人工智能技术等方式为依托的一种新技术扩散现象。

（2）从过程方面来看，信息化是在社会和经济活动中普遍采用信息通信技术开发和利用信息资源，提高信息资源的利用率，推动经济发展和社会文明进步的过程。

（3）从组成要素来看，信息化由信息基础设施、信息通信技术与信息产业、信息技术产业界应用、信息应用人才所组成。

信息化管理就是围绕一个组织的管理，用信息通信技术等高科技实现管理各环节的信息化，以充分利用信息资源提高组织的管理效率和效益，同时提升管理人员的工作技能。

餐饮信息化管理是指餐饮业在其制定的信息战略的指导下，采用先进的管理理念，通过信息系统对餐饮信息资源进行深度开发、综合分析和广泛利用，不断提高餐饮经营、决策管理的效率和水平的过程。餐饮企业需要制定正确的信息战略以指导信息化管理的实现，在进行具体的信息系统建设项目之前，从企业战略的角度加以考虑，重在内部管理。餐饮信息化管理能否取得成功，除了与技术因素相关，更取决于能否将先进的管理理念同餐饮经营的目标进行良好结合。从互联网时代服务业的发展来看，只有通过信息化管理，才能提高餐饮服务的管理精度、产品研发能力和经营水平。

信息技术是服务创新的重要驱动力，也是服务创新的内容之一。已有的研究表明，在构建餐饮服务企业服务创新驱动力模型时，把技术应用列为重要驱动力因素之一，指出高科技特别是信息和通信技术（ICT）在推动餐饮服务业创新时起到了非常重要的作用。应用实践表明，餐饮业信息技术的应用是由客户需求、不断变化的环境和餐饮企业创造可持续竞争优势的目的等因素所驱动的。通过调查发现，采取连锁经营方式的企业比单店更容易使用信息技术，因为在同一个连锁经营品牌下的餐馆所提供的服务和产品要求基本上是一致的，因此一项应用技术在连锁经营品牌下的某个单店试点，一旦被测试成功，就可以在比较大的范围内得到推广，以形成非常强的竞争优势。餐饮的信息化管理就是在连锁经营品牌引领下逐步实现的。从目前来看，餐饮信息化管理应围绕经营的日常管理、食品采购质量控制、成本核算与管控、收银与账务管理、服务人员培训管理、数据中心等信息系统主线开展建设。

### （二）餐饮的信息化服务

信息化服务是互联网时代围绕"服务"提出的管理思想，是结合客户互动需要而提出的一种理念，对客户不能是管理，只能是一种服务。为了与信息化管理概念统一，我们把企业内部管理者和员工使用信息系统也认定为是信息系统向企业内部顾客（即饭店管理者和员工）提供的服务，让他们能够方便地获取信息以实现管理和服务。这样，从信息化服务的广义概念来看，信息化管理是信息化服务的一部分内容，一方面向员工和管理者提供服务，另一方面向企业顾客提供互动服务，两者都是在集成的信息系统支持下实现的。从信息化服务的狭义概念来看，信息化管理是信息化服务的基础，只有在完善的信息系统和良好的信息化管理模式前提下，信息化服务才能得以开展，真正实现企业对客的敏捷服务，也为企业经营创造竞争优势和影响力。

所谓餐饮信息化服务，是利用互联网等高科技手段，在餐饮管理信息系统的支持下，利用移动服务等智能终端为顾客和经营管理者提供的各种服务。一般从以下三方面理解这个概念。

（1）信息化服务的实现离不开餐饮管理信息系统（以下简称"信息系统"）的支持。企业需要一个强大的信息系统收集信息、存储信息、处理信息、传输信息和提供信息。离开了信息系统这个平台，信息化服务无法在信息终端设备发挥作用。同时，一个没有信息系统的餐饮企业不可能提供信息化服务，只能提供"服务员—宾客"单一模式的信息服务。

（2）信息化服务离不开基于智能终端的移动服务，如信息互动屏、餐厅的点菜器、平板电脑等，这些基于系统的智能设备不仅提升了餐厅员工的对客服务能力，也拓展了服务的种类和渠道，增加了餐饮收入。

（3）信息化服务的开展并不代表餐饮可以用信息通信技术和智能设备完全取代员工服务，它只能作为智慧的辅助性服务。目前，餐饮信息化服务的开展并不存在技术性的问题，其主要阻力在于人。餐馆在引进、安装和使用新技术时，首先要考虑员工的适应性，员工对新技术、新系统的应用是否有认知。有调查表明，在酒店各部门中餐饮部的员工对技术的认知、技术的适应度、技术的满意度和技术应用意向是最低的，而酒店餐饮部又恰恰是目前最需要引进新的信息技术来改善服务手段和程序的部门。因此，酒店尤其需要提高餐厅员工和厨房的电子点菜和移动服务系统的认知和态度，从而提高新技术的使用效率，加快酒店餐饮服务电子化。

信息化服务强调的是服务，特别是对顾客的服务，这种服务一定要具有个性化、人性化和可操作性。餐饮开展信息化服务，目的是提高餐饮服务效率，随时实现和客户沟通。目前在信息化服务开展中存在以下一些问题：相当一部分旅游餐馆仅重视信息化管理，而对信息化服务没有高度认识；酒店在构建内部的信息系统时，强调的是内部管理，忽视了对客信息化服务的重要性和便捷性。因此，对于餐饮业的信息化服务，需要有一个整合型的系统构建信息化服务，即把信息网站和内部管理信息系统以及餐厅的客户端整合在一起，形成基于网络信息化服务的 Web 网站—客户端系统—内部信息系统的整合模式，如图 6-1 所示。

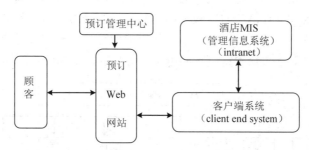

图 6-1　W-C-I 网络信息化服务模式示意图

资料来源：陆均良，朱路平. 我国旅游业信息化服务模式探讨[J]. 商业经济与管理，2005（6）：61-64.

在图 6-1 中，Web 网站的主要作用是提供信息服务和网络预订，它可以是 PC 型网站，也可以是微网站，可以和整个酒店的门户网站融合在一起，也可以独立；客户端系统（client end system）是一个移动服务系统，是实现系统互动的关键部分，它可以是点菜器，也可以是平板电脑或智能手机，它和内部信息系统可以实时交换数据，形成前端服务的大数据支持；内部信息系统（intranet）是一个企业内部的管理信息系统，是酒店或餐厅开展业务处理的应用系统，也是酒店内部电子商务处理的主系统。这种移动服务模式简称为 W-C-I 模式，并用 Web Service 技术、XML 和人工智能等技术实现该模式。它通过智能终端既拉近了餐馆与客户之间的距离，也方便了餐厅服务员的操作和服务，实现了酒店与客户的实时互动交流，既方便点菜，又方便结账服务。这样的模式特别适合小规模旅游餐馆企业使用。对于小规模旅游企业，客户端系统是一个功能非常灵活、很实用的服务系统，而且实施非常简单，只要将其安装在具有 Web 功能的平板电脑或智能终端上，就可以开展对客信息化服务的相关管理工作。在餐厅里，点菜流程、传菜流程、加菜流程、结账流程以及查询流程都可以采用这样的模式开展有效的信息化服务。

## 二、餐饮电子商务系统

在餐饮业有了完善的信息化系统，开展电子商务系统的建设就有了基础，否则开展电子商务只能是一些碎片化的应用，没有坚实的核心竞争力。酒店内的餐饮部门属于一个餐饮电子商务子系统，它的规划、设计应在酒店电子商务系统整体战略的框架之内，根据既定的战略框架，有步骤、有计划地实施餐饮电子商务的建设。作为一个系统，它与碎片化的应用不同，建设一个餐饮电子商务系统需要规划设计，并且有系统的规划需要建立在顾客需求和企业经营需求的基础上，如顾客的消费爱好、订餐习惯、付款方式等。对于餐饮企业来说，需要考虑菜品信息发布、订单管理、采购和物流管理、市场预测、账务结算等功能需求。

### （一）餐饮电子商务的功能需求

餐饮电子商务作为酒店内的子系统，它的功能规划包括内部商务和外部商务：内部商务主要包括电子点菜、电子结算、厨房分单、成本控制以及账务管理等内容，外部商务主要是客户订餐、材料采购以及餐饮的对外网络营销等。不同的酒店餐饮，由于它的经营定位不同，电子商务开展的差异性相差很大，而且和社会上餐馆的电子商务也有差异，因为酒店的餐饮电子商务仅是酒店电子商务的一个部分，而不是全部。因此，餐饮电子商务的功能需求分析首先要建立在酒店餐饮服务的定位上，明确服务的对象是大众餐饮还是高端商务（或休闲）餐饮，然后围绕服务对象的品质消费行为开展有目标的电子商务设计，确定其功能需求范围。对于大众餐饮，它的电子商务功能需求如图 6-2 所示。

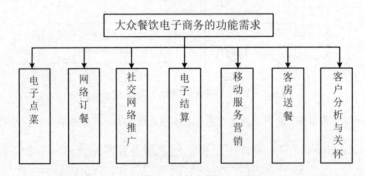

图 6-2　大众餐饮电子商务的功能需求示意图

图 6-2 所列出的是大众餐饮的核心功能需求，从目前酒店内应用的电子商务情况看，除了客户分析与关怀的功能欠缺外，其他功能在餐厅应用中都能基本实现。从餐饮电子商务的实践来看，大多数酒店的网络订餐都基本针对婚宴和寿宴等大众餐饮，或通过酒店的门户网站接受当地的婚宴预订，如杭州开元名都大酒店，它的婚宴餐饮已经成为当地的一个品牌，成为餐饮部全年的主要营收来源。对于高端餐饮来说，它的电子商务功能需求比较个性化，如图 6-3 所示。

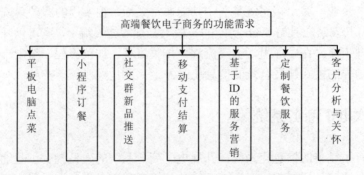

图 6-3　高端餐饮电子商务的功能需求示意图

高端客户餐饮的电子商务主要考虑网络营销的方式和服务便捷方面，如可以在社交群中寻找高端客户，因为高端客户往往有自己的社交群范围，通过一定的观察分析推送让他们感兴趣的新品信息，或者可以直接基于真实的 ID 号开展精准营销。在点菜和结算方面采用比较高雅的智能终端，有较好的隐私和信息安全保证。在客户关怀方面采用一对一的智能服务形式，可以给客户一个比较安全的信息交互环境。在功能需求的确定过程中，商务模式也是需要考虑的一项内容。"互联网+"信息时代的电子商务已经融入餐饮业的发展，酒店想要增强市场竞争力与市场占有率，必须低成本地开展电子商务，而 O2O 商业模式非常适合餐饮服务业，尤其适合餐饮连锁企业。O2O 就是线上预订线下服务的一种商业模式，消费者可通过移动互联网了解餐饮信息及自己喜欢的餐饮菜系，然后到实体店享受服务。O2O 模式作为餐饮行业全新的经营模式，对餐饮电子商务的发展有着至关重要的作用和意义。

### （二）餐饮电子商务的建设内容

除了前面分析的功能需求内容需要分阶段建设，餐饮电子商务系统建设的内容还涉及餐厅环境以及微系统等建设内容，微系统主要是小程序等移动服务，这些系统是前台的服务端，应该建设得越多越好，功能越细（单一）使用起来就越方便。另外，基于手机的微网站以及餐饮服务号等也是建设的重点，因为那是酒店餐饮的门户，消费者获取服务的窗口，这些微服务代表了酒店的服务品牌和形象，在建设时需要精心设计，应符合酒店的视觉形象要求。下面选择几个建设内容做简单说明。

1. 餐厅无线网络环境

餐饮电子商务基本以移动电子商务为主。在餐厅里，无线网络环境是最基本的建设内容，既可以方便顾客上网，又可以使平板电脑、智能手机便捷地点菜与支付。餐厅的无线流量要足够、可用，以保证众多客人能同时上网。客人对无线网络环境的满意度，也是餐饮服务营销评价的内容，因此，酒店在做好餐饮服务的同时，建设好无线网络环境是餐饮电子商务最基本的内容，也是最重要的内容。

2. 移动销售终端（point of sale，POS）点餐系统

该系统既可以用在餐厅点菜，又可以用在客房点餐，是餐饮移动服务的主要客户端系统。它在设计时可以独立处理前台业务，也可以和餐饮信息系统整合在一起使用。整合使用时它可以显示历史消费信息，分析客人的餐饮偏好，并可以推荐适合客人的餐饮信息，实现智能点餐的常规操作。因此，一个使用便捷的移动 POS 点餐系统，需要移动互联网技术、人工智能技术、数据分析技术以及第三方电子支付整合应用的技术支持。

3. 客房订餐配送系统

客人在客房订餐，可以通过电话订餐，也可以通过移动 POS 系统订餐，或者通过小程序服务订餐。不管通过什么方式订餐，订餐信息都会进入客房订餐配送系统进行后续处理。最后订单要进入厨房准备，还要进入配送组准备，直至把餐食送到客房才结束订餐服务流程。系统会记录每一个服务环节所用的时间，作为服务人员质量监督的考核依据。订餐配送系统也可以为会议人员进行配送，为参会人员节省时间，参会人员只要用移动 POS 点餐系统点餐，餐饮部就可以将餐食快速配送到会议指定地点。

4. 小程序服务系统

小程序服务系统是一个移动服务管理系统。酒店有许多功能单一的小程序软件，如前

厅的、客房的、餐饮的、娱乐的，这些小程序都可以在智能手机中独立使用，但它的运行状态统一由小程序服务系统管理使用。对于餐饮部来说，有几个小程序应用比较常见，如菜系查询小程序、特色菜小程序、加菜小程序、结账小程序。从手机应用的角度看，小程序的功能越简单越好用。这些小程序的使用既有餐饮服务的功能处理，又有对客服务的营销作用，是未来餐饮业餐厅服务中最有潜力的电子商务应用。

从概念上来说，餐饮电子商务系统也是一个信息系统。作为一个系统，它有严格的设计流程，本节仅介绍餐饮电子商务的概念，让读者了解系统的功能需求。从餐饮电子商务的发展历程来看，它是从碎片化应用发展而来的，早期的应用基本是碎片化软件，因此，它没有数据积累，也无法分析应用的持续性改进。随着技术的进步、移动互联网的普及，餐饮的电子商务进入了系统化建设阶段。虽然餐饮部仅是酒店的一个业务部门，但是同样要用系统的角度去构建餐饮电子商务系统，并把它融入酒店电子商务平台，共享客户资源，以形成酒店的核心竞争力产品。

## 第二节 餐饮电子商务运行模式

了解餐饮电子商务的运行模式，可以让酒店建设餐饮电子商务少走弯路，选择适合自己又能节省运维成本的运行方式。电子商务发展到今天，已有多种运行模式在不同的行业中应用，如集市商务模式、商城商务模式、团购商务模式、独立站点商务模式等，它们都有各自的发展特点。作为独立的餐饮服务企业，其电子商务也有不同的运行模式，如平台模式、团购模式、外卖商务模式以及半成品或准成品商务模式等。但作为酒店内的餐饮经营部门，应发展何种电子商务运行模式，需要研究和探索。本节探讨了这类餐饮电子商务的运行模式，寻找不同酒店类型以及不同餐饮定位的最佳电子商务运行模式。

### 一、选择运行模式的必要性

餐饮业是一个古老的行业，而电子商务则是快速发展的一项科技含量较高的新型业态。如果我们研究餐饮业的特点就会发现，这一传统行业具有适合运用电子商务技术的特点。中国餐饮业以中小企业为核心，大部分餐饮老板希望通过电子商务降低成本，提高利润。快餐业是对技术最敏锐的现代餐饮业，其电子商务在餐饮业是领先的，随着技术、配方、设备和人才的引入，每年的营业额都以20%的增长率在快速增加。连锁餐饮业紧随其后，近年来其电子商务发展迅猛，技术革新的财富效应对连锁餐饮企业的刺激很大，大家都在寻求一种安全、稳定、绿色、快捷的增值方式。酒店内的餐饮部门也认识到了电子商务的作用，正在探索电子商务对其部门发展的影响。本小节将围绕电子商务运行模式讨论它的必要性问题。

#### （一）选择的必要性

餐饮业是服务业中竞争最激烈的行业，也是最传统的行业。以前酒店内的餐饮部门是很有亮点的部门，但随着互联网的推广应用，以及连锁餐饮企业和快餐业电子商务的快速发展，酒店内的餐饮失去了以前的光彩。这是因为新时代的消费者讲究的是服务，需要的是便捷，感兴趣的是餐饮特色和时尚，而所有这些都需要新技术的支持。酒店想要与信息时代的电子商务共同发展，就需要意识到选择一个电子商务运行模式的必要性以及它对餐饮经营的影响。

1. 提升收益能力的必要性

近些年来，酒店的餐饮收益普遍有所下降，一些高档酒店的餐饮经营规模下降更大，究其原因除与国家政策有些关系外，主要还是社会消费进入了理性阶段，人们更注重餐饮中的服务，尤其是电子商务服务带来的新体验。酒店内的餐饮在这些方面近年来的确落伍了。如何提升高科技的服务，真正贴心地为消费者考虑，了解消费者的喜好，这就需要从电子商务方面精心考虑。选择电子商务的运行模式就是希望餐饮的电子商务能获得更好的收益。系统有了更好的运行管理基础，才能使餐饮电子商务发挥更大的作用。

2. 改善服务能力的必要性

当今餐饮行业竞争力的表现，除了设计出消费者喜爱的菜谱，服务能力是主要因素。要做好餐饮，除了服务还是服务。新时代的消费者在意的是服务，餐饮服务不到位，即使菜谱做得再好也无人问津。如客人的咨询是否方便、用餐中的服务是否敏捷、餐后的服务是否温馨、信息推送的时间是否到位等，所有这些只有在电子商务得到理想运行的情况下才能实现，如果一个电子商务系统运行环境不好，也做不到实时响应，那么就有必要选择一个适合电子商务系统运行的模式来提升餐饮的在线服务能力。

3. 引领餐饮发展的必要性

酒店的餐饮一直是餐饮业的引领者，但最近十年来，其引领者的地位优势正在消失。作为一个引领者，不仅在餐饮的菜谱、菜系设计上要引领，在餐饮服务上要引领，更需要在餐饮的高科技应用上引领。例如，杭州黄龙饭店的餐饮部在 2010 年就开始用平板电脑实现电子点菜，当时杭州黄龙饭店的确引领了餐饮电子点菜的高科技应用，但近十年来这些应用一直没变，服务能力停滞不前，也没有形成餐饮电子商务系统的整体运行，渐渐就失去了引领者的地位。因此，酒店的餐饮电子商务需要一个运行模式来支持电子商务系统的运行，通过运行模式可以扩大餐饮电子商务的影响力，从而引领餐饮业电子商务的发展。

（二）对运行管理的作用

一个理想的电子商务运行模式不仅能产生良好的效益，而且能对餐饮电子商务系统的运行管理起到事半功倍的作用，尤其是对数据的积累，与前台 PMS 系统、门户网站对接的数据交换，都有非常好的业务数据管理作用。一个餐饮电子商务系统在运行过程中需要内容管理、数据管理、与顾客交互管理、功能扩充管理、流程改进管理、安全管理等。这些管理在酒店所选择的运行模式下是如何实现的？下面就简单介绍运行模式对这些管理的作用。

1. 对内容管理的作用

餐饮电子商务系统涉及许多内容管理，包括产品内容、流程内容、商务内容和营销内容等。这些内容在运行过程中需要及时管理，选择一个合适的运行模式有利于对这些内容的管理。假定系统选择平台运行模式，把餐饮电子商务系统融入酒店电子商务平台运行，就可以实行可视化管理，从而使餐饮电子商务系统的运行效率更高。目前，电子商务系统的平台化是最有发展前景的一种运行模式。

2. 对数据管理的作用

一个好的系统需要数据积累，形成有学习能力、有智慧的电子商务优势。餐饮业是信息密集型行业，对信息依赖程度比较高。在一个完整的餐饮电子商务系统中有很多类数据，如客户消费数据、产品数据、质量控制数据、财务和账务数据等，对这些数据的有效管理可以使电子商务系统发挥更好的作用，如餐饮的关怀服务、营销服务等都需要客户消费数据的支持。因此，运行模式需要根据酒店的具体情况进行选择。例如，酒店如果有数据中心自行管理数据，可在选择运行模式时考虑把餐饮电子商务系统数据整合在数据中心统一管理的方式。酒店自建数据中心管理业务数据已是一种发展趋势，是电子商务应用能力的一种体现。

3. 与顾客交互管理的作用

任何电子商务系统都有交流环节，服务业尤其如此。消费者在查阅餐饮服务信息时，往往需要在线交流互动，在仔细了解餐饮服务的相关内容后再做出预订的决策。互动环节做得好，访问的转化率就高，交易就越顺利。因此，在选择运行模式时，如果电子商务系统设计偏重营销和互动环节，可以选择社区群运行模式，这样餐饮电子商务系统在设计时可以轻松地与群里面的消费者沟通，获取群里面的互动信息，以便于餐饮促销活动的安排和推广。

4. 对功能扩充管理的作用

一个餐饮电子商务系统需要在运行中不断地改进，功能才会趋于完善，因此，功能扩充管理是一个运行中的经常性管理工作。对于酒店来说，电子商务系统基本采用委托开发或直接购买的方式，自己直接有能力开发的酒店很少。在开展电子商务的过程中，作为餐饮业务的一个部门，酒店餐饮部门可以选择 SaaS 服务模式，这样对系统的功能扩充管理由专业的人进行，餐饮部只需做好运行中的服务工作，技术性的功能扩充就由 SaaS 服务的技术服务商去负责管理。因此，酒店选择 SaaS 服务运行模式，可以轻松地解决系统的功能扩充管理问题。

5. 对流程改进管理的作用

电子商务的数据流程也需要不断完善。系统在运行过程中，合作伙伴可能会变，社交平台可能会变，销售网络渠道也可能会变，这样系统的数据流程也会跟着变。再加上酒店内部的业务处理流程也会变化，所以电子商务系统的数据流程需要由改进管理来不断优化，从而不断提升电子商务系统的业务处理效率。流程的变更与系统的设计以及运行模式相关，为了在运行中能轻松地管理流程，就需要选择合适的系统运行模式。如果系统是酒店自己委托开发的，并在门户网站上运行，可选择用站点运行模式管理系统运行，这样流程的管理变更就比较方便。酒店若直接购买或租用系统，可选择用 SaaS 服务模式运行系统，并在一开始就协议约定好，流程的变更管理由 SaaS 服务商负责管理。只要酒店餐饮部门提出变更要求，服务商就负责对系统流程进行修改和变更。

6. 对安全管理的作用

餐饮电子商务系统的运行同样涉及安全问题，包括网络的安全、系统数据的安全、客户隐私问题的安全等。如果系统在没有安全措施的服务器上运行，这样的运行环境就会产生很大的数据安全问题。因此，酒店选择恰当的运行模式也需要考虑电子商务系统的运行安全，而这些安全问题可以由运行模式的环境来保障。酒店要做的工作是根据安全等级需要和数据隐私去选择合适的运行模式。例如，酒店的餐饮电子商务系统是选择SaaS服务运行模式还是平台运行模式，其实二者都有很好的安全措施环境，但有些酒店业主就是不放心自己的业务数据被放在云端，觉得SaaS服务运行模式可能会泄露数据，失去自己的业务隐私，因此会选择平台运行模式。酒店对安全考虑不同，选择的运行模式也会不一样。

## 二、几种常见的运行模式

在互联网时代，很少有酒店以建机房的形式投资电子商务系统建设，餐饮部门的电子商务更是如此。酒店大都选择一个运行模式来进行电子商务系统的建设，重点考虑软件的定位和投资，其他的设备、开发、维护等都可以选择外包或租用。前面我们对选择运行模式的必要性以及对系统运行产生的管理作用进行了粗浅的分析。下面，我们将进一步介绍目前常见的几种运行模式，以帮助业界系统地规划和选用。以下几种运行模式都适合酒店选择使用，主要看酒店所建的餐饮电子商务系统重点投放在哪里以及对系统的投入资金有多少，还有就是对系统运行管理的期望值怎样。建设电子商务系统的目标是运行管理工作量要小，系统产生的期望效益要最大化。

### （一）站点运行模式

站点运行模式是大多数中小型酒店所采用的一种运行模式。酒店经营的规模不同，餐饮电子商务系统的软件规模也有大有小，电子商务的重点也各不相同。如果酒店的餐饮业务规模不是很大，但有自己的餐饮特色，拥有自己的客户群，电子商务的重点在于客户预订，而且喜欢用自己的渠道开展预订，这时可以选择站点运行模式。站点运行模式的站点就是酒店的门户网站，少数酒店可以选择当地的地方门户网站，或者做一个小型的手机网站。这种模式把站点作为电子商务的窗口，主要的商务处理在后台——通过网站预订，后台处理服务。大多数业务流程涉及酒店内部的商务，系统可以实时接收站点发来的订单和咨询。对于单体酒店的餐饮电子商务，这种运行模式基本可以满足酒店的需要，也是目前大多数精品酒店采用的方式。因为这种模式运行成本低，客户咨询的响应速度快。

### （二）平台运行模式

这里的平台指软件平台，是整合所有系统的集成化平台，有非常强的服务能力和系统运行管理能力。酒店电子商务平台化以后，所有部门的子系统都整合到平台下面，各系统数据集中管理，形成酒店唯一的数据中心。平台运行模式主要针对酒店规模比较大的酒店集团，这些集团不但有自己的餐饮特色，而且有包含很多口味的餐饮系列，也有比较大的餐饮业务量。这里的餐饮电子商务子系统也整合到酒店电子商务平台。餐饮电子商务实现平台的统一管理以后，它的营销、运维以及客服都可以在一个在线服务平台上实现。另外，餐饮电子商务平台化后，它与其他系统进行数据交换就比较方便。作为一个独立的经营部门，在电子商务管理过程中，酒店餐饮部门要充分利用平台的功能，为餐饮电子商务创造更好的收益，尤其要做好客人的在线服务工作。大多数餐饮业务的客户主要是当地消费者，在线服务做得好，能吸引当地忠诚的餐饮常客。图6-4为酒店电子商务平台化示意图。

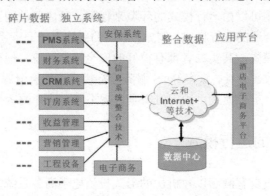

图6-4　酒店电子商务平台化示意图

在图6-4中，前台PMS、订房系统以及后台的财务系统等应用软件被整合到同一个平台下。图中的电子商务就是酒店的电子商务系统，它包括客房的电子商务子系统、餐饮电子商务子系统以及会议娱乐电子商务子系统等。这些专门的电子商务子系统与酒店所有信息系统整合在一起，形成了既能处理内部电子商务，又能处理外部电子商务的整合型平台，并形成了可以相互使用数据的数据中心。这是电子商务平台化在酒店中的具体应用，具有非常好的系统运行管理效果和商务处理能力：既可以可视化所有系统运行状态，监管业务处理和交易的过程，又有完整的数据中心管理，是未来酒店电子商务最有发展潜力的运行模式应用。

### （三）社交群运行模式

社交平台是未来服务业开展营销的主战场。如果酒店的餐饮电子商务重点在市场推广和营销，可以考虑采用社交群运行模式进行电子商务的规划与设计，社交群运行模式特别适合做大众化餐饮。社交群可利用现在的社交平台开展业务，餐饮部可以规划多个App应用，投放到社交群中开展移动服务和营销。这些App服务软件和酒店的餐饮电子商务系统可实现无缝对接，为社交群中的消费者提供咨询服务和预订服务，用移动电子商务的方式实现销售和在线交易。这种运行模式对于促销活动、新品的发布、定制服务有比较好的效果。在设计电子商务时，这种模式下的后台系统不需要很大、很完整，但要求响应消费者的速度快，前端移动服务的App要小而功能专一，并能定期更新内容投放。

### （四）SaaS服务运行模式

SaaS（software-as-a-service）是"软件即服务"的简称。SaaS服务商利用云技术为企业搭建信息化系统所需要的所有网络基础设施及软硬件运作平台，并负责所有前期的实施、后期的运行维护等一系列服务，企业无须购买软硬件、建设机房、招聘IT人员，即可通过互联网使用所需要的信息系统。软件使用就像打开自来水龙头就能用水一样方便，企业可根据实际需要，向SaaS服务商租赁软件服务。简单地讲，SaaS就是企业通过网络购买软件服务，购买即使用，买多少，用多少，非常方便。SaaS的服务对象是中小型企业，酒店也属于这种类型的企业，所以许多酒店为了节省费用也开始采用SaaS服务运行模式。餐饮电子商务软件在云端由服务商统一运行管理，对于中小型的酒店企业来说，这可以大幅度地降低系统的运维成本，包括人力资源成本。对于大多数的单体酒店来说，餐饮业务量并不是很大，故可以采用 SaaS 服务运行模式开展餐饮电子商务。

### 三、餐饮 O2O 平台应用实践

O2O（online to offline）是线上、线下融合的一种商务运行模式，是指将线下的商务机会与互联网结合，让互联网成为线下交易的平台。这个概念最早来源于美国。O2O 的概念非常广泛，只要产业链中既涉及线上，又涉及线下，就可统称为 O2O。餐饮 O2O=线上餐饮+线下餐饮服务，即传统餐饮的互联网化、互联网餐饮的实体化，最终实现信息化管理与服务，提高整体餐饮服务的营收。

餐饮 O2O 模式的应用主要有两种方式：一是线上交易后线下体验服务，常见的有团购、外卖等形式，团购是 O2O 比较成熟的应用；二是将消费者从线下吸引到线上，企业在线下做对接服务，利用微信、微博、二维码等方式引导消费者在线上实现交易，如到店消费时可以扫码点餐、扫码支付等。总之，餐饮 O2O 就是利用互联网将线上与线下相结合的一种餐饮消费新模式。餐饮 O2O 平台的电子商务主要有以下几种应用实践形式。

#### （一）社交平台

随着互联网的普及，消费者的消费观念发生了极大转变：消费者不再被动地接受来自商家的推荐信息，而是开始主动搜集来自各个渠道的消费者分享的经验信息。全新的互动式分享可以满足消费者对于美食的需求，并且更容易获得消费者的信任。通过社交平台，用户可以对产品做出评价和反馈，与商家进行实时互动，可以把自己吃过的美食拍照分享到平台上，可以与其他消费者进行互动，甚至可以发起美食约会，与志同道合的"吃货"朋友们一起开启美食之旅，以前可以"以酒会友"，现在可以"以食会友"。

对于此类社交平台，比较典型的代表是 Eat with China（简写为 EWC），它是以食之名的 O2O 社交平台，旨在让国内外的私厨和陌生食客在一起分享美味，同时有一番文化的碰撞。EWC 每期活动都会有一名私厨掌勺，你可能会吃到一位北京姑娘做的地道的麻辣香锅，也可能吃到一名来自秘鲁的小哥烹饪的秘鲁美食，其中也不乏专业大厨。EWC 在强调厨艺的同时，也致力于社交并贯穿始终。在 EWC，吃什么很重要，跟谁一起吃也很重要。食客们会因喜欢同一道菜而相聚一处，一同分享彼此的故事，交流经历与感悟，该活动无疑被打造成为线下交友平台。大家在一个轻松的环境下聊天谈笑，学对方的语言，既可以讲一讲自己在这个城市的故事，也可以听一听有关另一个国家的风土人情。EWC 不仅能让陌生人快速体验这个城市的生活，也给当地人搭建了一座触碰世界的桥梁。EWC 自 2014 年创办以来，已在全国举办了近三千场活动。

#### （二）外卖平台

当代生活节奏日益加快，人们逐渐走出厨房选择外出用餐。到店就餐往往需要排队点餐、候餐、埋单等，花费很多不必要的时间，为了省出更多可自由支配的时间，人们更愿意待在家中等待餐饮上门，外卖服务正是顺应了当前消费理念和社会发展的新形势，改变了传统的到店用餐、电话订购等服务模式，受到越来越多消费者的青睐。打包是最早的外卖形式，后来逐渐出现了电话订餐外送到家等形式。外卖越来越普遍，然而送餐慢成为消费者投诉的热点，在用餐高峰期等待时间长、交通状态难以预料、送餐地点较为分散等众多原因导致准点送达困难重重。外卖平台作为餐饮O2O领域中一个重要的营销平台，把"跟吃有关的一切"联系起来，提供免费、方便、快捷、自主、丰富的餐饮信息，帮助用户找到适合自己的外卖服务，还可以选择送达的时间，让用户可以根据自己的需要选择送达时间，对高峰期进行分流，更好地缓解了送餐慢的问题，为"懒人"谋取餐饮福利。

例如，美团外卖（见图6-5和图6-6），它是美团网旗下的网上订餐平台，是一家专业提供外卖服务的平台。美团外卖为用户精心挑选了众多优质外卖商家，为用户提供快速、便捷的线上订外卖服务。用户登录美团外卖的平台后，平台会通过定位，将用户所在位置的附近商家信息提供给消费者，消费者可以根据销量、距离对商家进行排序，还可以进行筛选，最大限度地满足用户的个性化需求。用户通过线上点餐、支付，足不出户就可以轻松实现网上订餐、手机App订外卖，在线支付。

图6-5　美团外卖手机界面（1）　　图6-6　美团外卖手机界面（2）

### （三）团购平台

团购也叫集采，是对团体购买和集体采购的简称，其实质是将具有相同购买意向的零散消费者集合起来，向厂商进行大批量购买的行为。团购最核心的优势体现在商品价格更加优惠。团购平台不仅可以帮助消费者查找到相关服务信息，还能使消费者在享受团购优惠价格的同时获得贴心的线下服务。

例如，大众点评，它不仅为用户提供商户信息、消费点评及消费优惠等信息服务，同时也提供团购、餐厅预订、外卖及电子会员卡等交易服务。自2012年8月起，大众点评发布了两款全新的独立客户端："点评团购"客户端（见图6-7）与"周边快查"客户端（见图6-8）。其中，"点评团购"客户端是面向团购客户的专属客户端，可方便用户快速、轻松地购买、管理团购，涵盖了本地生活的方方面面，除了美食，还有购物、丽人、亲子、运动健身等板块。

图 6-7 "点评团购"客户端

图 6-8 "周边快查"客户端

在餐饮 O2O 运营过程中，平台用来使餐饮企业或商家与消费者建立联系，并在这一管理过程中为餐饮企业或商家提供涉及 O2O 的功能和服务，如大众点评、美团、淘点点等都是餐饮 O2O 平台。需要指出的是，现在的 O2O 平台已不仅局限于社交、外卖或者团购等单方面的电子商务服务，更趋向于多元化、一体化，为用户提供更全面的餐饮服务。相信在不久的未来，更多创新的 O2O 应用实践会不断涌现，线上、线下融合服务将是餐饮电子商务发展的必然趋势。酒店的餐饮服务在开展电子商务的过程中，应充分借鉴社会餐馆 O2O 运行模式的应用实践，力争在电子商务方面重新引领餐饮业的发展。

## 实例：将太无二利用网络社区探索餐饮电子商务

将太无二是一家由加拿大华裔创立的创意料理餐厅，来到中国后，在北京开了几家门店。随着互联网的普及应用，为了推进连锁发展，将太无二通过基于互联网的 O2O 模式，在大众点评建立了自己的网络社区,通过开展餐饮电子商务的探索实践,找到了适合自己的独特的发展电子商务之路。它结合大众点评的消费满意度评价和营销推广,收到了意想不到的收获:仅用三个月就黏住了在线的十万会员,成为餐饮电子商务发展史上的一个奇迹。将太无二餐厅快速由北京向全国各地扩展,形成了自己独特的基于电子商务的发展思路。

餐饮是劳动密集型企业,餐馆商家的市场竞争非常激烈。许多连锁餐饮品牌开了关,关了开,经营惨淡。将太无二进入北京后,极力探索自己的连锁发展之路。创办人看到互联网的力量,于2008年在大众点评上开始建立自己的网络社区,通过社区与消费者互动,以及通过关注点评不断改善自己的服务,使得餐厅越来越红火,由此获得了互联网的第一批客流。将太无二借助社区和线下活动的交融,扩大了企业品牌的影响力,从此获得了稳定的客流。在此基础上,有了稳定客源的将太无二开始了连锁扩展之路。通过网络社区,将太无二消费会员可以在社区分享创意料理的心得,交流就餐经验,互相晒图分享,让宾客在社区可以充分交流,然后结合线下活动,使分店越开越红火,迅速向全国辐射。将太无二门店及其网络宣传标识如图6-9和图6-10所示。

图6-9 将太无二门店　　　　　　　　图6-10 将太无二的网络宣传标识

在菜品质量上,将太无二也利用网络社区不断挖掘消费者的爱好和兴趣。在大众点评上有海量用户的消费评价,各门店的店长已养成关注点评的习惯,查看点评信息成为各店长工作的一部分。将太无二特别重视社区的大众点评信息,收集了大量的消费兴趣和爱好,为餐饮菜品的改善和品质提升提供了依据,同时配合定期的线下活动,实现每周都有新的菜品在餐厅上市,满足消费者的餐饮需求,也形成了新菜品的设计来自互联网,菜品的质量管理也来自互联网,由此菜品的质量管理和提升都基于电子商务的思路。因此,为了保证菜品质量的不断提升,将太无二在利用大众点评时,非常重视用户的差评,穷根究底找原因。有一个分店曾由于消费者的差评而停业一天进行关门整顿,然后整个管理层开会讨论,总结不足,并在停业当天只接待这一桌写差评的客人,认真听取意见,整改存在的不足。从此每天看顾客点评成为店长工作的一部分和一种工作习惯,这大大提升了将太无二的餐饮口碑,也提升了各门店的餐厅服务质量。

在网络社区的电子商务实践中,将太无二开展了社区型的网络营销探索,在做好信息服务的同时,结合电子优惠券和团购折扣,以及到餐厅后的精致服务和敏捷服务,建立了一套基于电子商务的新客户留存体系,形成了餐饮业最有效的"粉丝经济"模式,成为餐饮业"粉丝经济"最早的实践者。在团购折扣的销售中,将太无二根据消费者图实惠和便捷的心理特点,在团购上作文章。和其他餐饮企业卖组合产品的团购不同,将太无二设计了最优惠且独一无二的"套餐团购"优惠方式,即团购只卖一个优惠折扣(代金券),并不卖组合产品,为的是保证菜品质量不缩水。经过多年的实践,加上在网络社区所产生的网络效应,"套餐团购"的品牌优惠已成为将太无二与其他同品类餐饮品牌区隔的核心竞争力,积累了网络社区庞大的消费群体——"85后""90后"年轻消费群体。

基于互联网技术的支持,将太无二获得了品牌扩展的巨大成功,品尝到了基于网络社区电子商务实践的甜头,截至2019年,将太无二的全国门店已发展到356家。

资料来源:本案例来自将太无二的官网,并经作者加工整理。

## 第三节 酒店中的餐饮电子商务应用

对于餐饮部门来说,如果酒店没有开展电子商务的平台,则餐饮的电子商务仅是一些碎片化的应用,很难形成一个独立的系统。从酒店信息化的发展历程来看,酒店餐饮的信息化建设也是重管理、轻服务。服务方面包括电子点菜系统和电子结算等应用。从星级酒店的餐饮电子商务来看,目前的餐饮电子商务应用主要是网络营销、电子采购和常客管理系统等。下面围绕这三个方面对餐饮电子商务应用做简单介绍。

### 一、餐饮网络营销

餐饮需要营销,互联网时代的餐饮营销就是网络营销。餐饮网络营销就是利用互联网让酒店客户及附近的消费者知道餐饮的接待能力、餐饮的服务种类以及菜谱特色。例如,App移动服务可以让住店客人通过二维码扫描知道餐饮的新品及特色服务;在网站做的网络广告可以让消费者知道餐厅的宴会功能和接待能力以及相关服务;社交平台推广的促销活动可以让餐饮爱好者找到酒店的新品创意和服务,品尝有创意的新菜式。实践表明,做餐饮最怕巷子深,没有人气,中华民族的消费习惯也是这样,最怕没有人气的餐厅,认为无人光顾的餐厅肯定菜谱不好或服务不怎么样。因此,任何一家酒店的餐饮部门都需要通过网络营销推销自己的餐饮服务。

#### (一)在社交平台上开展营销

餐饮作为大众化服务行业,利用目前的社交平台开展营销是最合适不过的。开始时酒店可以利用微信的社交平台开展碎片化营销,当积累了一定的社交营销经验后可以利用微信的社交平台做自媒体营销。实践证明,基于微信的自媒体平台有很好的营销效果。关系客户联系、促销活动以及预订服务都可以在自媒体上完成。餐饮部也可以利用微信建一个常客群,通过常客群可以相互增进感情,这种情感联系有非常好的营销效果。餐饮经营者需要记住,在社交平台上不能为营销而营销,否则会引起客户的反感。要为消费者提供与餐饮有关的服务,在即时通信的社交环境中,服务就是营销,营销也是服务。例如,在微信社交平台上做个App移动服务,或做个小程序的专门服务,或做个公众服务号等,甚至用微信扫一扫二维码获取某个咨询服务,等等,都有非常好的营销作用。随着区块链技术的成熟应用,移动互联网环境下的一对一营销、人本营销等也会在餐饮服务中逐步开展。

可以预计，未来社交平台的网络营销将是餐饮服务的主战场。

### （二）在酒店门户网站上开展营销

酒店门户网站本身是电子商务的窗口，更是网络营销的窗口。目前，某些酒店片面地认为自己的网站没有什么流量，访问的人又少，所以门户网站的营销并不重要。其实酒店门户网站流量小的原因是经营者没有用心去做。门户网站需要呵护，需要根据客户的信息需求不断更新信息内容，如果经营者能用心去培育网站的访问群，去培育访问流量，一定会使门户网站成为消费者喜爱的站点。首先门户网站要为餐饮专门开辟一个频道或栏目，有专门的人为消费者做信息服务。为什么OTA有访问、有流量？因为它有服务，消费者认可它的服务。而很多酒店的网站没有专职的服务人员，导致消费者的咨询得不到回复，这种服务缺失的站点是不可能有流量的。门户网站上的餐饮栏目负责人至少每天要更新信息，每周有新闻热点，每旬有促销活动，每月有餐饮新品推出，以吸引餐饮消费者的访问和光顾，真正起到门户网站的营销作用。

宁波开元大酒店就是利用门户网站开展了很有效果的营销，几乎每周都在门户网站上推出促销活动，并为餐饮制造一些新闻热点，如新海鲜上市、端午节等都会举行相关的促销活动。通过网站的推广和营销，宁波开元大酒店在当地餐饮市场获得了良好的口碑，不管是一般餐饮，还是婚宴、寿宴等套餐业务，都取得了非常好的经营业绩。利用门户网站做餐饮的营销，费用低，收效快，是酒店餐饮最理想的营销方式。

### （三）用二维码和小程序开展营销

扫描二维码是消费者获取服务最便捷的方式，如餐厅的促销活动、特色菜的促销以及加菜服务等，都可以用二维码形式让消费者方便了解。近几年发展起来的小程序也非常适合餐饮做网络营销。小程序的特点就是便捷，消费者也愿意使用。在即时通信和智能手机普及的年代，餐饮如何利用二维码和小程序开展营销服务，需要餐饮经营管理者不断去探索。餐饮要想做得好，还需要营销服务做得好，而营销服务做得好需要互联网技术的支持。

做好餐饮的网络营销，还需要提升餐厅的文化品位和网络餐饮的文化特色。酒店的餐饮电子商务体现了高科技的应用，还需要配合餐厅的文化品位，抛弃传统餐饮业低层次的服务方式，走特色美食与网络文化相结合之路。例如，可以用小程序建立餐饮的虚拟店面，既有店面的定位和订餐方式，又能突出餐饮的深层次服务，如特色菜肴、定制套餐、文化娱乐、投诉处理、意见反馈以及互动交流等。这种简单的虚拟店面可以吸引有各种兴趣的餐饮爱好者，是目前最好的餐饮营销方式。在利用二维码开展营销时，设计者也需要处处表现酒店的洁净与餐食的美味，利用电子商务关爱消费者，让他们通过互联网的虚拟店面产生直观的感受，这就需要经营者在餐饮网络营销上下功夫，而不是简单地做几个页面。

## 二、常客管理系统

常客管理系统的主要功能是便于消费者的预订和消费。餐饮部把酒店的常客和餐饮部的本地消费常客用App的形式进行客户管理，既可以开展对常客的营销信息传播，发布促销活动内容，又便于常客的用餐预订和消费查询，是一个非常实用的基于手机的常客管理系统。餐饮规模比较大的酒店拥有比较多的常客消费者，可以在App服务端的后台做一个基于平板电脑或 PC 电脑的后台管理端，专门接收手机端的客户信息，重点对常客进行管理和挖掘，分析消费的趋势，有利于更好地为常客提供服务。

### （一）常客管理系统的功能结构

从酒店电子商务战略的角度考虑，餐饮常客管理系统是酒店客户关系管理的重要组成部分，现阶段的餐饮电子商务的客户管理主要用于常客管理。在电子商务的大背景下，餐饮的常客管理系统不仅仅管理客户。系统需要充分利用移动互联网的便捷性，为常客提供最基本的信息服务，也需要为常客获取餐饮服务提供方便。因此，餐饮部的常客管理系统包括客户管理、促销活动管理、预订和业务查询等功能。餐饮常客管理系统的功能结构如图 6-11 所示。

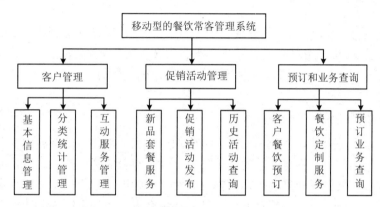

图 6-11　餐饮常客管理系统的功能结构示意图

#### 1. 基本信息管理

基本信息管理主要记录客户的联系方式、消费爱好和每次的消费额度，这些信息来自餐厅的消费客户以及住店客人的用餐记录。也有部分信息来自系统的注册客户，但他们还没有消费记录，是系统的潜在客户，也是餐饮营销的主要目标群体。

#### 2. 分类统计管理

分类统计主要是对常客的消费情况进行分类，包括忠诚客户、特色客户和一般客户。忠诚客户一般消费的频率比较高，对餐厅的菜系比较喜欢，是餐厅真正的常客。特色客户消费的额度比较大，但不经常光顾，喜欢品尝有特色的新品菜式，有较高的消费品位。一般客户消费频率不高，消费额度一般，是无法确定偏好的那些顾客。分类统计管理主要分析近期和未来一段时间内哪些客人会增长，以便给定向目标的精准营销提供依据。

#### 3. 互动服务管理

系统具有互动服务的功能，当消费者提出咨询服务请求，系统的客服就要响应请求，在线为客户提供咨询服务。互动服务管理应记录每一个客服人员的互动信息，并查询历史咨询的记录，以便于后台管理这些咨询信息，从中分析消费者的咨询行为和近期的市场动向。

#### 4. 新品套餐服务

新品套餐服务主要是指发布餐饮新品以及餐厅的套餐服务。新品可以每周或每月发布一次，以吸引餐饮爱好者或一些常客。套餐可以是会议套餐、宴会套餐以及婚宴套餐等，这些套餐反映了餐厅的服务接待能力,也反映了餐饮服务的设计和创新能力。常客系统在移动互联网上发布这些餐厅资源信息,可以收到非常好的电子商务效果。

5. 促销活动发布

为了充分利用酒店的公共资源,餐饮部门可以经常在系统中发布促销活动信息,这需要餐饮部策划人员利用节庆、当地重大活动、风俗习惯等制造热点促销内容,形成有形式的活动氛围。有些促销活动也需要迎合常客的需要,形成有意义的优惠服务活动。

6. 历史活动查询

这项功能主要通过记录以前的促销活动进行,以便于管理人员对当期活动策划进行参考,也便于消费者查询以前餐饮的优惠活动情况。

7. 客户餐饮预订

利用常客系统,客户可以预订或预约包厢;消费者可以直接查询包厢的预订情况,预订后还可以跟踪预订处理情况。每个注册的常客都可以查询自己的历史预订记录,系统可通过预订修改、预订取消以及付预付款等操作确认预订,这是餐饮电子商务的主要业务功能。

8. 餐饮定制服务

餐饮定制主要是为那些特色消费客人提供的一项服务功能。消费客人在确定包厢后,可对菜系提出定制需求,指定菜系的具体要求,以及消费的额度范围。餐饮预订部收到定制信息及要求后,要快速回复客人,以便双方对定制的内容进行确认。餐饮定制服务是餐饮的高档消费,一般针对那些消费品位较高的特色客人,因为定制服务费要高于一般的餐饮服务费。

9. 预订业务查询

该功能是指为管理人员提供的业务查询,包括订单查询、客户查询、包厢查询、历史消费查询以及服务人员岗位查询等。对于提供给客人的手机端系统,常客管理系统的查询工作主要包括包厢查询、订单查询和历史消费查询等,其查询功能比管理人员业务查询的功能要少一些。

### (二)常客管理系统的电子商务作用

酒店餐饮部门的常客管理系统虽然规模不大,但由于它是在移动互联网环境下的开放型系统,所以它既具备管理功能,也具备服务功能;系统只要有服务功能,就有电子商务的作用。从管理的角度看,系统对常客以及常客的服务订单具有管理功能。从消费者的角度看,系统提供了订餐服务,包括套餐的预订服务,它就具有电子商务的作用,因为客户通过网络就可以获取服务。作为一个移动服务 App,虽然常客管理系统可以分两个服务端,一个在餐饮部的管理方,另一个在消费者的手机端,但它们是一个整体,是一个很实用的常客管理软件,也是一个客户订餐服务软件。常客管理系统的电子商务作用体现在以下几个方面。

1. 常客的分类管理中有电子商务作用

常客分类的目的就是希望给不同的客户提供不同的服务,而且这项服务必须能让客户感觉到。这可以反映在促销活动中,也就是说,每次不同的促销活动针对不同的常客群,而且这样的促销活动必须能让目标客户群真正体验到,以后再组织相似的促销活动,这些客户就会很快地响应。

2. 系统互动服务中有电子商务作用

餐饮部门利用开放性的常客系统做好互动服务工作,是系统最好的电子商务作用。许多特色服务可以通过互动环节向消费者介绍。有研究表明,一个系统不是凭功能多就能做好电子商务的,而是只要做好沟通环节,认真地做好互动客服,电子商务才能做好。因此,餐饮部门必须重视常客管理系统的互动环节,尤其在移动互联网的即时通信环境中,应培养几名在线客服人员,耐心听取消费者的心声,用情感打动消费者,回答他们的问题,这样才能吸引更多的消费者。

3. 餐饮预订和定制服务中有电子商务作用

系统所提供的预订功能是直接的电子商务行为,这为酒店的忠诚常客提供了专门服务,当然有一些消费者也会通过系统进行预订。由于系统是移动服务的App,预订环节的功能要求简单、直接、实用性强。在App环境中,操作越简单越有人使用,作为移动服务中的电子商务,预订环节一定要适合大多数餐饮消费者的习惯,不能太专业。

## 三、电子采购系统

餐饮的电子采购系统是餐饮部门管控物品及原材料的一个应用系统,是食品采购的主要电子商务系统。在没有电子采购系统以前,餐饮部门都是靠人工和电话实现对餐饮原材料及物品的购买的。随着互联网及移动互联网的普及,电子采购系统也形成了移动式应用系统,系统运行基本以平板电脑和手机作为应用终端,从而使餐饮管理人员可以实现随时随地根据需要进行物品采购。比如鲜活鱼用完了,餐饮部门就可以用平板电脑根据厨师的需求量直接采购,供货商通过手机收到信息后可立即安排送货,保证了鲜活鱼的质量。因此,有了餐饮物品的电子采购系统,餐饮部门可以大幅度地节省仓库空间,减少库存量,同时可以节省流动资金,大幅度地降低餐饮部门的采购成本,包括人力成本、费用成本。同时,餐饮部门与供货商通过协议约定,采用电子商务按需采购,明确了送货的周期时间,也提高了餐饮原材料的质量。

### (一)采购管理系统的功能

采购管理系统的建设对餐饮材料的电子采购、物品使用、成本控制等有较好的管理作用,同时快捷的电子化采购对前台的餐饮服务也有较好的保障作用。随着电子商务的深入应用,电子采购已成为餐饮部门重点建设的内容,是餐饮电子商务的重要组成部分。许多中小型酒店可以利用移动互联网开发一个实用的采购管理系统,用于餐饮部门的食品、饮料、鱼肉类的实时采购。大型酒店有专门的电子采购系统,其餐饮的原材料也可以通过电子采购系统进行按需采购。这里讲的采购管理系统是一个小型系统,用移动设备及智能手机就能操作。采购管理系统的功能设计主要考虑供应商管理、采购管理、成本管控等基本内容。餐饮采购管理系统的功能结构如图6-12所示。

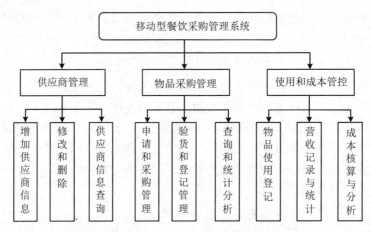

图 6-12 餐饮采购管理系统的功能结构示意图

1. 增加供应商信息

餐饮部门的材料供货商会经常发生变化，该功能可以给系统增加供应商信息，包括供货品种、产地、供货商地址、网络联系方式、送货到达时间、联系人及电话等。系统登记完供应商信息后，酒店餐饮部门的采购人员和管理人员可以通过即时通信方式与供应商保持联系：采购人员提出采购计划，管理人员则负责采购审核。

2. 修改和删除

该功能可以对系统的供应商信息进行修改，并把修改操作的记录日志保存下来。对停止供货的供应商，酒店可以根据权限进行删除，以保证系统供应商的信息完整性。

3. 供应商信息查询

该功能可以对供应商信息进行查询操作，同时进行分类打印，可以按关键字搜索查询。

4. 申请和采购管理

该选项有两项处理功能：一是采购申请，由相关部门提出，如厨房或饮料组；二是由相关责任人审批进入采购流程，并对申请和审核的记录做保存留档。采购人员通过即时通信方式把采购计划发送给供货商，保存采购的电子凭据。

5. 验货和登记管理

该功能主要指采购货物的验货和入库登记。当供货商把货送到酒店后，验货人员就根据采购计划验货，形成验货清单以及支付计划凭证，同时做入库登记（可以是虚拟仓库形式）形成入库清单，需要时形成出库清单（直接到厨房），到此物品的电子采购计划就完成了。

6. 查询和统计分析

该功能主要指对采购计划、验货清单、入库清单、出库清单进行业务查询，可以形成相应的日报表和月报表，并可以按类进行统计分析，分析出资金的使用周转率和相应效益。

7. 物品使用登记

该功能是指对餐饮制作所有使用和领用的物品进行登记管理，如领用品名和数量、领用人和部门、领用时间等，形成餐饮用材料每日的汇总表，其中金额汇总就是当天餐饮材料的实际成本。汇总表可以按流水日期打印，也可以分类汇总后打印。

8. 营收记录与统计

该功能是指对每天的营收进行登记,一般都和餐饮的电子支付系统(如收银POS终端)进行对接,自动获取每日营收数据。然后可以对经营按类进行统计分析,形成每日报表和每月报表。

9. 成本核算与分析

该功能可以对餐饮部门的每日销售进行简单的成本核算,系统根据每日营收记录有一个材料期望成本,然后与每日的材料实际成本进行比较。当出现较大的差距时,系统可以根据厨房用料进行排查分析,形成简单的餐饮用料成本核算分析表。

该系统的采购订单与供应商可以有两种对接方式:一种是供应商有完善的供货发送系统,系统把采购订单直接传输到供应商的系统;另一种是供应商没有完整系统,酒店可以制作一个小型的采购单接收App,安装在供应商联系人的智能手机上,用于接收采购管理系统发来的采购订单,形成餐饮采购业务电子商务订单的有效流转。实践证明,第二种系统非常适合中小型酒店的餐饮经营中的食用材料电子采购。

### (二)采购管理系统的应用特点

餐饮采购管理系统是一个小型的B2B电子商务系统,其核心功能就是餐饮食用材料采购,既可以实现对食用材料的计划采购,又可以实现经营中的即时采购。它的应用既为酒店餐饮节省了材料存放的仓储空间,又提高了采购资金的流动周转率,关键是为餐饮部降低了采购成本。同时,系统可以实现对餐饮食用材料的领用进行有效的管理,并详细记录食用材料的采购和领用,对食用材料的使用采取了有效管理,实现了餐饮部门对材料成本的核算和管控,既提高了餐饮采购环节的管理效率,又提升了餐厅对客服务的质量。采购管理系统具有以下一些应用特点。

1. 移动性特点

在移动互联网时代移动终端普及的今天,系统的移动性特点尤为突出,不管是餐饮的管理人员还是供应商联系人,都可以在平板电脑或智能手机的移动设备上使用该系统。餐饮的管理人员可以使用系统随时随地订货,供应商也可以使用系统随时随地发货。系统的移动性有效地支撑了餐厅移动电子商务的操作,这是采购管理系统最实用的应用特点。

2. 便捷性特点

系统利用了移动手机的操作特性,使得采购管理系统成为可随身携带的应用系统,使用非常方便。不管是采购订单传递,还是发货清单接收,采购管理系统操作起来都非常便捷。

3. 可控性特点

系统的可控性特点包括采购流程的管控、验收和领用流程的管控、发货和送货流程的管控以及经营中成本核算的管控,任何操作和处理的环节都有记录可查。

4. 即时性特点

即时性特点就是指系统使用方便,本系统的采购订货过程是在即时通信方式下进行的,餐饮管理方与供应商联系人可以保持信息传递的畅通,这种即时性特点使得采购人员可以利用系统随时发送采购订单,以满足餐厅消费者的特殊服务需要。

# 本章案例：海底捞的电子商务之路

创建于1994年的海底捞品牌是一家以经营川味火锅为主、融各地火锅特色为一体的餐饮品牌火锅店。经过二十多年的发展，海底捞国际控股有限公司已经成长为国际知名的专业餐饮企业。2012年海底捞首家海外门店——新加坡克拉码头店正式营业，从此开始了它的全球化扩张道路。截至2017年年底，海底捞已经在中国100多个城市以及新加坡、美国、澳大利亚、韩国、日本等国家经营300多家直营门店，拥有50000多名员工；2018年海底捞签约了更多海外门店，主要覆盖欧洲、美洲、大洋洲等海外市场，并于2018年9月在中国香港成功上市。

一、从送外卖开始走上电子商务之路

餐饮市场潜力巨大，很多商家都想来分一杯羹，但是随着众多商家的涌入，市场竞争愈发激烈。随着劳动力成本的提高，企业负担成本增加，利润降低，餐饮企业面临严峻的发展问题，一些企业开始用高科技寻找新的出路。电子商务的发展为餐饮企业带来了新的机遇和挑战。我国网络用户的规模逐渐扩大，对于餐饮有更多个性化的需求，且为迎合消费者的个性化需求，团购、外卖、点评类网站层出不穷，极大地满足了消费者的需求，带来了消费方式的改变，同时也给实体餐饮企业带来了冲击，需要改变服务方式以满足消费者的外送需求。面对市场变化，海底捞及时应对，迎合市场，积极利用互联网开拓线上市场，提高自身竞争力。

海底捞利用互联网推出外卖服务，改变了以往到店消费的服务模式，满足了消费者更加多样化、个性化的需求，使得消费者通过电话或者网络预订，便可以足不出户享用海底捞的产品。在外卖试水获得成功后，为了更好地将自己的产品信息传递给消费者，给消费者更多的选择、更好的服务，海底捞正式创建了自己的外卖官网，为需要外卖或者团购服务的用户提供更加便捷的在线服务，消费者可以通过互联网进行线上点餐，足不出户就可以完成购餐过程，电子商务为海底捞开启了快速扩展的大门。下面是一位消费者的体验感受。

为了体验海底捞的外卖服务，我先是在网上订了餐，选了一个套餐C（208元，含锅底和五个小料，还有荤素菜若干），然后又单点了几个菜。提交订单之后没多久，客服就给我打了电话，提醒我忘了选锅底和小料的品种，于是我补选了普通的鸳鸯锅底和五个香油料，确定了送货时间为18:00。

17:40，门外响起了门铃声，送货员提前到达。锅、电磁炉、接线板、一次性台布、围裙、垃圾桶、垃圾袋、纸巾齐全，菜摆了一桌子，小料都是分袋装的，还有葱花和香菜末，送货员还送了小菜海带丝和小西红柿。送货员帮忙把鸳鸯锅底加好就走了，跟我说第二天上午11:00来收锅。

除了点的菜，我们自己还买了点绿叶蔬菜和梅林午餐肉，还有鱼豆腐、蟹肉棒和肥牛羊肉片，最后撑得都吃不下了。吃完后我把所有垃圾往大垃圾袋里一扔，拿出去丢了。本来送货员说我们可以不扔，他们可以帮我们扔，不过确实没那个必要，锅也顺手给刷了。

海底捞外卖真是很棒，吃得很过瘾，服务也很周到。

## 二、线上、线下结合的全民网络营销

为了迎合移动互联网环境下的移动电子商务的需要,海底捞开始利用App开展在线预订和在线服务,并利用网络平台让消费者通过点评、体验相互交流,形成了效果非常好的全民网络营销。

随着智能手机的普及和移动支付的日益渗透,现在的消费者更加依赖用手机进行餐饮消费活动,更加倾向于用自己的手机在线收集餐饮信息、在线点单、在线排队、在线支付等。海底捞的餐饮消费更加注重面对面"亲自"接受体验,赢得了顾客的忠诚。因此海底捞非常注重线上营销,通过线上营销将线上客户带到线下消费,线上、线下两种渠道融合,实现了消费者与商家的真正共赢。海底捞陆续上线了移动客户端、微信公众号以及其他先进的信息系统,方便用户进行门店查询、享受外卖以及在线预订服务,大大提高了连锁门店的服务效率,满足了消费者不同的需求。海底捞推出的手机App(见图6-13)集预订点餐、排号、社区、会员体系等于一体,极大地满足了消费者的需求。消费者可以通过手机预订点餐、线上排队,在排号期间,消费者可以从事其他活动,只需要关注手机信息就好;在店内等候的客人,除了可以享受店内提供的特色服务,

图6-13 海底捞推出的手机App界面

还可以在手机App上玩游戏以打发时间。海底捞的社区是一个集分享、点评、社交于一体的平台。用户可以在线上分享自己的消费体验;可以进入讨论专区发表自己的见解或疑问;志同道合的朋友可以互加关注,从而满足消费者的交友需求;在社区,还有达人分享自己的心得体会,以供其他用户参考借鉴。海底捞通过O2O平台,不仅将自己的菜品信息、活动呈现给线上用户,还通过社区让用户自由地发表自己的体验,增加了社区评论的真实性和海底捞服务的透明度,从而赢得了消费者的信任和青睐。海底捞利用社交平台扩大销售,积极进行全民网络营销。在不断加大点评网站改进的同时,海底捞借助互联网不断改善官网的消费者服务体验,其微博转发量一直高于其他餐饮企业。海底捞在重视网络营销的同时,还非常重视官网的维护和建设,方便消费者查询餐厅、菜品,成功利用互联网点评平台提高了自己企业的知名度。

## 三、挖掘需求,不断完善在线服务

海底捞最为人所熟知和称赞的是它的线上、线下融合服务。除了产品多样,海底捞还非常注重在线服务,将服务做到极致,充分满足了现代消费者对服务的个性化和人性化需求,这也是海底捞区别于其他火锅餐饮企业的地方。海底捞为到店顾客提供有特色的个性化服务,例如,为女性顾客准备的免费美甲(工作日)和手护(节假日);免费皮鞋擦拭清理服务;免费照片打印;按摩椅放松;部分门店设有儿童游乐园,并有专人陪护;展示和宣传特色火锅文化;等等。例如,四川特色国粹变脸表演(见图6-14);融合中华武术的捞面表演;等座期间还为顾客提供各种零食、水果、游戏;等等。海底捞凭借独特且优质的服务融合,让顾客感受到"家的温暖",成功抢占了更大的市场份额。海底捞利用互联网平台强大的信息采集功能,对消费者的相关信息进行分析整理,通过对每笔订单的详细

查询，对数据进行深度分析挖掘，根据后台数据掌握客户信息，维护老用户，挖掘新用户。海底捞在线服务充分利用后台数据，挖掘在线消费者的个性化需求，准确把握顾客认同的商品，使得企业的产品开发、渠道选择等营销活动真正做到"从顾客需求出发"，提升了企业营销水平。

对消费者来说，海底捞通过电子O2O平台的搭建，不仅将更加丰富、多样化的产品信息通过网络平台提供给消费者，帮助消费者进行消费信息的搜集和筛选，实现高效的"购物决策"、享用更多"商家优惠"和活动，还可以使实际消费过程在线下实体店中进行，具有体验性、社交性和本地化服务性交易的特点，因此赢得了消费者的信赖。同时，海底捞利用互联网的App服务，可以减少不必要的耗费，形成"投入小、作用大"的精准营销效果。对于企业来说在线服务更容易实现网络营销和体验营销，为消费者提供快速响应的服务，这使得海底捞的规模经营生产大大减少了服务成本。海底捞秉承"通过精心挑选的产品和创新的服务，创造欢乐火锅时光，向世界各国美食爱好者传递健康火锅饮食文化"的公司使命，在向世界介绍中国传统火锅的同时，利用互联网平台为全球范围内的顾客提供超越期望值的火锅欢乐时光和独特的海底捞餐饮体验。

### 四、用人工智能创造电子商务竞争优势

面临人工智能的浪潮，海底捞开始用人工智能打造智慧餐厅，大量使用智慧机器人和智能化系统，对现有餐饮电子商务系统开始全面升级，减少服务人员，降低劳动力成本，用智能化的电子商务进一步创造市场竞争优势，如图6-15所示。

图6-14  四川特色国粹变脸表演

图6-15  海底捞用人工智能打造智慧餐厅

2018年年底，海底捞斥资1.5亿元打造的"无人餐厅"在北京正式营业。服务员被智能机器人取代。所谓的无人餐厅具有以下几方面的市场优势。

#### （一）洗菜工不见了

任何一家餐厅都会标配数量不等的洗菜工，但在海底捞"无人餐厅"，这个工种被淘汰了。它把食材加工的所有环节统一前置到外包供应商和中央厨房。所有菜品从自动控温30万级超洁净智能仓库中，全程经0~4℃冷链保鲜物流直达门店。

无人餐厅不需要任何人洗菜，菜品反而更洁净安全。

#### （二）配菜员不见了

传统火锅店，配菜员地位举足轻重，但海底捞"无人餐厅"却通过一组机器臂让这个职位凭空消失。顾客通过iPad点完单后，数据就会传到后厨的菜品仓库中。这时就轮到机

器臂表演了，它高度灵活，最高可触达两米多高的货架顶层，轻松取下菜品，再放到传送带上送至传菜口。

完成这个过程，人工配菜员至少需要10分钟，但机器臂仅用两分钟就能完成，顾客的等餐时间大幅缩短。

（三）传菜员不见了

厨房机器臂配好菜后，在一旁待命的机器人就会得到指令，准确无误地将菜品送到顾客的桌子前。

（四）酒水配送员不见了

在海底捞"无人餐厅"的酒水区，设有一个3米高的自动酒水柜，可以容纳1100个抽屉，各类酒水饮料一应俱全。

这个酒水区有一个"大脑"，系统根据点餐信息，可以将酒水自动送到一个出口处，顾客可以自己去取，也可以呼叫工作人员配送。

（五）等位区服务员下岗了

人性化等位区一直是海底捞的服务招牌，顾客可以在这里美甲、擦鞋、坐按摩椅。但是在"无人餐厅"里，这些服务员彻底下岗。

它设置了一个超级等餐区，几排座椅面对一个宽13米、高3米的影院级巨幕投影屏。这个屏幕相当于一个游戏界面，顾客通过手机扫码就能和其他等位的顾客一起玩游戏。

"无人餐厅"无须钱包和手机，更没有服务员和收银员，全程智能点餐和支付全部电子化处理。吃完饭后，直接走人就行。走出去的同时，支付宝会自动埋单。机器全年无休，不要加班费，不会发脾气，出错率又低。

由于没有服务员、收银员等人工成本，"无人餐厅"的成本支出大约只有传统餐厅的1/4。未来3～5年，实体店、餐饮业、超市将面临一场前所未有的大冲击！

资料来源：本案例由作者根据海底捞官网信息整理而成。

**案例思考：**

1. 海底捞的电子商务是怎样起步的？它的电子商务特色是什么？
2. 海底捞是靠什么不断完善在线服务的？其线上、线下服务是如何融合的？
3. 海底捞的人工智能应用打造了什么样的餐厅？它具有怎样的电子商务竞争优势？

## 拓 展 知 识

| | | |
|---|---|---|
| 管理信息系统 | 客户关系管理系统（CRM） | 移动电子商务 |
| 电子点菜 | 互动信息屏 | 厨房分单 |
| 移动管理 | 移动服务 | 基于真实ID号的营销 |
| 定制餐饮 | 团购运行模式 | O2O运行模式 |
| PaaS服务 | IaaS服务 | 电子采购 |
| 智慧餐厅 | 供应链管理系统 | |

## 思 考 题

1．什么是信息化管理？什么是信息化服务？请分别举例说明。
2．试解释餐饮信息化服务的含义。
3．为什么说 W-C-I 信息化服务模式最适合餐厅的信息化服务应用？
4．餐饮电子商务和餐饮信息化之间有什么关系？为什么？
5．通过课外学习，举例说明在餐馆内有哪些移动服务的应用。
6．根据课外学习，试解释什么是定制餐饮。试从消费者的角度分析定制餐饮的功能需求，并画出简图。
7．什么是小程序服务系统？它具有哪些管理的功能需求？
8．试分析餐厅服务中加菜小程序的功能需求，并画出其功能结构图。
9．什么是平台运行模式？它具有哪些管理的优势？
10．软件系统和软件平台的区别在哪里？为什么软件应用要平台化？
11．通过课外学习，试解释什么是 PaaS 服务，请举例说明。
12．酒店开展餐饮电子商务，为什么要选择运行模式？举一个实际应用的酒店例子加以说明。
13．为什么说常客管理系统有电子商务的作用？作为一个消费者，你认为它的功能还存在哪些不足？
14．通过课外学习，试解释什么是客户关系管理系统，并指出它有哪些功能。
15．常客管理系统和客户管理系统有什么区别？
16．为什么说采购管理系统有电子商务的作用？它的电子商务功能还有哪些不足？
17．酒店餐饮部门的电子商务和社会专业餐馆的电子商务有什么不同？试举例说明。
18．通过社会的专业实习，试举一个实际的酒店餐饮开展电子商务的例子。

# 第七章 酒店网络营销

本章要点

　　网络营销是酒店营销部新时代营销的核心工作。目前，经过多年的市场孕育与发展，网络营销已经成为酒店市场营销的常态工作。本章从营销理论发展，网络营销的基本特点、应用类型等开始，重点介绍网络营销技术，以弥补酒店营销人员在应用技术知识方面的不足，最后介绍网络营销管理的内容，包括网络营销策略。网络营销已成为常态化的营销方式，酒店营销人员需要掌握网络营销策略与管理，改变当前酒店网络营销碎片化的应用格局，建设有策略、有目标、有管控的系统化网络营销应用。

　　网络营销是酒店电子商务的重要内容。酒店电子商务的网络营销包括通过网站进行销售推广，通过 App 开展移动营销服务，通过社交平台开展交互式的营销，或者通过电子邮件、微博等方式开展营销。为了提升网路营销的效率与效果，酒店营销人员需要研究营销渠道的客户优势和效果，研究网络营销的策略和应用技术，研究网络营销的管理方法，以及研究客户的网络行为，以探索适合酒店电子商务的战略与目标的网络营销渠道和方法。近年来，随着互联网信息技术的发展，酒店的网络营销呈现多样化的发展态势。很多酒店做自媒体变现，直播卖货，建立私域流量，建立自己的引流渠道和流量池，这些都是黏性非常好的营销方式。由于篇幅所限，本章无法把这些方法一一罗列出来，因此，本章仅把目前常用的营销技术和方法介绍给读者，并针对酒店的服务特点介绍在网络营销过程中的管理要点。

## 第一节　网络营销概述

　　随着信息技术的不断进步和移动互联网的普及，网络营销已经成为酒店电子商务的核心内容。从营销的演变过程来看，网络营销由传统营销方式发展而来，又在强烈地冲击着传统营销方式，给传统营销带来了新的挑战，也给酒店的营销人员带来了挑战。面对网络营销和传统营销的异同点和各自的优缺点，酒店需要对不同的营销渠道和方式进行选择与重组，从而提升营销效果。作为酒店人员首先要理解网络营销及其在互联网时代对酒店经营管理的作用。简单地说，网络营销是一种市场营销方式，它以互联网信息技术为基础，利用其独特的数字化信息和网络媒体的交互特性，辅助企业实现营销目标。它的核心作用

是通过互动功能最大限度地满足客户的需求,以便酒店进一步开拓市场、吸引客户、增加盈利。当前酒店的网络营销与网络调研、网络创新、网络促销、网络服务、网络沟通等一系列的电子商务活动紧密相关。

## 一、营销理论的演变与发展

美国著名学者菲利普·科特勒提出了营销革命基于逻辑的进化路径,即从营销革命1.0进化到营销4.0,从中我们也可以看出技术进步和互联网应用所产生的作用,尤其是网络改变了人的活动习惯,使每个阶段的管理模型都在不断演变,成为企业营销实践的理论指导。营销1.0就是工业化时代以产品为中心的营销,它旨在解决企业如何更好地"交易"的问题,功能诉求、差异化卖点成为帮助企业实现从产品生产到获得利润的经营原则,从而实现马克思所言从商品到货币的"惊险一跃"。营销2.0是以消费者为导向的营销,不仅需要产品有功能差异,更需要企业向消费者传递情感与形象,营销考虑消费者的情感,因此这个阶段出现了大量以品牌为核心的公司。

营销3.0是以价值观驱动的营销,它把消费者从企业"捕捉的猎物"还原成"丰富的人",是以人为本的营销,其营销活动兼顾消费者的需求,开始鼓励与消费者互动。营销4.0以大数据、社群、价值观营销为基础,企业将营销的中心转移到如何与消费者积极互动、尊重消费者作为"主体"的价值观,让消费者更多地参与营销价值的创造。在数字化连接的时代,洞察与满足这些连接点所代表的需求,帮助客户实现自我价值,就是营销4.0所需要面对和解决的问题,它是以价值观、连接、大数据、社区、网络分享、新一代分析技术为基础造就的。表7-1总结了营销1.0与营销4.0的综合对比。

表7-1 营销革命不同时代的综合对比

| | 1.0时代 | 2.0时代 | 3.0时代 | 4.0时代 |
| --- | --- | --- | --- | --- |
| | 产品中心营销 | 消费者定位营销 | 价值驱动营销 | 消费者价值观互动营销 |
| 目标 | 销售产品 | 满足并维护消费者 | 让世界变得更好 | 自我价值的实现 |
| 推动力 | 工业革命 | 信息技术 | 互联网浪潮科技 | 社群、大数据、连接、分析技术、价值观 |
| 企业看待市场方式 | 具有生理需要的大众买方 | 有思想和选择能力的聪明消费者 | 具有独立思想、心灵和精神的完整个体 | 消费者和客户是企业参与的主体 |
| 主要营销概念 | 产品开发 | 差异化 | 价值 | 社群、大数据 |
| 企业营销方针 | 产品细化 | 企业和产品定位 | 企业使命、愿景和价值观 | 全面的数字技术+社群构建能力 |
| 价值主张 | 功能性 | 功能性和情感化 | 功能性、情感化和精神化 | 个性化价值实现 |
| 与消费者互动情况 | 一对多交易 | 一对一的关系 | 多对多合作 | 网络性参与和整合 |

随着管理学理论的不断发展,学术界的营销管理理论在新技术的推动下不断涌现。从1898年提出的AIDA法则(也叫"爱达法则",其中A代表attention,I代表interest,D代表desire,A代表action,AIDA法则本质上是一个"刺激—响应"模型),到今天的互

联网时代，营销理论随着新技术的应用和实践的深化而不断发生演变，现代营销理论也因此更加完善，传统的营销理论模型也得到了不断修正。20世纪60年代，营销大师杰罗姆·麦卡锡提出了4P理论，即产品、价格、渠道、促销管理模型。经过近三十年的发展，90年代著名的营销学专家罗伯特·劳特朋（Robert F. Lauterborn）教授提出了4C理论，即消费者（customer）、成本（cost）、便利（convenience）和沟通（communication）管理模型。进入21世纪，整合营销奠基人唐·舒尔茨（Don E. Schultz）在以客户为中心的4C理论基础上，又提出了基于客户关系和忠诚度的新营销理论——4R理论（2001年），即关联（relevance）、反应（reaction）、关系（relationship）和回报（reward）管理模型。从"4P"到"4C"再到"4R"，可以看出现代营销理论越来越注重企业和客户关系的长期互动，建立顾客忠诚。这种变化凸显了现代营销理论更为实际和有效，因为它既从供应商的利益出发又兼顾消费者的需求，符合移动互联网发展的需要。因此，在移动互联网技术深入应用的今天，我们需要理解新技术应用对营销理论的影响，并不断通过新技术的应用实践探索新的营销理论。

## 二、网络营销的基本特点

网络营销的最大特点就是：高效，受众面广，营销过程可视化。当前的网络营销大都基于移动通信终端，它比PC互联网更直接，反应更快。例如，在酒店的手机网站上做产品的推广营销，不但可以快捷地了解访问者的浏览情况、推广活动的点击情况，而且可以根据访问情况对推广活动快速进行调整，使促销活动的效果更好。下面要介绍的网络营销特点是相对于传统营销来说的，能帮助我们更好地理解网络营销的真实含义。

### （一）开放性

目前，酒店的网络营销都是在信息网站、社交平台或搜索引擎平台上开展的，包括酒店的门户网站、OTA网站、行业网站、新闻类网站等。这些营销场景、社交平台和搜索引擎都是开放式的，能使消费者很方便地了解酒店。与此同时，在这种开放式的环境下，酒店也可以了解消费者的需求情况，以及竞争对手的营销情况。因此，开放式的特点使市场上的酒店都可以在透明的环境下开展营销。酒店既可以与消费者互动交流，了解消费者的潜在需求，也可以向消费者推荐酒店的特色产品和服务。

### （二）沟通性

不管是门户网站还是自媒体平台，酒店营销人员都可以和消费者实现一对一沟通。移动互联网在很大程度上拉近了酒店服务产品与消费者之间的距离，这种双向互动的沟通形式能够提高消费者的参与性和积极性，从而增强他们对酒店产品的信任感。因此，酒店的营销活动可以进一步在消费者层面展开，这大大地提高了消费者的满意度，实现了与消费者的同步营销。同步营销能够使消费者通过酒店App了解酒店的环境情况，比如获取房间的朝向和酒店周边的旅游环境等信息，这种实时沟通性极大地增加了消费者的预订欲望。

### （三）传播性

互联网可以突破时空限制，实时传播文字、声音、图像，实现营销信息在全世界传播，使酒店的商务营销可以轻松地成为全球性的活动。酒店的营销视频、酒店的图片广告、酒店的 3D 动画都可以实现有效传播。

### （四）便捷性

移动互联网的出现大大提升了网络营销的便捷性。由于移动互联网的普及，消费者可以通过自己的手机等终端设备获取信息，而酒店也可以利用移动终端设备的便捷性，开展针对消费者实时需求的即时营销。例如，通过微信、微博等网络环境，针对特定客户群，传送酒店的促销活动信息、特价房信息、新产品发布信息等营销信息。

### （五）价格低廉

价格低廉是网络营销的最大亮点。和传统营销相比，有些网络营销活动的费用几乎可以忽略不计。这种价格优势在视频信息传播方面表现得尤为突出。以前通过电视台传播营销视频非常昂贵，现在基于互联网的网络视频传播费用非常低廉，酒店的自媒体平台能够进一步降低传播成本。酒店只要策划好营销信息的传播渠道，包括 OTA 渠道、电子分销渠道、自媒体平台等，就能把营销活动的费用控制在一个较低的范围内。值得一提的是，如果在数字化建设中搭建智慧营销平台，就可以把未来酒店基于 ID 自动营销的费用降到最低。

## 三、网络营销的应用类型

现在酒店网络营销的主要方式是微信营销，但是，互联网发展至今，已出现很多网络营销的应用类型。从最早的网站营销和电子邮件营销，到现在基于移动互联网的即时通信营销，在酒店行业都有不同程度的应用。现在酒店非常缺乏网络营销的应用人员，酒店营销部的营销人员太传统，酒店的技术人员又不懂营销，而基于互联网信息管理的信息部在大多数酒店还没有成立。因此，对大多数酒店，尤其是对一些酒店集团来说，如何利用网络营销提升酒店市场的竞争优势，是当前迫切需要解决的问题。以下将依据大多数酒店的实际情况给读者简要介绍一些目前在旅游服务业市场上比较流行的网络营销类型。

### （一）搜索引擎营销

搜索引擎营销是旅游业中使用最广泛的一种网络营销。为了提升搜索引擎营销的效果，它必须和网站结构的设计相结合，再结合页面主题关键字进行设计。目前国内最大的搜索引擎服务商是百度，国际上影响力最大的搜索引擎服务商是美国的谷歌。作为住宿型企业，酒店在使用搜索引擎开展市场营销时，必须对门户网站结构和内容进行优化。这包括链接结构、网站物理结构、网站逻辑结构、高质量的网站主题内容、丰富而有价值的相关性外部链接等，它们使网站对用户以及搜索引擎更加友好，以获得在搜索引擎上的优势排名，并为网站引入流量，访问者也容易获得自己所需要的信息。各大搜索引擎都推出了自己的广告体系，因此，酒店也可以通过购买搜索结果页上的广告位达到营销目的。搜索引擎广告的优势是相关性更强，传统的广告只出现在相关搜索结果或相关主题网页中，而搜索引擎广告能将营销信息精准地传播给有需求的客户，因此，它比传统广告更加有效，客户转化率更高。

### （二）社交网络营销

社交网络营销是利用社交网络平台的广泛性而开展的一种营销。国内最大的社交网络是微信，国际上影响力最大的社交网络是美国的 Facebook。它们在酒店业都有非常广泛的应用，各种广告页面随处可见。社交网络营销受酒店青睐的原因在于社交网络营销基于圈子、人脉、六度空间产生，一般以成员推荐机制为主要形式，有主题明确的圈子、俱乐部等，可以进行自我扩充的营销策略。因此，社交网络营销非常适合酒店开展面向会员的精准营销，提升实际销售的转化率。在社交网络中，基于音频的营销信息和基于视频的营销信息都可以便捷地传播。此外，酒店还可以利用社交网络建立自己的自媒体平台，跟踪、管理在社交网络中的信息发布、信息传播和营销的可视化效果。

社交营销一般有官方推广和第三方推广两种方式。

（1）官方推广。酒店在进行官方推广时要将自己设定为一个有人格特质的主题，发布的内容也要契合酒店的战略使命、愿景和价值观，用一个声音说话，传递一种确定性。同时，酒店要重视与客户之间的互动沟通，如微信公众号可整合客服功能，通过功能的聚合增强与客户、粉丝之间的互动。如果是微博类的社交平台，也要有选择地回复粉丝留言，让关注的粉丝感受到品牌的温度。对于每一次推广动作，酒店要全程跟踪、分析传播的效果（阅读量、转发量、点赞数）和粉丝的行为（阅读高峰时段、转发、点赞），从而找出客户最关注的兴趣点和最适合沟通的方式。

（2）第三方推广。这种方式一般借助具有关键影响力的人（KOL）和自媒体进行发声，看重的是 KOL 的影响力和追随其后的目标粉丝。第三方推广一般是阶段性、节点性的，是为了配合酒店短期的销售目标和营销活动展开的。

### （三）网络事件营销

网络事件营销是指利用具有吸引力的事件，在网络上传播，以达到营销的目的。因此，事件营销有时也被认为是热点炒作。有吸引力的事件可以是有价值的新闻点或突发事件，或者是消费者关心的热点。酒店可以在门户网站或分销平台上，或在平台外其他网络渠道对事件进行传播，以提高酒店的影响力。比如，杭州之江度假村在刚开始用自己的门户网站开展订房，在获得第一个客户订单后，度假村的总经理在大堂举行了一个欢迎仪式，把网络订房的开端作为一个事件进行营销。酒店撰写新闻稿在网上进行推广，起到了很好的营销效果，之江度假村也因此成为当时在浙江区域酒店门户网站订房数最多的酒店。因此，酒店在策划事件营销时，一定要选择和客户相关的热点事件，并选择在门户网站、移动 App、分销渠道等场合做事件营销推广，这样才会收到非常好的营销效果。

### （四）网络视频营销

由于移动互联网技术的成熟，酒店可以利用视频信息在网上传播以达到营销的目的。酒店可通过数码技术将产品营销现场视频图像信号和酒店形象视频信号实时传输至互联网。消费者只需要点开相关网站，就能看到酒店产品进行视频展示的网络直播，如酒店的新产品信息、酒店产品的展示、酒店的现场促销活动等都可以通过视频形式开展网络营销。酒店利用网络视频把最合适的视频信息传达给目标客户，最终达到宣传酒店产品和服务的目的，进而在消费者心中树立酒店良好的网络品牌形象。目前较流行的抖音短视频就是一种非常有效的网络视频营销方式,能够达到最终为酒店增加收益的目的。

### (五)即时通信营销

即时通信营销是利用移动互联网在社交平台上进行产品推广的一种营销方式。酒店利用消费者的移动终端发布令消费者感兴趣的信息,以获得消费者的青睐。但如果酒店盲目地发布信息,可能会招致消费者反感,消费者不但不认可酒店的营销信息,甚至会将酒店名称拉进黑名单。因此,有效地开展网络营销,要求酒店为消费者提供对其个体有价值的信息,这就出现了在即时通信营销下的"人本营销"。这种人本营销是基于客户 ID 的营销,酒店可以对需要信息的客户精准地发送即时信息。在开展人本营销的过程中,酒店可以对自己的常客(即核心客户)开展即时营销,也可以对有目标的自定义客户开展即时营销,还可以对酒店常客中消费爱好相似的客户开展即时营销。这种营销往往非常精准,甚至可以通过即时营销把在住的 OTA 客户转变为酒店的自有客户。

### (六)博客营销

博客营销是用于酒店企业与消费者之间的互动交流以及酒店文化传播的一种方式。一般酒店可以选择消费评论、体验感想、心情随笔等作为酒店博客内容,使消费者更加信赖酒店文化的品牌影响力。博客营销可以通过酒店自建博客或者第三方 BSP(板级支持包)来实现。酒店可以通过博客与常客进行交流沟通,以达到增进客户关系、改善酒店商业活动的效果。酒店还可以利用博客发布酒店新闻、收集反馈信息和意见、实现酒店公关等。这样的方式虽然没有直接宣传产品,但是让消费者接近、倾听、交流的过程本身就是最好的营销手段。另一种有效可行的方法是利用博客(人)进行营销,通过博客(人)为酒店发布相关的信息。有些博客的内容还会引起消费者的讨论,达到很好的二次传播效果。

### (七)网络整合营销传播

网络整合营销传播是 20 世纪 90 年代以来在西方风行的营销理念和方法。与传统营销"以产品为中心"相比,网络整合营销传播更强调"以客户为中心"。在互联网时代,酒店的营销转向了以客户为中心,通过互联网与消费者进行多渠道沟通,从而形成酒店的整合营销概念。其实本书介绍的软件平台化概念就是一种酒店网络营销整合的概念,它利用"互联网+"实现各种媒体资源和渠道的整合,如门户网站、电子商务平台、行业网站、搜索引擎、分销渠道平台、论坛社区、视频网站、虚拟社区等。在整合后酒店需要精确分析各种网络媒体渠道的定位、用户行为和投入成本,根据酒店的客观实际情况(如酒店规模、发展战略、广告预算等)为酒店提供性价比最高的一种或者多种个性化网络营销的解决方案。这种营销可以使酒店获得最佳的收益,非常适合酒店集团和连锁酒店的营销需求。

### (八)自媒体营销

酒店要用好互联网就一定要做好自媒体,因为自媒体营销是网络营销中最好的载体。作为互联网的一部分,自媒体具有低成本链接潜在客户的优势,这是线下营销方式无法比拟的。并且,自媒体具有能与客户深度有效沟通的优势。酒店产品成交的基础在于信任感的建立,而信任感取决于沟通的水平。传统方式的硬广告无法解决有效深度沟通的问题。

但是自媒体可通过拉长时间线，利用故事、游戏、提问、悬念、触点的力量，把酒店的点点滴滴和方方面面呈现给客户，实现交易前的有效沟通，进而提升成交率。当前流行的社会化网络、在线社区、博客、短视频、微博、微信、今日头条、百度、搜狐、凤凰、UC（unified communications，统一通信）等平台都是自媒体传播和合作的渠道，形成了酒店营销、销售、公共关系处理和客户关系服务等一条龙管理的营销模式。酒店营销人员必须认识到网络时代的不可逃避的自媒体营销变革，了解到当前抖音、小红书、微博等平台对互联网流量的影响，在实施自媒体营销时充分利用以上平台的影响提高酒店品牌的知名度。

## 第二节　网络营销技术

在了解网络营销类型的基础上，酒店营销人员可以大概了解当前网络营销可选择的方式。在这些营销方式中，有些是酒店营销人员可以直接操作实施的，如微信的信息发布、App 服务的信息上传、门户网站的促销活动等，但还有些涉及技术细节，需要酒店营销人员和酒店信息部的技术人员相互配合，才能完成网络营销的实际操作。因此，在本章中，有必要单独列出一节来介绍网络营销的技术。从目前的实战经验来看，搜索引擎优化技术、网络舆情监测技术、人工智能应用技术、数据分析技术、酒店营销专家系统等都是酒店网络营销中的常见技术。下面针对这些常用技术做简单的介绍。

### 一、搜索引擎优化技术

搜索引擎优化（search engine optimization，SEO）又称为搜索引擎最佳化，是近年来较为流行的网络营销技术。网络营销是通过一个个的网页来进行营销推广活动的，因此，每个网页的可搜索性和排名是极为重要的，这就需要专业的 SEO 技术。如果客户在搜索酒店相关信息时，酒店相应的推广页面不能得到良好的排名，则营销能力会大打折扣。加上搜索引擎是每个网站都具备的功能，因此，专业的 SEO 技术是网络营销工作者必备的功底，也是其必须精通掌握的网络营销技术。酒店 SEO 的目的是增加门户网站特定关键字的曝光率，以增加网站的能见度，进而提升酒店的销售机会。而门户网站的 SEO 采用易于被搜索引用的手段，对网站进行有针对性的优化，以提高网站在搜索引擎中的自然排名，吸引更多的用户访问网站，提高网站的访问量，提高网站的销售能力和宣传能力，从而提升网站的品牌效应。

#### （一）门户网站的整体策划

这里所说的门户网站的整体策划主要是指针对搜索引擎营销的优化。为了提高搜索引擎营销的效果，这种优化通常需要围绕酒店的门户网站结构、流程架构、栏目主题、页面主题以及网页文字语言和站点间的超链接互动来开展，目的是提高酒店 SEO 的效率。通过合理规划及部署来发掘酒店门户网站的最大潜力，使其在搜索引擎中具有较强的自然排名竞争优势，从而促进酒店的在线销售和强化网络品牌，在搜索引擎营销中起到积极作用。

## （二）网页主题名关联设计

网站的栏目或频道都有自己的主题名，网页也需要一个主题名。一个网站由成千上万个网页组成，设计主题名以及相互之间的关联有利于搜索引擎的搜索，也有益于用户通过关键词找到相关网页的信息。由于酒店网站的页面不断在更新和变化，所以网页主题名的管理需要借助数据库，通过数据库来实现网页主题名和相互关联的变更、增加和删除。基于数据库设计的网页主题名能有效提升搜索引擎营销效率。

## （三）网页超链接优化设计

网页超链接优化设计同样有利于搜索引擎营销的开展，它能提高访问者点击页面的浏览效率，有利于酒店网络品牌的传播。一个酒店门户网站，尤其是手机网站页面的超链接非常复杂。它在使用一段时间后，会出现网页垂直超链接的情况，这会对网站的访问效率造成影响。因此，营销及技术人员需要持续维护和优化网页之间的超链接关系，从而保证网站的页面之间的超链接永远处于高效的链接状态。

## （四）关键词购买战略及优化

用户在寻找酒店信息时，往往在百度搜索引擎中输入相应短语来获取信息，这个短语就是所需获取信息的关键词。酒店为了在搜索引擎中提高自己的排名，让用户方便地获取信息，就可以向搜索引擎服务商购买关键词，以提高酒店搜索引擎营销的实际效果。购买关键词需要有战略考虑，不能一次性买很多关键词或购买很长的时间，需要根据效果优化适合酒店营销的关键词，因此，它需要一个较长时间的沉淀过程，另外，消费者通过搜索引擎寻找信息的关键词也在不断变化，热点词汇的热度会很快消逝，酒店营销人员需要观察和预测未来的热点关键词，进行提前购买，从而提升营销效果。

## （五）落地页的规划与设计

落地页是指用户通过搜索引擎寻找信息时，当点击在搜索页面上出现的酒店后，第一个出现在浏览器上的页面就是落地页。如果用户看到的这个页面上的信息就是自己想要的信息，而不是酒店网站的首页，这个落地页设计就是最符合用户体验需要的。这样的设计能够最大化保证酒店搜索引擎的营销效果。酒店如果在网站上开展促销活动，用户就可以很方便地搜索到酒店的促销页面。但是目前大多数酒店的门户网站几乎都忽略了落地页设计，用户在搜索引擎中寻找酒店信息几乎都是出现该酒店的首页。因此，酒店在开展搜索引擎营销时，不管是购买关键词，还是设计自己的网页主题名，都要考虑主题名和关键词的关联设计，把关键词和落地页关联起来，这样开展的搜索引擎营销才是最受用户欢迎的，用户也能从中获得最快乐的上网体验。

酒店开展搜索引擎营销，就是要以最小的投入获取来自搜索引擎的最大的访问量，并产生较高的商业价值，为酒店门户网站的在线直销创造机会。因此，在网站的规划和设计方面最重要的是让页面产品有用。这个有用主要指符合用户的获取需求，其次是易用高效。这就是网站搜索引擎 SEO 的应用所求。一个酒店网站的用户体验好，也就是说，用户在搜索引擎上能很容易找到需求的信息，并且没有影响用户浏览信息的障碍物，如弹窗、广告等无用信息。近年来，搜索引擎优化技术不断涌现，关心这项技术的读者可以参读相关书籍，限于篇幅这里就不一一展开了。

## 二、网络舆情监测技术

网络舆情监测是网络营销中的辅助管理内容。酒店在网络营销开展过程中，需要了解网络用户针对酒店产品和服务所发表的言论，其中有些是正面的信息，有些是负面的信息。对正面的信息需要转播或推送，以强化网络营销的效果；对负面的信息需要通过网络进行消除或引导，以抑制其产生不利影响。网络舆情监测通常采用一定的技术手段对网络上的各类信息进行汇集、分类、整合、筛选等，再形成对网络热点、动态、网民正面意见和负面意见等的实时统计，它是向营销人员提供网络舆情动态的一门应用技术。它利用互联网的信息采集技术和信息智能处理技术，通过对互联网海量信息的自动采集处理、敏感词过滤、智能聚类分类、主题监测、专题聚焦、统计分析，实现酒店对与自己相关的网络舆情监督管理的需要，最终形成舆情简报、舆情专报、分析报告、移动快报，为决策层全面掌握网络舆情动态、做出下一步网络营销战术决策提供可靠依据。

### （一）网络舆情的生成和传播特点

网络舆情发生在网络空间内，具有深刻的网络技术特点：发生快，传播快，扩散力强。偏激的声音容易占据主导地位，尤其是现在基于即时通信的微媒体，消费者可以随时利用自己的手机发布信息，汇集成非常庞大的网络舆情。酒店营销人员在利用即时通信开展网络营销的同时，也需要关注移动互联网上消费者发出的网络舆情。特别是对一些有煽动性的舆情、突发的恶性事件，网络舆论会产生无法预料的放大效应和聚集效应，把舆论引向另一个极端，对酒店的日常经营和客源波动造成极大的负面影响。从酒店的网络营销情况来看，市场竞争、突发事件、卫生曝光、个人情绪是四种最常见的网络舆情生成基础。在移动网络中，网络舆情的传播通常在熟悉的人群中进行，这种传播被称为关系传播，如微信的朋友圈、微博等群体。还有一种是情绪化传播，每一个突发舆情事件背后都可以观察到情绪的力量，正是因为事件本身触动了普遍存在的社会情绪，推动了网络舆情的高涨，酒店营销人员才需要注意负面舆情的情绪化传播。在移动互联网环境下，舆情的显性与隐匿传播并存，尤其是对于微信中的节点式传播，很多舆情呈现出"窃窃私语"式的暗流涌动，但几何式的传播又具有巨大的扩散威力，这样的网络舆情监测对监测技术是一种考验。

### （二）酒店网络舆情监测工作策略

在网络舆情检测过程中，首先用科学的方法监测网络舆情。现在有许多非常有效的软件工具，可限制传播，使其变为争论、整合、引导性传播。与此同时，酒店需要调整管理预期。网络时代，人人都是自媒体，想从根本上封锁或消除一切不利于己的信息是不可能的。因此，要科学、合理地设置网络舆情管理的绩效预期，需要从总体上认识、评价网络管理的状况，不宜囿于一事一处。只要在一定的时期内，网络舆情工作没出现系统性、整体性的问题，就值得肯定。此外，酒店需要把工作重心真正放到"人"身上。网络舆情工作管理空间是虚拟网络，但真正的对象是活生生的人。只要抓住关键的人（意见领袖、版主等）、团结互利的人（驻地方媒体负责人等）、孤立激进的人，就可以达到"四两拨千斤"之效。可以说,只要我们把握舆情传播规律,采取务实的工作策略,就能更好地通过网络把握民情、体贴民意、倾听民声。

### (三) 网络舆情监测技术的软件化

网络舆情监测技术的软件化是网络营销的必然趋势之一,它利用信息通信的最新技术,如云计算、大数据技术、移动互联网以及人工智能等,对互联网上目前主流的媒体渠道、社交平台传播的信息,按指定关键字进行自动抓取、分类、分析汇总,实现自动监管的过程,形成一个可实际操作的舆情监管软件平台,并可以生成具有指导性的舆情分析报表,提供给负责舆情监管的管理人员决策所用。如果这个监测软件用于酒店企业,就可以形成用于营销的酒店舆情监测软件,可以为酒店的网络营销提供决策依据。

酒店网络舆情监测软件可以帮助酒店营销人员搜索相关信息,并辅助营销人员分析当前的舆情趋势,必要时可以对重要的舆情趋势进行预警,既提高了舆情监测效率,又节省了许多人力和物力。网络舆情监测技术软件化的优势在于它可以对网络上的舆情信息进行实时在线监测,新产生的舆情信息或者重点舆情产生的新转载、新跟帖等变化都会在第一时间被采集过来,供酒店营销人员采取及时的防扩散措施。目前,舆情监测软件的应用已遍地开花:政府层面的有军犬舆情监测系统、人民网舆情监测系统、新华网舆情监测系统等;用于企业或行业的就更多,如拓尔思舆情监测系统、乐思网络舆情监测系统、慧科舆情监测系统、识微舆情监测系统、顺时舆情监测系统、法骑士舆情监测系统以及熊猫舆情监测系统等。酒店可以根据自身的舆情监控需求对这些系统进行选择与采购,限于篇幅,这里就不详细展开了。

## 三、人工智能应用技术

第三章已经介绍过人工智能技术,这里向读者重点论述酒店在营销方面如何利用人工智能提高营销的效益,并如何努力实现酒店自动化的营销。这对未来酒店经营如何提高竞争优势、如何进行创新营销非常重要。目前,酒店的跨行业发展几乎都是被动的,很少有酒店主动去其他行业获取客户,基本都是坐等其他行业把客户介绍过来。人工智能在营销方面的应用或许可以改变这样的情况:通过智能化的广告可以获取消费者的需求信息,通过智能化的信息接驳可以获取消费者的潜在需求,通过智能化的客服可以更精准地实施个性化营销。总之,人工智能为酒店运营管理和电子商务提供了无限可能,其实际运用情况则取决于酒店发展战略目标以及酒店营销人员有关人工智能的应有知识面和技能储备。

### (一) 人工智能在酒店营销中的应用

人工智能在酒店营销中的涉入度已经非常高:有的应用在 CRM 系统中,有的应用在酒店自媒体系统中,也有的应用在酒店的电子商务系统中,或者应用在酒店自己的门户网站中。酒店网络营销过程中的很多问题需要解决。比如,在网络渠道的应用中,随着信息技术的发展,目前线上的渠道越来越多,大的分类有搜索、评论、社交等,小的分类则更多。酒店营销人员面临着一系列的问题:哪些渠道的效果更好?线上、线下渠道如何实现最优组合?为了解决这些问题,如果没有人工智能,则需要酒店营销人员花费大量人力、物力以及财力去寻找答案。但是，管理人员只需设置应用目的，人工智能就能轻松给你想要的结果，而这一切过程是在你感知不到的地方进行的。一个好的人工智能应用是无形的，酒店营销人员如果想知道门户网站来访者的来源，来访者看了哪些栏目信息，来访的目的是什么，只需要在后台进行相应设置，就能轻松获取这些信息。

从人工智能在酒店的应用发展来看，它的应用道路是曲折的，因为酒店很缺乏技术应用型的营销人员，但发展的前途一定是光明的。目前，虽然经过几年的发展和培育，人工智能仍然处于发展的早期，但几乎所有的酒店集团都在尝试，如智能化的广告投放、网络的虚假流量识别、CRM 中的自动化营销等。其中，对客户营销服务的人工智能应用尤为重要，可以先从酒店常客或会员客户做起，逐步开展对潜在客户的人工智能服务。例如，客户关系管理中包含酒店每个客户信息的数据库，人工智能可以利用消费者信息库实现实时预测消费者行为和需求信息，包括消费者对酒店新报价的反应、促销活动的热情、忠诚度以及对酒店服务的期望等。

### （二）人工智能改变广告投放方式

人工智能通过客户识别以及效果判断，可以改变广告投放的方式。酒店在网络渠道或数字广告牌投放广告后，最关心的是广告效果，而且广告效果获取越快越好。在广告投放中应用人工智能技术后，系统可以通过多个维度来判断投放对象与目标消费群体的契合度，并根据分析结果进一步给出不同的投放方案。例如，在数字广告牌上安装软件和网络摄像装置，广告牌可以利用人工智能的人脸识别技术，识别观看者的体貌特征和观看广告的时间等信息，酒店再利用收集到的数据信息作为衡量广告投放效果评判的依据，从而合理地选择广告投放人群和区域。网络渠道投放的广告也是这样，可通过软件来识别点击浏览者的信息，并通过浏览者对广告的浏览行为进一步判断其对广告信息感兴趣的程度。

此外，人工智能广告还可以根据浏览者或观看者的反应，了解受众的偏好或喜好程度，从而筛选广告投放的渠道并选择合适的方式，有针对性地向消费者推送广告。例如，为了更好地吸引消费者，酒店可以推出语音互动式广告，使广告能听、会说、会思考。客户在聆听广告的同时，可以通过语音与广告进行互动，从而获得更多、更详细的产品信息，这能提升客户对广告体验的趣味性。比如，在广告点击的过程中，服务商家通过语音向客户提出问题，客户通过语音来回答，如果客户回答正确，则酒店可以免费提供相应的酒店服务。在智能手机普及的今天，这样的互动语音式广告很容易实现，也很容易让酒店知道客户的关心程度和需求。从客户角度来讲，互动帮助他们节省了时间，他们也可以从中获得更多的增值信息。这是一个利用广告进行互动咨询的过程。后台的人工智能一方面对客户有了需求调研的机会，另一方面也可以对咨询客户做更精准的分析，以便向客户提供更精准的服务信息。因此，在人工智能的帮助下，广告服务商由单向的广告推送变成了双向的互动，人工智能可以帮助酒店利用广告更好地了解受众群体，选择更精准的广告投放方式。

### （三）人工智能的虚假流量识别

虚假流量其实就是垃圾流量。在开展网络营销过程中，酒店对于网络广告的计费流量，有时往往是广告服务商说了算，酒店无法去核实流量的真实性。随着酒店信息部的成立，这种情况有了改观，工作人员应该有能力去识别市场上存在的虚假广告流量问题，以保证酒店的真实数据流量不受影响，也不浪费广告费用，让客户能有更好的访问体验。最简单的方法是通过智能的热力图来判断流量的真实性。如果是机器流量进来，广告点击在热力图上会很稀疏，甚至没有点击痕迹；或者观察到流量异常好，但无转化，那么这些基本属于虚假流量。

虚假流量和真实流量之间的访问行为存在较大的差别，酒店营销人员和相关技术人员在积累了一定的网络营销技能后，可以从访问行为方面去识别流量的真实性。例如，可以从时间和区域分布去识别，真实流量一天中访问的时段和区域都比较均匀；也可以根据访问终端的类型去识别，正常情况下访问终端类型应该是多元化的；还可以从平均访问深度和访问时长去识别，虚假流量的访问不深入，访问时间也不长；或者从单页面平均访问次数去识别，虚假流量往往聚焦在单页面上点击，或者杂乱点击一番；也可以看访问转化情况，虚假流量不可能有成交的转化。所有这些访问行为的识别工作，可以编写一个智能小程序去观察收集，或者用智能的上网助理就可以代替人工去识别虚假的广告流量。酒店识别虚假流量的工作将越来越艰巨，尤其对于一些雇用人工制造的虚假流量，识别难度更大。酒店为了应对这些情况，最好选择有成交的流量计费方式，没有成交就不需付费，具体细节需要和服务商共同商量。

### （四）基于人工智能的自动化营销

人工智能在营销中的应用，即实行自动化营销，这是新时代企业追求的目标，也是大多数营销技术应用的核心。近年来，酒店网络营销与人工智能结合是业界最被看好的模式，因为它既提高了营销的效率和效益，也节省了许多人力和物力，是酒店自动化服务中的重要内容。在酒店的自动化营销实践中，目前主要针对酒店的常客和会员客户开展自动化营销，因为酒店基本都有类似于 CRM 的客户关系管理系统，该系统借助人工智能，可以通过分析知道客户需要服务的时间以及类型，然后根据客户的需要主动推送相关的营销信息，最终实现自动化营销。自动化营销的关键在于对客户群进行分类并匹配合适的营销内容，然后系统会给需要的客户自动地发送营销信息。其中，人工智能要做的就是内容匹配工作，甚至可以通过跟踪监测给需要的个性化客户自动发送营销信息。人工智能还可以根据客户的消费行为和近期的社交行为进行预测，决定下一步的营销时间和营销内容，为客户精准地自动发送所需要的信息。

开展自动化营销的另一条路径，可以通过营销专家系统来实现。随着人工智能应用技术的不断完善与成熟，酒店营销专家系统开始流行起来。它通过知识库的整理实现细分客户与营销内容的自动匹配，并实现自动化营销。专家系统通过知识库中的大量酒店营销知识储备，寻找现实中客户消费行为与系统中的相似情境来推导营销方案。系统的知识库还具有改善和扩充的自我学习和完善的能力，通过知识积累可以解决酒店的很多自动化营销方案。酒店营销专家系统使用人工智能不仅可以大大降低人力成本，还能提高工作效率和缩短市场反应率，是未来自动化营销组合应用的发展方向。酒店营销人员如何利用客户关系管理系统以及营销专家系统，并结合人工智能的先进工具，是未来酒店网络营销实践中很重要的研究课题。随着技术的进步，酒店也会逐步在潜在客户中开展自动化营销。

## 四、数据分析技术

酒店的营销人员掌握一定的数据分析技能，有助于酒店开展精准营销。在互联网时代，粗放的网络营销不但浪费酒店的营销经费，而且得不到所期望的营销效果。囿于篇幅，本书无法介绍非常专业的数据分析技术内容。本小节主要介绍一些思路，旨在将网络营销与数据分析技术结合起来，发挥更好的作用。在酒店业，多数人认为网络营销很烧钱，自己的门户网站很难招揽客户。其实，这都是因为酒店缺乏有效的分析技术应用，才导致网络营销达不到应有的效果。

### （一）分析核心关键词对营销的影响

到目前为止，酒店对核心关键词对营销的作用重视不足，对自己门户网站的推广同样重视不足，这也是酒店在线直销做不起来的原因之一。坐等 OTA 的客户成为自己不做在线服务而依赖他人的经营方式。门户网站的访问流量与关键词的选择跟应用有关，网站的订房量也与关键词的合理性相关。酒店必须不断优化关键词的应用，提升使用的关键词的排名，这是酒店营销人员的一项长期性工作。关键词在不同的季节和时段需要进行调整。对于酒店选择的关键词，可重点分析那些点击量低、排名低的关键词，然后进行优化和调整，提高关键词与落地页的匹配方式，观察调整后网站的访问量改变，反复进行多次，一定会找到最适合酒店的核心关键词。尤其是在酒店开展促销活动时，结合核心关键词的设置，就会取得非常好的促销效果。

### （二）学会利用数据分析工具

为了精准地开展网络营销，了解竞争对手的网站排名以及酒店市场热点变化和会员消费行为的波动情况，酒店营销人员必须学会利用数据分析工具。简单地说，数据分析就是为发现问题和解决问题提供数据参考。酒店的门户网站为什么访问者不多？来的都是怎样的访问者？对这些问题，需要用数据分析工具去发现，然后逐步解决存在的问题，这样酒店的门户网站就会越来越完善，客户也会感觉到门户网站所提供的服务。

利用数据分析工具，首先要确定数据分析的目的是什么。它可以是促销活动的相关目的，可以是 App 服务消费者访问行为的目的，可以是网络广告投放流量分布分析的目的，也可以是门户网站访问者行为调查的目的，以及最近社交网络关注程度调研的目的，等等。然后开始收集数据，并整理数据，有些分析工具可以直接在网络上进行在线分析。最后，选择一个合适的数据分析工具获取所要的分析结果，并反复进行分析。例如，针对门户网站的数据分析可以选择 GrowingIO 数据分析工具，它可以给门户网站的用户分群，并分析每一个访问者转化成功的路径，得出每一个转化节点的效率以及哪一步转化流失最多；可以选择 QlikView 数据分析工具，它具有较好的图形展现和客户体验，分析功能较强，但需要较好的数据仓库作为基础，学习成本较高，适合酒店集团类大型企业做数据分析使用；可以选择神策分析工具，特点是简单易用，可以有效地分析客户的网络行为和访问行为；可以选择 FineBI 数据分析工具，可以可视化地分析指定数据源，适合酒店类的中小规模企业使用。

### （三）学会简单数学建模的分析

用数学建模可以更好地实现精准营销。当一个商业目标与多种行为、画像等信息有关联性时，我们通常会利用数学建模的手段预测未来商业结果的产生，然后根据预定结果开展更有效的营销。例如，酒店的在线直销目标往往与消费者的访问行为和路径有关，访问行为包括门户网站的访问行为、酒店 App 的访问行为、酒店移动服务小程序的访问行为。这些访问行为的转化都与咨询酒店的响应敏捷度有关，这些是消费者需要的访问期望值，也是酒店在线直销的影响因素，再加上酒店的价格因素和服务增值因素，将这些因素融入数学建模去预测目标实现的可能性，然后有目标地开展网络营销。

酒店需要预测和判断某时间段客户有可能流失时，也可以通过用户的行为数据、酒店信息、客户画像等数据建立流失模型，再利用统计学的方式进行一些组合和权重计算，从而得知用户在哪些方面的需求没有得到满足时流失的可能性会更高，然后酒店可以通过营销的手段来加强预防。实践表明，数据建模的分析对于酒店商业价值的提升有着至关重要的作用。当然，仅仅掌握单纯的建模理论还远远不够，需要结合酒店的实际情况和大环境的影响，根据实践预测出酒店经营的未来，预测出未来的客户兴趣和偏好。酒店营销人员可以把数据建模分析的方法应用在自己的日常工作中，相信可以起到事半功倍的作用。

## 实例：Xbed 希酒店——降本增效的全流程电子商务

Xbed 希酒店专为 30 间房以下的单体酒店进行品牌提升、数字赋能，用全流程电子商务提升市场的认可度。基于多年自主研发的 XMS 酒店自运行系统，结合人工智能在前台的落地应用，Xbed 希酒店形成了独特的"无人酒店"入住体验，是目前行业智能酒店的典型。本着"让小微酒店这个市场体量最大的产品重新回到历史舞台中央"的神圣使命，Xbed 希酒店创始人李春田五年磨一剑，打造了中国首个全互联网运营的智能"无人酒店"品牌——Xbed 希酒店。2020 年年底，Xbed 希酒店获 2020 中国酒店品牌高峰论坛颁发的"2020 中国酒店业年度投资价值酒店品牌"和"2020 中国年度推荐科技智慧酒店"等荣誉。

### 一、粘住本地消费者，打造"社区版未来酒店"

如今酒店业的客流构成正在被疫情改变着。从目前来看，在一定时期之内，跨境旅游难以恢复，跨省跨地域旅游虽然已经恢复，但仍然受疫情波动影响。艾媒数据中心的数据显示，疫情之后，在我国酒店主要顾客群体中，本地游客从疫情前的占比 33.9% 增加到 61.5%，本省游客占比相对疫情前持平，依然是 1/4 左右，但外地游客占比则从 40.5% 下降到 13%。换言之，在很长一段时期，本地消费者会替代外地旅客，成为酒店的主要消费群体。

但对于 Xbed 希酒店来说，则更早就清晰地认识到 Xbed 希酒店的主要客群并不是大家都关注的差旅客，更多的是本地消费客户。仅从 Xbed 希酒店客户来看，从客户来源上分析，美团几乎占据了 Xbed 希酒店分销渠道 40% 以上的客源，远超携程等商旅客户偏多的平台；从客户消费后要求开发票的比例来看，只有 5% 的客户入住后要求开具发票。我们可以从这两个简单的数据看出，本地消费者为 Xbed 希酒店贡献的出租率极高。

酒店业要立足本地消费者，更多地拓展本地市场。一方面，本地酒店消费者更加重视私密性，因为城市太小，认识的人太多，无论是小情侣住宿，还是夫妻过纪念日，或者朋友聚会，都希望入住私密性好的酒店。Xbed 希酒店"无人化"的全自助入住流程正迎合了本地消费者的需求。另一方面，本地消费者同样对高品质、高格调、科技感、智能化的酒店有强烈的需求。随着经济和社会发展，占比极小的高消费者在消费降级，但是中国整体的消费水平是在升级的。消费者在酒店的消费已经从过去的商务出行的简单睡一觉升级到休闲娱乐的睡得"有格调"。

高星级酒店中门类众多的消费项目和服务项目使其成为本地消费者的休闲娱乐选项。但是高星级酒店的高价格依然会劝退大部分本地人，而 Xbed 希酒店兼顾了科技感、舒适性，在一线城市的定价为 188～388 元，在低线城市定价为 108～188 元，价位设计亲民友好，花住普通快捷酒店的价格就可以获得"刷脸进门"的未来酒店的体验，这对很多人来说，都是难以拒绝的。

### 二、智能设备和自运行系统打造"无感"入住体验

相比同等类型的酒店，Xbed 希酒店更重视系统的智能化。XMS 酒店自运行系统被认定为"广东省高新技术产品"。用 XMS 系统打造的极具科技感的"零接触智能化 Xbed 希酒店"，其核心是成本重构和系统运营，将简单、重复、烦琐的办理入住、制作房卡等工作交给智能设备，节省了工作人员 80%的时间，让他们可以将精力放在提升客户体验上，使客户感受到智能酒店的温情服务。XMS 智能酒店自运行系统从客户订房、办理入住、开门进房、客控体系、员控体系、物控体系、渠道一致性以及一键发布、收益管理、在线房务、X 商城、会员中心等方面提升 Xbed 希酒店的客户体验感及运营管理水平。

Xbed 希酒店大堂的"智住宝"与客房的"智能门锁"联动，给到店客户提供零接触、一键开门、一键退房入住体验，为客户提供"看不见的服务，触得到的呵护"。走进 Xbed 希酒店大堂，客户可以稍作休息，也可以自助办理入住，如图 7-1 所示。离开 Xbed 希酒店时，客户可以一键退房，也可以不做任何操作，系统 12 点将自动退房。这一切的设计以人为本，又还给人们更多自由。走进客房，客户可以选择在手机上用指纹开门，也可以选择人脸识别，甚至可以通过蓝牙开锁。由于所有的操作都在手机上完成，所以不必担心信息泄露。

Xbed 希酒店使用智能门锁，无需房卡。客户到达房间后，可通过手机指纹识别、人脸识别、密码、蓝牙等多种方式开门。入住时，客户可以随时呼叫专业管家服务。退房时，客户可用手机一键退房。

图 7-1 自助办理入住——Xbed 智住宝操作屏

Xbed 智能门锁可支持刷脸开门、指纹开门、密码开门等，杜绝前台制卡、存卡，客户丢卡的情况发生。Xbed 智能门锁的重点是客户可通过自己的手机完成身份识别认证，Xbed 智能门锁只接受开门指令，不收集客户面部、指纹等涉及隐私的信息。

### 三、XMS 酒店自运行系统为酒店运营升级降本增效

根据中国酒店按客房数量分布情况来看，67%的酒店门店客房数量在 40 间以下。我国连锁酒店品牌集中布局 70 间房以上的门店，规模在 30 间及其以下的酒店市场里，几乎没有强标准化的连锁品牌，只有 Xbed 希酒店目前独领风骚。而 Xbed 希酒店之所以敢涉足这一市场，关键在于拥有 XMS 酒店自运行系统。以 PMS 系统为核心的传统方式适应大房量

酒店并不难，但对小型酒店却很难匹配，因为小型酒店的运营模式决定了其需要足够的房量来分摊人员基数，造成单房运营成本居高不下。Xbed 希酒店自主研发 XMS 系统，可以让小至一间房的酒店获得全面经营的能力。

XMS 酒店自运行系统具有完整的功能板块——房态及预订、人力共享、全网流量、进销存、单房结算、会员营销、报表等。XMS 系统能够容纳各种类型的酒店产品，从一间房到几百间房，都可以在这个系统下顺畅运行。从客户预订、使用智能设备自助办理入住/退房手续、随时随地呼叫客房智能服务，到员工接单、物料管理、质检、工单结算等全自动运行，再到业主线上集约采购经营物资，Xbed 希酒店实现了经营全流程数字化。这既能提高服务顾客的效率，也能降低酒店的管理、运营成本。XMS 系统拥有强大的分销能力，可一键直连国内外的 27 个分销平台，实时获取全网流量，实现房态、订单双向实时同步，这种精准营销提高了效率，让更多的人看见 Xbed 希酒店，随时随地可以预订 Xbed 希酒店。

在经营决策方面，Xbed 希酒店经营指标实现了可视化，并且可实时反馈给业主和管理团队，以便于管理者根据具体门店的经营状况及时做出调整，使决策更具时效性、准确性。采用 XMS 系统后，仅需要 1.5 个人就可以运营一家酒店。XMS 系统是一个以单房为单位的扁平化、信息高保真的连锁管理系统，这让 Xbed 希酒店的管理效率更高、信息的精准度更高、控制有效度更高，同时成本却更低。通过 XMS 酒店自运行系统，Xbed 希酒店解决了传统酒店面临的运营成本不断高涨、消费者体验持续降低等核心痛点，为客户提供更多、更好、更触手可及的高品质住宿空间。

资料来源：作者根据 Xbed 希酒店官网信息整理而成。

# 第三节　网络营销策略与管理

酒店业的网络营销管理目前还非常薄弱，通常只有普通的营销管理。酒店虽然知道网络营销越来越重要，但如何管理互联网上不确定的、千变万化的信息，还缺乏行之有效的措施。网络营销管理与其他企业管理一样，也需要有目标和方法，讲究控制，都围绕商业目标开展。简单地说，就是要利用互联网收集与酒店网络营销相关的市场、竞争者、消费者以及宏观环境等方面的信息，采取行之有效的管理手段，使其满足既定的商业目标，并在时间和空间的效能上达到最大化，发挥网络资源和酒店营销人员整合的最大优势，用最少的经费发挥网络效应的最大潜能。随着互联网应用的进一步普及和网络营销的常态化，网络营销管理已经成为酒店网络营销中不可或缺的步骤，通过有效的管理和监督能帮助酒店走好网络营销之路，创造性地实现酒店市场营销的转型。管理往往是战略考虑，而策略是战术考虑。下面先介绍网络营销开展中的策略。

## 一、网络营销策略

策略比方法更重要，提升网络营销效果需要一定的实施策略，所以酒店网络营销的策略必须适应当下移动互联网甚至未来万物互联的大背景，基于现代营销学理论，结合网络营销的特点，找出面向酒店业的有效的网络营销方法。

## （一）市场细分策略

互联网是一个面向所有人的超宽渠道网络。现实的商业运营中存在着明显的长尾效应，酒店网络营销如何找到适合酒店自身的一个精准细分市场显得尤为重要。市场细分策略是在 1956 年由美国营销学家温德尔·史密斯（Wendell Smith）提出的，是指营销者通过市场调研，依据消费者的需要和欲望、购买行为和购买习惯等方面的差异，把某个旅游产品所对应的一个大的整体市场划分为若干个消费者群的细分市场的过程。

例如，Airbnb 在 2017 年收购了一家成立于 2015 年的名叫 Accomable 的公司。Accomable 的两位创始人 Madipalli 和 Martyn Sibley 都是脊髓性肌萎缩病人，每次出门寻找适合自己的酒店总是充满挫折，因此他们成立了 Accomable，旨在帮助行动不便的旅客解决住宿问题。这家公司瞄准的就是酒店巨头或者 OTA 巨头都不愿意涉足的无障碍住宿服务领域。

市场细分策略十分适用于互联网时代的企业，能帮助这些企业找准自己的利基市场，找准自己的受众，精准地进行推广营销，以制定更好的营销策略，集中人力、物力投入，提高酒店企业的经济效益。

## （二）心智定位策略

定位理论奠基人杰克·特劳特对定位的解释是："商业成功的关键，是在顾客心目中变得与众不同，这就是定位。"杰克·特劳特曾经在《什么是战略》一书中写道："最近几十年里，商业发生了巨变，几乎每个品类中可供选择的产品数量都有了出人意料的增长。"例如，为了购买一款手机，有苹果、三星、华为、小米、vivo、OPPO 等几十种手机品牌可供选择，且每种品牌都有高、中、低三个不同档次的产品。在信息透明的今天，单纯的价格策略很多时候是行不通的。靠制造廉价产品之所以行不通，是因为总会有其他对手制造出更廉价的产品，这时如何在顾客和潜在顾客的心目中建立品牌和认知就变得非常重要。

定位是一种逆向思维，不是从企业自身开始的，而是从潜在客户的心目中开始的。定位的基本方法并不是创造某种新的、不同的事物，而是调动客户心目中已有的认知，重新连接已经存在的联系。杰克·特劳特在其著作《定位》中，介绍了成功定位的六个步骤。

第一，你已经拥有什么定位？
第二，你想拥有什么定位？
第三，你必须超越谁？
第四，你有足够的钱吗？
第五，你能坚持到底吗？
第六，你的传播体现了自己的定位吗？

成功的市场定位能够在消费者心目中占据一席之地。在中国广大旅游消费者心目中，说到滨海度假城市，很多人在第一时间会想到山东青岛。这主要源于山东青岛的旅游定位非常清晰，就是"滨海度假旅游城市"。说到"美食之都"，很多人会想到四川成都。"美食之都"已成为成都非常形象且贴切的旅游定位，每年都有无数的旅游消费者前往。四川成都是继哥伦比亚波帕扬之后，全世界第二个、亚洲第一个被联合国教科文组织授予"美食之都"荣誉称号的城市。

### (三)产品/服务策略

产品/服务策略需要考虑规模效益,不同的规模效益需要采取不同的营销策略。

#### 1. 产品规模效益

在互联网电子商务模式下,酒店服务的规模效益需要考虑地理范围。面向全城、全省,还是全国,不同规模效益所要求的营销策略也不尽相同。一般主题公园主要服务周边2~3小时车程范围内的省级区域规模,单体酒店一般服务全城范围,连锁酒店规模效益可以放大到省级乃至全国性的连锁集团。

例如,美团外卖和饿了么外卖平台的竞争不是比较全国范围内的订单数量,而是在每个城市内进行比较,是一种"同城规模效应"。同一个城市的主题公园之间的竞争、品牌连锁酒店之间的竞争也是如此,需要站在"同城规模效益"的角度制定产品策略。大型酒店集团、美食产品通过电子商务平台和物流系统可以销往全国,这样就可以站在"全国性规模效益"的角度制定自己的产品营销策略。

#### 2. 产品/服务策略之"多、快、好、省"

好的用户体验,总结起来就是四个字——"多、快、好、省"。淘宝在创立之初依靠的就是"多"和"省"两个字,京东的成功之道取决于"快"和"好",美国零售巨头好事多(Costco)把"好"和"省"做到了极致。好事多超市的SKU(stock keeping unit,存货单位)只有四千个左右,而沃尔玛的商品却有两三万种,去好事多购物一般要开车一个多小时才能到,但是好事多一样可以非常成功。

一般的产品策略要在这四个字中做取舍,如果四个都想做到,最终可能一个都做不到。因此,正确的策略是阶段性取舍,而非永久放弃,等成熟发展之后再尽可能地慢慢补齐。亚马逊的发展之道就是先占位"多"和"省",然后通过改善物流及服务,逐步补齐"快"和"好"。开元酒店集团在快速扩张时期采用的是"多"和"快"的策略。

#### 3. 产品/服务策略之"广、深、高、速"

在追求全域发展、强化IP、模式扩张的过程中,目标很宏大,起点就很高,扩张速度就很快,但是往往做得不够精深。作为酒店服务业,所有的产品和服务都是以"提供更好的客户服务"为中心的,只有IP心智占有度做得足够深,才能有底气做广度和拉速度。例如,迪士尼的IP深入人心,细心打磨每一个和客户之间的服务触点,才能做好在全球范围内的扩张。亚朵酒店紧紧抓住与客户接触的"十二个核心触点",才在中高端酒店市场奠定了自己的品牌深度,然后逐步扩张。

此外,在产品策略上,小企业不能学大公司一味地拓宽产品线和投入新的产品研发。这是因为只有为数不多的成功产品才能够赚回研发和投入的资金,而小企业负担不起这样的成本投入。因此,小企业需要在一个产品方向上先做到极致,待将一个市场的用户服务做得足够"深"之后,才能考虑扩张。

### (四)渠道策略

渠道是联结产品和消费者的桥梁。网络营销的渠道主要是线上,包含三部分:一是自有渠道,包括官方网站商城、官方微信公众号、官方微博;二是第三方平台,如OTA平台、电子商务平台旗舰店、O2O服务平台、搜索引擎SEO、第三方旅游网站、全域旅游平台、协会网站、线上广告位等；三是社交网络的关键意见领袖（key opinion leader，KOL）及消费者本身自发的传播渠道。除 OTA 渠道之外，酒店还有很多旅游企业通过电子商务平台进行网络传播，如希尔顿、亚朵、首旅、如家在飞猪平台的旗舰店销售自己的产品和服务，也有酒店利用 KOL 进行直播或者评价分享，利用社交媒体的传播途径充分拓宽自己的网络传播渠道。

### （五）价格策略

酒店的服务产品多种多样，定价也各不相同。很多酒店依托公共资源向广大消费者传播信息，过高的定价会损伤消费者利益，过低的定价又不利于酒店的收益管理目标。酒店的定价取决于其不同的营销渠道和营销目的，且有明显的淡旺季分布特点，其中餐饮业的定价受地理位置影响还比较大。因此，需要根据具体情况制订价格目标和相应策略。

#### 1. 定价目标

产品的定价目标包括以下四个方面。

（1）利润最大化。定价的基础是尽可能地获取最大的利润。总利润是建立在销量和单品利润之上的，定价一定会影响销量，而为了获得最大的利润，商家一般会采取动态定价策略，原因在于，动态定价相对于单一价格的定价，能够获得较大的"消费者剩余"，从而获取最大的利润。

（2）占据市场。通过定价行为占据市场，一般采用价格战模式。一方通过主动降价换取客户，从而提高对市场的占有率。例如，曾经快的和滴滴的烧钱大战，携程和去哪儿的烧钱大战，都是通过资本的补贴换取客户流量，从而占据市场的。而价格战一般通过降价补贴用户来留住客户，但是如果竞争对手之间一直不惜成本地烧钱补贴，最终只会落得两败俱伤。滴滴、快的、Uber 中国共烧掉了超过三百亿元人民币，最后只能通过合并和解。

（3）预期投资收益。旅游业的投资回报周期一般比较长，前期的大量投入需要数年后才能有所回报。因此，为了保证预期的投资收益，必须达到一定的定价。

（4）企业生存。很多时候产品的定价是不受企业自己控制的，如企业间的价格战、国家间的贸易战、相关政策的调整等，都会影响定价。企业为了生存必须跟随市场做出应对和调整。

#### 2. 心理价格技巧

在网络定价上，可以运用一些心理技巧。比如，通过添加参照物将两个产品的价格形成鲜明对比，让消费者很容易看中其中一个，觉得很划算。例如，酒店 A 标房价 190 元，酒店 B 标房价 160 元，两个酒店的地理位置和档次基本相当。如此一来，消费者就会觉得酒店 B 更划算，从而使酒店 B 获得了消费者的青睐。

### （六）促销策略

酒店产品的网络促销方式主要有网络广告、站点推广、销售促进（折扣、赠送等）、关系营销、社交软文、明星代言、网络节目赞助、KOL 推荐等。在促销策略上，主要有限时限量打折促销、有奖促销、赠送促销、免费资源服务促销、积分促销、会员促销、整合促销等。酒店促销策略的选择与实施是由增加销量、测试市场、加强忠诚度、增加会员数量、提升品牌传播等目的决定的。

### （七）场景策略

当你走出地铁口发现下大雨，这时有个老奶奶正好在旁边兜售那种便宜的自动雨伞，你刚好需要就买了一把雨伞，这就是场景营销。促使场景营销成功实现交易闭环的有以下几个因素——场景地点、合适的时间、置身场景里的人、合适的需求、方便交易（移动支付/现金），缺一不可。例如，肯德基推出的扫码点餐、免排队服务，本质上就是对其传统的点餐排队场景进行营销，即在点餐区、点餐高峰期，为那些想要快速就餐的人提供使用手机就能下单订餐的功能。

而互联网的场景营销在以上基础上还加入了"大数据"这个内涵丰富的元素。互联网场景营销兴起的本质在于对流量的再一次变革，当线上流量的上升已经到了瓶颈，且获取客户的成本越来越高时，需要线上、线下深度融合，互联网营销下沉、大数据下沉是新的流量入口。

互联网场景营销 1.0 是基于位置的服务（location based services，LBS），即根据客户的位置推送相关的营销信息。互联网场景营销 2.0 是在 LBS 的基础上，基于大数据做消费者的需求和行为预测，并结合线下场景深度融合。结合消费者的基本信息数据及其在网络上消费所产生的行为数据，就可以在适当的时间和地点对客户的需求进行预测，并通过信息推送系统建立与消费者之间的联系。这时的广告营销是非常精准的，这也使得广告投放可以基于大数据进行计算，通过数据挖掘客户的需求后，在合适的场景就可以进行广告实时竞价（real time bidding，RTB）。

亚朵酒店的场景营销做得非常好，除了考虑到与客户之间的每一个触点，客户在亚朵酒店体验到的东西，如枕头、床垫、洗发水，都可以交易。仅仅 2016 年，亚朵酒店的床垫共卖了 3 万张，即使对于一个天猫店来说，这也是一个很大的销量。亚朵的蓝图是要开到 1000 家店，一年要服务几百万独立用户。可见，场景营销对于酒店品牌的建立和经营绩效的提升都有很大的帮助。

### （八）创新策略

互联网的营销策略是跟随技术和流量不断变化的，十多年前的在线外卖还仅仅停留在拨打传单上的电话号码进行预订，可是现在外卖平台已经改变了国人的就餐方式。十年前中国移动拿到 3G 牌照，现在 5G 已经开始商用。十年前网页横幅广告大行其道，现在人们可以仅靠一部智能手机就开启"说走就走"的旅行。十年前还没有微信、微博，大家都在玩博客和百度贴吧，现在最新、最有质量的内容基本都在知乎、微信公众号、微信视频号、抖音中。

酒店行业的互联网营销创新也要抓住技术变革的趋势，通过新的互联网流量导向和不同目标客群的行为方式，找出适合自己的营销渠道。有些旅游酒店看中了抖音短视频的巨大流量潜力，便积极与之展开合作，依托抖音平台生产匹配的内容。这一策略也让许多大型酒店集团看到了商机，通过此类营销抓住客户的眼球，获得了很好的营销效果。

### （九）社交营销策略

社交营销策略就是通过社交平台进行产品和品牌的营销。酒店业为消费者提供的服务本就是值得分享的事情，尤其是度假型酒店，而社交平台刚好给了每个人分享的机会和平台，既可以分享给熟悉的人，也可以分享给陌生人，分享经济将越来越活跃。

社交营销的目的主要有两个：一是通过社交分享传递价值；二是通过社交平台和客户充分沟通。不同的社交平台有不同的用户特质、沟通语言、内容形式、算法机制以及内容公信力。一个产品的宣传无论是以图片形式还是视频形式进行，如果能够被社交平台的用户主动分享，就说明其宣传内容能够打动受众，引起共鸣。

酒店还可以采取整合营销策略和品牌营销策略。尤其应该重视品牌营销策略，因为所有的营销策略最终都是为了建立更好的品牌影响力。精准的市场定位、挖掘 IP 资源、精心开发酒店服务产品，都是提升酒店服务的行为，最终都是为了塑造酒店的品牌形象。对于酒店网络营销，最核心的部分还是创意。没有创意的营销推广就是随波逐流，可能会产生一定的效果和流量，但是绝对不会使企业在广告信息大潮中脱颖而出。在大 IP、大企业"马太效应"抢占流量的当下，酒店作为中小型企业没有资金拼广告投入，搞创新是唯一的出路。在新经济、新常态下，互联网不是存量的竞争，而是增量的竞争。在存量市场之外，中小型酒店可以通过创新开辟新的增量市场，最后通过创意抢占营销流量。

## 二、网络营销管理内容

网络营销管理贯穿于整个酒店网络营销活动中，每一项网络营销的实施均包含多种具体的网络营销管理内容。在不同的营销阶段，网络营销管理的任务和实现手段也会有一定的差别：有些属于阶段性网络营销管理，有些则属于长期性、连续性的管理内容。相对于一般层面上的网络营销方法，网络营销管理的实现显得更有深度，因而需要更深层次的网络营销战略思想作为指导，也需要酒店的战略定位和使命作为指导。

### （一）网络品牌管理

酒店在网络营销中必须有自己的网络品牌，因为品牌也是消费者的情感诉求。不管是在分销渠道投放广告，还是在自己的门户网站投放广告，都必须有自己的网络形象，而且必须和自己酒店的定位和档次一致，更要符合自己客户的情感需要。网络品牌管理是指通过合理利用各种网络营销途径创建和提升酒店的网络品牌，其管理内容还包括网络品牌策略制定、网络品牌计划实施、网络品牌传播路径、网络品牌评价等。

### （二）门户网站推广管理

门户网站是酒店对外的窗口，是网络营销的主要门户。门户酒店需要网络推广、内容管理、数据积累、信息更新、促销活动、制造热点、在线直销等管理。其中，推广管理是吸引客户的重要内容，也是最基本的网络营销管理活动。它的内容包括门户网站搜索引擎优化状况诊断、网站推广阶段计划的制订、各种网络渠道推广手段管理、网站推广效果分析评价、网站流量统计分析与真假识别、网站访问量与效果转化分析等。

### （三）在线客户关系管理

在线客户是酒店网络经营的重要资源，对其开展在线管理和服务对酒店来说非常重要。在线客户关系管理包括客户行为研究、客户资料管理和有效利用、客户关系营销策略的效果评价等。好的在线客户关系管理既能维系在线客户的关系,又能把 OTA 的在线客户转变为酒店自己的在线客户,并形成酒店自己特有的消费客户群。

### (四)网络渠道促销管理

网络营销既要有自己的平台渠道,也需要网络分销渠道的合作伙伴。如何选择渠道开展促销,以及促销活动的内容应怎样布局,都是促销管理的重要内容。针对每家酒店不同的产品/服务,需要制定不同阶段的促销目标和策略,并对在线促销的效果进行跟踪控制和评估。

### (五)消费者偏好管理

管理消费者偏好是为了更精准地营销,酒店营销如果能迎合消费者的兴趣爱好,就能取得较好的网络营销效果。酒店要对不同层次的客户进行偏好分类管理,既可以针对不同的客户群投放令他们感兴趣的营销内容,也可以通过 App 向不同人群推送迎合他们需要的营销活动和内容,其中,包括消费习惯、消费档次、网络行为等与消费偏好相关的管理内容。

### (六)网络营销策略实施管理

酒店在不同经营阶段需要有不同的营销策略,也需要根据市场的竞争对手情况、网站搜索排名情况实施不同的营销策略,当消费者的需求发生变化时也需要采取不同的营销策略。因此,酒店需要计划好各种备用的网络营销方案,有选择地做好各种实施安排,以保证酒店的各种营销策略能高效率地实施,达到所需要的预期效果。

## 三、战略计划与目标

对酒店来讲,网络营销提高了工作效率,降低了营销成本,扩大了市场,给酒店带来了稳定的社会效益和经济效益。相对于传统营销,网络营销具有国际化、信息化和无纸化的特点,已经成为酒店服务业营销发展的趋势。为了促进网络营销的持续稳定和高效发展,酒店需要对网络营销进行战略分析和确定计划目标,从而为酒店获取持续的竞争优势。

### (一)战略分析

酒店在经营过程中需要有一定的战略规划,尤其是集团类酒店企业。网络营销也是如此,网络促销的时间、投放网络广告的时间以及搜索引擎关键词的确定,都需要有完整的战略计划。为了做好这个计划,需要对当前酒店与其他竞争者之间的竞争进行对比分析,需要与 OTA 采用的营销方法进行对比分析,也需要对当前网络消费者行为的变化进行对比分析,先了解客户的网络要求和潜在需求的变化,然后根据这些对比分析和变化制订酒店网络营销的策略和营销计划。这个计划必须符合酒店经营发展的实际需要,并具有一定的针对性和科学性,分析实施网络营销能否促进本酒店的市场增长,或通过改进策略实现收入增长和降低营销成本,并能落地以便于实施和控制。例如,酒店需要在国庆大假前制作一个小程序 App,作为大假到来以前的网络营销计划。该小程序应该投放在哪些人群,吸引哪类消费客户,和哪个竞争对手开展竞争,投放在什么网络渠道,这些需要事先做好战略分析。分析后制作的小程序营销就具有针对性，选择合适的网络渠道投放会取得非常好的效果。

## （二）计划目标

酒店开展网络营销需要设定计划目标，这样酒店营销人员就可以按照既定目标有步骤地开展网络营销，而不是随意投放网络广告。酒店在开展网络营销过程中还需要不断评估阶段性效果，如果偏离目标就可以及时调整和管控，使网络营销发挥最佳效益，达到酒店的既定计划目标。酒店的网络营销目标通常分为三种类型：一种是单项的网络营销目标，一种是短期或阶段性的网络营销目标，还有一种是长期或连续性的网络营销目标。单项的网络营销目标一般是为酒店的促销活动设定的，短期或阶段性的网络营销目标是酒店为在某个网络渠道做推广设定的，长期或连续性的网络营销目标是为酒店自己的门户网站和自媒体平台设定的，酒店也可以为在网络营销渠道上的长期合作伙伴设定目标。例如，酒店在淡季要做一个促销活动，要求这个促销活动提高 15% 的客房出租率，这时应怎样去实现这个目标呢？这是一个单项的网络营销目标计划。酒店营销人员可以通过自定义受众，去寻找以前关心过酒店产品的客户；酒店营销人员也可以通过自己的潜在客户名单，或通过门户网站的访客线索以及社交网络的互动痕迹，找到那些对酒店感兴趣的客户后再给他们直接发送网络促销信息，这样的营销效果可能要比在渠道中做网络广告好得多。

## 四、网络营销的管控

互联网上的信息瞬息万变，营销信息在互联网上投放后，需要进行跟踪和做必要的管控，这和信息系统运行需要管控是一样的道理。酒店在确定网络营销战略及计划目标后，就要组织相关部门实施战略和执行具体的目标，营销部和信息部是实施战略的主要部门，其他部门尤其是前厅部也需要密切配合，因为网络营销是通过新技术来改进和改造目前的营销方式和渠道，它涉及酒店的组织、战略、文化和管理各个方面。如果在执行中不进行有效的控制，网络营销的效果就会偏离目标，无法体现酒店战略，尤其是无法体现网络营销目标的竞争优势。最好的管控方法就是建立基于网络营销的软件管控平台，前面讲过平台化可以有效监管信息系统的运行，可视化网络营销的过程包括可视化社交平台的营销过程。目前许多酒店的网络营销都是基于形式，很少有监管的系统及监管过程，对网络营销的问题出在哪里都无法排查，这基本上都是缺乏有效管控的一种表现，酒店网络营销还处于初步的探索阶段。

在没有软件平台的情况下，网络营销管控只能靠人工进行，结合常用的分析工具以及人工记录去观察网络营销开展后的情况。例如，门户网站营销的管控，重点要跟踪访客的行为踪迹，评估其营销效果和访客的兴趣点；投放网络广告后的管控，重点跟踪落地页的点击访问情况，及时发现虚假流量和盲目的页面点击情况；小程序营销投放后的管控，重点要跟踪其访客的类型以及转化路径的情况，及时发现内容与目标客户不对称的情况。总之，网络营销在具体执行后，它的页面运行控制是一个非常细致的过程，需要仔细评估其投放是否有改进余地；通过评估改进使每一个网络营销项目都能达到理想的效果。酒店在开展网络营销过程中，尤其对于自媒体开展的网络营销，其运行的管控可以由信息部帮助执行，然后把营销效果评估及改进的内容反馈给营销部。

> **本章案例：固本、创新、求变——新媒体时代的网络营销实践（棋子湾度假酒店网络营销的实践认识）**

随着网络科技的不断发展，以社交媒体和移动端为特点的新媒体逐渐占据了主流。不同于传统媒体，新媒体具有个性化突出、受众选择性增多、表现形式多样、信息发布实时等特点，使信息的传播效率和大众接受度产生了质的飞跃，因此得到了社会公众的广泛青睐。对于酒店行业，基于新媒体的网络营销也成为酒店寻求经营和收益突破的关键点。通过新媒体营销，酒店业出现了不少现象级爆款营销的案例，这其中虽有一定的偶然因素，但不得不承认，它们已经摸到或者掌握了网络营销的"流量密码"。

为了积极拥抱现代科技、顺应时代的发展，海南棋子湾开元度假村也加入了新媒体时代网络营销的队伍，通过积极开拓，取得了可喜的成绩。

一、准确定义酒店，找准目标市场

这里所说的准确定义酒店，是指包括地理位置、客源结构、品牌美誉度和宾客认知度等因素在内的酒店形象定位，是酒店规划、设计和管理的综合体现。很多集团化酒店在选址和建设之初，都会进行系统的市场调研，然后出具报告，给予合理的指导性意见。地理位置决定酒店性质，周边市场价格和酒店自身卖点决定酒店产品售价，这些都不是酒店自身通过经营能够简单实现和改变的。事实上，你的酒店性质、产品售价和酒店设施用品等因素也决定了你的市场客源。而互联网时代的客源不再是传统的散客、包价产品、旅行社等这些大概念的群体，而是研学旅行、候鸟式度假、亲子家庭和自驾游等这些具象化的客户主体。当酒店的某类具象化客户群体占比达到40%以上时，酒店就应该围绕这类客户群体设计产品，酒店的设备设施、服务项目等也都应当顺势倾斜，再围绕此类客户群体发展相适应的其他客户群体，商务酒店和度假酒店都应如此。哪怕同属于度假酒店，度假客户的类型也有所区别，有旅游团队、亲子家庭、年轻情侣、疗休养团队等。将自己的酒店定位得越细致准确，越能够明确酒店的发展目标，这有利于在网络市场找准客户群体，实施精准的网络营销。

二、强化酒店特色，培育市场声誉

"中国西海岸，海南棋子湾"是该酒店的广告语，通过近四年的打造，西海岸的日落晚霞景观已成为酒店宣传推广和宾客打卡不可或缺的项目。在不断宣传自然景观的同时，该酒店也努力将其具象化，让宾客能够通过味觉、触觉甚至听觉进一步感受自然景观带来的震撼。围绕日落和晚霞，该酒店设立了落日晚霞图片的网盘，以供客人下载，在天气不好的情况下，客人可以用网盘里的图片在朋友圈晒图；该酒店还围绕此主题，设计了晚霞冰饮系列，深受宾客喜爱。大堂吧还选取日落主题的音乐，在观赏日落的现场播放，用悠扬的音乐拉近宾客与酒店产品的距离并增加互动，由此日落和晚霞成为酒店网络营销的核心主题内容，培育了酒店在网络市场的声誉。目前餐饮部正在打造晚霞主题宴会，进一步强化"西海岸绝美落日晚霞"的特色。该酒店还在B站开设了"井蛙观落日"的UP主号，实现了落日晚霞的实时直播,并被央视选为中秋节、国庆节海南唯一的视频直播点。

此外,在酒店公号发文、媒体广告及活动宣传中,"中国西海岸,海南棋子湾"高频次出现,酒店认知度不断提高,使酒店的广告语不仅成为酒店标签,也成为酒店网络营销的核心关键词,更成了当地政府和景区的主题宣传语。

### 三、充分利用资源开展主题活动

网络营销不仅需要有吸引力的IP,更需要多种主题活动的配合。日落晚霞景观是个成功的IP,也有很好的推广效果,但仅此一项,还不足以承载酒店的营销和客源获得。酒店又从服务端入手,依托开元集团几十年的品牌积累,提出了"一样的开元,不一样的海南"的广告语和"开元度假酒店旗舰店"的品牌定位,面向开元集团会员和粉丝进行定向推广,准确传达酒店在服务和设备设施方面的定位,获得了客人的认可。酒店还围绕当地的围棋文化主题,与当地政府和国家级协会联合举办了"中国围棋文化展"和"沙滩围棋大会",迎来了众多的围棋界名人。展览和比赛中留存的影像资料、设施和九段棋手亲手摆放的棋谱,又被酒店做成了装置艺术品,进一步扩大围棋文化在酒店的影响。结合周边原生态的特点,酒店针对乐于探索的宾客推出"乡野寻趣"、赶海拾贝等活动,精准定位客户群体需求,结合自身和周边资源,将产品标签化、客户标签化,以实现酒店精准的在线营销。产品不再只是酒店的一项配套,而成为酒店个性化的网络宣传点。

### 四、丰富酒店信息,优化宾客观感

酒店对于传统媒体和OTA平台上的信息展示同样不可忽略,当宾客在众多酒店信息中注意到你,那么,多个渠道和维度的比较才刚刚开始。围绕着口碑、性价比、设施项目、活动组织等主导因素,同一目的地度假酒店脱颖而出;不同目的地的选取则取决于酒店所在地域和酒店本身的吸引力。像该酒店的地理位置,在海南度假酒店缺乏优势,但依然能吸引宾客的原因,就是不断创新的想法和切实落地的活动内容,通过电子屏广告、网络渠道发文、社交小程序、纸媒宣传、轮渡广告和线上直播等方式进行宣传发布,让宾客及时获取酒店最新活动内容和产品,也让宾客切实感受到酒店在线服务的温馨。除了在上述诸多渠道发布信息,酒店还努力丰富各个App中的内容展示,尤其是针对会员的App,不断更新能满足会员需要的实时信息,提供切实的关怀服务。很多酒店搭建好网店后,很少注意更新内容,致使宾客对于酒店的认知仅停留在某一阶段。该酒店在如何丰富OTA上的酒店展示页面、图片、详情页、视频等内容方面不断探索、设计和更新,力求以友好的界面,呈现酒店的审美和对宾客的尊重,对于在线营销的自媒体更是如此。

### 五、积攒公域流量,增强粉丝黏性

如今,各行各业都在讨论"流量"一词,对于酒店而言,公域流量大部分集中在平台和渠道。"流量变现"没有定量的换算公式,而公域流量稳定性差、黏性差,偶尔或短时间投入犹如石沉大海,不但很难预测回报,也很容易打击积极性。但人们往往忽略了一点,那就是多渠道、多平台的曝光和推广,才逐步提升了酒店的影响力。当推广频次逐渐趋于有效频次时,酒店获客能力就会有明显的提升。对于公域流量的积攒,该酒店采取开放合作的模式:公号文章置换、横幅广告、积极参加平台活动、媒体积极露出等一系列增加曝光的措施。其中,较为行之有效的方法大概分两类:一类是像小生活这样的有奖产品分销,让分享人能够获利;另一类是分享的内容让平台或个人收获私有流量和一定利益,使其获得粉丝及其他边际效应。

在开展网络营销的过程中，酒店应重视公域流量的转化。公域流量的积累会收获大量的宾客反馈和市场信息，再通过公域到私域的转化，目标客户群就一目了然。宾客的需求和反馈为酒店产品设计提供了很有价值的信息，因此粉丝群的建设和管理也是网络营销中的重要内容。为了培育酒店的私有流量，酒店通过自媒体平台建设吸引网络粉丝，通过自媒体的话题、活动、交互增强粉丝黏性。

### 六、寻求流量入口，预售酒店产品

对于基于视频的网络营销，寻求流量入口很关键。如果说高频次的推广为酒店形象展示、产品推广做铺垫，那么头部渠道、平台、KOL、KOC（关键意见消费者）的合作，就是本酒店流量变现的有效手段。在每个地区、城市都有客户接受度较高的平台，如在宁波市场，联联周边游受众较广；公号推广方面，嬉游独占鳌头；携程的 BOSS 直播、飞猪的主题直播等，也能够快速、高效地实现流量变现。以嬉游为例，第一次产品推广，GMV（成交总额）就超过了八百万元。顶流带货总是伴随着选品、价格、佣金这些关键点的博弈，而当建立合作后，产品的特色、亮点和吸引力就显得更为重要。因为流量平台也很重视自身信誉，需要产品品质和口碑的加持。当然，首次合作时，还应以销量为主要参考条件，这样不但能提升双方信心，也能最大限度地增加传播效果。

### 七、不断提升口碑，助推酒店流量

口碑，尤其是网络口碑，不单是宾客选择酒店的参考项，也是衡量酒店品质的标准值。酒店发展的历史充分证明，良好的服务品质和宾客口碑是酒店的立身之本，也是酒店的生存之道。在进入互联网时代的今天，这依然是颠扑不破的真理。

良好的宾客口碑也是酒店能够与渠道、流量大咖紧密合作的前提条件。对于刚刚转化成为私域流量的宾客，他们既是体验者，也是分享者。新媒体时代，人人都是自媒体，每一个惊喜或不满都会被放大。比如早餐品质，是该酒店一直关注的重点，从杭州生煎包到海南抱罗粉、陕西肉夹馍、广东生滚粥，餐饮部不断丰富出品，提高客人的满意度。又比如会议接待，对于会议举办地的选择，往往是因为会议成功举办后，会议组织者才会再次选择。酒店销售部会针对不同会议的要求和特点编写细致的接待方案，从客人接站、会场布置到用餐安排、茶歇设计，把整个接待流程努力安排妥帖。散客市场更是如此。酒店信奉的理念是：“客人不远千里来到酒店，我们必须真心关爱。"正因如此，自 2016 年开业以来，通过网络营销和推广，酒店的接待量、平均房价和 RevPAR 都有稳定的增长。

### 八、利用平台功能充分展示酒店

有了正确的理念、思维和方法，就需要通过合适的工具将影响扩大。各大平台都有直播和主题推广，渠道联系人通常也会在第一时间通知酒店，关键在于酒店要充分准备素材提供给渠道。除此以外，还有一些可以自主申报的活动，如携程的直播可以在后台申请参加。携程社区和旅拍、抖音团购、小红书等，如今都已成为新媒体时代推广的主流，酒店要熟练地掌握各自的使用方法。平台的功能设计是为了迎合市场需求。如何更充分地利用平台功能是摆在酒店营销人员面前的新课题，对此，该酒店也在积极探索之中。如抖音大V 的探店直播和团购、微信视频号推广和小红书 UP 主等，酒店从年初开始尝试，随着市场的回暖，曝光的频次也在快速提升。

当前社会面临着各种变革，互联网平台也在快速迭代。酒店管理者应深度思考：如何将产品、服务、流程"更好"地呈现给宾客？"更好"没有尽头，正如世间事物很难"完美"一样，该酒店的任务是努力做得"更好"，行进在追求"完美"的路上。

资料来源：本案例来自海南棋子湾开元度假村官网，并经作者加工整理。

**案例思考：**

1. 为什么说在开展网络营销以前，酒店首先要"准确定义酒店，找准目标市场"？
2. 什么是公域流量？什么是私域流量？如何转化？举例说明。
3. 棋子湾开元度假村是如何确立酒店特色、培育网络市场声誉的？

## 拓展知识

| | | |
|---|---|---|
| 病毒式营销 | 口碑营销 | 人本营销 |
| BBS营销 | 微博营销 | 场景营销 |
| 长尾理论 | 刺激—响应模型 | 4R理论模型 |
| 垃圾流量 | 流量截取 | 营销专家系统 |
| 整合营销 | 转化率 | 规模效应 |
| 知识库 | 营销关键词 | 价值驱动营销 |

## 思考题

1. 什么是4P、4C、4R营销管理模型？请分别说明。
2. 营销管理理论经历了哪几个变革时代？目前营销管理理论处于哪个变革时代？
3. 什么是网络营销？目前有哪些网络营销方式？
4. 酒店的网络营销主要有哪些应用类型？请举例说明。
5. 什么是自媒体营销？酒店的自媒体营销应如何规划实施？
6. 网络营销与传统营销相比有哪些应用特点？
7. 通过课外学习，试解释什么是人本营销。
8. 通过课外学习，试解释什么是知识库，它和数据库的区别在哪里。
9. 基于人工智能的自动化营销有什么特点？举个酒店应用的例子。
10. 什么是落地页？在搜索引擎营销中如何规划落地页？
11. 常用的网络营销技术有哪几种？酒店营销部门应如何应用这些网络营销技术？
12. 试在自己的门户网站策划一个事件营销，内容自定。
13. 酒店网络营销通常可以采取哪些策略？请举例说明。
14. 什么是网络营销管理？酒店为什么要开展网络营销管理？
15. 什么是网络营销管控？管控的作用是什么？

16．作为服务性企业，网络舆情会对企业的营销产生怎样的影响？如何利用和引导？
17．根据所学知识，策划一个酒店促销活动的营销方案。
18．根据所学知识，策划一个酒店门户网站的营销方案，方法自定。
19．酒店要创造自己的网络营销优势，应如何制定自己的网络营销战略？
20．为什么说酒店网络营销的核心是创新？它和网络营销创新是什么关系？

# 第八章 电子支付

本章要点

电子支付是酒店电子商务中的重要环节,是酒店电子商务中最普遍的支付方式。本章介绍电子支付的概念及相关内容。文中首先介绍了电子支付的应用流程以及市场优势和电子支付对消费的促进作用;然后对酒店电子商务的支付体系进行了介绍,涉及在酒店中使用较为普遍的银联电子支付平台和第三方电子支付平台,并分析了它们各自的优势和应用特性以及如何选择的问题;最后介绍了酒店目前的电子支付平台的应用,重点介绍了 i-Hotel 酒店平台下的电子支付应用。

客户在酒店消费过程中,可以进行各种形式的支付,包括第三方的电子支付;在网上预订酒店服务产品,直接网上支付,以确保订单的有效性。作为电子商务酒店,在酒店内消费几乎能做到无现金支付。这有利于酒店各收银点的管理,也提高了客户消费结账的效率,节省了客户等待的时间。本章将介绍目前酒店电子支付的应用情况、酒店电子商务的支付体系以及当前酒店常用的网上支付类型。

## 第一节 酒店电子支付概述

电子支付是指单位、个人(以下简称客户)直接或授权他人通过电子终端发出支付指令,实现货币支付与资金转移的行为。支付是电子商务中一个非常重要的环节。基于互联网的电子商务,需要为数以千万计的购买者和销售者提供支付服务。目前市场上已开发出很多网上支付系统,这些系统的实质都是把现有的支付方式转化为电子形式。基于互联网的电子支付系统主要包括金融机构、付款者和收款者以及第三方非银行金融机构(如支付宝),包括各种金融网络。这里的金融机构通常指银行,它为付款者和收款者保持账户。酒店的电子商务同样需要电子支付系统。目前电子支付平台有哪些?酒店应如何选择电子支付平台?本节我们就一起了解关于电子支付的一些概念和应用。

### 一、电子支付的概念及市场优势

电子支付是指电子交易的当事人,包括消费者、厂商和金融机构,使用安全电子支付

手段通过网络进行的货币支付或资金流转。随着移动互联网的普及,电子支付将越来越普遍,而传统支付方式因有过程复杂、时空受限、现金携带不便等缺陷而受到各方诟病。电子支付方便、快捷、经济、高效的特点,使基于数字化和网络化的电子支付方式受到市场的热捧。例如,支付宝支付、微信支付等,已在全国各大超市和农贸市场以及公共交通等处得到普及,这足以说明市场对电子支付的接受与认可。随着电子商务的快速发展与常态化,电子支付为适应电子商务环境的需要而不断推陈出新,在电子商务活动过程中发挥着不可替代的作用。在传统商务和网络商务的交易过程中,电子支付已成为电子商务发展中资金流的重要组成部分,是实现网上购物与实时支付的关键所在。电子支付方式的广泛运用,为电子商务的发展提供了更多的可能性和更广阔的市场,不但提高了交易效率,也对加速电子商务的发展产生了深远的影响。

### (一)电子支付的流程

电子支付作为一种新型的支付方式,随着信息化、网络化的社会环境而日益呈现新的姿态,它利用自身高效、便利等优势为大众所接受并逐渐得到广泛的应用。高速发展的电子商务应用对网上支付的需求进一步增强,电子支付会以其特有的优势,健康、合理地发展,为广大用户营造一个更加安全、便捷、经济的支付环境,从而促使电子商务朝着更加健康的方向发展。电子支付流程如图8-1所示。

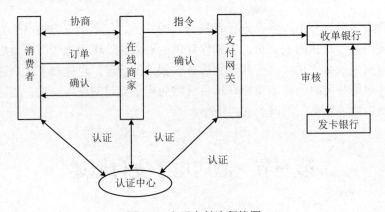

图 8-1  电子支付流程简图

图 8-1 中的支付网关是完成银行网络和互联网之间的通信、协议转换和进行数据加密和解密,保护银行内部网络安全的一组服务器。它是互联网公用网络平台和银行内部的金融专用网络平台之间的安全接口,电子支付的信息必须通过支付网关处理后才能进入银行内部的支付结算系统。收单银行是为商家提供资金账户的银行,因为商家银行是依据商家提供的合法账单工作的,当客户向商家发送订单和支付指令时,商家将收到的订单留下,将客户的支付指令提交给收单银行,然后收单银行向客户银行发出支付授权请求,并在它们之间进行清算工作。发卡银行是消费者客户的银行,是指为客户提供资金账户和网络支付工具的银行,为客户提供消费账户。发卡银行根据不同的政策和规定,保证支付工具的真实性,并保证对每一笔认证交易的付款和结算。认证中心是交易各方都信任的公正的第三方中介机构,它主要负责为参与电子交易活动的各方发放和维护数字证书,以确认各方的真实身份,保证整个电子交易过程安全稳定进行。

因此，基于互联网的电子支付系统由消费者、在线商家、认证中心、支付网关、发卡银行、收单银行等几部分组成。在电子支付的发展初期，银行的电子支付系统无疑是主导力量，但银行自身既没有足够的动力也没有足够的精力扩展不同行业的中小型商家参与电子支付。于是非银行类的企业开始进入支付领域，它们通常被称为第三方电子支付公司，如微信支付、支付宝支付等电子支付都属于第三方公司，由此出现了自建支付平台模式、第三方垫付模式以及混合型的电子支付模式等应用。近年来，电子支付技术的快速发展和第三方支付形式的日益多样化，为商业银行等金融机构参与电子商务创造了技术条件。因此电子支付技术日益成熟，造就了我国网上支付行业并催生了以电子支付业务为核心的大量新型业态和支付企业。可以说，正是得益于电子支付技术和多种支付形式的支撑，我国电子商务才得以在较短的时间内实现健康和快速的发展。

### （二）电子支付的市场优势

这几年电子支付延续了强劲的增长态势，增长率惊人。中国互联网信息中心（CNNIC）2022年第49次《中国互联网络发展状况统计报告》显示：截至2021年12月，中国网络支付用户规模达9.04亿，较2020年12月增长4929万，占网民整体的87.6%。电子支付已经融入人们的日常生活，电子支付已达到几十万亿级别的规模，预计未来几年我国电子支付市场规模将进入成熟稳定的增长趋势。

电子支付之所以发展如此迅猛，归根结底是因为它的市场优势：① 电子支付方便，易充值，不用找兑，不用清点，节省了交易双方的许多时间；② 高速发展的电子商务对支付需求的增强，电子支付可以配合网购，不用出门就可以买任何东西；③ 各网上支付厂商在线下消费场景积极布局，不断拓展和丰富线下消费支付场景，提升交易效率，可即时到账，提高了商家的经营效率；④ 避免了携带大量现金的风险，所以越来越多的商家支持电子支付。

另外，电子支付的普及还给纸质货币发行节省了费用，可以大幅度减少纸质货币的发行量，未来电子支付慢慢演变成电子货币，离货币的虚拟化就不远了，即未来央行发行的货币不再是纸币，而是虚拟货币，可能直接取缔纸币而用电子货币代替其作为"货币符号"。就目前我国的"无现金社会"的逐步建成及当前科技和金融的发展趋势来看，货币虚拟化是必然趋势。数字人民币推广提速，2019年年底以来，数字人民币试点测试规模有序扩大，应用领域逐步拓展，促进了我国数字经济规模扩张与质量提升。数据显示，截至2021年12月31日，数字人民币试点场景已超过808.51万个，累计开立个人钱包2.61亿个，交易金额875.65亿元。试点有效验证了数字人民币业务技术设计及系统稳定性、产品易用性和场景适用性，增进了社会公众对数字人民币设计理念的理解，未来将进一步深化在零售交易、生活缴费、政务服务等场景的试点使用。

## 二、电子支付对消费的促进作用

我国电子支付技术虽然起步较晚，但发展速度十分惊人。截至2021年12月，我国网民规模达10.32亿，较2020年12月增长4296万，互联网普及率达73.0%。2021年前三季度，银行共处理网上支付业务745.56亿笔，总金额1745.9万亿元，同比分别增长17.3%和

10.5%，增速明显加快。我国网络支付业务规模稳步增长，为促进消费扩容提质、支持经济发展提供了有力支撑。当前，电子支付技术在快速发展的过程中日益丰富和完善，已经成为商务活动中最重要的支付形式。目前，我国网络支付业务量保持稳定增长态势，支付服务壁垒逐渐被打破，互联互通进入新发展阶段。2021年，以支付宝、微信支付为代表的第三方平台率先向云闪付等支付机构开放，在线上、线下场景，支付、服务两个层面推进更深入的互联互通。闪付在全国多个城市实现了收款码扫码互认，预计2022年能覆盖所有城市。在线上场景中，美团、拼多多等互联网平台已支持众多主流支付渠道，如微信支付、支付宝、银联云闪付、Apple Pay、MiPay、华为 Pay、三星 Pay 等；11月，微信小程序支付自助开通云闪付功能，微信支付已与12家银行机构开展了互联互通合作。

## （一）电子支付优化了市场的信任体系

支付安全是电子商务顺利发展的重要保障。据淘宝网统计，即使商品价格稍高，但只要信誉可靠往往就能吸引更多买家。这一现象表明，网络消费者更加看重以商家信誉为基础的营商环境。电子商务的实践证明，信任度已经成为决定电子商务产业健康发展的重要变量，只有建立起充分的电子信任，电子商务才能健康生存和迅速壮大。随着第三方支付平台的迅速兴起，如支付宝的交易担保业务，在线的电子支付交易已经成为电子商务交易最为安全便捷的通道，商家要在客户收到货物并在货物没有质量问题的情况下才能收到支付宝平台的货款，从而保障了消费者的权益。因此，电子支付业务的健康发展，不仅促进了电子商务交易双方的信任，更净化了整个网络信任环境。电子支付消除了电子商务发展的阻碍，并为电子商务迅猛发展的态势增加了新的动力。2018年《电子商务法》的发布与实施，以及电子支付安全性的不断提升，更加优化了以消费者、电子商务和金融机构为主体的电子商务营商环境，有力地促进了电子商务信任体系的完善。

## （二）电子支付对消费者的心理有影响

电子支付对消费的促进作用在于它的便捷性，这种快捷支付方式让我们从拿着纸币去消费变成看着电子数字的变动。电子货币让人们在花钱时不觉得自己在花钱，只觉得是手机里几个数字在变动，减少了人们花钱时的"损失感"，消费自然增多。也就是说，电子支付的便捷性使人们对"花钱"这个过程不再那么敏感，它的奇妙之处就在于它虽然没有改变人们在银行的总存款量，但由于 App 服务方便了人们的使用，于是消费心理产生了变化。

有学者研究后认为这种消费的促进是"心理账户"的作用，他们认为当人们使用电子支付时，其"心理账户"之间的替代效应会减弱。而且网络支付的虚拟性会使人们产生减少的"损失感"，所谓眼不见心不烦，同样的道理，当你看不到钱时，它的减少就不会使你的内心产生很大的波动，于是人们花钱的次数在不知不觉中就变多了。在酒店消费也一样，尤其是酒店内的娱乐消费，电子支付的便捷性也会让消费者花钱变得很随意。

## （三）电子支付中的鼓励金有促销作用

很多第三方电子支付平台都有鼓励金的功能，以帮助在线商家促销，这是电子支付系统中特有的一种促销功能。消费者在每次完成电子支付后都会收到一笔鼓励金，当然这个鼓励金并不是直接打入顾客账户，而是在下一次支付时在顾客应付的钱中自动减免，而据观察这笔鼓励金的确起到了"鼓励"消费的作用。虽然这笔鼓励金有时只有几角钱，但顾客在获得这笔鼓励金后，会觉得不再花点钱把这笔鼓励金用了就亏了（意识不到只是省了几角钱），这样算来就会让顾客少花一笔钱。顾客会想："那既然会少花钱，我不花了它，我是不是傻？"这种消费心理就产生了很可观的促销作用。支付宝中的花呗也有类似的促销作用，它是支付宝对信用好的用户提供的一项小额透支服务，其额度和用户信用（芝麻信用）正相关。这项功能和信用卡透支的功能是一样的，能给消费者一个随便花的错觉。

根据以上介绍的电子支付对促销作用的影响，我们可以看到电子支付对我国消费的促进作用不可小觑，其中的原因既有电子支付带来的便捷性、电子货币的"虚拟性"，还有其 App 中的鼓励金和小型金融功能。这些将会改变网络时代的消费常态，而同时电子支付会对我国银行业和货币转型产生深远影响。未来的电子商务工作者一定要时刻关注电子支付的发展趋势，尤其是关注区块链和数字货币的发展情况，未来酒店的电子商务在电子支付应用中一定会涉及区块链技术，乃至应用虚拟货币，也许那时我们的后代会把纸币当成一种古董。

## 第二节　酒店电子商务的支付体系

酒店开展电子商务，首先要对支付体系有一个战略性的构建，因为现在不管是银联的，还是第三方支付平台的，可选择的支付体系有很多。对于大多数的星级酒店，一般选择银联电子支付平台，因为银联支付平台有便捷的预授权功能，特别适合服务台的收银系统。而对于低端的中小型酒店，选择第三方电子支付平台的较多，每个酒店需要在电子商务环境下构建自己的电子商务支付体系。为了向客户提供更方便的支付渠道，酒店在构建电子商务支付体系时还需要运用多元化的支付工具，特别是新兴的电子支付工具，如电子现金、虚拟货币移动支付及多用途的储值卡等，都支持非现金支付。因此，在构建电子商务支付体系时，酒店还需要覆盖各种各样的支付工具，促使客户能够运用任何非现金支付工具完成支付行为。在构建电子商务支付体系时，酒店需要考虑的是使用的便捷性和构建成本。

### 一、银联支付平台的解决方案

酒店电子商务支付体系主要以电子商务系统为构建核心，围绕客户的商务开展支付环节的建设，而新的支付体系必须比传统的支付体系更加便捷和灵活。例如，在传统的支付体系中，酒店是基于客户的基本服务需求构建支付体系的。而电子商务支付体系则是因为市场需要新的支付方式、更便捷的支付方法而形成的，其主要站在对客户提供更为优质服务的角度来考虑，只要客户需要服务，就会有便捷的支付操作出现。事实上，支付作为一种资金转移活动及行为，是社会经济活动中交易的重要体现。电子支付系统作为支付活动得以完成的支撑工具，也是资金转移的重要渠道。建立完善的电子商务支付系统是酒店电子商务系统建设的基本前提，酒店需要早做规划和准备。

## （一）银联在线平台的功能与特点

银联在线支付是最早被接受的互联网支付方式，它是指以现代通信技术、网络技术为基础，通过互联网开办银行业务，向客户提供的各种金融服务。银联在线平台由用户向银行发出申请，将银行里的钱直接找到商家名下的账户，直接完成交易。酒店构建的银联支付体系主要是银联在线支付平台的接入和运用。银联在线支付是中国银联为满足各方网上支付需求而打造的银行卡网上交易转接清算平台，也是中国首个具有金融级预授权担保交易功能，全面支持所有类型银联卡的集成化、综合性网上支付平台。银联在线支付作为银联互联网支付的集成化、综合性工具，涵盖认证支付、快捷支付、储值卡支付、网银支付等多种支付方式，广泛应用于购物缴费、还款转账、商旅服务、基金申购、企业代收付等领域，具有方便快捷、安全可靠、全球通用、金融级担保交易、综合性商户服务、无门槛网上支付六大特点。

简单灵活的快捷支付模式，无须开通网银，加快了交易进程，提升了用户体验，有助于银行、商户吸引更多的客户，促进网上交易。多重安全技术保障，实时风险监控，充分保证了支付安全。与其他担保交易提前划款给第三方账户不同，银联在线支付的金融级预授权担保交易，是在持卡人的自有银行账户内冻结交易资金，免除利息损失和资金挪用风险，最大化保证了银行、商户和持卡人的权益。延伸全球的银联网络、越来越多的银联境外网上商户让持卡人实现"轻点鼠标，网购全球"。

作为独立、先进的互联网支付综合性工具，银联在线支付依托中国银联强大的电子支付综合服务能力，可为旅行者和酒店提供线下、线上一体化的资金清算服务、便利的交易管理服务，更可提高商户订单支付成功率，确保交易信息安全。同时，银联在线支付依托银联强大的品牌支撑，有助于提高持卡人的消费信心，为酒店带来庞大的客户资源和无限的商机。目前，银联支付平台几乎覆盖所有的高星级酒店，因为高端客户普遍有信用卡，银联支付平台的预授权功能安全特性受到这些高端客户的青睐。

## （二）银联支付体系的构建

电子支付是一种非现金支付方式，主要运用网络技术及数据技术来实现资金的转移。但是，网络技术及计算机的可控性较低，容易出现虚假交易、诈骗行为等安全性问题。为了保障客户的合法权益，酒店应对银联支付体系构建的银行卡网络、移动互联网接入加强监管，结合数据技术提高对网络经营中数据的监管力度，以保证消费者的合法权益、酒店的资金账户安全。目前，酒店主要有银联在线支付、银联云闪付等几种银联支付体系的应用，银联在线支付使用最为普遍。

在酒店常用的银联在线支付中，比较有应用特色的是认证支付、快捷支付和小额支付，它们都不需要开通网银。认证支付是指在银联的支付页面使用"银行卡信息+手机号码"组合信息进行支付的方式，酒店常应用在门户网站的在线预订页面中。

快捷支付是已经关联银行卡的"银联在线支付"注册用户，在支付页面使用"银联账户信息+手机号码"组合信息进行支付的方式，常用在酒店的会员客户管理的电子商务中。小额支付是在银联的支付页面使用银行卡信息进行支付的方式，无须输入手机验证码，但单笔的支付上限是100元，这种支付方式常用在酒店娱乐服务的电子商务中。

银联在线支付服务是由中国银联推出的手机支付产品，可以通过银行卡进行安全的、便捷的即时支付。客户在银联签约的酒店内用手机客户端、手机网站进行付款时，安全支付控件可以保障客户银行卡信息的安全，是酒店服务台常用的收银方式。

银联云闪付是酒店采用的另一种在线支付方式，它让客户彻底告别实体银行卡，系统采用了 HCE（基于主机的卡模拟）与 Token（代币）技术，是一种具有移动互联网远程支付能力的创新移动支付产品，持卡人可以享受便捷、安全、快速的银行卡服务。云闪付卡是一张存储在手机中的虚拟卡，是持卡人手中银行卡的替身卡。

### （三）银联在线支付开通申请

酒店在开发电子商务系统时，要根据中国银联提出的在线支付申请，把相关的客户端软件嵌入酒店电子商务系统以及前台的 PMS 系统中，以下为具体申请步骤。

（1）酒店与 ChinaPay 签订《网上银行卡支付接入协议》，填写《商户加入上海统一支付网关登记表》，并支付相关费用。

（2）酒店向 ChinaPay 及相关商业银行提交营业执照复印件及组织机构代码证复印件。

（3）酒店在其门户网站、相关系统上更新购物页面和查询页面并获取客户端软件。

（4）安装客户端软件，与 ChinaPay 进行系统调试。

（5）酒店与 ChinaPay 的交易调试完成后，即可开通使用网上银行卡支付功能，实现在线支付。

银联支付的主要优势就是安全性比较高，有比较完整的金融安全体系，也符合具有信用卡的用户透支消费和先消费后还款的要求。银联支付的劣势就是对交易双方的服务不到位，便捷性较差，对交易双方缺乏监督措施，不利于交易商品的质量管控。

## 二、第三方支付平台解决方案

第三方电子支付平台是指平台提供商通过即时通信、云计算和信息安全技术，在商家和银行之间建立连接，从而实现消费者、金融机构以及商家之间的货币支付、现金流转、资金清算、查询统计的一个在线平台。因此，第三方支付平台是买卖双方在交易过程中的资金"中间平台"，是在银行监管下保障交易双方利益的独立机构。在采用第三方支付平台的交易中，买方选购商品后，使用第三方平台提供的账户进行货款支付，由第三方平台通知卖家货款到达、进行发货；买方检验物品后，通知第三方平台付款给卖家，第三方平台再将款项转至卖家账户。受移动互联网应用的影响，目前第三方电子支付主要以移动支付的应用为主。根据中关村互联网金融研究院发布的《中国金融科技和数字普惠金融发展报告》：第三方支付分为移动支付、互联网支付和跨境支付。2021 年第三方移动支付与第三方互联网支付的总规模将达到 311 万亿元。从移动支付上看，2020 年在第三方移动支付领域，支付宝和微信支付合计市场份额达到了 94.4%。与此同时，第三方跨境支付市场规模由 2016 年的 2437 亿元增长到 2021 年的 14 285 亿元，2016—2021 年复合增长率为 42.4%。

### （一）第三方支付平台的由来与功能

最早出现第三方支付平台源于电子商务的需要。在互联网的大环境下，电子商务交易离不开电子支付，而传统的银行支付方式只具备资金的转移功能，不能对交易双方进行约束和监督；另外，支付手段也比较单一，交易双方只能通过指定银行的界面直接进行资金的划拨，或者采用汇款方式；交易也基本全部采用款到发货的形式。在整个交易过程中，货物质量、交易诚信、退换要求等方面都无法得到可靠的保证；交易欺诈行为也时有出现，于是第三方支付平台应运而生。

支付宝就是最典型的第三方支付平台。因此，第三方支付为保证网上交易成功提供了必要的支持。随着电子商务在我国的快速发展，第三方支付行业也如雨后春笋般地发展起来，如在国内应用的第三方支付产品主要有支付宝、微信支付、百度钱包、PayPal、中汇支付、拉卡拉、财付通、融宝、盛付通、腾付通、通联支付、易宝支付、中汇宝、快钱、国付宝、物流宝、网易宝、网银在线、环迅支付 IPS、汇付天下、汇聚支付、宝易互通、宝付、乐富等。其中用户数量最大的是支付宝和 PayPal 支付平台；国内用户最多的是支付宝和微信支付平台。

第三方支付的特点是款项从启动支付到所有权转移至对方不是一步完成的，而是在中间增加中介托管环节，由原来的直接付转改进到间接汇转，业务由一步完成变为分步操作，从而形成一个可监控的过程，按步骤有条件地进行支付。这样就可以货走货路，款走款路，两相呼应，同步起落，使资金流适配货物流的交易进程，也使支付结算方式更科学、合理，迎合了现代网络市场的需求。它的核心功能主要有三个：第一，接收、处理并向开户银行传递网上客户的支付指令；第二，进行跨行之间的资金清算（清分）；第三，代替银行开展金融增值服务。

在这三项功能中，第一项接收、处理、传递支付指令是第三方支付平台必不可少的基本功能。第二项资金清算的功能则为选项，不同平台各有取舍，有的支付平台只具有第一项功能，不负责资金清算。第三项功能——代替银行开展金融增值服务，是指在一些银行无法涉及的领域，第三方支付平台可以协助甚至代替银行开发很多金融产品，如针对专门的生活市场（如缴纳水电费等）、社区市场（如物业结算、小区管理费）、独立单位市场（如大型连锁企事业单位等，包括酒店集团和连锁酒店）、移动市场的相关服务产品等。这三项功能大型的连锁酒店都会使用到，因此，对于大型酒店来说，在开展电子商务过程中，需要选择的第三方电子支付平台服务商应具备这些功能要求。

### （二）第三方支付平台的运行模式

第三方支付目前都选择平台化运行模式，采用的是移动互联网、大数据和云计算技术，由客户端和云服务端两大系统组成，以下为其运行模式的主要步骤。

（1）消费者在商家的电子商务网站上选购商品，最后决定购买，买卖双方在网上达成交易意向。

（2）消费者选择利用第三方支付平台作为交易中介，用借记卡或信用卡将货款划到第三方账户，并设定发货期限。

（3）第三方支付平台通知商家，消费者的货款已到账，要求商家在规定时间内发货。

（4）商家收到消费者已付款的通知后按订单发货，并在网站上做相应记录，消费者可在网站上查看自己所购买商品的状态；如果商家没有发货，则第三方支付平台会通知顾客交易失败，并询问是将货款划回其账户还是暂存在支付平台。

（5）消费者收到货物并确认满意后通知第三方支付平台。如果消费者对商品不满意，或认为与商家承诺有出入，可通知第三方支付平台拒付货款并将货物退回商家。

（6）消费者对货物满意，第三方支付平台将货款划入商家账户，交易完成；消费者对货物不满，第三方支付平台确认商家收到退货后，将该商品货款划回消费者账户，或暂存在第三方账户中，以等待消费者下一次交易支付。

第三方支付模式就是以非金融机构的第三方支付公司为信用中介，通过和国内外各大银行签约，具备很好的服务实力和信用保障，是一个在银行的监管下保证交易双方利益的独立机构，在消费者与银行之间建立一个某种形式的电子数据交换和信息确认的电子支付流程。未来第三方支付将向行业纵深发展，那些最早深入某具体行业的支付平台服务商，还可以形成在该行业支付平台的竞争优势，抢占先机。从现在的电子商务发展看，电子客票、数字娱乐、住宿旅行和电信充值将最有希望打造行业性电子支付的专用平台。

### （三）第三方支付的优势与风险

前面已经介绍了第三方支付的功能和特点。第三方支付的优势就是结算快捷和便捷，因此在酒店的餐饮、娱乐等消费场合使用比较多，尤其在中低端的酒店，第三方支付平台使用更为普遍，许多酒店的服务台收银系统也直接使用第三方支付平台。第三方支付作为网络市场交易服务的中介服务机构，在最近十年里获得如此快速的发展，必然存在中介服务优势，而这个优势也是网络市场能健康发展的基本保障。我们先认识一下第三方支付平台的优势。

（1）第三方支付平台作为中介方，可以促成商家和银行的合作。对于商家，第三方支付平台可以降低企业运营成本，同时对于银行，可以直接利用第三方的服务系统提供服务，帮助银行节省网关开发成本。

（2）第三方支付服务系统有助于打破银行卡壁垒。由于中国存在在线支付的银行卡"各自为政"的弊端，每个银行都有自己的银行卡，这些自成体系的银行卡纷纷与网站联盟推出在线支付业务，客观上形成消费者要想自由地完成网上购物，手里必须有十几张卡的局面。同时，商家网站也必须装有各个银行的认证软件，这样就会制约网上支付业务的发展。第三方支付服务系统可以很好地解决这个问题。

（3）第三方支付平台能够提供增值服务，帮助商家网站解决实时交易查询和交易系统分析，提供方便及时的退款和支付服务。

（4）第三方电子支付平台可以对交易双方的交易进行详细记录，从而防止交易双方对交易行为可能产生的抵赖行为，以及为在后续交易中可能出现的纠纷提供相应的证据，虽没有使用较先进的 SET 协议，却收获了同样的效果。总之，第三方电子支付平台是当前所有可能的突破支付安全和交易信用双重问题的方案中较理想的解决方案。

随着第三方支付平台规模的不断扩大，自然存在资金安全隐患方面的问题或者支付风险问题。第三方支付机构一般都有一种资金吸存行为，买家把钱付给企业（或者电子商务平台、第三方支付平台），然后再经过一段时间，待买家确认后，平台把钱再付给卖家，在滞留的过程中，钱沉淀在支付机构里。另外，开立账户后，随着交易额的增加，一些提供支付服务的企业都和客户签约，约定每周清算两次，或者每周清算一次，或者每月清算一次。随着这种业务量的逐渐增加，资金沉淀量将非常大。这种安排是为了增强网上交易信心，维护公正性，确实是很有效的做法，但问题也出现了。这种做法虽然保证了交易双方之间的信心，提供了信誉增强的服务，但自身的信用和安全性无法得到保证。当交易规模发展到一定程度后，特别是第三方支付服务不是对一家企业，而是对成千上万家企业，一旦出了问题，其影响面将非常大，可能会出现资金非法转移、套现、虚假交易等安全性风险。

### （四）第三方支付的流程特点

第三方支付平台的交易流程涉及商家与客户的流程、商家与银行的流程、客户与银行的流程，以及第三方支付平台与商家银行和客户银行的流程。在交易过程中，商家是看不到客户的银行信用卡等信息的，同时，支付平台要防止客户信息被多次传输或被窃，因此，在进行第三方支付平台的流程设计时，为了获取更多的商家认可，须具备以下一些流程特点。

（1）安全性特点。信息在各流程中流转，需要满足商家和客户的安全性要求，最好达到银行要求的"宙斯盾级"的资金安全保障矩阵，以防止交易信息泄露。

（2）低成本特点。支付平台降低了政府、商家、客户直连银行的成本，满足了商家专注发展在线业务的收付要求，对商家更具有吸引力。

（3）个性化服务特点。第三方支付平台提供个性化服务，即它可以根据被服务商家的市场竞争与业务发展需要创新地提供服务，同步定制个性化的支付结算服务。

（4）业务担保特点。这种业务担保是双向的：对商家而言，通过第三方支付平台可以规避无法收到客户货款的风险；对客户而言，它不但可以规避无法收到货物的风险，而且在一定程度上使货物质量也有了保障，增强了客户网上交易的信心。

（5）增值服务特点。第三方支付平台可以为消费者提供许多生活服务，如医疗类、教育类的增值服务以及余额的理财服务等。

第三方支付机构在科技与金融、线上与线下的跨平台流程具有融合性特征，它积累的行业经验与用户数据是多维度的。它可以通过最新的科技手段对线上、线下的用户行为数据进行跟踪、分析、挖掘，将这些数据同银行的信贷等业务进行对接，便可以创造出新型的融资模式，如现在大家都关注的互联网金融服务等。

## 三、选择第三方支付的要点

在互联网环境下，现代消费者在购买酒店服务产品时，有的通过网络购买，如酒店的门户网站、酒店的公众服务号、酒店的各种移动服务App，也有的通过酒店的服务台直接购买，或者在酒店的娱乐场所购买。其结算的共同点是一般采用电子支付方式。因此，酒店无论在网络上还是在酒店内，所有的服务交易收银点都需要支持电子支付方式，这些线上、线下的服务结算应该如何选择电子支付方式，这是酒店需要考虑的关键问题。目前全国已有一百多家第三电子支付服务商，它们在功能和服务方面可以说差别很大，酒店既要选择适合自己服务要求的电子支付服务商，又要考虑酒店电子商务经营中的安全问题以及费用问题。

选择第三方支付服务商时，最应该关注的还是交易安全，因此，酒店一定要注意选择正规、合法、合规的第三方电子支付平台站点，因为其具有金融级的交易安全措施。另外，第三方要有自己的支付牌照，而不是挂靠在哪个平台开展支付业务。因此，对于安全方面的考量是酒店选择第三方的重点内容。同时，酒店也要根据自己的安全需要来选择，因为不同的第三方支付平台所提供的服务会存在差距。网上支付、移动支付、网银支付、跨境结算、外卡收单等，这些电子支付应用在不同的场合对安全的要求也有所不同。下面先熟悉一下第三方支付平台所要求的几点安全内容。

（1）数字证书：核心加密技术可以对网络上传输的信息进行加密和解密，确保网上传递信息的机密性、完整性。

（2）实名信息认证：实名制注册，通过封闭的移动通信网络与银行实时交互，进行数据加密传输，以确保交易和资金安全。

（3）控制消费限额：用户可以在第三方支付平台上自主设置单笔消费限额、日支出限额等，严格控制账户的消费支出，保障账户的交易安全。

（4）风险监控系统：安全监控体系可以规避电子支付过程中的操作风险。

（5）风险控制措施：包括事前、事中、事后的风险措施处理。

（6）维度权限管理体制：需要全天账户异常检测。

（7）全程监管机制：账户资金由托管银行全程监管反欺诈系统。

另外，交易时酒店不但要注意资金的安全，还要保障自己电子商务的安全以及门户网站交易的安全，以便第三方支付平台的电子支付能够顺利交易。

具体选择第三方支付平台应重点考虑以下几点。

（1）有合法支付牌照。有些第三方平台对接其他平台，最靠谱的鉴别方法就是看平台对接的支付渠道是否拥有支付牌照。

（2）无即时到账（D0）。D0本身就不符合规定，一个谨慎的银行或支付平台，在如此之多的金额业务中怎么能一笔笔算清？看到D0的商户更应该保持警惕性：为什么非工作日，银行也能即时到账？遇到这些问题，酒店管理者就要小心了。

（3）所需审核资料。申请网上电子支付，必备资料有营业执照、身份证、银行卡等资料。

（4）低廉的服务费用。最好选择服务费率低的，开通服务免费。

（5）银行级安全保障。具有银行级的安全保障，可保证交易信息不泄露，交易资金有安全保障。

（6）实时微信消息提醒。在开通扫码支付后，除了规定扫码限额支付，对每一笔订单支付，商户和消费者都能在微信中收到消息提醒，随时掌握交易中的业务动态。

（7）是否支持国际结算。酒店业务中有许多国际旅行者和商务客人，酒店在电子支付中要处理境外客人的交易结算，所以酒店在选择第三方支付平台时需要其满足国际业务结算的业务需求。

如果第三方支付平台具有大数据的分析和挖掘功能，可帮助酒店服务企业做些客户分析和未来预测，那么这也是酒店选择第三方支付平台时需要考虑的一个因素。在大数据时代，网络支付的发展以及后台运作的市场分析数据可提供给商家合理的供需结果，是一种较好的支付运行模式，既能提供独立的第三方支付服务，又能解决网上后台运营可能出现的各种问题。因此，选择与独立、公正、专一的第三方公司合作，并考虑其是否具有智能化的分析技术应用，是每个酒店支付终端应该优先考虑的。

# 实例：万科松花湖度假区用预订中台实现创新发展

国内滑雪产业起步较晚，但万科深知其广阔前景，一边从欧洲及北美的知名雪场吸取经验，一边充分利用国内互联网创新的优势，将旗下多家滑雪场发展成国内冰雪产业标杆。万科松花湖度假区坐落于有"雾凇之都，滑雪天堂"之称的冰雪名城——吉林市，距吉林市主城区仅15千米。度假区以"家庭"为主题打造家庭友好型度假区，开展"春季户外踏青、夏季游青山花海、秋季登高赏红叶、冬季雾凇滑粉雪"的四季项目，打造中国北方最具吸引力的山地度假目的地。度假区建成的配套设施包括西武王子大饭店、青山酒店、白桦旅社、青山度假公寓、北美风情商业小镇、吉林ONE山顶餐厅以及专为孩子打造的LSR儿童村等。松花湖度假区精心建造了37条优质雪道，总长41千米，5条国际雪联认证雪道，6条进口高速缆车、8条魔毯，每小时运力达22 000人次，滑雪面积达175公顷，能同时满足10 000人滑雪，是当前中国滑雪面积最大的滑雪度假区。度假区坚持感动客户、创造价值的服务文化，得到了市场和客户的一致好评。

与一般的服务业不同，滑雪场提供的服务项目种类众多，既有冬季项目，也有夏季项目。计费方式复杂，有计时、计次、租赁、套餐销售等方式。以前，我国绝大多数滑雪场采用人工管理模式，包括人工管理、人工计时、人工统计、人工报表等。在冰雪运动这个细分市场领域，采用信息化管理系统，能够有效地规避原有的人工管理所带来的弊端，杜绝滑雪场出现"跑冒滴漏"现象，提高游客的假期休闲活动体验；同时也减轻了滑雪场工作人员的劳动强度，用科学、高效、合理的管理手段提高滑雪场的工作效率和经济效益。2017年，集团与杭州绿云软件股份有限公司进行数字化创新发展合作，利用绿云科技i-Hotel信息化平台的优势，为度假区滑雪场创新数字化经营，提升服务体验、优化管理、创新产品组合，并打通所有支付环节，增加订单，创造收益提供帮助，并以基于移动的预订中台数字化项目作为发展契机，为国内滑雪产业向国际领先水准进军的征途尽绵薄之力。2021年在广州举办的第四届中国文旅新营销峰会上，由绿云提供技术支持的万科松花湖度假区荣获"第二届中国文旅先锋奖"。

## 一、综合预订、集中管理、统一营销

为了提高集团滑雪场、度假区的整体管理效益，实现数字化转型，集团开始与杭州绿云启动预订中台的数字化合作项目，用数字化的移动电子商务手段实施综合预订、集中管理、统一市场营销。具体预订中台的主界面如图8-2所示。其中，预订中心通过CRS2.0预订中台，集中解决电子商务业务中的预订和营销，实现整个业务场景线上、线下结合应用，可配置实现所有预订产品的组合设计、渠道对接、在线支付、财务结算、营销活动等。

万科松花湖绿云i-Hotel酒店信息化平台的落地应用，结合专为电子商务打造的中央预订系统CRS2.0的预订中台，实现了集团预订业务的集中管理、统一营销。它能够轻松查询不同滑雪场内酒店、酒店+滑雪产品、酒店+园区各类组合产品的预订情况，操作界面如图8-3所示，并实现市场的统一促销活动。客人可以自由选择在线预订的组合产品或套餐，也可以和电话预订、线下预订等多种渠道订单合并，实现订单统一实时传输至中央预订系统中台并自动确认，高效便捷。同时，客人订单状态更改及产品库存变化等信息也能一目了然。中台的综合预订对于度假区重组打包产品、创新营销具有十分重要的意义，是增加订单和提升游客体验的重要促进剂。从 2017 年项目开始，集团的预订量收益在逐年增加，取得了喜人的电子商务销售业绩。疫情期间的 2021 年 1 月至 5 月，仅线上房含雪预订销售总计为 1835.127 万元，2022 年 1 月至 5 月的线上房含雪预订销售总额为 4762.968 万元，无论是订房还是订滑雪门票，或订房含雪的组合产品，这几年线上预订量都在不断增加。

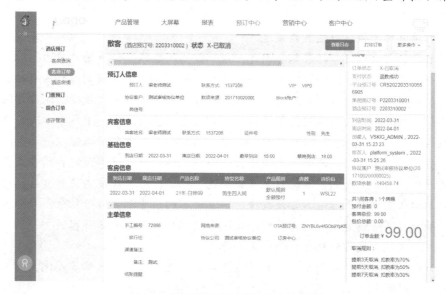

图 8-2　松花湖度假区预订中台主界面

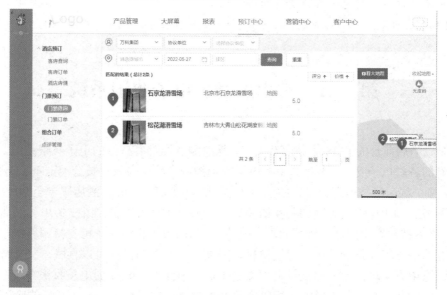

图 8-3　预订中台的滑雪场查询界面

## 二、中央结算，整合不同业态资源

为了配合预订中台的业务在线操作，便于结算，度假区把不同业态的资源开始进行整合。整合在线支付环节有利于统一预订平台的数字化处理与操作，形成集中的中央结算系统。通过 i-Hotel 平台各管理模块，滑雪度假村把内外部存在的酒店、滑雪、餐饮、商城、教练、冬令营等不同业态的各类资源全部连接到预订中台。进入 i-Hotel 中央预订系统的订单，可按照资源类型和售价分别拆分记账到相应的资源方，并标记万科内部资源和外部资源，从而帮助集团有条不紊地管理各个度假区账目以及与第三方资源的佣金结算。同时，系统支持自定义条件的订单查询和数据报表导出，为酒店管理者设计组合产品、更新产品组合、调整优惠政策提供实时在线操作。通过运行数字化的中央结算系统，集团的电子商务效率得到了大幅度提升。

### 三、打造官网、微信自主直销渠道

为了配合预订中台的市场营销和销售，增加集团的在线直销市场竞争力，绿云为松花湖度假区个性化定制的官网和微信小程序直连 i-Hotel 平台，可实现订单实时传输、在线自动确认，使商务高效便捷，形成集团在线直销的市场渠道。游客可在微信端预订酒店，也可在官网预订酒店，并购买不同类型的雪票（雪季卡包括全季卡、平日季卡及儿童卡，雪票包括夜场、平日、周末、节假日雪票）、雪具与纪念品、冬令营课程以及其他的滑雪服务产品，更可通过系统对接的第三方平台预约教练、私课等，这些预订和销售业务都由预订中台统一管控，形成面向散客的自主直销渠道。同时，游客在线购买雪票后，可直接在雪具大厅前台或自助机上取卡，方便快捷。游客所有的消费都会进行积分，积分可用于商城消费。绿云与万科一起精心打造的数字化服务流程致力于为更多游客送去一站式服务的舒心体验。该系统上线后受到客户的广泛好评。

随着万科滑雪产业的不断扩大，新建度假区智能化需求将越来越多元化。具有强大可扩展性和开放性的 i-Hotel 平台支持接入各种新的功能模块、第三方资源，真正用数字化为度假区可持续发展以及电子商务发展助力。

资料来源：本案例来自万科松花湖度假区官网、环球旅讯、绿云官微以及访谈资料，并经作者加工整理。

# 第三节　常用的酒店电子收银系统

目前，酒店前台的 PMS 服务商有很多，这些服务商都有自己的电子收银系统，用于支持消费者的各类电子支付。本节介绍的电子收银系统是杭州绿云科技公司 i-Hotel 酒店平台下的。目前，绿云科技是全国最大的酒店平台产品服务商，i-Hotel 酒店平台至 2019 年 6 月已有近两万家酒店用户，是名副其实的酒店专用的电子商务平台，既支持单体酒店的平台化建设，又支持酒店集团连锁经营的平台化建设。它的电子收银系统可支持银联电子支付，与收单行的中国工商银行、中国建设银行、交通银行和中国银行可以直联，又支持国内主流的第三方电子支付平台，如支付宝、微信支付。因此，i-Hotel 的电子收银系统在国内酒店界有一定的代表性，基本反映了酒店电子商务的电子收付系统在酒店市场的应用概况。

### 一、绿云 UPG 支付一体化系统

为助力酒店高效运营，实现收单支付系统与酒店管理系统无缝对接，绿云科技依托三

十多年的酒店信息化经验和高水平的研发实力开发了通用支付平台（universal payment gateway，UPG），如图 8-4 所示，其技术水平获得酒店同行的一致认可，并取得了 PCI、OPI 等各种行业认证。绿云 i-Hotel 及 Opera 酒店管理系统都与银行收单系统独立运行，通过绿云 UPG 支付一体化系统，这些独立运行的系统可无缝对接，实现 PMS 与银行收单系统之间的支付直连。UPG 支付一体化系统可覆盖酒店全收银业务场景，包含全支付渠道，并且提供对账平台。UPG 一体化解决方案既能有效解决酒店运营痛点，也能增强银行与商户黏性，做到排他性和唯一性收单。

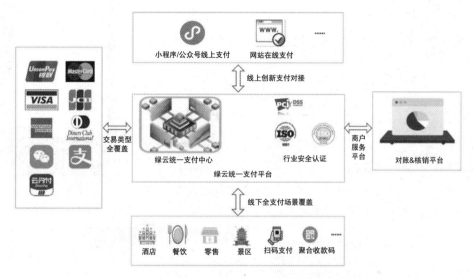

图 8-4　UPG 统一支付平台

### （一）UPG 的酒店运用场景

在酒店运用场景中，UPG 支付平台可以完成交易信息直连 PMS 系统（见图 8-5）。一方面，银行收银终端与 PMS 系统支付对接，交易结果实时回传 PMS 系统，可提高收银效率，提升对客服务体验，减少账务差错概率，规范收银管理；另一方面，它可以受理市面上常见的交易类型，比如银联卡交易（预授权类及消费类）、扫码类交易（部分收单机构支持扫码预授权功能）、DCC 交易、数字人民币交易等。

### （二）UPG 的任意付

UPG 系统也可以完成任意场景下的支付行为（见图 8-6），实现 POS 机端发起交易，将结果回传 Opera 系统。前台支付接口系统可自主发起交易，同时提供交易报表统计，保证对账数据完整。针对住店客人，有 Opera 系统订单号，输入订单号显示交易完成后可对与 Opera 关联的订单进行累计消费与累计预授权；而对于非住店客人，可通过自主收银程序完成交易，程序会自动生成一个订单号并打印在小票尾端。

### （三）UPG 的餐饮场景的应用

在餐饮场景下，UPG 能够打造餐饮桌边服务（见图 8-7）。智能 POS 与餐饮收银系统对接，台号、账单等信息实时回传餐饮系统，使 POS 机具备点菜、下单、收银、开电子发票等功能，支持餐饮全业务环节。UPG 支持完成一系列的交易类型，包括银联卡类/扫码类消费交易、DCC 交易、数字人民币交易等，可挂房账、挂 AR 账、会员卡结账等。

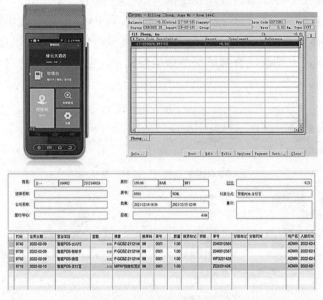

图 8-5　UPG 的酒店场景应用示意图　　　　　图 8-6　UPG 的任意付示意图

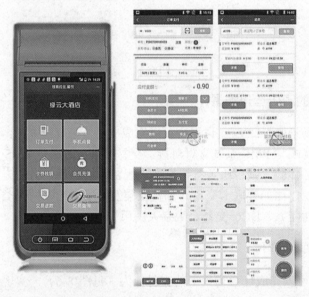

图 8-7　UPG 的餐饮场景应用示意图

### （四）UPG 的零售场景

通过手持移动收银系统，可实现 UPG 一体化系统在零售场景的应用（见图 8-8）。这涵盖酒店/餐饮/零售/二次消费项目系统管理的收银场景，完美对接绿云综合收银系统，支持移动支付、消费折扣和电子发票。值得一提的是，UPG 零售场景的运用能够支持二次消费项目管理，这些功能主要包括选择营业点及餐位、移动点单、选择消费产品、产品下单（支持下单备注）、查询订单、账单，以及聚合支付结账。

图 8-8　UPG 的零售场景应用示意图

下面以酒店前台运用场景的 MiPay 和餐饮场景的 MiPOS 为例，重点介绍 UPG 在餐饮和酒店前台的落地应用。

## 二、绿云 MiPay 收银系统

MiPay 是绿云酒店平台化的创新金融解决方案，它聚合了酒店所有的支付功能，并为消费者提供综合性的金融服务，是酒店开展电子商务不可缺少的系统。

### （一）班次登录

MiPay 在使用时需要登录，记录每一个收银操作人员的工号。除此之外，用户登录后移动终端就和前台系统连接，成为一个移动式的智能 POS 机，接待员可以不再局限于传统的柜台接待方式，当有付款或者结账需求时，无论客人在酒店的哪个角落，只要是在网络覆盖的范围，就可以在移动智能 POS 机上完成操作，实时将客人支付的款项自动传入前台 PMS 系统中，从而有效地节省了操作时间，并提高了账务处理的准确度。MiPay 登录示意图如图 8-9 所示。具体操作：在 PMS 系统中打开二维码应用，点开 MiPay 班次登录后，输入班次、工号和密码，如图 8-10 所示。

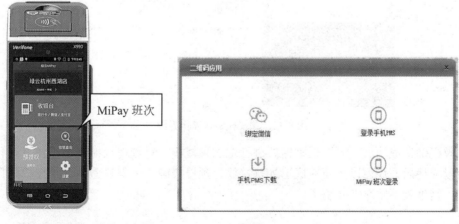

图 8-9　MiPay 登录示意图　　　　图 8-10　二维码应用登录

## (二)预授权

在前台 PMS 与 MiPay 之间完成配置后,当 PMS 系统中有某个订单发起一笔预授权,这笔交易将快速传入 POS 机"MiPay"App 中,进入"预授权"界面,操作员仅需要遵循 POS 机支持的交易方式,完成预授权建立,待建立成功后,信用卡号、预授权号、金额等将实时回传到 PMS 系统中。预授权创建操作界面如图 8-11 所示。

图 8-11 预授权创建操作界面

预授权创建成功后,可点击"预授权确定"按钮,输入正确的金额,这时预授权完成确认,交易成功后会自动显示并打印交易凭证。预授权确认操作界面如图 8-12 所示。

图 8-12 预授权确认操作界面

预授权确认成功后,可以根据需要进行增加预授权、对预授权撤销等操作。在预授权撤销交易成功后,还可以重新完成追加预授权、预授权确认、当日撤销、预授权隔日撤销等操作,这里就不做详细介绍了。

## （三）订单支付

订单支付或消费支付可以支持客人在酒店直接使用借/贷记卡（包含五大银行发布的外卡）、微信、支付宝等非现金的交易，它与预授权的区别是该交易成功后，可将支付直接记录到客人的前台账务中。单击 PMS 中账务处理的"扫码支付"按钮，可获得如图 8-13 所示的扫码支付的界面。

图 8-13　扫码支付操作界面

这时，打开收银台，出现收银台的支付界面，可以选择银行卡支付或扫码支付方式，如图 8-14 所示。

1. 银行卡支付

选择银行卡支付时，可以通过银行卡（借记卡、贷记卡）刷卡、挥卡、插卡操作进行消费结账；在结账过程中，需要持卡人输入银行卡（借记卡、贷记卡）密码，如图 8-15 所示。

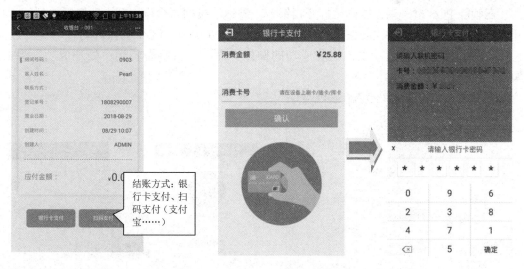

图 8-14　收银台支付操作界面　　　　图 8-15　银行卡支付操作界面

支付成功后，可自动显示并打印交易凭证，在账务处理系统中会出现如图 8-16 所示的操作界面，提示支付状态为"已处理"。

2. 支付宝、微信支付

选择支付宝、微信支付进行消费结账可以通过扫码进行，过程相对简便，客人只需出示支付宝或微信的付款码，通过智能 POS 机进行扫码消费即可。付款成功后，智能 POS 机会自动打印交易成功凭证，打印完成后自动退出交易，并显示入账成功界面，如图 8-17 所示。

图 8-16　银联支付后状态为"已处理"界面　　　图 8-17　支付宝、微信支付后入账成功界面

3. 退款操作

MiPay 功能支持全额以及部分退款，在客人通过银行卡、微信、支付宝向酒店支付费用后，如操作失误或者客人有要求，都可以最大化地满足客人与酒店的实际业务需求。首先在 PMS 系统端进入扫码支付的退款界面，选择其中的"已处理"操作界面，并选择需要退款的支付记录，单击"退款"按钮，在弹出框中输入退款金额，单击"确定"按钮，如图 8-18 所示。

在智能 POS 机一端，操作员打开收银台，进行下拉刷新操作，会出现退款的房间，打开该房间记录，核对退款的信息，确认退款。退款成功后，POS 机会自动打印交易成功凭证，打印完成后会自动退出退货成功的操作界面，支付状态转到"处理成功"界面，如图 8-19 所示。

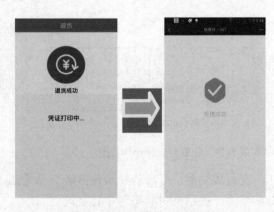

图 8-18　扫码支付的退款操作界面　　　　　图 8-19　扫码支付退款处理界面

需要注意的是，退款操作必须和支付操作对应起来，如果客人的支付是两笔完成的，则退款也必须分成两笔退款来操作，不能一次性完成退款处理。

4. 收银查询

对完成的任意一笔电子支付交易订单，MiPay 可以通过设置查询条件进行查询。在系统的首页上直接点击"收银查询"就可以进入交易的查询界面。如果选择日期的条件，可以查询某一日的所有交易记录，如果选择姓名、手机号、房号等条件，则可以查询任意一笔交易记录。电子支付成功后的交易查询操作如图 8-20 所示。

图 8-20　电子支付成功后的交易查询操作

## 三、绿云 MiPOS+收银系统

绿云 MiPOS+应用 App 可实现无现金支付的移动结算，主要应用在云餐饮或原有餐饮系统的基础上，以及娱乐服务的收银系统中，可通过 MiPOS+完成多种电子结算方式的订单支付、交易查询、退款等操作。MiPOS 的电子收银与支付操作流程如图 8-21 所示。

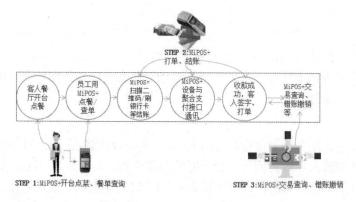

图 8-21　MiPOS 的电子收银与支付操作流程图

### （一）订单支付

绿云 MiPOS+的订单支付同样支持银行卡电子支付和第三方的支付宝、微信支付，也可以和前台 PMS 直联，把餐饮费用转到客房账户，以实现服务台的一次性支付结算。具体操作在图 8-22 所示的系统首页上选择"订单支付"，在搜索框中输入餐饮桌号，就可以对该桌号的餐饮消费进行结账。

点击搜索后，会出现该桌号的消费清单和结账界面，结账时会显示当前的优惠模式，也可以显示消费者是不是酒店会员，或有无相关的协议客户。中间是所有消费餐饮清单、单价和总额，下面是电子支付的选择窗口，可以选择银联电子支付以及第三方电子支付等（如支付宝和微信支付）。绿云 MiPOS+的电子支付结账界面如图 8-23 所示。

图 8-22　MiPOS 首页操作界面　　图 8-23　绿云 MiPOS+的电子支付结账界面

1. 银行卡支付

选择图 8-23 中的"银行卡支付"，可以通过银行卡（借记卡、贷记卡）刷卡、挥卡、插卡操作进行消费结账，在结账过程中，需要持卡人输入银行卡（借记卡、贷记卡）密码。订单交易成功后，POS 机自动显示并打印交易凭证，这些操作界面和支付成功后的页面与 MiPay 中的银行卡支付相似。结算完成后桌号状态转换成空闲。

2. 支付宝、微信支付

选择图 8-23 中的"支付宝微信"支付，可以通过扫码支付进行消费结账，客人只需出示支付宝或微信的付款码，通过智能 POS 机进行扫码消费即可实现电子支付。付款成功后，POS 机自动打印交易成功凭证，打印完成后自动退出交易成功界面，并显示该桌号入账成功，桌号状态转换成空闲。

3. 转房间

该功能可将餐饮账务转至前台在住房间，账务由前台结算。在图 8-23 中选择"转房间"，在出现的搜索框中输入相应房间号，会出现转房间界面。如图 8-24 所示，餐饮转房间须注意两个状态：一个是房间状态，只有该状态是"I"时才能把餐饮费用转入（其他状态可能是"O"，表示已退房）；另一个是是否允许挂入餐饮账务，只有状态是"T"时才能允许全部转入（其他状态可能是"F"，表示不允许，"P"表示部分允许）。确认该房号允许记账后，才能进行转房间操作。这时需要输入工号以及密码，验证后，餐饮账务转至房间才算成功，桌号状态转换成空闲。

4. 转 AR 账

MiPOS 收银允许将餐饮账务转至相对应的 AR 账（应收账户），由后台财务处理收款。在图 8-23 中选择"转 AR"，在出现的搜索框中输入相应 AR 账户名称，点击"搜索"按钮进行查询。确认该 AR 账户允许记账后，勾选相应房间号，点击"确认"按钮。然后输入工号和密码，验证后，餐饮账务就成功转入相应 AR 账户，桌号状态转为空闲。MiPOS 餐饮费用转 AR 账操作界面如图 8-25 所示。

图 8-24　餐饮费用转房间操作界面　　图 8-25　MiPOS 餐饮费用转 AR 账操作界面

### （二）优惠折扣

MiPOS 允许对酒店会员或常客会员以及协议公司的客户进行优惠折扣结算。对于个人会员，在结算前餐饮订单先关联酒店会员，然后进入优惠折扣的结算操作。对于协议公司的客户，在结算前也需要将餐饮订单关联酒店协议公司，再进行优惠折扣的结算。优惠折扣模式的结算操作界面如图 8-26 所示。系统对不同会员/协议公司类型会生成相应的优惠折扣，然后点击"优惠"按钮进行结算。系统也可以提供通用的优惠折扣模式给操作员使用。结算时不管是选择银行卡支付还是支付宝、微信支付，其操作流程都和前面的订单支付流程一样。

### （三）交易查询

MiPOS 对已完成的交易订单可通过设置查询条件进行实时查询。在系统首页界面中选择"交易查询"，即可进入交易查询界面。如果选择日期，点击"查询"后可查询某一日的所有结算交易记录。如果选择订单号，可查询某一笔的交易记录。点击某一笔交易记录后，可查看该笔交易记录的详细情况，这时点击"打印"，就可以把交易详细记录打印出来。MiPOS 交易查询操作界面如图 8-27 所示。

系统除了可以查询交易完成的记录，还可以查询退款的交易记录，以及已完成退款的交易记录。在处理退款操作时，其操作过程与 MiPay 基本相似，不同的是餐饮消费的退款仅能退营业日当天的订单付款，非该营业日订单则不能处理，如需退款，须按照银行流程进行处理。因此，MiPOS 的退款只能在 POS 机完成当天或当班的结算之前进行。银行卡和支付宝、微信的支付退款，需要进行撤销操作，由当班服务员进行账务身份认证，才能完成撤销和退款操作。

图 8-26　优惠折扣模式的结算操作界面　　图 8-27　MiPOS 的交易查询操作界面

# 本章案例：基于电子商务的"无人酒店"解决方案

由浙江乌镇街公司开发的"无人酒店"解决方案致力于推动人工智能在酒店的实际应用。乌镇街公司由中电海康集团与桐乡市政府联合创建，公司主要业务是技术成果交易转化，重点开发智慧服务类产品，包括旅游业的智慧服务。公司推出的宾智 AI"无人酒店"解决方案专门为商务酒店、民宿提供基于移动电子商务的智能服务，以满足新时代酒店个性化客户的实际需要，同时降低商务型酒店经营中的人力资源成本。

公司通过对乌镇地区的酒店和民宿经营的调研和客户调研，认为未来商务型酒店通过人工智能开发"无人酒店"将具有很大的市场空间。公司结合自身的技术优势，在与中电海康研究院以及其他众多合作伙伴的共同努力下，构建了"无人酒店"的顶层平台系统。该系统以数据采集为基础，部署线下数据采集设备，加强住宿业业主对于信息流的掌控，从而提升住宿业业主对于住宿主体的认知，加强旅客对于住宿各个流程的体验。同时，公司联合当地政府，致力于构建未来新经济赋能地、网络新秩序试验区，借助乌镇这个互联网大会永久会址以及乌镇峰会的优势，推出了完全数字化、智能化的"无人酒店"解决方案。

## 一、"无人酒店"的系统功能

宾智"无人酒店"方案主要围绕数据采集和验证，结合移动电子商务，可实现酒店准无人化，所有服务均由人工智能设备和客人自助实现。系统通过高新技术和设备将酒店 OTA 系统、PMS 系统、自助入住机、人证比对设备、视频监控平台、智能客房控制设备、用电监管设备、基础设施管理平台等将一个中间件软件整合在一起，并对各应用系统进行数据接口打通，可实现所有数据的各系统共享。"无人酒店"从业务流程上得到了实现，如图 8-28 所示。

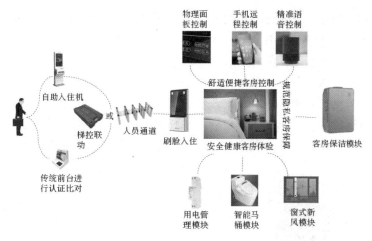

图 8-28 宾智"无人酒店"入住流程

宾智"无人酒店"方案代表的不仅是一种行业内的技术解决方案，同时也是一种出行选择、一种生活态度。它将技术与生活更加紧密地结合在一起，旨在实现科技为生活服务的目标。下面围绕图 8-28 所示的入住流程，简要介绍"无人酒店"各环节的系统功能。

除了核心的中间件中枢平台，以下主要介绍入住流程中的几个关键产品。

（一）CRS/PMS 系统

这是"无人酒店"中的主要技术系统，还包括外部 OTA（在线旅行社）平台和酒店自有预订系统的预订信息导入、酒店客房状态的管理，都需要用到成熟可靠的 CRS（中央预订系统）和前台 PMS（物业管理系统）。国内知名的绿云、西软、金天鹅、众荟、中软、用友等都有这方面的出色产品和服务。

（二）自助入住机

这是"无人酒店"的主要接待设备。客人到达酒店后，用来替代传统酒店前台服务的一种方式就是自助入住机，如图 8-29 所示。在该设备上，客人可以完成包括现场预订、线上预订 check in、人证比对识别、房型选择、预授支付、制作房卡、票据处理等一系列入住所需要的手续。继自助取款机、自助值机、自助车票机等自助设备的不断普及，自助入住机也越来越得到希望能自助入住的客人的青睐。生产自助入住机的代表厂商有忆客、旅步、睿沃等。

图 8-29 自助入住机

（三）人证比对设备

这是"无人酒店"的主要验证设备。由于酒店是人员流动较大的场所，所以对入住人员的人像采集和证件比对是酒店的治安重点。在"无人酒店"场景下，可以通过将传统前台的人证比对设备集成进入自助入住机，完成房卡制作或者智能门锁授权；也可以将其放于客房门口，与门锁进行联动，自动完成 check in 和开门两个动作，如图 8-30 所示。人证比对设备的核心在于人脸识别技术和证件读取上传。生产人证比对设备的代表厂商有海康威视、商汤、旷视、普天等。

（四）智能门锁设备

这是"无人酒店"安全管理中的主要设备。传统酒店门锁有磁卡锁、IC 卡锁、RFID 射频卡锁等，这些门锁在"无人酒店"场景下得到了网络化提升。一方面一些自助入住机可以替代前台人工进行房卡的制作，另一方面新型智能门锁可以实现远程授权、手机开锁等功能。即使是传统的酒店锁，也可以通过外加智能模块（见图8-31）来实现智能化、数字化、无线化的升级。生产智能门锁的厂商众多，从传统锁厂转型升级，到原有科技企业、安防设备厂商、家电厂商跨界进入，都给智能锁行业带来了蓬勃生机。但因为门锁本身就是安全的最后一道防线，所以智能锁受到国家日用五金制品协会制锁分会以及所属的锁具信息中心、锁具质量检测中心、电子智能锁专家委员会等机构的管理和检测。

图 8-30　人证比对终端　　　　图 8-31　无线门锁部件

（五）智能客房控制

这是"无人酒店"最具高科技体验感的客房设备。"无人酒店"和新型智能型酒店的房间设备（包括灯光、窗帘、空调、电视、音响等）控制系统被智能化手段进行了广泛改造，传统面板控制和手动控制变得越来越智能化，利用语音和手机都可以进行预设、现场控制等。在无人酒店场景下，酒店服务人员需要在确定预订房源的第一时间将客房控制的权限同步发放给入住的客人，当住客到达酒店时，只要在酒店规定的启房时间并自助验证身份，就可以直接进入客房来掌控客房内所有的智能设备，同时客房控制系统会将客人的操作数据记录下来。

（六）基础设施管理平台

这是"无人酒店"中的基础性管理控制系统，包括电梯控制、网络状态监控、用电设备监控等。它可以根据中枢的调度指令进行信息化基础设施的自动执行以及状态监控，可以在设备发生故障、用电安全存在隐患时第一时间报警报修。

（七）客房服务系统

这是"无人酒店"中以机器人为主的服务系统，包括一键呼叫服务员（这里强调的"无人酒店"是不需要服务人员介入即可完成一次完整的入住，而非完全无人的一个空间环境）和机器人服务员，可以完成入住期间送餐递物等常用的客房服务。

二、基于数据的全新客户体验

在"无人酒店"的解决方案中，数据是唱主角的。首先，数据能够实现无人化入住，各种设备和操作是以大量的数据流转为保障的：客人预订客房时就会产生客户基础数据，如姓名、性别、年龄、偏好房型等，而只有订房确认的数据到达自助机或者人证开锁设备后，才能够制作房卡或者提供开锁权限，无人入住这个业务流程才能走通。

另外，在"无人酒店"场景下，尤其是在国家酒店管理相关法规的约束下，人脸数据这个非结构化的数据不仅是入住采样的一个重要数据，在逃人员、管制人员的人脸数据还可以作为公安治安管理和提前预警监管的依据，保障正常客人的安全。

在以酒店为入口的电子商务情境中数据有着极其重要的作用，如宾智酒店系统提供的一个常旅分析功能，可以根据客人习惯的灯光设置、喜好的电视节目、认为舒适的空调温湿度这些数据，作为客人下一次入住时的迎宾模式依据，使客人在进入房门的那一刻就有宾至如归的感觉。

这样的例子还有很多。例如，"无人酒店"有了物联网的感知设备，就可以知悉所在地的环境质量，提前将房内的空气进行净化操作，客人在感觉智能暖心的同时很有可能就会扫下这台空气净化器上的二维码进行购买；再如，宾智酒店系统提供的健康马桶尿检功能，可以在客人如厕的同时为其做一次简单的尿常规检测，这对自动推送适合客人的健康资讯信息极有帮助；对于开车入住的客人，酒店可以通过自动道闸系统采集的车辆信息自动推送周围的加油站、汽修店贴士等。

宾智AI"无人酒店"解决方案的核心技术在于全数据的接入和快速交换，它不仅在采集方式上从传统的人工采集统计转向了无感化的设备采集，而且从仅采集人或者设备的数据转向了人、设备、环境等多元异构数据的统一采集和联动分析。这将是一个巨大的数据制造工厂，是众多上层应用伙伴的丰富持续的数据来源。只有有了庞大的数据基础和大数据分析，AI技术的应用才能让客人宾至如归的感受成为可能。

### 三、"无人酒店"总体应用架构

宾智"无人酒店"总体应用架构（见图8-32）其实就是基于数据交换的业务流程打通，用物联网设备代替传统人工进行数据的流转和交换。因此，其总体应用架构也是一个典型的物联网系统架构，它结合了以大数据为基础的移动电子商务。这种架构还包含"感（感知层）、传（传输层）、智（分析层）、用（应用层）"四个核心环节。

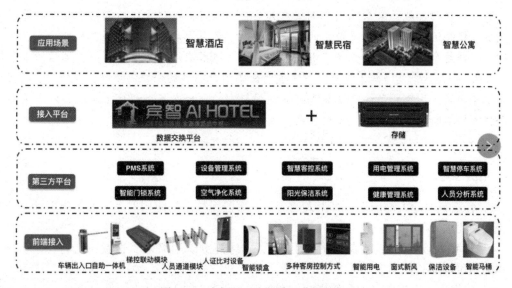

图8-32 宾智"无人酒店"应用构架图

感知层采集需要的业务数据、人员数据和设备数据。这里包括众多的物联网设备、感知设备，也包括人们通用的移动端、PC端和自助机等终端的录入。

传输层将采集到的数据传输到对应的业务软件和中枢平台，同时将控制指令传回设备终端，以实现业务对象的自动识别。传输方式可以通过通用协议，也可以通过私有协议，但最终需要实现酒店核心业务的数据互通。

分析层根据大量的数据分析，采用智能化技术和数据分析技术。该层按照"无人酒店"既定的业务流程，分析得出客户所需要的各种参考结论，作为用户体验提升、酒店管理升级、降低运营成本、提高监管级别等决策的辅助依据，最终实现酒店的智能管理和智能服务，即用数据驱动酒店的经营活动。

应用层指数据的具体应用，是链接了酒店经营者和客人的窗口。这个窗口通过数据把业务与不同的系统融合起来，实现了无缝对接，使不同业务在该环节充分地交互、反馈、处理，数据得到了最实际的应用，价值得到了最直接的体现，客人也获得了不一样的场景体验。

### 四、"无人酒店"的社会影响及未来趋势

"无人酒店"的出现为酒店行业提供了一种全新的思考方向。越来越多的用户习惯于自助入住，不需要前台和服务人员参与到疲惫匆忙的旅途之中。无人智慧带来的新奇体验也在某种程度上增加了用户和酒店的黏性。一些酒店也因为"无人"或者减人，大幅缩减了人员成本，同时因为对设备状态和能耗情况有了更清晰的掌握，而在一定程度上降低了能耗，缩短了设备维护的响应时间，更重要的是因为"无人酒店"的新型体验，提高了酒店入住率。这里的"无人"其实是一种技术手段，酒店有了这样的技术手段，可以自己选择或者让客人选择是否需要人为介入其入住行为，提供多一种选择的酒店总会得到更多客人的欢迎。而在政府或第三方监管部门看来，"无人酒店"在数据制造能力方面远远高于传统酒店，对于填补监管死角，排除安全隐患，给客人提供更加安全的入住环境，为全社会提供更加安全的出行条件也起到了积极的作用。最后，"无人酒店"给以酒店为入口的商业活动提供了数据基础，可带动更多的产业发展，激发更多的可能。

随着社会的发展，未来人们会期望更加多样的出行、入住方式，酒店也会面临降低运营成本、提高运营效率等亟待解决的问题，所以"无人酒店"的数量和普及度一定也会逐渐增长，会越来越受到新世代数字游民的喜欢，其技术应用尤其适合商务型酒店的未来发展。当然，"无人酒店"随着发展，一定也会面临用户隐私的保护、数据合理使用、酒店投入成本等问题。国家相关法律法规和行业通用标准的出台在某种程度上会改善以上情形，安全技术的不断发展也会进一步改善无人酒店未来的应用环境。

资料来源：本案例来自中电海康乌镇街科技官网，并经作者加工整理。

**案例思考：**

1. 什么是"无人酒店"？"无人酒店"有哪些新技术的应用？"无人酒店"对电子商务有哪些要求？

2. 宾智"无人酒店"有怎样的应用特色？根据它的入住流程，试叙述它的登记场景有怎样的高科技体验。

3. 你作为一个消费者，是否喜欢宾智"无人酒店"的入住体验？你认为它还存在哪些不足？

## 拓 展 知 识

自建支付平台模式　　　SSL 协议　　　　　　SET 协议
数字证书　　　　　　　网上银行　　　　　　PayPal 电子支付平台
微信支付　　　　　　　财务通支付　　　　　支付预授权
网络交易　　　　　　　同步交换　　　　　　支付网关
交易授权　　　　　　　银行级安全保障　　　AR 账务
账务关联　　　　　　　房间关联

## 思 考 题

1．什么是网上支付？它包含哪些形式？
2．试叙述电子支付的概念，并说明它有哪些应用特点。
3．为什么说网上支付对市场消费有促进作用？请举例说明。
4．银联支付平台有哪些核心功能？
5．第三方支付平台有哪些核心功能？
6．试比较银联支付和第三方支付的应用特点。说一说：哪个更适合小微企业应用？
7．第三方支付平台的优势和风险在哪里？应如何规避？
8．什么是电子支付中的鼓励金？它在电子商务中起着怎样的作用？
9．如何实现银联支付平台和第三方支付平台的市场共赢？
10．单体酒店应如何选择电子支付平台服务商？
11．连锁酒店应如何选择电子支付平台服务商？
12．作为第三方电子支付平台，支付宝未来发展的创新思路在哪里？
13．通过课外学习，试解释什么是数字证书，它在电子商务交易中的作用是什么。
14．在酒店产业界，为什么高星级酒店用银联电子支付多于用第三方电子支付？
15．第三方电子支付平台最有吸引力的特点是具有对交易双方的担保作用。随着业务量的不断扩大，它自身存在什么风险？应如何管控？
16．通过课外的参观学习，试介绍一个酒店电子商务开展过程中应用电子支付平台的实例场景，并说明它的应用特点。
17．银联支付中的认证支付和快捷支付有哪些区别？酒店应用中应如何选择？
18．酒店在选择第三方支付平台时，应如何结合自己的经营特点选择支付平台？
19．MiPay 有哪些功能？它主要用在酒店的哪些场合？
20．MiPOS 有哪些功能？它主要用在酒店的哪些经营场所？
21．根据你对 MiPay 和 MiPOS 的功能了解，并结合酒店电子支付业务处理的需要，你认为它们的功能在哪些方面还存在不足？

# 第九章　酒店移动电子商务

本章要点

目前,移动电子商务已成为酒店电子商务的应用主体,酒店电子商务的智能化将围绕移动电子商务展开。本章首先介绍移动电子商务的基本概念及优势,让读者认识到移动电子商务对酒店经营的重要性;然后介绍目前主流的绿云移动电子商务解决方案的相关内容、绿云移动电子商务消费者角度的应用,以及基于酒店角度的移动产品应用和消费者角度的移动服务;接着介绍移动电子商务智能化的未来,重点介绍 PMS 商务智能的未来、客房智能的未来,以及餐饮服务智能的未来;最后介绍移动电子商务发展的未来,数据技术和人工智能的应用使移动电子商务无所不能,将来移动电子商务会改变酒店经营的业态,如服务台、收银台等功能将弱化或消失。

在信息化高速发展的今天,以智能手机和平板电脑为代表的移动终端大大便利了人们的社会生活和信息交互,也改变了生产、经营、生活的方式。酒店业作为旅游业的子行业,随着经济的发展呈爆发式增长,表现出欣欣向荣的生命力。绿云电子商务在发展中意识到国民对酒店移动商务的新需求,顺应当前移动终端应用的需要,开发基于移动互联网的电子商务应用产品,加快传统酒店转型的速度,提升酒店行业电子商务发展动力。本章将以绿云移动服务产品为蓝本,向读者介绍移动电子商务的概念及其在酒店的应用,并介绍酒店移动电子商务发展的未来。

## 第一节　移动电子商务的概念及优势

在中国酒店业的发展过程中,高科技对酒店的运营和发展起到了很大作用。现在,很多消费者不愿意将时间花在等待上,但传统的入住和退房的烦琐程序在很大程度上会花去客人的一部分时间。因此,在这方面,酒店开始积极运用智能手机等移动设备,把传统客人手机上的二维码、App 及时地和酒店的信息化、智能化完美结合,客人只要通过简单的自助操作,就可以实现从酒店预订、入住到对整个房间的监管,直至退房。酒店还可以利用移动设备向客人推送信息,与客人产生一对一有效互动,让酒店更快捷地为客人提供服务,提升住店客人的服务体验。

## 一、移动电子商务的基本概念

随着移动互联网的发展，移动电子商务结合新一代的数字化技术，已成为酒店电子商务的主流。就目前手机等移动终端的发展形势而言，在未来较长一段时间内，移动电子商务会持续保持较快的发展势头。如何运用移动互联服务（包括商务）占领市场，如何使用移动互联服务高效、科学地进行酒店管理，已经成为行业竞争的关键所在。从酒店的角度看，所谓移动电子商务就是借助移动互联网和智能的移动终端，实现酒店商务或服务的移动化处理，包括网络商务、前台商务以及消费过程中的各类商务。这里的移动终端可以是智能手机，也可以是平板电脑，或者是各种形式的掌上机，它们通过各种类型的 App 或者小程序，或通过移动化的信息系统，实现对客人商务的即时处理。随着移动互联网的普及，以及各种小程序的成熟应用，移动电子商务已经成为酒店商务前端处理的主流形式。而从消费者的角度看，移动电子商务可以使自己借助移动互联网，利用自己的智能手机获取自己所需要的信息和服务，并直接购买自己所需要的商品。

目前移动电子商务的业务模式主要有三种，即推（push）业务模式、拉（pull）业务模式和交互式业务模式。推业务模式主要用于一般信息的发布，如酒店的产品信息发送、招聘信息发送和网络广告等。拉业务模式主要是消费者的定制信息接收、咨询信息响应以及消费账单信息的查收。这两种移动电子商务都是单边模式，灵活性比较差，特点就是实现简单，系统实现费用较低。交互模式提供了双方互动的业务，因业务的即时性比较强，故受到了广大消费者的喜欢。目前酒店的移动电子商务最有发展潜力的就是互动交互模式。酒店使用移动电子商务具有无可匹敌的优势，实践证明，只有移动电子商务才能在任何地方、任何时间真正解决酒店经营中的服务问题。

酒店业与移动互联技术相关联。酒店通过移动电子商务可以开展在线直销和在线采购等，帮助酒店降低经营成本并提供更高质量的酒店服务，为消费者提供个性化、人性化的体验。不仅如此，酒店还能凭借高端便捷的服务形象，在庞大的网络市场中开展在线营销、在线服务，从而提升酒店的网络形象，利用移动互联网获得更好的竞争优势和服务优势。

## 二、移动电子商务的服务优势

服务是酒店永恒的话题。新一代的移动电子商务改变了人们预订酒店和住宿的服务体验，同时也改变了酒店的运营和管理模式，为传统酒店行业带来了发展契机和动力。从消费者和酒店自身发展两个角度看，酒店移动电子商务的互联服务具有以下五个特点（优势）。

### （一）多样性

移动互联网能呈现服务的多样性优势，可以根据不同的客户，在不同的场合、用不同的方式提供服务，以满足消费者不同的服务要求。

（1）酒店移动电子商务应用依附于移动终端设备，最具有代表性的移动终端设备是手机、平板电脑。但实际情况也不仅限于此，自助入住机、银联智能 POS 机等移动终端设备目前也被应用到酒店服务中，并得到了普及。

（2）酒店采用多种手段通过移动互联使提供的服务流动起来。例如，酒店采用网站、App、微信小程序及商城等各种不同的方式推动流量增长，吸引潜在客户转变成实际消费者。

（3）移动互联服务功能多样化。酒店引导消费者进行酒店信息的查询、地址导航、分享入住体验等，提升客户的体验。酒店也通过不同类型的 App 实时监控酒店营业情况，查看统计报表，协助一线岗位服务，如办理入住、管理客账、点菜送单、协助退房等，提高工作效率。最典型的多样化就是支付，除了银联的电子支付，酒店还可以采用各种形式的第三方电子支付，以解决各种消费者的移动支付问题。

### （二）最新信息即时共享

酒店利用相应的管理软件即时对外共享酒店最新信息，发布促销优惠，鼓励潜在客户查看酒店的促销活动情况，知悉酒店提供的服务，阅读评论，浏览客房及餐厅图片，等等。人们可以利用生活中的各种碎片时间，如在搭乘公交车等交通工具的过程中，或者在餐厅、咖啡厅，甚至在旅途中，都能够查询酒店信息，享受酒店的咨询服务。在任何时间、任何有移动网络或 Wi-Fi 网络覆盖的地点，人们都能够快速查询，这种方式方便迅速，符合现代化的生活理念。

此外，酒店还能够通过邮件、短信、微信向消费者及会员客户发送即时信息。一旦有预订或修改相关服务的信息，告知优惠或活动，酒店就可以自动向宾客发送推送信息，使客户能够在所持的移动设备上及时获取酒店资讯和服务。

### （三）增加消费者的忠诚度

移动电子商务服务的即时性，有利于酒店培养消费者的忠诚度，敏捷的服务、绑定的服务、信息记录的跟踪能为消费者提供精准服务，从而提升消费者的服务满意度。

（1）酒店运用移动平台进行品牌推广，通过移动互联搭建与客户沟通的桥梁。酒店移动服务应用的功能十分强大，提供整个客户的体验链，即从住店之前，至入住中，至离店后，全阶段抓住人们出行的消费诉求，为广大消费者提供便捷、简单、安全的全新体验。在人机结合甚至全智能的环境下，这种方式能让客户感受到科技带来的高品质服务，提高客户满意度。

（2）酒店一般会利用一些优惠条件要求那些想从移动平台预订的消费者注册成为会员，通过会员忠诚计划，维护宾客关系，并且利用直销平台查看评论反馈，及时了解客户的住宿和美食体验，并对消费者的问题和建议及时做出反应。这种迅速的回应对双方的有效沟通起到了显著的正面作用，可帮助酒店建立与客户之间融洽的关系。

（3）移动平台会对消费者的操作行为进行历史记录。酒店依据此类记录对消费者进行行为分析。例如，华住酒店 App 不仅记录曾住酒店和最近浏览记录，还会记录常用旅客、邮寄地址和发票信息，消费者在下次使用时可直接引用，操作简单。

此外，部分酒店还会制定相关营销策略，倡导全民分销，通过平台记录用户的购买历史及其推荐新用户成功购买历史，等等，并予以一定的奖励，鼓励客户成为酒店的间接品牌大使，实现推广与销售业务。在此期间，酒店与客户保持长期的即时通信关系，这可使消费者更加信赖酒店，增强忠诚度。

### （四）鼓励消费者自助服务

移动电子商务有利于酒店开展自助服务。传统酒店与移动互联技术的结合，简化了服务过程，更多地鼓励顾客自助服务，改善客户体验，通过智能设备即时获取专业服务，将预订、入住、离店及用餐的时间自由掌握在消费者自己手中，因而更具私密性。从酒店管理的角度看，移动电子商务大大节约了人力成本和管理成本，展现了酒店运营顺应科技发展的潮流，走在了移动互联网时尚的前沿。

近年来，酒店业还提出了"智慧酒店"的概念。在智慧酒店中，酒店无人值守，消费者线上预订客房并支付，或无预订直接使用前台自助机，通过人脸识别等技术完成入住登记手续，通过刷脸、刷身份证、App 或微信等多种方式开启智能门锁，并且智能取电，用多种方式控制房内电器，同时可完成入住后一键退房免查房。

### （五）简化酒店管理流程

移动电子商务的即时性可以简化管理环节，从而利用自身的便捷性优化管理流程。在经营管理中，基于酒店服务行业的特点，酒店管理者需要实时掌握酒店的经营状况，即时了解业务相关数据。在大方向上，经营者或管理者可以通过自身的经验预估和把握，但是其对酒店在某月、某周、某天、某时段的营业情况的掌握是无法脱离酒店管理系统的。为了方便酒店管理者对酒店经营情况全方面地把控，基于移动终端的酒店管理系统出现了，它非常贴心地满足了酒店管理者在任何时间、任何地点都能监控酒店营业情况的数据要求，实现了酒店商务的移动化管理，并在一定程度上改变了酒店管理模式。

此外，移动电子商务还可以优化酒店内部流程，如手机版 PMS 可以用于 VIP 办理入住与退房，普通顾客的退房也有专门的移动产品可以省去人工、电话查房等工作流程，加快了退房速度，提高了管理工作效率。

## 第二节　绿云移动商务介绍

绿云的移动电子商务是在绿云 i-Hotel 平台下组建发展起来的，它把酒店不同的应用系统逐步转变为移动化的应用系统，通过数据和智能化算法提升酒店管理效率，促进对客体验，如前台 PMS 的 M-PMS、收银系统的 M-POS 以及 App 和小程序等绿云移动商务等。本小节将从两个不同角度介绍绿云的移动商务：一个是从消费者的角度，主要通过不同的移动服务系统为消费者提供移动商务的便利，如可以是基于手机网站或手机 App 提供的移动商务，或者是基于微信社交平台以及小程序提供的移动商务；另一个是从酒店管理的角度，专门为酒店提供专业的移动商务解决方案，有专门的电子支付解决方案，也有专门的移动收银系统解决方案，或者是客房或餐厅的移动商务解决方案，等等。

### 一、消费者角度

在信息化时代，受移动互联网的影响，传统的服务模式已经不能完全满足消费者的需求。在销售酒店服务的整个过程中，为了帮助消费者获取服务的便利，酒店的诸多服务已经逐渐从 PC 端向智能手持终端设备转移，把前台服务延伸至互联网。基于此，绿云从消费者角度开发了多种移动服务软件。以下是酒店行业内常见的移动服务。

## （一）OTA 直连

PMS 系统与 OTA 实现直连，能够解决实时预订和确认的问题，减少消费者的预订烦恼。在移动互联的时代背景下，在线分销的趋势崛起并渐成规模，OTA 市场份额逐渐扩大，大多数单体酒店对第三方分销渠道的价值有了深刻的认识。它们更愿意借助第三方分销渠道的力量和渠道自带的流量光环，提升市场拓展的效率。

在此前提条件下，PMS 厂商既为酒店提供高效优质的酒店管理软件，也提供通过接口技术实现多个渠道直连酒店分销的服务。消费者在第三方平台的预订订单能够实时同步到 PMS 系统，无须人工转录，从而有效避免了客人预订行为与预订录入系统之间的时间差导致的消费者不良体验。并且，OTA 直连酒店能提高订单的准确性和有效性，可避免出现错单或漏单，节约酒店核对订单、核算对账的人力成本。

另外，OTA 直连可让酒店掌握控房的主动权。酒店根据客情释放房量，即时传输到第三方网站，并改变网站显示状态。除特殊情况外，酒店可以免去与 OTA 渠道商之间传统沟通的烦琐流程，减轻工作量，提高分销工作效率，也确保房量的准确性。

## （二）官网平台、手机 App

官网平台和手机 App 是基于 PMS 的在线直销平台，是帮助酒店直接提升订单量和入住率的有效手段。图 9-1 是绿云开发的微官网主界面。

图 9-1　绿云微官网主界面

酒店过分依赖第三方分销系统，不利于酒店的品牌推广，还要承受很高的佣金成本。而酒店官网平台和手机订房 App 恰好能减轻酒店对 OTA 中介渠道的依赖，让酒店在不必支付大量佣金的情况下，就提高了酒店在互联网销售的主动权，也提高了与分销商议价的话语权。

酒店官网平台可分为计算机网站和手机网站。此类直销平台有多处优点，具体包括以下五点。

（1）能提供直达预订，便捷高效，是提升运营收益的好帮手。

（2）订单支持微信、支付宝、银联在线支付，简化了付款流程。

（3）在线注册会员卡，将顾客发展成为会员，享受会员优惠与折扣，提高了顾客的忠诚度。

（4）客户进行线上评价，分享真实的体验。酒店收到反馈信息后能及时回应，搭建起酒店与顾客的沟通平台，构建良好的宾客关系。

（5）能够提供多样化的优惠或促销活动，开展不同的营销策略，方式灵活多变。

酒店的手机 App 也属于直销平台的一种，同样拥有直销平台的所有优点，除此之外，它还比官网功能更为丰富，电子商务服务更全面，使用也更方便。

酒店预订 App 不仅可以筛选集团旗下、目的地附近的酒店预订客房，有些功能强大的 App 还能定制查询交通、添加航班、预订接送机服务、管理行程，作为行程小助手使用。此外，客人在办理入住后，可以通过 App 一键自动连接 Wi-Fi，查询返程交通，租借酒店物品，呼叫客房打扫，购买酒店同款物品，甚至选择酒店主动推送的酒店附近服务。

一般的酒店预订 App 用户会注册并绑定会员卡。会员卡可以根据酒店会员计划与等级进行打折、储值和积分。储值余额可以用于支付房费，积分可以兑换相应的物品。此类会员忠诚计划，往往对招徕消费者十分有效。某些酒店还会通过 App 推广酒店商城，出售酒店用品或其他物品，从而给酒店增加收益。

### （三）微信平台

如今，微信已经成为人们的一种生活方式。在过去，酒店仅仅把微信当作发布信息的平台，而现在越来越多的酒店将微信当作产品推广、客户入住体验提升、忠诚客户体系建立的官方渠道。例如，洲际酒店、温德姆酒店、希尔顿酒店等国际知名集团均已开通微信小程序，可完成预订、服务、营销、商城等一个或多个商务功能。启用微信平台不仅能提升和优化酒店运营、管理效率，降低获客成本，而且微信公众号和小程序二合一的运营模式有助于绑定会员，提供促销优惠，将访问者转化成消费者，将消费者转化成忠实客户，推动酒店的在线销售和服务。

绿云科技提供的微信平台设置简单，功能多样，不仅能实现酒店查询、自主选房、地图导航、电子券预订等相关功能，而且支持包含会员卡在内的多种方式在线支付。此外，微信支持订餐、扫码点菜、自助开门与退房、预约发票开取等服务，操作简单，便于消费者自主行动，减少排队等待的时间。对消费者来说，其十分符合如今的快节奏生活，容易获得消费者的认同。对酒店来说，其可降低人力成本，提高工作效率，提升宾客满意度，对酒店的形象以及口碑的提升十分有帮助。绿云微信平台的服务功能流程如图 9-2 所示。

图 9-2　绿云微信平台的服务功能流程

### （四）自助服务

自助服务改变了酒店接待收银员被固定在前台区域的服务模式，让接待员走出前台，给消费者提供全方位的服务，更加贴心，并符合新时期消费者的个性化需要。

自助服务鼓励消费者自助查询预订、办理入住、获取房卡、自助退房、发票开取，释放前台服务员的工作压力。从酒店运营管理角度来看，其可提升酒店服务质量与效率，节省人力成本。从消费者角度来看，其可增加顾客的参与度提升顾客入住体验度，满足顾客隐私的需要。

自助入住基于 iOS、Android、Windows 跨平台应用，或接口技术，使用手机、iPad、自助机设备，通过图像识别技术读取身份证信息，通过摄像头进行人证核对，信息无误即可登记入住，并自动上传至治安管理系统。目前，PMS 与智能设备的连接能够让顾客自主选房，发放房卡，或可以通过微信开门。未来，酒店将不仅仅局限于现有功能，随着科技的不断发展，刷脸入住，刷脸开门，自助入住与退房将不仅仅是理念。

### （五）餐饮移动服务

在酒店业内的餐厅中，目前使用较为普遍的移动端点餐分为以下两类。

第一类是应用 App，一般安装在酒店工作 iPad 或智能手机上，支持餐饮在线预订及点餐，支持顾客手持点餐，也支持服务员协助点餐，可灵活应对顾客的多种消费需求。

第二类是小程序，扫码点餐，可绑定会员卡，领取促销优惠，顾客直接使用自己的手机自助下单，方便快捷，在用餐高峰期无须等待服务员。小程序也可以在酒店客房提供送餐服务时使用，同时支持包括会员卡在内的多种线上支付方式。

图 9-3 是绿云为消费者打造的移动商务服务过程示意图。

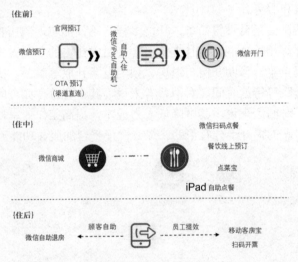

图 9-3　绿云为消费者打造的移动商务服务过程示意图

## 二、酒店角度

上述移动商务服务功能基于消费者角度，从在线服务方面考虑消费者商务的需求，基本上是由消费者自主使用的。另外，从酒店角度来看相应的移动商务应用，此类移动商务产品一般由酒店员工或者管理者使用。他们为消费者处理相关的移动商务，更加科学准确地进行酒店一线岗位的系统操作，既实现了移动化的商务处理，也减轻了前台服务人员的工作量。从数字化发展和未来数字经济竞争力的角度看，酒店更应发展移动商务管理系统。此外，一些移动系统应用还改变了酒店管理人员的工作方式，提升了数字化能力。

### （一）移动商务辅助产品

目前，酒店行业依然属于劳动密集型行业，在短期内完全脱离人力的酒店服务并不能广泛普及。因此，现阶段酒店行业追求的是在人机结合的环境下有效提高工作效率，逐步进行工作模式的变化。例如，绿云科技的以下产品可帮助酒店简化工作流程，让商务处理移动起来，也方便了客人消费。除了在第八章已经介绍过的 MiPay 和 MiPOS，在商务处理方面还有客房宝。客房宝专门针对客房与前台之间的沟通工作，用于报查房与反馈查房结果，包括商务沟通，已成为客房管理中的一个重要管理工具。作为电子商务酒店，移动化商务沟通是非常重要的内容，包括客人在客房停留中的所有商务需求，目前客房宝移动产品主要用于缩短退房查房时间，减少住客退房等待时间。

市面上对此类产品的称呼不一，绿云科技开发的产品称为客房宝，一般是安装在酒店楼层服务员智能手机（一般为工作手机）上的应用。它与 PMS 系统结合使用，可即时收发入住和退房消息，录入客房账务消费，更改房态，报修工程等，如图 9-4 所示。员工在查房过程中无须与前台电话沟通，在酒店任何有移动网络或 Wi-Fi 的地方都能够进行客房管理。

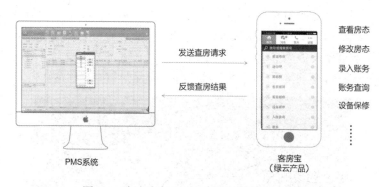

图 9-4　客房宝与 PMS 系统无线沟通示意图

### （二）移动商务管理系统

移动商务管理系统是利用移动互联网技术，结合物联网、移动终端和大数据等数字化技术形成的应用系统。它的特点是系统可以随人移动，可即时处理业务数据，也可为客人提供即时的信息服务。从酒店管理的角度看，移动酒店管理系统的出现方便了酒店管理人员对酒店经营的实时跟踪，也方便了管理人员对系统的即时操作。它是酒店管理信息系统移动化后的简易版。凡是处理客人商务的所有信息系统，如 PMS、餐饮预订系统、会议管理系统等，移动化后都统称为酒店的移动商务管理系统。

例如，绿云科技的手机 PMS 是绿云公司第一代移动酒店管理系统，它能够满足酒店管理人员查看客房销售情况的需求，也能够在酒店工作高峰期协助前台办理入住与退房，为酒店的移动服务奠定了技术基础。

在此基础上，为了更好地衔接 PC 端 PMS 与手机 PMS 的功能，绿云又研发了第二代移动酒店管理产品 Mi-Hotel。它不仅拥有原手机 PMS 的所有功能，细化了前台涉及的预订、入住、续住、退房结账等多种功能，而且对酒店餐饮、会议预订能进行简单查询与操作，也能通过条件的配置设置不同的内容与警惕性，便于管理人员灵活调整营销策略。类似地，餐饮管理信息系统也有对应的移动商务管理系统，包括移动收银系统、移动点菜系统以及移动服务管理系统等。因此移动化系统已成为酒店商务管理的必然趋势。

## 实例：基于移动技术的全链路酒店电子商务探索

随着数字化新技术的不断出现，酒店全链路电子商务正在逐步实现。全链路电子商务对于服务业来说，就是完全电子商务。与不完全电子商务相比，它有更高的处理效率和更快捷的服务体验，消费者可以在任何场景下实现电子商务的服务处理。它是移动电子商务中数字化程度最高的系统，也是基于大数据的自动化程度最高的系统。杭州绿云科技一直致力于酒店电子商务的全链路探索，为酒店消费者提供敏捷的快速服务，提升对客服务的效率和效益，受到了酒店和消费者的青睐，尤其是全链路电子商务为酒店未来降本增效，使提高酒店数字经济的经营比例成为可能。特别是在酒店的前台、餐饮部的餐厅，接待服务全场景数字化和电子商务服务，可通过全链路为消费者节省大量的等待时间，并实现不同客户的个性化服务。全链路电子商务实现的核心场景如图 9-5 所示。

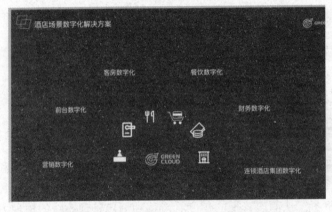

图 9-5　酒店全链路电子商务的核心场景

在图 9-5 中，酒店全链路的核心场景的基础工程是数字化，主要包括营销数字化、前台数字化、客房数字化、餐饮数字化、财务数字化、连锁酒店集团数字化等内容，这些应用场景都会面对消费者，通过数字化打通数据通路，形成电子商务的全链路数据通路，从而实现服务消费者的完全电子商务，为酒店经营效率和降本增效提供技术支撑，结合酒店全体员工数字化能力的提升，实现酒店经营的数字化转型。例如，杭州望湖宾馆通过全链路系统在前台的应用，使前台接待效率提升了 50%以上；酒店超市由于全链路的高效性为酒店增加了 153%的线上交易量，经营效率和效益的提升非常明显。又如君澜酒店集团通过全链路电子商务系统助力酒店提升在线营销能力，降低酒店营销成本，2021 年以来实现在线粉丝平均增长 185%，会员平均增长 240%，复购平均增长 80%以上，尤其是会员体系通过全链路电子商务产生了明显的服务优势，为君澜集团的经营提高了经济效益，与此同时，管理和服务的成本呈现大幅度的下降。

在整个全链路的技术实现中，酒店 PMS 仍然是全链路的系统核心，它通过云链与其他酒店场景的系统以及移动终端实现了数据链接。因此，全链路系统功能包括链接系统、链接硬件、链接场景、链接生态，即酒店上下游合作伙伴及相关行业的数据链接，实现了酒店内部和酒店外部所有商务的完全电子化，如图9-6所示。

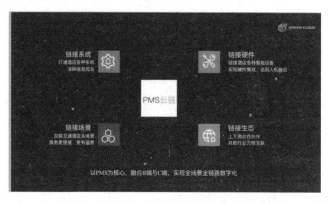

图9-6　电子商务中全链路链接的核心对象

对于连锁酒店集团来说，全链路系统设计重点考虑CRS、CRM、电子商务平台等业务中台的数据融合，以实现酒店集团的统一渠道、统一会员、统一订单、统一营销、统一结算的商务数据链路畅通，从而保障成员酒店前台全场景的服务协同，包括官网服务、微信服务、支付宝服务、智慧住服务、接待服务、所有微服务以及包括渠道服务、商旅公司服务务及重要合作单位在内的所有即时服务，通过中台的这些业务系统全链路对接，实现前台所有业务的移动化敏捷处理。在后台，整体架构对酒店的财务系统、供应链系统、OA系统、成本系统、人事系统、工程设备系统、BI系统等实现全链路数据融合，从而保障酒店集团的前台、中台、后台的业务全链路数据畅通，形成基于全链路电子商务的数字化酒店集团，这不仅提高了酒店集团的运行效率，同时通过数字化的降本增效提升了酒店集团的经营效益。基于中台的全链路设计方案目前已在雷迪森、建发、君澜等酒店集团全面实施。

酒店的移动电子商务在未来必然是基于全链路的完全电子商务，否则移动电子商务仅是酒店电子商务的碎片化应用，难以形成酒店电子商务的大平台，酒店自己也无法管控所有的电子商务业务，因此全链路数据融合必定是未来的发展方向。

资料来源：杭州绿云科技公司官网，并经作者加工整理。

## 第三节　智能化商务的未来

人工智能的应用已使酒店业变得无所不能，随着智能化在酒店业的不断发展，智能商务已显露出巨大的潜能。就目前来看，酒店智能化商务充分考虑个性化需求，满足消费者的商务智能和商务助理的需求，并利用智能化高度保护个人隐私。酒店利用高科技给消费者带来舒适和便利的同时，也充分利用人工智能考虑如何将人力成本、运营成本等降到最低，以追求酒店的高效益和低成本发展。未来酒店的商务智能在移动商务方面有较大的发展空间，通过移动商务的智能，可使酒店真正做到全员营销、全员服务、移动/跑动式服务、及时性服务，让酒店商务的管理、服务真正地做到即时性、随时随地；同时，智能化可使移动产品分散的信息集中化，并将各类系统数据进行整合，高度共享，使数据得以交互，让"系统一体化"覆盖到运营的方方面面。酒店电子商务在以下几个方面开始了智能化商务的实践。

## 一、PMS 的商务智能

随着酒店电子商务应用的常态化，商务智能将越来越重要。完善的商务智能解决方案能够让酒店更快地集中力量应对自身所面临的困境，提升电子商务中的市场竞争力。商务智能还可以帮助酒店及时调整酒店产品价格结构，从而提高利润，扩大收入增长。作为一家电子商务酒店，在探索商务智能的实践中，酒店 PMS 的商务智能才是关键，不管是接待、订单接入，还是结账退房，都有商务智能的嵌入应用。现阶段，PMS 的商务智能已是酒店电子商务智能化的基础。由于商务智能的应用，目前 PMS 的酒店事务性系统正在向分析型系统转变，除了事务性的登记、入住、结账、审核等商务功能，PMS 开始利用人工智能实现账务管控、经营分析等智能化职能，实现与移动电子商务的即时对接。

### （一）商务智能从数据分析开始

PMS 的商务智能首先从与数据分析息息相关的数据抓取着手，面向酒店的海量数据抓取需求，系统能帮助酒店高级管理层快速挖掘深度报告和分析特定的经营问题，同时挖掘酒店客户的潜在需求，精准定位市场。例如，酒店通过 PMS 系统中不同时期的客源市场结构、各渠道来源比例、男女占比等进行数据画像描绘，逐渐厘清酒店不同阶段的客源结构组成、变化，并着重分析可开辟的市场、正在流失的市场的原因，以保持酒店的营收增长。这些管理需求在分析型 PMS 系统中已开始实施，如图 9-7 所示。又如，PMS 可以为前厅经营设置多方位的自动预警提示，为酒店提供实时的关键业绩指标，并根据酒店设定预期发出异常报警提醒，帮助酒店即时调整经营方向，即时改变市场策略。这些都是通过 PMS 数据实时分析实现的。

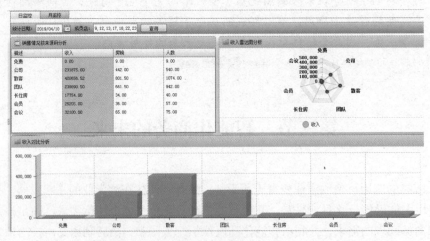

图 9-7　数据分析对比呈现

通过对公司客户、散客、团队客、会员客、会议客的业务比例对比分析，系统根据酒店指定的目标收益率，智能化地对各比例提出调整方向，从而改变酒店经营的策略，智慧地指引酒店经营的未来。

随着数据技术和人工智能在酒店应用的深化，PMS 系统的数据分析结合人工智能可以实现 PMS 的商务智能，目前基本已实现了商务助理的功能。例如，绿云 PMS 的数据分析可以让经营方向直接调整以实现 PMS 的智慧化处理，PMS 与 IDeas 等收益系统对接，在完成了第一阶段的数据抓取、推送、分析后，结合人工智能可直接影响 PMS 中的酒店价格策略，在通过酒店收益人员的审核后自动变化相应价格。新一代的 PMS 智能与门锁系统自动检索可对比客人信息与门卡信息，将差异、可疑信息提供给管理人员，避免经营中的跨部门作弊现象。

### （二）商务智能须打通渠道，实现数据流动性

对于移动性的 PMS，更要关注互联网时代的新型客户体验。智能手机的普及改变了传统的消费模式、消费体验、消费渠道，更多的酒店客人将线下购买力转移至线上，越来越多的线上渠道在帮助酒店售卖产品的同时也从酒店分走了更多的利润。因此，未来的移动 PMS 必须打通分销渠道，智能化地监管各渠道的分销价格。酒店通过自己的直销平台（官网、微信等）积极发展会员，以减少酒店的利润流失。另外，PMS 打通酒店与各个线上渠道的直连，可以掌握价格设定自主权，移动 PMS 和小程序 App 的双向对接，以及和分销渠道的对接使网络价格掌握在酒店自己的手中。未来的移动 PMS 智能可以实现全网全平台的价格监控，通过这种价格监控及时暴露不合规的网络价格，从而既维护了酒店的利益，也维护了消费者的利益。

另外，渠道打通后，不管客人从哪个渠道订房，通过智能技术皆可联合为客人提供更好的服务体验，尤其是入住后到达客房所见的"恭候君临"的欢迎词，使客人获得了更好的入住体验，在酒店智能获取客户信息的同时，也让客户重新认识了酒店的智慧服务。

### （三）商务智能的财务结算是关键

在酒店快速发展的过程中，经营的财务结算与管控也是不可或缺的一部分。酒店经营分析中的人为漏洞把控也是增效的一部分，利用智能化结算体系可以提高经营的整体商务智能。例如，酒店急剧发展后酒店集团与成员酒店、集团与第三方的账务结算等，通过商务智能的数据自动化传输和同步，可为往来账目提供自动核对支持，解决资金往来账务的自动核销、对账、核算，以及实现资金结算的集中化管理，即用人工智能实现中央结算功能，如图 9-8 所示。

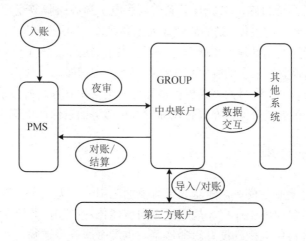

图 9-8　中央结算业务流程图

中央结算具有以下几个功能。
（1）数据整合能力——可将完整、有效、及时的数据进行整合。
（2）财务结算能力——根据业务特点进行有效的财务管理与核算、结算。
（3）强大的拓展能力——随着业务的发展，方便增加和调整结算范围。
（4）自动化程度高——可自动核销和清算，对异常业务自动报警。

## 二、客房智能未来

未来客房智能的重点主要围绕服务和节能展开，从电子商务的角度看，客房服务的智能化是重点。客房既是休息的场所，也是消费的场所，同样涉及许多商务，需要智能处理。绿云科技通过智能应用管理客房产品后，围绕客房服务展开智能化的产品开发，消费者可以通过多种方式，如手机 App、微信、智能语音识别设备等控制酒店客房中的设施。目前比较常见的应用，例如远程开关空调、定时自动开关窗帘、语音开关电视机、语音调节灯光、智慧住、智能客房宝、智能迷你吧等，都有人工智能的具体应用。客房的这些应用能把客户的习惯行为记录下来，通过智能化应用收集客人的行为习惯，传输到 PMS 系统的客户行为数据库中，作为 CRM 系统的数据分析和数据挖掘的基本数据。因此，未来基于人工智能的客房既是客人休息的场所，又是客人娱乐的场所，商务酒店更是客人安静地处理公务的场所。

此外，刷脸开门、光源感应控制、智能取电等功能举不胜举，其应用可与绿云 i-Hotel 平台实现无缝对接，并已在酒店开始商业化应用，实现对客房中住客行为数据的统一收集与管理，为酒店电子商务的客户分析提供了有效的客户行为数据。另外，绿云科技为酒店开发了 24 小时在线的智能语音客服，在客房中不仅能实现顾客与客服的交互式沟通交流，也能实现客房与前台服务员的在线互动，在互动交流中可以智能地获取客人的有关需求信息，为智能推荐系统以及客户关系管理提供基础数据。客房服务指南 App 的开发可使酒店消费者在房间内实现点餐、订票、查询信息、退房等，目前该功能应用已开始与智能客房宝整合在一起，成为客房中供给客人使用的智能移动设备。对酒店来说，客房智能移动设备的应用减少了工作人员重复低效的跑动工作，提升了客人的酒店入住体验度，为酒店树立了良好的智慧服务品牌口碑，也提升了酒店客房电子商务的服务能力。

客房永远是酒店经营的主体，是酒店收入的主要载体。全面提升酒店客房的智能化水平，节约运营成本、节能降耗、提升市场竞争力是酒店未来的追求。为了更好地提高酒店运营效率，提升客房的住宿体验，未来的客房智能将会引入元宇宙概念，为客人提供虚拟化的智能服务（包括智能化娱乐），同时为客人提供多元化的个性化服务，它会成为吸引客源的强大利器，引导酒店客房的功能分区与布局，从而对客房服务的设计产生革命性的影响。

## 三、餐饮智能未来

餐饮是酒店的重要业务模块，随着人工智能的应用，"无人餐厅""智慧餐厅"等新运营模式不断涌现，餐饮由工业化、规模化走向智能化。例如，北京冬奥会主媒体中心的智能餐厅，它的最大特色就是既没有厨师炒菜，也没有服务员送餐，实现了全程自动化烹饪和传送，智能控制和机械臂的流程操作吸引了所有的用餐人员。对于现代酒店的消费者来说，它更注重智能服务的体验，包括从预订、点餐、送菜、加菜到结账所有环节的消费体验。目前更多的模式是人机结合服务。消费者能够利用自己的手机或酒店提供的智能设备进行点菜，并通过电子支付手段实现快速结算，这已经是酒店非常普及的服务现状。绿云开发的餐饮自助点餐机软件系统能够给客人介绍餐厅和活动、推荐特色菜肴，并支持会员卡、支付宝、微信等多种方式结账收银，或者将账务转酒店服务台挂账，实现住店客人的一次结账服务。系统正在开发的功能包括语音识别关键词、原材料搜索、菜肴点菜，手机线上预点菜并显示要求的上菜时间，微信或手机 App 等多种方式提醒排队、菜肴制作等信息，将餐厅服务通过智能化软件变得更科学、更实时，也更加人性化。

随着酒店竞争日益激烈，消费者对酒店餐饮的期望也日益攀升。酒店的硬件设施、软件服务都是酒店之间竞争对比的对象。质量与价格并驾齐驱才能增强酒店的核心竞争力。目前，绿云科技在餐饮智能商务方面主要考虑两个方面：一是降低人力成本，让数据代替人跑路，即减少服务员工岗位，传菜员、收银员都可由智能化系统或机器人代替；二是采用自助服务，消费者可以用自己的手机点菜、加菜和结算，也可以用商务助理的形式让机器人代理完成。以上消费模式都可以把消费单传到前台，由 PMS 系统统一在消费者退房时结算，或者由第三方电子支付的诚信系统直接结算。

未来餐饮的智能化将围绕服务、管理和成本核算等方面展开，包括预约、营销、支付、外卖、会员、采购、客户管理、核算等环节，如餐厅服务的智能化、流程管理的智能化、每日每周每月成本核算的智能化等，都可以通过智能化实现餐饮精准和人性化的服务。另外，餐饮智能化可满足由于疫情等原因产生的无接触服务要求、降本降耗要求，因此智能机器人服务将是未来的方向，如机器人迎宾、机器人送餐、机器人回收、机器人消毒、机器人洗菜等。随着人工智能技术的不断完善，餐厅机器人服务作为商务助理将会落地应用，因此，未来基于人工智能的商务助理在餐饮服务方面将会有良好的应用前景。

## 第四节　酒店移动电子商务的发展趋势

酒店移动电子商务的发展与人工智能等新技术应用密切相关，人工智能的快速发展使机器能够胜任那些之前只有人类才能做的工作。机器人将处理与客人相关的酒店商务。在万豪洛杉矶国际机场居家酒店（The Residence Inn LAX），机器人沃利（Wally）能为雇员和客人寻回物件，生产清洁机器人的公司 Maidbot 推出了管家机器人罗茜（Rosie），希尔顿有礼宾康妮（Connie），以上这些机器人的智能都已非常接近人类，其中有些服务能力甚至超过人类。未来酒店会尽可能在客服和营造兴奋点方面采用机器人，而这一切努力最终都是为了节省酒店的人力成本，提高移动电子商务的效率和效益。

### 一、商务型酒店或成"无人酒店"

随着移动电子商务技术的成熟，也包括数据安全技术等保障作用，未来的商务型酒店或许不需要更多的服务员，酒店不需要接待人员，也不需要结账人员，所有的前厅接待可以通过移动电子商务的形式让客人自助解决。尤其人工智能的普及应用和大数据技术的成熟，酒店接待任务可由具有深度学习功能的机器人完成，它们能理解人的自然语言，可以接受客人指令，能快速、精准地为客人提供服务。客人住在这样的高科技酒店中，既无人打扰，也具有很好的隐私保护，可以在酒店中轻松处理自己的商务。虽然酒店中没有服务员，但所有的服务都可以轻松获取，客人也能便捷地与外界联系。

未来的"无人酒店"依赖基于移动电子商务的高科技应用，包括人工智能、物联网、大数据技术、区块链技术等，这些技术（包括机器人）代替了酒店的接待岗位、账务岗位、清洁岗位、销售岗位以及安保岗位等，同时解决了客人的隐私干扰问题、客人的商务处理环境问题、客人获取服务的时间等待问题、客人个性化服务的需求问题以及客人商务处理环境的保密问题。在移动电子商务的帮助下，未来的"无人酒店"非常适合商务客人入住，这是我国酒店业发展的一个全新方向，同时也将带动度假型酒店在低成本经营方面的高科技应用，而移动电子商务的智慧化应用必然是高科技应用的核心。

## 二、社交电子商务将成为酒店移动电子商务发展的新机遇

社交电子商务越来越受到服务业的追捧，酒店移动电子商务采用社交电子商务的形式，更是体现随意化、个性化、生活化的一种形式，是未来发展的重点。酒店的营销人员通过社交平台可以圈定相应的人群，创建这些人群的标签，开展活动分享与个性化的精准营销，主动为消费者谋福利，从而让消费者在社交平台中找到与酒店相关的乐趣，在互动中获得优惠，相互传递酒店的促销活动和热点，也让消费者获得更好的内容体验、产品体验、视觉体验、服务体验以及非常温馨的售后体验。

### （一）做细酒店自媒体平台

开展社交电子商务的重点是酒店要有一个服务精细的自媒体平台，通过该平台建立多个不同层次的客户群，由不同的销售人员分管，负责对社群的信息发布、互动沟通、精准营销以及电子商务业务的操作，针对不同的人群采取不同的营销策略，根据他们的消费层次和网络影响力投放不同的促销活动信息。负责管理的销售人员必须熟悉每个客户的消费特点，并给每个客户指定多个标签数据。所有销售人员管理的社群商务都由自媒体平台统一管理。

### （二）做活酒店小程序电子商务

社交平台中的小程序已成为酒店电子商务的主流应用，它方便消费者使用，服务敏捷，而且体现了服务的个性化。在移动电子商务时代，用户的消费路径和消费习惯发生了很大的变化，消费需求场景化、购物模式多样化已经成为这个时代的典型特征。社区商务的小程序就是在这样的背景下出现的，因为社区具有丰富的、碎片化的内容，小程序有个性化场景，能满足消费者的服务体验需求。酒店电子商务的本质是服务，做活小程序电子商务的服务，就能吸引新一代消费者眼球，为酒店创造在线直销的机会。

## 三、在线销售将成为酒店新常态

现在"90后"渐渐成为消费主力，他们从一出生就开始接触智能手机。根据最新的数

据,"90后"通过手机购买商品的比率高达80%,远高于"70后"和"80后"。这些新生代将是移动电子商务的主力,"00后"也正在成为网络的消费者。有调查表明,目前84%的消费者在上实体店面消费前,会先用手机查询一番,尤其是旅游消费,如到目的地预订酒店,几乎都通过手机查询目的地酒店的情况,不管是旅游前预订酒店,还是在酒店内消费,手机支付将成为人们的习惯和支付常态。未来消费者的这种行为习惯会促使酒店的销售完全导向在线销售。

### (一)客房在线销售是主流

未来酒店会通过人工智能和大数据结合区块链技术开发基于智能手机的移动App,由于那时5G通信已普遍应用,所以可以采用增强现实功能把客房场景化,可视化酒店客房的真实环境,并结合游戏化的软件,以迎合新生代消费者的习惯和需要。其中,采取区块链技术是为了更便捷地支付,并有非常完善的诚信体系支持;采取大数据是为了实现智慧推荐,手机App都有完善的推荐系统应用,更加迎合新生代的消费体验需要;游戏化是未来电子商务软件发展的主流趋势,能让消费者在趣味游戏中实现商务,而不是像现在这样通过列表提供预订信息让消费者选择。未来酒店的在线销售将淡化现在酒店销售部的办公模式,所有销售人员都是移动化办公,到那时,由于酒店机器人上线工作,服务员会变少,所有酒店人员都将成为在线销售人员,形成酒店全员营销和全员销售的局面。如绿云的微商城产品,就可以使酒店成为全员销售的工作环境。

除了酒店App,酒店的手机官网、酒店小程序等同样可利用以上技术成为酒店在线销售的窗口,它们也是酒店移动电子商务的重要组成部分。到那时,由于新技术的应用和酒店全员销售的兴起,酒店是否需要OTA就无所谓了,每个酒店人员都是在线客服,不管是在社交平台,还是在其他网络渠道,都有自己的客户群体。移动电子商务的在线销售已成为酒店业真正的常态。

### (二)餐饮在线销售成热点

自从2018年海底捞宣布"无人餐厅"开业以来,智慧餐厅的各种应用层出不穷。酒店餐饮也和社会上的餐馆一样,积极利用新技术不断推出智慧餐饮的新应用。自从2018年君澜集团推出"度假酒店餐饮为周边社区服务"的理念以来,酒店餐饮的外卖、线上与线下齐发力成为餐饮销售新的增长点。可以预见,随着移动电子商务在餐饮中的应用,人们以及酒店周边居民可以越来越便捷地获取酒店的餐饮服务。随着消费的升级,传统餐饮品牌都开始打通线上、线下的服务,全力打造在线销售平台,这不但提升了餐饮店的品牌效果,也节省了消费者的很多时间,使他们获得了非常有效的服务体验。在线销售全面实现了点餐、支付的数据化,降低了餐饮服务的人力资源成本。酒店要实现完全在线销售,须做到以下几点:首先,要有一个完整的智慧餐厅,一个几乎不需要服务员的餐厅;其次,要有一个完善的在线电子商务平台或酒店平台下的子平台,包含移动服务端的应用;再次,要有一套完善的智能餐具(专门植入智能芯片);最后,要由多个前台机器人负责招呼客人。

酒店餐饮在线销售的目的是实现"互联网+",创造餐厅24小时的新零售,既为住店客人服务,也为周边社区的居民服务,实现酒店餐饮的"到店+外卖+新零售"的三位一体经营体系,这三位一体的经营体系依赖于移动互联网及相关新技术的应用,创造餐厅人效、绩效最大化，赚取酒店餐饮网络效应下的品牌效果和社会影响力。同时，餐饮在线销售也积极推动了餐饮移动电子商务的发展，给消费者带来了更便捷、新潮的消费体验。

## 四、餐厅收银台或将消失

随着新技术的应用和支付技术的进步，酒店餐厅的收银台最终将消失，从 2019 年出现的一些智慧餐厅来看，收银员和餐厅服务员已大幅度减少。餐厅可以通过刷脸技术、指纹技术实现支付，在不久的将来，只要有消费者的独立 ID 号，就可以实现最便捷的支付。如老字号五芳斋联手口碑平台，在杭州打造了旗下首家"无人智慧餐厅"，一个月后实现了营业额增长 40%、人效翻三倍的惊人成绩；周黑鸭和微信共同打造的"智慧门店"亮相深圳，实现了刷脸进门、点赞支付；京东旗下首家"未来餐厅"在天津中新生态城亮相，顾客可以在该餐厅享受机器人服务及菜品制作体验。以上这些无人餐厅基本上实现了无收银台和少量的服务员，消费者的服务体验得到了大幅度提升，同时降低了餐饮业的人力资源服务成本。

在未来的无人餐厅，消费者无须带钱包和手机，更没有服务员和收银员，实现了全程智能点餐，刷脸支付，吃完就走，或者利用消费者的独立 ID 号就可以结账走人，无须等候，轻松消费。

其实无人餐厅并不是没有人，如口碑无人餐厅技术方案涉及前端自助预订、自助点餐、自助取餐、自助支付、自助会员以及后端的自动分单打印、自动化采购单生成等多项技术应用，其中每一项技术都可以被自由组合到其他技术应用中，以满足不同商家和酒店不同的业务需求。无人餐厅中的无人只是表象，掌握用户用餐数据才是关键。通过数字化运营，酒店可以积累丰富的用户标签，为消费者智慧推荐贴心的菜品和服务，同时可以通过大数据优化出品、打造爆款，及时找出运营不足，这就在一定程度上大大提高了餐厅的接待能力和效益。这时的餐厅虽然无人或无收银台，但是在后台更需要负责数据监管的人，能够可视化前台所有的智慧服务。

## 五、酒店服务台或成咨询台

随着移动电子商务在酒店的广泛应用，以及前台自助设备的普遍使用，酒店服务台的结账功能和接待功能正在减弱。未来大多数消费者会通过网络订房，那时的网络订房已不是现在的网络订房，而是可以在网络上直接选房——选择自己喜欢的楼层和房号，可以通过短视频观看楼层和客房的环境，增强现实技术的应用，使网络预订更实用。

### （一）服务台功能的转化

目前，酒店服务台的主要功能是接待登记和退房结账，未来这些功能都将被自动化取代。只要你在网上选定了房号，确定预订后预订人的信息，就会被自动采集到前台的 PMS 中，到了酒店，你在手机上转登记就可以刷脸入住了。退房也一样，你在自己的手机上选择退房操作后就可以直接离开了。系统的诚信体系不需要服务员办理查房等环节，若出现问题会自动记录客人的诚信数据，即使入住期间有问题，也可以上服务台咨询，或利用客房中的智能客房宝获取相关的服务。服务台能做的事情仅是为客人提供咨询服务，以及安装一些新型的自助设备，如自助登记设备、自助结账设备、自助查询设备等。当然，服务台的功能转化需要酒店有完善的软件平台，有完善的基于移动互联网的电子商务系统支持。

### （二）完善的电子支付系统

目前酒店的支付系统主要是基于银联的电子支付和第三方的电子支付，但即使这样，还是无法完全满足消费者的需要，还需要进一步完善酒店的电子支付系统，才能实现酒店服务台的功能转化。随着未来数字货币或虚拟货币的推广应用，这些电子支付系统将会被数字支付系统彻底替换。区块链技术的应用以及数字货币的普及即将到来，结合人工智能的推广，酒店的电子支付系统将成为人人都可使用的普及型系统。这时客人在酒店消费，不管是办理退房还是用餐，所有结算都可自动化实现，而不需要服务台或收银台之类的经营模式。

移动电子商务的关键瓶颈就是移动支付，只有人人都能移动支付，移动电子商务才能真正普及。随着信息通信技术的高速发展，对于未来的移动支付会产生什么样的新技术，谁也无法判断，但有一点可以肯定：未来的消费者在酒店获取的服务必将更方便、更温馨，也更加人性化。

## 六、大数据使移动商务更智慧

大数据应用也是未来酒店移动电子商务应用的必然趋势，无论是移动服务，还是移动支付，都是为了帮助消费者精准地获取酒店服务，因此，所有酒店信息系统都必须建立在大数据的基础上。从目前来看，酒店的大数据应用才刚刚起步。与OTA等服务商相比，酒店自身的大数据应用还缺乏有效的数据基础，如何帮助酒店企业实现大数据应用是未来研究的方向。下面几个方向是酒店大数据应用可以赋能的领域，它们可以完善移动电子商务的服务。

### （一）消费者行为数据的收集

酒店PMS中的客户数据库大多是消费数据库，是酒店服务过的客户留下的消费信息，这些数据是酒店分析客户消费行为的依据，但仅有这些数据是远远不够的。很多消费者为什么会来酒店消费？很多消费者访问了官网或其他的移动服务系统，为什么没有购买酒店的产品？所有这些都需要通过分析客户的行为才能知道，对其中的很多客户，酒店可以通过其网络行为来分析其消费意向。酒店可以通过自己的官网窗口、移动服务、小程序等客户可以使用的微应用，记录客户的访问行为，如访问的日期、客户的ID、访问的内容、访问的次数、关心的产品、使用频率、有否购买、又去了哪里等。对于多次访问的消费者，酒店可以给予标签化，并记录相应的标签数据，形成酒店统一的、各系统可共享的客户行为数据，以供行为分析和系统推荐使用。

### （二）官网的推荐系统思路

未来的大数据应用中，智能的客户推荐系统将是一个发展方向，它对移动电子商务的绩效有非常大的影响。推荐系统建立在客户消费数据库和行为数据库的基础上,系统会潜入官网和各种微应用中,通过判断客户的访问行为和其标签数据,有针对性地推荐客户喜欢的产品,这样既节省了客户的时间,又带给客户很好的产品选择体验。例如,客户在官网中查看房间类型,系统可以结合他的标签数据推荐他可能喜欢的产品页面;或者在社交平台的群聊中,推送客户喜欢的产品。

### (三)移动服务中的精准营销

精准营销同样是建立在大数据基础上的。酒店可以利用自己的客户消费数据库和行为数据库对所有酒店客户和网络的潜在客户进行标签化,大致了解客户的消费偏好和网络习惯,形成对应的客户标签数据,应用到酒店的所有微应用中,实现移动电子商务的精准营销。目前流行的小程序就是一个很好的酒店精准营销工具,但是如果没有大数据的支持,这个工具也只能盲目地开展网络营销。如何利用酒店自己的大数据,为移动电子商务开展精准营销,将是未来酒店经营主要的努力方向。

## 本章案例:武义璟园·蝶来望境酒店的数字化营销

武义璟园·蝶来望境酒店是浙旅投下属雷迪森酒店集团管理的蝶来品牌旗下的高端精品温泉度假酒店。该酒店于2018年10月正式开业,2020年客房增加至55间。在开业的一年里,前期主要依靠传统的营销模式,整体宣传推广力度不足,导致酒店经营的知名度不够。2020年由于新冠肺炎疫情的影响,各行各业遭遇到前所未有的危机,酒店业也按下了暂停键。在全球疫情的冲击下,线上购物、直播带货等新业态营销模式火爆全网,受到了酒店的关注。蝶来望境酒店牢牢抓住机遇,打破传统的营销模式,加强与自媒体平台合作,开始了以数字化营销为突破口的电子商务之路。通过新兴的直播带货营销,特别是与多家知名自媒体平台、网红大V合作,利用抖音、微博、小红书等新媒体渠道在线开展宣传推广,收到了良好的经营效果,从此开始了酒店数字化营销的实践探索。

### 一、背景和主要驱动力

武义璟园·蝶来望境酒店是国内首家以露天古民居博物馆为主题的温泉度假酒店。为了扩大酒店的市场品牌影响力,酒店通过数字化营销形成如下发展驱动力。

(1)根据酒店集团数字营销战略,因疫情影响市场供给侧消费情景发生变化,酒店为止住传统业务营收下滑的态势,抓住前疫情期间线上平台未能有效把控线下经营实体的有利时机,快速起动数字化线上营销行动计划。

(2)新冠疫情对酒店业影响严重,酒店需要营收来支撑正常运营。酒店为了生存需要在新的宏观环境中找到新的常态跟新的商业模式,这至关重要,而数字化营销能探索出酒店疫情常态化下的生存空间。

(3)随着技术的成熟和移动互联网的发展,直播逐渐成为一种新兴营销方式,其表现形式丰富多样。直播可以优化企业品牌宣传战略,可以将整个酒店的文化、酒店的个性化产品、酒店的服务品质等通过视频的模式直接表达给目标用户,精准地锁定目标客户群,将产生的流量转变为成交量。

蝶来望境酒店就是在疫情大环境下形成了用电子商务替代常规经营的驱动力，通过以自媒体为主导的数字化营销，主动改善了酒店的经营环境。

二、规划、措施及成效

数字化营销的实施同样规划先行，武义璟园·蝶来望境酒店自上而下统一思想，落实行动计划，打破以旅行社为主的传统营销模式，选择见效快的新兴数字化直播营销。2020年8月，酒店组建直播营销小组，分析酒店行业目前的大环境、传播渠道及酒店整体客源结构，通过与长期合作的自媒体平台的沟通交流，发现直播带货、短视频营销可成为当前新兴的数字化营销渠道，能提升酒店的区域影响力。直播的表现形式丰富，真实性、互动性、实时性强，可以帮助酒店吸引粉丝，吸引客户，转化成交。通过大环境的分析、直播平台的选择、前期宣传等，酒店于2020年10月18日2周年店庆当天进行自我突破、创新，开始了数字化直播营销新媒体实践，以新兴的直播带货营销方式开启酒店的首场直播。首场直播促销专场在线观看量达2.6万人次，共计销售套餐产品115套，销售额突破30万元，直播营销获得了意想不到的成效。

酒店通过与自媒体平台的合作，边学边做，一方面在自媒体平台扩大品牌影响力；另一方面发展直销并开始私域流量的转化工作，通过员工朋友圈转发，用全员营销、社群客等模式，迅速扩大酒店的本地传播力和影响力，通过以点带面的形式拉动市场渠道和创新产品的挖掘。在开始阶段，酒店的数字化营销措施重点在运营、渠道、会员等方面做以下工作：一是对外与业务机构谈合作，对内与法务、财务协调沟通电子商务的合规政策，不断优化直销平台的直播、分销、分佣、结算、会员、积分、转化、售后等功能；二是与各类渠道做资源共享、品牌推广，包括与微博、支付宝、今日头条、京东、淘宝、抖音、网易严选等十家平台进行合作，形成了酒店数字化营销系列的数字化业务流程。

待数字化业务流程稳定后，酒店开始通过品质宣传扩大公域流量的客源引流，并将酒店的产品导入各大银行平台和房产物业平台进一步挖掘客户，以满足优质客户采购需求；同时优化会员体系建设，尤其是网络客户的会员，主要在会员等级、升降规则、会员积分、会员权益、积分消耗形式等方面多样化，从市场的维度通过数字化营销手段获取用户，并围绕用户的拉新、新增、留存、活跃、传播以及用户之间的价值、供给关系建立一个良性的循环，提升与用户相关的各类数据（注册用户数量、活跃用户、用户提留、购买和复购率）。酒店于2020年10月开始首场直播，2020全年开展直播活动共4场，销售套餐产品共194万元；全年数字化营销的在线销售额达1200万元，收到了非常好的电子商务效果。

三、电子商务创新中的难点

直播营销是一种营销创新。作为一个传统的酒店，它在直播内容、营销组织转型、流量的转化等方面存在许多创新难点。

1. 直播内容的创新难点

2020年突然暴发的新冠肺炎疫情对酒店业产生了史无前例的影响，特别是对度假型酒店，直播内容需要结合这一大环境形势。俗话说"有危即有机"，疫情在给酒店行业带来巨大损失的同时，也将给酒店行业带来产业结构的调整，促进酒店行业多元化的发展和产品变革。因此，在直播的内容上，酒店需要探索性地进行内容规划，做好活动专题的内容审核，让直播内容迎合消费者的需要。

2. 营销组织转型的难点

数字化转型已是当前企业经营的核心任务，传统的经营组织已不适应企业发展，整体的大环境正在逼迫酒店业必须转型变革，仅靠传统的营销组织、营销思路已经不适合酒店稳定、快速的发展。对于直播营销需要数字化专业人才，目前的营销架构无法满足数字化营销各环节的人才需求，如直播人才、流量转化人才、渠道推广人才、效果评估人才等。直播电子商务也创造了一种新形态的数字化生产关系，酒店需要数字化架构去迎合这种关系，但目前还很难做到。

3. 流量转化的创新难点

数字化营销的关键是把数字化流量转变成效益，直播流量的开展、落实又成了一大难点。酒店组建直播营销小组，与相关媒体平台进行沟通交流时发现：从酒店自身而言，酒店产品不同，对象的客户群体也不同，在流量及成交量上要得到一定的效益对平台的选择很重要，自媒体平台相对于抖音、微视频等平台来说，有相对稳定的目标客户群体，这批客户群产生的流量转变为成交量的概率远远大于其他平台。选择与直播营销相对成熟的自媒体平台合作，可以加大品牌及产品的推广力度，同时也为酒店在后续直播带货方面提供了优势，但是自媒体平台仅单次直播合作费用较高，可能导致最终的成交额远远不够，需要探索一个有效的合作模式，最终确定年度合作方案，这需要有创新地转化思维去探索。

四、新模式与新技术的未来应用

酒店在未来数字化营销方面将积极探索新模式、新技术的应用，尤其在精准营销方面。酒店将开展由前台面向客户端小程序、H5、App 营销，CRS（中央预订）把各渠道客房自动转 PMS 订单，然后通过后台 PMS 酒店管理系统对业务数据进行采集、计算、存储、加工处理，将汇集的客源属性信息进行分析，找到消费群体特征，即进行用户画像。通过面向酒店对外营销的用户画像，为酒店各业务场景的精准营销提供方向。线上平台的合作模式，选择目标客户群与酒店相对应的自媒体平台进行年度合作（头条次条推广、直播、网红探店视频等）；线下平台的合作模式，主要是分销商模式和代理商模式，与浙江省内各市级区域旅行社签订区域销售协议，让各区域的旅行社成为酒店的代理商，为酒店进行宣传推广，进一步扩大酒店的知名度。

在新技术应用方面，酒店加强产品运营管理体系、直销与分销体系、会员营销体系、供应链体系、积分换礼体系的数字化建设，使酒店实现业务渠道多样、技术平台统一、商务模式创新的营销组织新架构，着重在直播、社群、产品类型、产品采购、风险控制、售后服务管理、平台维护、财务结算营销战略和数据分析方面深入数字化建设，做好、做细小程序应用小前台。蝶来望境酒店在营收与利润上为集团做出了更大贡献，成为新的增长点，同时也将作为酒店集团旗下酒店的数字化营销标准案例，进一步在集团内推广复制。

资料来源：本案例来自浙旅投雷迪森酒店集团，并经作者加工整理。

**案例思考：**

1. 蝶来望境酒店的数字化营销有什么特点？其开展的驱动力是什么？
2. 什么是直播营销？蝶来望境酒店的直播营销有哪些特色？
3. 蝶来望境酒店在数字化营销开展中遇到了哪些创新难点？它是怎样克服的？

## 拓展知识

| | | |
|---|---|---|
| 商务助理 | 电子钱包 | 数字货币 |
| 虚拟货币 | 位置服务 | 商务智能 |
| 智能客服 | 增强现实 | 虚拟现实 |
| 智能合约 | 智能推荐 | 移动商务 |
| 移动智能 | 数据关联 | 标签关联 |
| 自媒体平台 | 重构客户体验 | |

## 思考题

1．什么是移动电子商务？移动电子商务有哪些市场优势？
2．酒店移动电子商务有哪些特点？
3．酒店的移动电子商务和移动管理应如何融合发展？
4．什么是移动电子商务的推拉业务模式？请举例说明。
5．酒店移动电子商务未来的主要技术应用有哪些？
6．目前酒店移动电子商务有哪些应用类型？采用了哪些技术？
7．绿云的酒店移动电子商务有哪些应用产品？它们解决了酒店哪些商务问题？
8．什么是客房智能？它有哪些应用内容和特点？
9．什么是餐饮智能？它有哪些应用内容和特点？
10．什么是绿云 PMS 智能？它有哪些智能的商务内容？
11．随着酒店移动电子商务的发展，为什么说酒店的在线销售将成为常态？
12．酒店的在线销售包含哪些销售方式？如何完善酒店的在线销售体系？
13．随着酒店移动电子商务的深入应用，为什么说酒店餐饮的收银台或将消失？
14．随着酒店移动电子商务平台化的应用，为什么说酒店服务台或将成为咨询台？
15．要使酒店移动电子商务更有智慧，应如何利用酒店的大数据？
16．作为一个消费者，你希望酒店移动电子商务应提供什么样的便捷型系统及功能？
17．根据你了解的酒店或自己的经历，请你举一个酒店商务智能的应用实例，并分析它的特点以及解决的业务问题。
18．移动电子商务将成为酒店电子商务的主流。假如你是一个酒店经营者，在酒店电子商务的系统战略上，你会如何考虑该战略，以使系统建设保持竞争优势？

# 第十章　绿云 i-Hotel 平台的电子商务基础

本章要点

本章主要介绍酒店电子商务的具体应用。首先，介绍酒店电子商务的设计理念及实施思路，并以绿云科技的解决方案为背景，介绍绿云酒店电子商务的平台化基础——它包括一个电子商务主平台、若干个小前台。绿云 i-Hotel 作为主平台，解决了酒店数据与业务的融合问题，体现了酒店电子商务的数据整合和应用能力；若干个小前台解决了酒店电子商务的个性化服务问题，体现了酒店电子商务的快速响应能力。在主平台方面，本章主要介绍绿云 i-Hotel 的业务总体架构和功能结构，并介绍酒店电子商务基础性系统 PMS 的预订接待管理和客房中心管理的电子商务业务内容。在小前台的微应用方面，主要介绍微预订、微服务、微裂变、微营销、微商城、综合体以及小程序的应用特点。这些小前台的微应用不但提高了酒店电子商务的响应能力，而且体现了客户的个性化服务需求，也提升了酒店电子商务的整体收益。

绿云 i-Hotel 酒店平台是集前台管理、后台管理、集团管理、客户管理、渠道管理、电子商务、预订中心于一体的综合性酒店平台，是目前国内酒店用户最多的基于电子商务的应用平台。在开始阶段，平台化以前台 PMS 为主。随着平台技术的不断完善和酒店业务的时代转型，i-Hotel 酒店平台的技术架构和业务方向转向酒店电子商务。该平台的电子商务以大数据为中心，为酒店创造健康、稳定的网络经济收益。绿云科技的平台化也是 PMS 系统的技术转型，它迎合移动互联网时代，实现了酒店服务台的移动化、结算的移动化、服务的移动化以及酒店营销的移动化。本章主要介绍绿云 i-Hotel 酒店平台的电子商务基础。首先，在介绍平台技术架构的基础上，介绍绿云酒店电子商务基础的云 PMS，然后介绍绿云电子商务的小前台电子商务业务架构以及为酒店提供的整体电子商务解决方案。

## 第一节　绿云酒店平台的技术架构

绿云酒店平台的技术架构是基于云计算的云服务，并结合人工智能和大数据而形成的一个以酒店电子商务为主体的应用平台。目前，绿云的酒店主平台主要支持酒店集团的发展与业务管理，也支持单体酒店的业务与电子商务，以及民宿一类的个性化客栈。因此，绿云酒店平台的所有技术架构内容可以通过人工智能任意组合，形成酒店不同类型的应用

版本。目前该平台已有标准版、快捷版、民宿版以及邮轮版等应用，绿云电子商务的平台化正在向综合体以及旅游小镇等应用版本发展。

## 一、绿云 i-Hotel 平台的功能架构

绿云 i-Hotel 是酒店电子商务的主平台，它采用的是云技术架构，所有软件系统和系统数据都整合到云端，通过 PaaS 和 SaaS 服务模式为酒店提供平台服务和软件服务。整合后的平台形成酒店唯一的数据中心，这些数据都可以被所有系统共享和使用，包括后面介绍的电子商务小前台的微应用。云技术、大数据技术和平台技术是绿云 i-Hotel 的核心技术，这些核心技术把酒店的前台 PMS、财务、支付、收银、服务等业务整合起来，形成如图 10-1 所示的绿云 i-Hotel 业务架构示意图。

在绿云 i-Hotel 平台的总体业务架构图中，核心的业务内容设计包括六方面内容：① 酒店前台的云 PMS 负责酒店前台的所有接待、登记、客房的业务管理；② 云支付是平台的所有电子支付系统，包括银联的电子支付和常用的第三方电子支付；③ 云 POS 是负责酒店收银的系统，所有酒店经营点都由云 POS 系统负责处理；④ 云官网是酒店的微门户，包括网站和移动端的服务门户；⑤ 云财务负责所有酒店经营中的财务管理和财务核算；⑥ 云服务是酒店开展电子商务提供的所有服务，也称小前台，包括移动类服务、位置类服务等微应用。所有软件都以 SaaS 服务模式提供，这样做保证

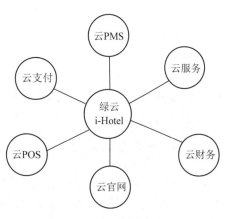

图 10-1　绿云 i-Hotel 业务架构示意图

了系统的数据安全和使用安全，体现了平台化后数据的好用、能用的特点。由于酒店目前有单体酒店和连锁酒店（包括酒店集团），还包括酒店联盟，因此，绿云 i-Hotel 平台的设计考虑了这些不同应用，形成了标准版、集团版、快捷版等不同的应用版本。尤其是酒店电子商务还存在很多 OTA 渠道，在开展电子商务过程中酒店需要和 OTA 的订单数据对接，包括与各种类型的网络社交平台的数据对接，等等。最后形成了绿云 i-Hotel 酒店平台的功能结构图，如图 10-2 所示。

图 10-2　绿云 i-Hotel 酒店平台的功能结构图

图 10-2 所示的功能结构，主要考虑了酒店电子商务的四大功能：一是网络营销和网络订单的管理，包括酒店门户网站、微信等社交平台、OTA 分销渠道以及淘宝旗舰店等；二是集团管理或酒店连锁管理的功能，包括中央预订、会员计划、客户管理、渠道管理、集团管理、集团营销、中央审计、中央结算和经营分析等管理系统，还包括酒店联盟的会员共享管理等；三是酒店管理，其核心就是前台的 PMS 系统，所有不同类型的版本管理都包括在内，以及酒店的工程设备管理、所有娱乐服务管理等，酒店管理包括酒店内部电子商务的所有内容，这是酒店开展电子商务的最基本系统功能要求；四是服务平台的内容，酒店开展电子商务所涉及的服务都包括在内，包括短信服务、邮件服务、位置服务以及支付服务等。

## 二、绿云 i-Hotel 平台的应用特点

绿云 i-Hotel 平台经过多年来酒店的应用实践，受到广大酒店用户的青睐，已成为我国拥有最大的酒店用户群体的酒店平台。绿云科技也成为我国酒店电子商务平台的最大技术服务商，是酒店 PMS 成功转型的开拓者。目前国内主要集团酒店（如上海锦江酒店集团、君澜酒店集团、开元酒店集团等）大都成为绿云的用户。平台化的应用实践证明，绿云 i-Hotel 平台与其他开放型系统相比，具有以下明显的应用特点。

### （一）完全电子商务

电子商务有两种类型：一种是不完全电子商务，需要人工干预；另一种是完全电子商务，不需要人工干预，所有业务全部电子化处理。目前，大多数酒店处于不完全电子商务阶段。而酒店属于预约型电子商务，需要完全电子商务的支持，这样才能产生规模效应，真正地降低经营成本。对于绿云 i-Hotel 的酒店，其客户在官网或 OTA 渠道预订酒店后，订单信息可以直连绿云 i-Hotel 平台，有效订单可以根据客户需求直接进入云 PMS 前台处理，进入排房程序，如果酒店有自助系统，客人到酒店后可以自动办理登记，直接到客房。因此，客人从预订到入住的过程不需要人工干预，全程都电子化处理，属于典型的完全电子商务形式。

### （二）链接一切

绿云 i-Hotel 平台可以和任何分销渠道链接，可以和任何第三方电子支付平台链接，可以和任何业务合作伙伴链接，也可以和任何网络社交平台链接。绿云 i-Hotel 是一个完全开放型的平台，其内部结构都可以智能组合，链接社会上的任何资源，实现真正意义上的链接一切。在互联网世界里，绿云 i-Hotel 是可以链接一切的一个开放型节点，这是酒店开展电子商务最需要的应用特点。

### （三）安全性能高

绿云 i-Hotel 在技术架构上采用云架构，通过云计算实现对酒店的软件服务。众所周知，目前世界上的信息系统中，云计算平台下的系统安全性是最高的，其隐私保护措施也是最严密的。绿云 i-Hotel 平台通过 PaaS 和 SaaS 服务模式为酒店提供服务，不管是软件安全性

还是数据安全性,其安全级别都是目前世界上最高的。

### (四)支付便捷

客户在酒店内消费,可以使用目前国内流行的电子支付方式进行结算。绿云 i-Hotel 平台既有银联平台的电子支付,又有第三方电子支付平台的电子支付,刷卡、手机支付、闪付等在绿云 i-Hotel 平台下都可以轻松地实现。这种便捷的支付方式为客户消费结算节省了很多时间,也提高了酒店的服务形象,是酒店电子商务中不可或缺的服务环节。

### (五)大数据支持

酒店开展电子商务离不开大数据的支持。绿云 i-Hotel 平台下的大数据可以为任何一个酒店提供服务。目前绿云 i-Hotel 平台下已有近两万家实际运行的酒店,酒店集团几乎占据了国内的一半,形成了国内最大的酒店大数据,这些数据通过分析、挖掘可以为酒店提供指导性的报告。客户的消费行为和酒店未来发展的趋势都隐藏在这些大数据中。

### (六)营销渠道广

酒店开展网络营销既要优化营销渠道,又要采取多渠道合作战略。为了开展酒店电子商务,绿云 i-Hotel 平台在网络营销架构中设置了非常丰富的渠道接口,既包括酒店官网、微门户、手机网站、微信、微博等社交平台,还包括酒店在网络上的各种微店,以及携程旅行网、同程网、途牛网等 OTA 分销商。这些营销渠道都可以整合在绿云 i-Hotel 平台下,让酒店在可视化管理营销过程中轻松实现电子商务的网络营销。

## 第二节 酒店电子商务基础的云 PMS

酒店开展电子商务,首先要有一个开放型的 PMS。该系统可以轻松地接收网络订单,这是酒店开展完全电子商务的基本要求,而绿云的云 PMS 就可以满足这样的要求。互联网时代下酒店和连锁集团需要深入挖掘数据价值,赋能服务、运营管理。酒店集团全数据、厚数据的集中对酒店电子商务布局提出了更高的要求。传统的本地布局无法保证数据抓取的准确性、全面性、实时性,而云端部署、本地+云端部署将服务人员对数据的搜集、系统中数据的分层呈现、管理人员的分析和应用有效地结合,真正实现数据化赋能。本节所介绍的云 PMS 是杭州绿云科技的酒店软件产品,其技术在国内处于领先地位,是国内酒店用户数最大的服务产品,也是酒店集团用户数最多的产品。该系统具有高度的集成能力、先进的国际化管理理念以及开放性的管理流程。该系统的电子商务能力尤为突出,而云 PMS 的功能本身就是酒店内部电子商务,可将所有的业务实现电子化处理。本节主要介绍核心的前台预订接待、前台账务和客房管理。

### 一、预订接待业务

绿云 PMS 系统根据酒店行业中常见的职能部门对整体的功能进行板块划分。预订板块主要包含散客预订、团队预订、预订查询等常见功能。基于酒店用人成本、工作效率、漏洞深入防控等多方面的考虑，绝大部分酒店已经将前台接待和收银业务进行并岗，所以绿云将接待、收银功能统一合并在前台的功能板块中。考虑到查询业务的很多内容涉及多个服务部门，PMS 中将涉猎多个部门的查询功能统一规划到查询板块中。本节将着重介绍预订操作和接待的相关操作。

## （一）散客业务处理

散客有别于集中订房的团队客人，酒店散客一般是通过电话、酒店官网、微信、线上 OTA、线下旅行社等渠道直接进行订房的零散无协议客人、会员客人、协议客户。散客操作中涉及的业务范围比较广，但整体操作基本相同，操作者仅需要注意不同类型的散客预订的特殊注意点。

### 1. 散客预订

无处不在的移动互联网让我们的生活、旅行、工作更加有计划性，不可预见性降低。酒店预订也是如此，基于互联网的多选择预订渠道、实景图片、全网络的交通路线对比、网络评价等，以及更多的在线可参考数据、便捷途径，大家已习惯在出门前先做攻略，提前进行酒店预订，让自己的行程没有后顾之忧。绿云的 PMS 系统将各类资源进行技术集成，与酒店官网、微信、各类 OTA 等线上预订平台进行对接，各类线上预订订单可直接传到云 PMS 中，无须人工重复输入，从而减轻酒店一线工作人员的工作量，同时降低出错率，线上预订操作以客人为主体，且操作简单，所有渠道订单汇集到前台的 PMS 中。具体的散客预订主界面如图 10-3 所示。

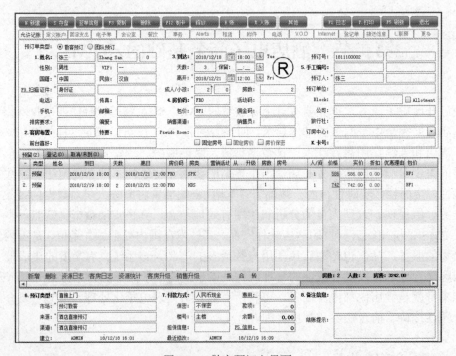

图 10-3 散客预订主界面

图 10-3 所示的散客预订主界面共有 A、B、C、D 四个操作区域处理预订业务。

A 区：主单功能按钮。
- 允许记账。允许其他营业点挂房间账的消费项目，默认为全部允许。
- 固定支出。客人住店期间，指定日期内每天会产生的账项，夜审时系统自动记到客人的房账中。
- 事务。饭店各部门对客服务跟踪消息传递，指定负责部门以及必须完成操作的日期和时间。
- Alerts。设置系统相应操作时的提示内容。
- 租赁。记录客人租赁物品内容，可根据客人租赁情况做修改或归还处理。
- 联房。订单关联，便于后期的账务处理和信息查阅（同一订单的房间自动联房）。

B 区：客人信息、预订基本信息显示。
- 排房要求。住店客人对饭店安排房间的要求（饭店可将房间的相关特征与房号对应，在排房时可以根据排房要求自动筛选符合客人要求的房间号码）。
- 偏爱。客人喜爱的房间号码（排房时，此房号在可排房列表中排在首位）。
- 客房布置。住店客人预订时提出的客房布置信息。
- 特要。住店客人预订时提出的特殊要求。
- 房价码。酒店针对不同的客源群体制定不同的价格体系。
- 包价。房费外加/内含的部分消费项目，便于费用加收/成本划拨，如早餐、服务费等。
- 销售渠道。集团 CRS、OTA 直连等订单渠道下单时自动带入，不可手工输入或选择。
- 预订号。前：PMS 自动产生的预订号。后：CRS/OTA 直连等下达订单的中央预订号。
- 手工编号。可输入其他预订号。
- 预订单位。记录酒店非协议公司的预订单位信息。
- 公司/旅行社/订房中心。与酒店有协议的单位订单（可输入、查找，绑定了该协议单位的协议房价码、市场码、来源码、销售员、佣金码等，如果是协议单位的预订则必须输入，否则相关报表统计会显示不正确）。
- 卡号。酒店/集团会员卡订单关联，便于会员积分生成、优惠价格匹配等。
- 房价保密。打钩后当前预订列表有蓝色底色作为提示，RC 单打印时房价为 0。

C 区：预订单预留房型资源信息，房类添加、删除。
- 新增。增加房型、房量。
- 删除。删除预留未拆单的预订资源。
- 资源日志。订单中的房型、房量增加、修改、删除操作日志。
- 资源统计。本订单各房型数量、状态统计。
- 客房升级。订单中预留资源免费升级处理。
- 销售升级。订单中预留资源付费升级处理。

D 区：销售报表分析统计信息，费用信息，备注，结账提示。
- 预订类型。预订类型决定订单为确认性（担保）预订/非确认性（无担保）预订，直接影响酒店的最大/最小可售房量、出租率等。
- 市场。据酒店客源市场定位、来源等条件进行代码设定，根据统计数据和趋势对酒店市场、销售策略等进行分析调整。

- 来源。用于管理、跟踪、记录、分析饭店订单来源，是饭店市场统计分析的一个维度。
- 渠道。用于管理、跟踪、记录、分析饭店订单原始渠道的媒介，是饭店市场统计分析的一个维度。
- 保密。住店客人信息保密登记要求（当前预订列表中有粉红色灯提示）。
- 备注信息。订单备注信息（可按 F1 键选择定义的模板信息）。
- 结账提示。结账时需要提示给收银的相关信息（可按 F1 键选择定义的模板信息）。

散客预订通常包括普通散客、协议散客、会员散客等业务，在预订过程中允许散客修改预订，预订提交后，客人的订单就可以直接传递到酒店的预订中心进行后续处理。

2. 散客入住

散客入住需要办理登记。随着互联网技术不断运用到酒店中，绿云 PMS 可以在服务台办理登记入住，但登记入住的方式不仅限于前台，还包括 iPad、手机、自助机等移动服务，这些自助入住办理方式在为前台减轻了工作压力的同时，也为服务的增值、私密性提供了更多的拓展空间。对于预订的客人，办理入住须经过三个步骤：第一步，在登记单的预订功能区域，单击"当前预订"或按 F2 键打开预订查询列表，搜索、确认客人订单信息；第二步，在登记单右边单击右侧"综合排房"进行排房，或双击订单进入预订单先进行排房；第三步，排房完成后单击预订单 C 区的"成员"按钮进入成员登记单，完成证件扫描、登记单打印、入住、制房卡等步骤。具体散客登记入住界面如图 10-4 所示。

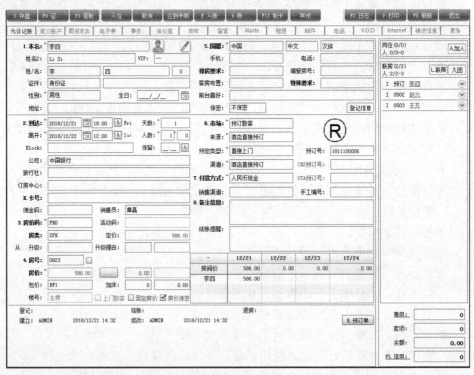

图 10-4　散客登记入住界面

上门散客又称步入散客，主要指没有预订房间，直接到酒店前台登记入住的客人。这些散客的登记方式比较简单。上门散客登记入住办理方式有以下三种。

方式1：预订功能区域——房价查询。
方式2：前台功能区域——上门散客。
方式3：查询功能区域——房态方块。

鉴于"房态方块"的操作最为便捷，故以此操作举例，以下为具体操作步骤。

第一步：单击查询功能区的"客房可用"（快捷键 Ctrl+D），查询所需房型的客房存量。

第二步：在查询功能区域，单击"房态方块"或按 F6 键，打开"房态方块"界面。

第三步：选中目标空房，双击可直接进入登记单，房型、房号直接带入登记单，完成房价码等主单信息修改、证件扫描、登记单打印、入住、制房卡等步骤。

PMS 中的房态方块如图 10-5 所示。

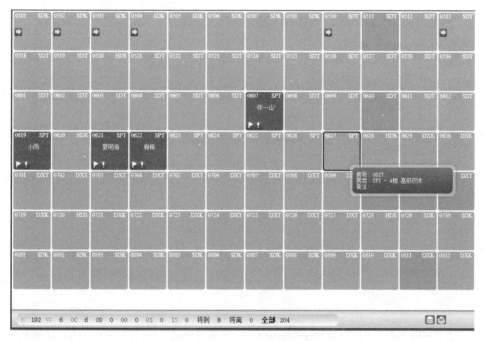

图 10-5　PMS 中的房态方块图

登记入住还有许多特殊的业务操作，包括一个房间住多个客人的同住人操作、联房业务操作、换房业务操作以及客人办理续住的业务操作，这些操作都可以在客人的登记主单上完成。

### （二）团队业务处理

和散客业务一样，团队业务也存在团队预订和团队入住两种业务的操作。

1. 团队预订

酒店一般规定若同一个订单中的房量达到规定的数量则为团队订单，目前酒店根据客源市场不同，将团队大致分为旅游团、商务会议团（MICE 团，有订房有会议）、商务团（有订房无会议）、婚宴团、散团等。由于团队订单的特殊性（服务要求、涉及的服务范围细节等），团队订单一般由酒店的销售部统一进行洽谈，订单确认后传给预订部，将订单录入 PMS 系统。

1）团队操作要素

房量确认—团队主单—房间预留—团体协议/房价—团体付费—备注信息。

2）团队预订方法

PMS 系统中预订功能区域的前三个功能——"快速预订""房价查询""团队预订"均可进行客人的预订操作,鉴于"团队预订"在酒店用户中使用最广,故以此作为操作方式。

3）PMS 的操作步骤

第一步:单击"客房可用"(快捷键 Ctrl+D),查看客房剩余房型、房量。

第二步:预订功能区域,单击"团队预订"按钮,进入团队预订主单信息界面,如图 10-6 所示。

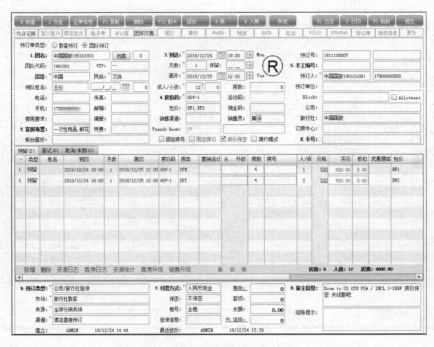

图 10-6　团队预订主单信息界面

第三步:在团队主单中录入团队信息,如团名、抵离日期、协议单位等。

第四步:单击"新增"按钮为订单预留房类、房量,并确认房价、包价等信息。

第五步:将订单备注信息、结账提醒信息等补充完整,并根据订单信息设置"团体付费",设置完成后单击"S.存盘"按钮即可。

团队主单处理完后,就要进行入住人员的信息录入,这些工作都必须在入住前通过预订来完成。入住前入住客人的信息录入,通常可通过订单拆分、排房生成登记单后,在登记单、批量处理中进行处理。图 10-7 是团队人员的批量录入—修改操作界面。

在预订过程中,团队有时会出现转散客的情况,称散团转化操作。比如行程变更、操作错误、团队客人体验问题等都可能成为团队客人与散客相互转化的原因,针对此项业务需求,可以选择单击 PMS 系统的预订登记单界面的"出团""转团""入团"按钮,也可以在批量处理窗口界面选择单击"出团""转团""入团"按钮进行操作。

散团转化完成后需要注意客人的房价、房价码、包价、协议单位的修改、关联等处理。

第十章 绿云 i-Hotel 平台的电子商务基础 | 247

图 10-7 团队批量录入—修改操作界面

## 2. 团队入住

团队入住操作与散客入住操作基本相似。相较于散客，团队人员的入住操作比较集中。通常先给团队人员分房再处理登记手续；为团队客人分房完毕后，可在批量处理界面进行批量入住、证件扫描、集中快捷发卡等操作。团队批量入住、证件扫描、集中发卡操作界面如图 10-8 所示。

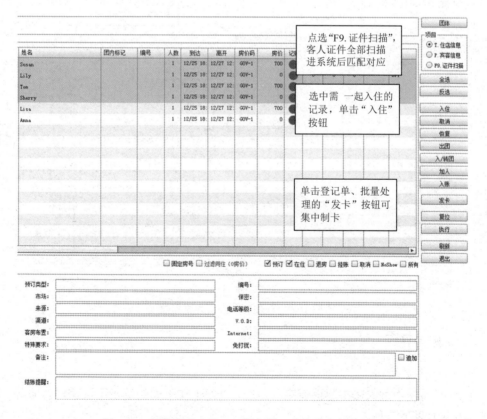

图 10-8 团队批量入住、证件扫描、集中发卡操作界面

## 二、前台账务审核业务

酒店前台 PMS 系统中的账务处理可分为前台账务和后台账务两种。系统对每个订单、登记入住的客人自动产生一个账户，用于客人押金、在店消费、消费调整、结账退房等前台账务处理。已通过酒店风险评估的协议公司，酒店允许其在一定金额范围内先消费后结账，酒店为后结账的客户建立相应的账户——AR（应收）账，用于消费账目挂账、催收、调整、结账等处理。本节主要介绍前台账务的审核。由于散客和团队账务处理方式基本相同，故本节不做单独区分，仅对团队账务的不同之处做特别解析。

### （一）在住客查询

由于客人的预订时间不同，入住期间的消费不同、需求不同，所以酒店前台的工作内容也不同。入住时需要特别注意押金的收取，抛账时需要特别注意押金是否充足，在酒店规定的时间节点内要与本日退房的客人确认是否准时退房/续住，续住同样需要注意客人的押金是否充足，所以在住客人的查询分类、列表信息直观显示将影响酒店人员的工作效率。在住客人查询列表界面如图 10-9 所示。在该图的在住客人查询界面中，结合酒店业务设计查询项目，筛选项标签集中区分、列表项常用项罗列、常用功能按钮可直接运用等，可让信息更加集中且有辨识度，操作更加快捷。

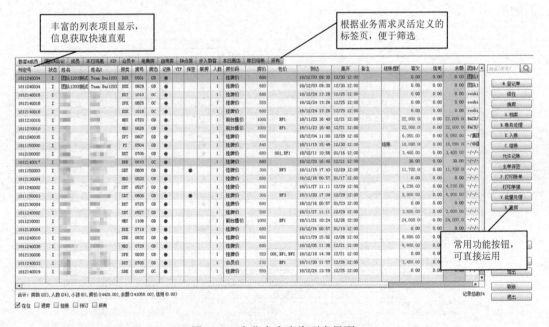

图 10-9　在住客人查询列表界面

### （二）账务界面

#### 1. 进入账务界面

在 PMS 系统中进入账务界面有多种途径，以便于在不同的场景下快速对客服务。常用的进入方式有以下三种。

（1）主单：单击预订单、登记单界面"B.账务处理"按钮进入账务界面。

（2）查询列表：在"当前预订""当前登记"查询界面，选中目标记录，单击右侧的"B.账务处理"按钮进入账务界面。

（3）房态方块：在查询功能区域的房态方块界面，选中在住客人房间，右击后在弹出的快捷菜单中单击"账务"进入账务界面，如图 10-10 所示。

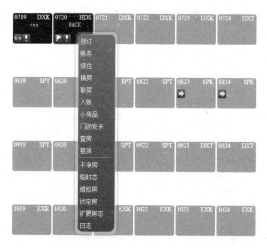

图 10-10　基于房态方块的账务界面

2．账务界面介绍

账务界面主要有功能按钮区域、主单重要信息、账户账目信息、账务分类汇总信息等，如图 10-11 所示。

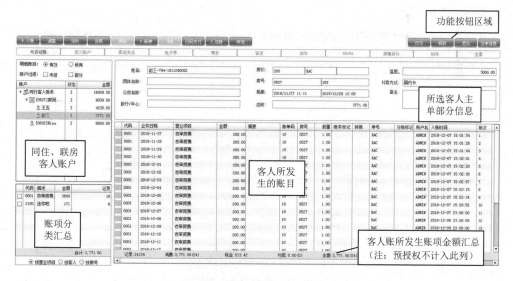

图 10-11　查询账务界面

## （三）账项抛入

### 1．押金

为了确保酒店的经营利益，防止客人逃账、损坏酒店设备等行为给酒店带来损失，在客人入住时酒店会根据房价、入住间夜向客人收取一定金额的押金。

住房押金主要分为现金、预授权、刷卡消费（基本无），以下为其录入方式。

1）现金、刷卡消费

在主单/账务界面，单击"E.入账"按钮，对"入账"窗口中的"代码""金额""单号"等信息选择录入后，单击"入账（F10）"按钮完成操作，如图10-12所示。

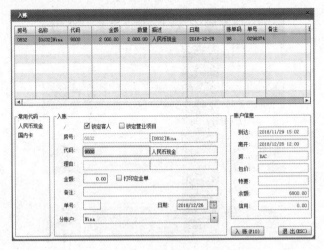

图10-12　入账窗口界面

2）预授权

在主单/账务界面，单击"信用"按钮，在弹出的"信用授权明细"窗口中单击"A.增加预授权"按钮，录入"项目""授权金额""卡号"等信息后，单击"S.存盘"按钮完成操作，如图10-13所示。

图10-13　预授权操作界面

若取消预授权，可单击"X.撤销预授权"按钮。

2. 消费项

1）房费

房费的抛入方式将影响饭店经营报表中的间夜量统计，从而影响饭店出租率、平均房价等数据计算，因此需要特别注意；若无特殊情况，须通过计算间夜量的方式进行房费加收，以免影响饭店数据报表。

（1）计算客房间夜。单击账务处理界面的"加收""C.结账"按钮加收，夜审自动抛入的房费会对客房出售间夜量进行累加。

（2）不计算客房间夜。通过账务处理界面"E.入账"按钮抛入的房费，将不对酒店客房间夜量进行累加。

2）普通消费

在账务界面单击"E.入账"，对"入账"窗口中的"代码""金额""单号"等信息选择录入后，单击"入账（F10）"按钮完成操作。

3）小商品

客房Minibar、洗衣、客房赔偿等项目，若需要录入明细项目以便于报表统计对账，可在账务界面中单击"其他"→"A.小商品"，在"小商品销售"窗口中完成明细账项入账操作，如图10-14所示。

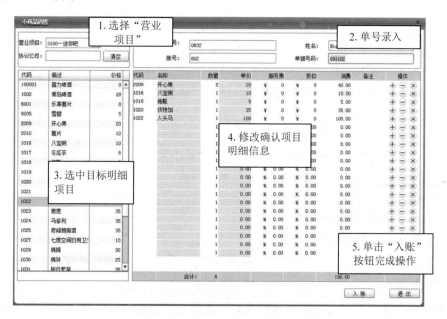

图10-14 小商品入账操作界面

（四）账项调整

操作失误、客人要求的变更等都会造成入账错误、账项调整，操作人员须熟练掌握账务不同情况下的错账的调整方式，以应对不同的场景需求，保证酒店经营分析报表的准确性。

1. 入错账

1）冲账

条件：用于操作员自己当天当班的错账。

操作：在账务处理界面中勾选目标账项，单击"冲账"按钮。冲账操作界面如图10-15所示。

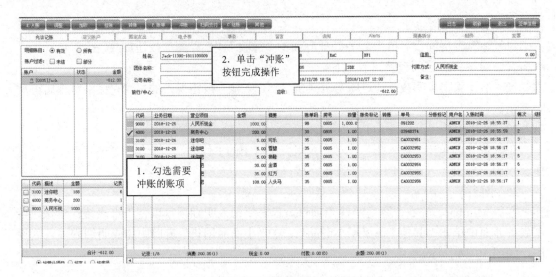

图 10-15　冲账操作界面

2）调整

条件：用于当天其他操作人员的错账调整。

操作：账务处理界面，点选目标账项，单击"调整"。

3）明细错账

条件：当天买错的小商品项目。

操作：在账务处理界面中，单击"其他"→"A.小商品"，弹出"小商品销售"窗口，与小商品入账方式相同，将数量改成需要调整的负值。

4）Rebate（冲减费用）

条件：用于隔日错账调整。

操作：在账务处理界面中，单击"入账"按钮，在"入账"窗口的"代码"中选择调整账项对应的 Rebate/冲销代码，系统将生成负值账目对错误账项进行对冲。

2. 其他调账

在对客账项处理中也会出现账项错入其他人账户、被客人要求账单显示单笔金额不得大于一定金额等问题，可在账务处理界面通过"分账""转账"按钮完成。

对于已经结账退房等非住店客人的错账，可以通过前台功能区域的"消费账"（也称假房、街账等）进行处理。

（五）结账

结账退房是客人在酒店消费的终结事项。除了结账方式多样化，客人的结账需求也有很多种。酒店从业人员需要清晰地判断客人的结账需求，在符合酒店账务审核规则的情况下为客人办理结账、退房手续。下面将对各种业务场景下的结账、退房操作进行解析。

1. 结账退房

1）结账退房流程

各酒店的结账退房流程大致相同，基本流程如下：房卡回收、验证→信息验证→查房→确认押金单/预授权单→结账退房→开发票。

2）操作步骤

第一步：单击前台功能区域下的"门卡"/登记单界面中的"F12.制卡"按钮，通过"读卡"功能确认客人的房号等信息。

第二步：在退房客人账务界面中，单击"其他"→"R.查房"，通知客房查房（此功能须酒店客房中心配置相应的接收人员或设备才可用，否则不可用）。

第三步：据押金情况回收押金单/授权单，单击"P.账单"按钮为客人打印账单或结账完成后打印。

第四步：单击"结账"按钮，在弹出的"结账"窗口中据客人结账方式选择/填写相应的结账代码等信息，单击"入账（F10）"按钮，主单状态由"I"变为"O"，账户余额为0，则完成整个结账退房，如图10-16所示。

图10-16　结账窗口操作界面

3）结账方式

（1）现金。结账方式为货币。

（2）现金退款。现金押金大于消费金额时，退现金押金时的结账代码选项。

（3）银行卡。结账方式为各类银行卡，通常酒店会区分国内、国外银行卡。

（4）储值卡。酒店/酒店集团发行的会员储值卡。

（5）积分兑换。酒店/酒店集团会员卡积分抵消费（是否可抵扣、抵扣规则根据酒店/酒店集团设定值执行）。

（6）款待。内部招待，须符合酒店财务流程。

（7）AR账。酒店协议公司签单挂账，须符合酒店的挂AR账流程。

（8）扫码支付。在"结账"窗口（见图10-16）单击"扫码"按钮；开通i-Hotel扫码支付的酒店，用扫码枪扫取客人的微信、支付宝二维码进行付款结账。

2. 部分结账

客人仅做账务结算，暂不退房，可采用部分结账的方式。在账务界面中勾选需要进行结算的账目，然后单击"C.结账"按钮即可。因此，部分结账也可以称为选账结账、勾选结账，操作界面如图10-17所示。

## 3. 临时挂账

出于某些原因，客人离店退房时无法正常结账，若客人有足够的现金押金余额、担保等符合酒店财务审核要求的，则可在账务界面中单击"挂账"按钮为客人做临时挂账（退房账未结）处理，操作完成后客人主单状态为"S"，账务余额不为零。

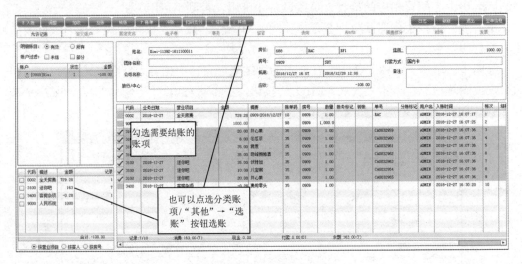

图 10-17 部分结账操作界面

## 4. 同行结账

同住、联房、团队客人的结账处理涉及客人单结、部分客人一起结账、所有客人一起结账，不同的业务场景有不同的操作方式。

1）同住客人

同住客人结账操作界面如图 10-18 所示。

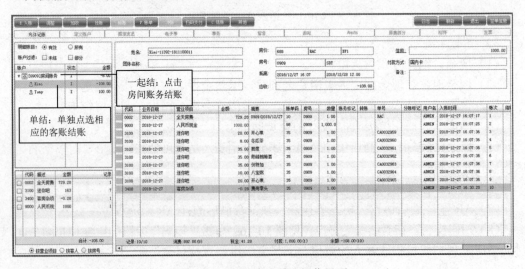

图 10-18 同住客人结账操作界面

2）联房客人

（1）单结。客人单独结账操作，与同住客人相同。

（2）一起结。点选"同行客人账务"，完成联房客人一起结账。

(3) 部分结账。勾选账务界面中"账户过滤"的"部分",选择过滤客人一起结账。

3) 团队客人

团队结账有一定的原则性,即团队成员全部结账退房完成后,团队主账户才可以进行结账退房。团队结账操作界面如图 10-19 所示。

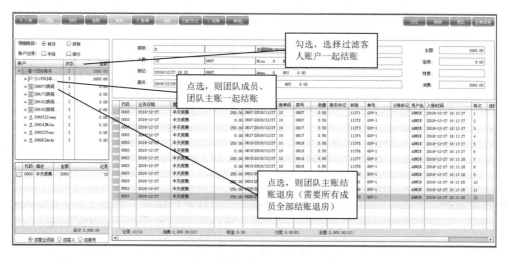

图 10-19 团队结账操作界面

## (六)交班

### 1. 交班报表

当班收银人员下班时须打印相关的交班报表用于核对其收款款项,可单击"交班报表"按钮(快捷键 F8)调取交班报表打印界面,打印酒店规定的交班报表并进行款项核对,如图 10-20 所示。

### 2. 错账调整

收银人员若在交班时发现错账、款项不一致等,须将账目调整正确,以免影响经营报表统计及交班投款。

1) 入错账

可参考"(四)账项调整"进行调账。

2) 结账方式错误

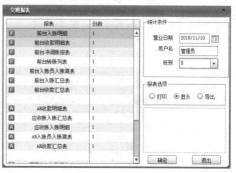

图 10-20 交班报表界面

(1) 当天当班员工。在账务界面中,单击"其他"→"撤销结账",将错账撤回后重新进行结账。

(2) 隔日。可在消费账户/客人账户中进行账项调整。

3) 误结账退房

(1) 当天。在账务界面中,单击"其他"→"撤销结账"→"重新入住"(状态"O"变为"I")/"退房转挂"(状态"O"变为"S")。

(2) 隔日。房间登记入住,调账(此情况基本不会发生)。

## 三、客房中心业务

客人入住酒店客房后，客房的硬件体验、服务感受、入住安全，酒店客房状态的真实状况把控，客人入住期间服务的持续提供、信息传递、消费项目记录，客人离店过程中客房消费赔偿项目检查、客人物品遗留确认、信息传递等，客人离店后房态维护、遗留物品保存等繁杂的服务项目，不仅需要好的管理工作流程，更需要通过酒店 PMS 系统这个商务处理核心让客房信息能够顺畅流动、传递/查阅无障碍。这就是客房中心所要求做的全部服务和管理工作。

### （一）房态管理

客房在销售过程中有在住、退房、清扫、故障房等不同状态。客房能否办理入住，取决于前台登记、退房的办理，客房的清洁状态、硬件设备等情况。客人退房后，客房部须对客房进行清扫、检查，并及时对房态进行修改，以便前台销售。工作人员若发现有疑问的房间应及时进行上报处理，以确保酒店前台卖房的状态准确性。这些工作被称为客房的房态管理。

1. 修改房态

单击客房功能区域的"房态管理"功能按钮，进入"房态管理"界面，选择目标房号（支持 Ctrl、Shift 多选），单击右侧房态修改按钮可修改房态，如图 10-21 所示。

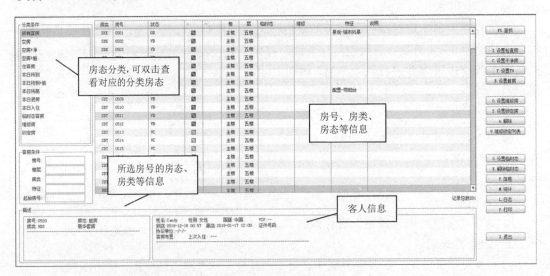

图 10-21 房态管理界面

以下对"房态管理"界面的功能进行介绍。

（1）F5.查找。输入筛选条件后，按照筛选条件进行匹配。

（2）C.设置干净房。用于将空脏房（VD）设置成空净房（VC），住脏房（OD）设置成住净房（OC）。

（3）B.设置脏房。用于将空净房（VC）设置成空脏房（VD），住净房（OC）设置成住脏房（OD）。

（4）O.设置维修房。用于将空净房（VC）、空脏房（VD）设置成维修房（OOO）。酒店通常将影响对客出售且短时间内无法维修完成的房间设置为维修房。

（5）S.设置锁定房。用于将空净房（VC）、空脏房（VD）设置成锁定房（OOS）。锁定房有别于维修房，据酒店使用规则分为轻微故障房、房间预留、淡季封房等。

（6）A.解除。用于释放维修房（OOO）、锁定房（OOS），解除后房态为空脏房（VD）。

（7）U.维修锁定列表。用于查看设定的维修房、锁定房，且可以在该列表中设置及解除。

（8）G.设置临时态。用于设置房态为临时态，对所有房态均适用。据酒店使用规则分为参观房、内部临时用房等。

（9）E.解除临时态。用于取消临时态，房间被释放后的房态可选择设定。

（10）F.信息。所选房间的相关后台设定信息。

（11）M.统计。各房态的数量统计信息。

（12）L.日志。用于查看选定的房间的修改日志。

2. 房态方块

单击查询功能区域的"房态方块"功能按钮，进入"房态方块"界面，选中需要进行房态修改的房间，右击后单击相应的房态修改按钮完成房态修改，如图10-22所示。

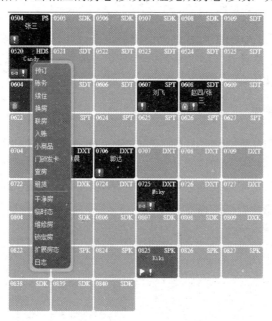

图10-22 用房态方块修改房态

客房在管理过程中也会出现房态不一致的情况，如前台入住、退房不及时、客人外宿、客房未及时修改房态等。实际房态与系统不一致的情况被称为差异房。对于这些差异房，客房部须及时做出反馈，不同的酒店可以在系统中选择不同的管控方法和反馈途径。

（二）客房账务

对于客人在客房中产生的迷你吧（minibar）消费、洗衣消费、送餐消费、损坏赔偿等，客房部可以通过PMS系统自行抛账，客房账项将记入客人的前台账户中。

## 1. 客房抛账

单击客房功能区域的"客房中心"按钮,进入"客房中心"入账界面,完成入账操作,如图 10-23 所示。

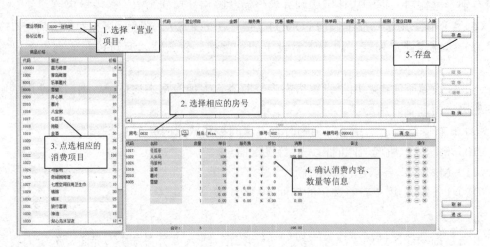

图 10-23 客房中心入账界面

## 2. 错账调整

错账调整主要包括当日错账调整和隔日错账调整。对于当日错账,可进入"客房中心"入账界面,操作方式可参考"客房抛账",将数量改成需要调整的负值/正值即可。对于隔日错账,要填写相应的财务审批单,交由前台、财务进行错账调整。

## (三) 遗留物品管理

酒店经常会出现客人遗留物品在房间的情况,对于客人的遗失物品,客房部须根据酒店经营规则妥善保管,在客人查找时须快速查询相关记录并进行实物核实,同时也可以对客人的物品遗留及查找进行详细登记。遗失、拾到物品管理界面如图 10-24 所示。

图 10-24 遗失、拾到物品管理界面

1. 拾到物品登记

拾到物品主要指酒店工作人员在酒店内发现客人的遗留物品，酒店可以根据管理规定在系统中进行拾到物品登记，以便于后期客人的查找。具体操作可在客房功能区域中单击"遗失物品"按钮，进入"遗失物品"管理界面，在"拾到物品登记单""历史拾到物品登记单"标签页进行拾到物品登记单的查找、建立、领取、取消领取、逾期处理等操作。

2. 遗失物品登记

该登记用于客人向酒店查询其在酒店住宿期间遗留的物品；或仅用于登记暂时未寻找到的遗留物品，以便于后期对遗失物品的跟踪、继续查找。具体操作可以在客房功能区域单击"遗失物品"按钮，进入遗失物品管理界面，在"遗失物品登记单""历史遗失物品登记单"标签页进行遗失物品登记单的查找、建立等操作，如图 10-25 所示。

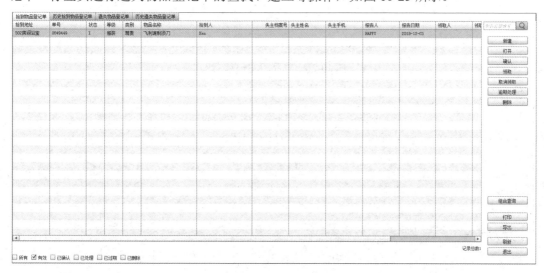

图 10-25　遗失物品登记界面

## （四）租赁管理

租赁也是对客的一种便捷服务。酒店物品租赁一般仅针对住店客人，对于客人租赁的物品同样可以录入系统中统一进行管理，以便于查询剩余可租赁物品数量。系统对可租赁物品进行自动扣减等统一管理，在客人退房时也有提醒等服务。

1. 客人租赁录入

具体操作可以在"房态方块"界面中进行。选中需要租赁物品的住客房，右击后单击"租赁"按钮，在弹出的"物品租赁"窗口中选择相应的租赁物品类型，在"租赁"栏中完成租赁信息详细录入，如图 10-26 所示。

在客人归还物品时，客房部须及时做归还处理，以避免客人退房时因信息不畅而降低客户的退房结算体验。

2. 租赁物品查询

酒店租赁物品可以在系统中实时查询，具体操作在其他功能区域。单击"物品租赁"按钮，进入"物品租赁"查询列表，通过条件设定进行筛选、归还等操作，如图 10-27 所示。

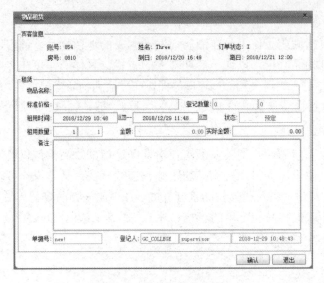

图 10-26　物品租赁信息录入

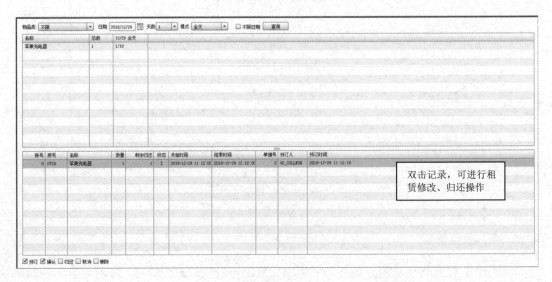

图 10-27　物品租赁查询列表

## 第三节　绿云电子商务的业务架构

　　作为酒店业的电子商务服务商，绿云不但为酒店提供完善的内部商务处理系统（云 PMS 系统），还为酒店提供完善的电子商务业务架构，以及为不同的酒店业务提供需要的电子商务解决方案。绿云电子商务的业务架构不但包括绿云 i-Hotel 的主平台以及各种服务专用的小前台，每个小前台都可以共享主平台下的数据。这些专门的小前台可为客户提供温馨、便捷的服务，不但减轻了酒店服务台的服务工作量，而且可通过小前台的微应用，为酒店不断招揽客户。具体而言，绿云 i-Hotel 电子商务解决方案主要包括在线直销方案、网络分销方案和网络营销方案等，这些方案都以绿云 i-Hotel 平台为基础，结合互联网相关的社交平台、支付平台和分销平台等，通过酒店大数据分析指导酒店电子商务的业务开展，形成广受酒店欢迎的酒店电子商务平台型解决方案。

## 一、总体业务框架

在现阶段和未来的一段时间内，酒店电子商务的机会仍在移动互联网和社交平台，不管是在线销售还是在线营销，社交平台都将是酒店电子商务的主战场。绿云电子商务的业务架构就是围绕社交平台以及第三方电子支付平台专门为酒店定制的。在现阶段，绿云电子商务的业务框架分两步走：第一步是绿云的 B2E 电子商务，主要帮助酒店开展电子商务，出售自己的平台服务，这里的 E 表示酒店企业。第二步是 B2C 电子商务，将建立酒店业自己的预订服务平台，为消费者提供预订服务，同时帮助酒店销售存量房，整个平台的散客预订由酒店自己控制。本小节介绍的总体业务框架是指绿云的第一步电子商务业务框架，它包含绿云的微预订、微服务、微裂变、微营销、微商城等小前台，以及在近期围绕支付宝平台开发的拓展业务，具体架构如图 10-28 所示。这里的业务架构主要围绕电子商务小前台的微应用展开，电子商务型酒店仅有大平台还不够，还需要这些小前台配合大平台的应用，只有这样才能真正做好酒店的电子商务服务。

图 10-28　绿云酒店电子商务业务架构示意图

图 10-28 中的基本业务是目前已在酒店应用实践的业务，拓展业务是指目前列入开发计划的电子商务业务。基本业务包括微预订、微服务、微裂变、微营销、微商城等应用，它们都是绿云 i-Hotel 电子商务平台下的电子商务小前台。其中，微预订主要基于微信社交平台为酒店提供基于微信的预订服务；微服务主要是客房在线服务，为客人提供各种关于酒店客房的咨询和相关服务；微裂变是基于社交平台的分销中心，是酒店基于微组织开展全员分销的一种柔性化应用；微营销主要是线上的促销活动，为酒店提供在社交平台上的营销服务；微商城是酒店的移动商城，可为在住客人提供床上用品、生活用品、食品等销售服务，客人只要在客房利用自己的手机登录微商城就可以获取所需要的物品。

目前拓展业务的计划主要有两块业务，一种是基于抖音平台的小程序应用，另一种是基于支付宝平台的电子商务应用。基于支付宝庞大的用户群，目前已有许多与生活相关的应用，都有非常好的电子商务效果，不管是医疗健康类、交通出行类，还是城市服务类，客人只要在手机上点开支付宝，就能轻松获取服务。因此，许多酒店也非常希望支付宝能提供订房服务，绿云科技的蚂蚁酒店就是为满足酒店和消费者的这一需求而计划开发的一个电子商务应用，以后消费者只要打开支付宝中的蚂蚁酒店，就可以选择自己需要的酒店进行在线订房，而且可以实现确认订房，直接用支付宝预付款。支付宝中的信用记录都可以用到酒店消费中来，这给客人带来了许多方便。小程序是指酒店中的各种移动服务。酒店的许多便捷服务都可以用小程序的形式呈现，如订餐服务、娱乐服务、咨询服务、交通呼叫服务等。这些小程序既有电子商务的作用，又有服务和营销的作用，消费者可以利用它轻松获取服务。

绿云电子商务业务架构的另一个特点就是所有子平台应用都有 i-Hotel 大数据的支持。绿云平台的大数据都是酒店业真实的运营数据，通过大数据分析可以给酒店电子商务提供有效的服务指导，包括在线预订的智能助理、在线服务的差异化服务、在线营销的精准营销、在线商城的智慧商务。例如，微营销小前台可以通过大数据分析当前的消费热点是什么、未来的消费热点在哪里；也可以分析消费者最喜欢哪类客房，哪个年龄段的消费者消费水平最高，他们又属于哪一类的消费群体；等等。通过这些分析，酒店的微营销可以有针对性地制订营销方案，也可以开展精准的社交营销或一对一营销，从而有效地提高酒店电子商务的网络营销效益，最终提高酒店电子商务的收益率。

## 二、微预订

微预订是绿云 i-Hotel 平台下专门为酒店开发的用于微信社交平台的一个电子商务小前台。酒店利用微预订可以在微信社群中直接开展在线销售，客人借助自己的手机随时可以利用微预订向酒店咨询和订房。利用微预订开展电子商务的优势是便捷、见效快。不管是酒店还是消费者，微预订都可以在即时通信的环境下开展互动服务，且客人访问的转化率高，是目前酒店在社交平台中最理想的在线销售方式。另外，微预订还具有运营成本低、管理简便等优势，有利于酒店销售人员的掌控和使用。微预订的客房预订界面如图 10-29 所示。

绿云微预订既是一个独立运行的微系统，又是一个 i-Hotel 平台下的电子商务应用，它可以利用平台的大数据为酒店开展独立的在线预订服务。目前微预订所提供的功能有酒店查询、自助选房、地图导航、酒店预订（包括电子券预订），凡是通过微预订下的客房订单都可以直连酒店 PMS，中间不需要任何人工处理。它是目前酒店网上直销最完整的电子商务解决方案，既可以为酒店打造专属微预订，还可以为酒店联盟打造专属微预订，实现联盟会员预订的协同服务。微预订是酒店在线直销的主要形式，因此酒店利用好微预订非常重要。如何把 OTA 客人转变为酒店自己的客人，通过微预订就可以实现相关的操作。从微预订实践的经验看，要用好微预订，首先还要从服务上下功夫。客人需要的是服务——

图 10-29 微预订的客房预订界面

温馨的服务、快捷的服务、恰当的服务。在微信社交平台上，酒店首先要知道自己的客户在哪里、自己的服务群在哪里，然后自己的微预订应该放在哪里，自己的微预订应该定制哪些服务功能才能满足客户需要，用自己的微预订所提供的服务去迎合客户，逐步培育酒店自己的在线客户群。因此，微预订除了提供预订功能，其服务功能的完善也是很重要的内容，其中最重要的是酒店要配合相应的在线客服人员关注客户的微预订使用，让客户知道酒店的客服人员随时都在客户的身边。

## 三、微服务

客人住店期间涉及的许多服务是否便捷，是衡量一个商务型酒店服务水平高低的重要方面。微服务是绿云 i-Hotel 平台下专门用于微信社交平台的又一个在线服务小前台。酒店利用微服务可以在微信社群中为常客或普通客户提供在线服务，客人也可以利用微服务随时向酒店咨询相关的业务。酒店的大多数微服务是关怀性服务、便捷性服务，是维系常客之间关系的一种工具——客人通过微服务也得到一些实惠，是移动互联网环境下的一种特殊沟通工具。微服务的功能主界面如图 10-30 所示。

图 10-30 所示的是智慧住应用中所提供的微服务，包括客房用品、客房清洁、致电前台、物品租赁、投诉建议、接送机服务，还包括送餐服务、付费商品、叫醒服务等温馨服务。微服务中的大多数电子商务服务是客户消费过程中需要的一些服务，其操作简单、方便快捷，不但为酒店提升了服务形象，也为酒店增加了收益，是酒店电子商务的重要组成内容。例如，客房用品包括客房消费过程中的所有用品，付费商品包括当地所有旅游用品、特色商品，甚至各种农产品及伴手礼产品等，客房送餐也是商务客人住店期间所需要的一种便捷服务。未来酒店的微服务应用将越来越普遍，尤其是普通的商务型酒店和经济型酒店，将大幅度降低服务人员的劳动力成本。可以通过便捷的微服务提高服务效率。此外，住店客人还可以利用微服务来吐槽，对不满意的服务可直接在微服务上提意见，从而促使酒店不断地改善服务，提高客人住店的满意率。

图 10-30 微服务的功能主界面

## 四、微裂变

微裂变是酒店在微信社交中所开展的全员分销模式中的一个应用。微信是我国目前最大的社交平台，利用微信开展全员分销，每个员工都可以发展自己的客户，在微组织下开展柔性化的分销，形成酒店的在线分销中心，这就是微裂变的应用。微裂变已成为酒店社交化分销的一种常用方式，目前许多酒店直接利用微信社交建立分销中心。面向网络社交平台开展广泛的社交型分销，已有非常好的裂变效果。

绿云微裂变就是建立在社交平台上的分销媒体，由每位分销人员管理和服务相对应的客户，即在微信中有自己的粉丝群体。图 10-31 所示为微裂变的分销中心界面。

根据酒店各自的商务业态，分销产品有多种形态，包括客房分销、商城分销、粉丝分销、储值卡分销、会员卡分销、餐饮分销、门票分销和组合产品分销等。其中，最常见的两种类型分别是客房分销和商品分销。每个酒店销售人员利用微裂变都可在网络社交平台上分销酒店的服务产品，利用微裂变在社交平台上寻找自己的客户、管理自己的粉丝、查看自己的业绩以及管理自己的分销活动等。绿云 i-Hotel 平台为每个销售人员或营销人员管理分销业绩，并支持实时查看酒店的分销排名，以激励酒店员工进入全员分销和销售的经营活动中，如图 10-32 所示。

分销排行榜可分为日排行榜、月排行榜和年度总排行榜，酒店应对分销排行榜的前几位员工给予一定的奖励。销售人员和营销人员可根据自己的粉丝排行榜、客房分销排行榜和商品分销排行榜的业绩寻找自己的不足，也可以总结自己的成功经验，以便今后采取更好的分销措施，在自己的客户群里组织更好的促销活动。分销员分销订单成功后，在"我的业绩"处会生成具体的订单明细，如图 10-33 所示。

图 10-31　微裂变的分销中心界面　　图 10-32　微裂变中的分销排行榜界面　　图 10-33　"我的业绩"界面

微裂变具有分层管理的功能，每个员工成为分销员后都可以自己发展用户，并纳入分销中心的统一管理，相互之间的层级关系是柔性化的，系统会自动结算分销员的分销业绩。即分销员发展用户并绑定粉丝关系后，对粉丝的自发性消费，分销员也可以获得佣金，分销员可在"我的粉丝"处查看其所发展的粉丝及其给分销员带来的收益，如图 10-34 所示。

分销员获得奖励金后，自己可以在线查看并对奖励金进行提现，如图 10-35 所示。

## 五、微营销

微营销也是基于社交平台的一种营销活动。酒店可以利用微营销与客户直接在线互动、智能回复、做互动游戏等，客人也可以利用微营销进行入住点评、享受会员福利等。通过微营销，酒店可以在社交平台上开展各种促销活动，如电子卡券、限时抢购、积分签到等，从而极大地提高酒店在社交平台的网络营销效率。

图 10-34　"我的粉丝"及粉丝详情界面　　　　图 10-35　奖励金提现界面

微营销一经推出就受到了酒店业界的广泛认可，不但提升了酒店在网络中的服务形象，也收到了很不错的营销收益，如在微营销中开展限时抢购，只要预测出微信群消费者的需求信息，限时抢购就能收到非常好的促销收益。当然，一个用心的营销人员平时与客户群的沟通、寻找话题、智能判断是开展好这类活动的前提。

绿云的微营销功能强大，它从拉新留存、提高复购和转化这三个方面开发了多种多样的营销工具，如邀请好友、抽奖宝活动、扫码吸粉互动、拼团、视频直播号、惊喜盲盒、各种微信有礼活动（关注有礼、注册有礼、入住有礼、点评有礼、离店有礼等）、各类互动小游戏（大转盘、刮刮乐、红包雨）、领电子券等，在绿云后台则罗列了各种营销工具的玩法。下面分别介绍其中的几个应用。

（一）大转盘游戏

大转盘游戏的玩法：通过转动一个大转盘，最后指针落到某个具体奖品上，用户即可获得这个奖项。每个奖项可自行配置并设定中奖概率。大转盘奖品支持电子券（代金券、免房券）、实体物品（可邮寄）和积分等。目前在后台还支持大转盘游戏的可视化配置，包括皮肤的更换等，可满足不同用户在视觉上的个性化需求。大转盘游戏页面如图 10-36 所示。

（二）电子券礼包

领取电子券是酒店商家通过送券促销的一种营销手段，用户可以在后台设置是否需要输入兑换码领取，兑换码包括唯一兑换码和统一兑换码两种，用户可通过输入兑换码领取对应的电子券，以促进用户的下单复购。领取电子券活动页面如图 10-37 所示。

（三）刮刮乐活动

刮刮乐是类似彩票的一种游戏玩法，用户可通过用手指来回划动，刮掉灰色牌面，从而显示出牌面后隐藏的奖项。此活动比较常规通用，容易理解，奖品支持电子券（代金券、免房券）、实体物品（可邮寄）和积分。刮刮乐活动页面如图 10-38 所示。

### （四）红包雨活动

在节假日里，酒店常通过红包雨开展促销活动。红包雨是酒店商家向用户赠送红包的一种游戏，从天而降的各种红包像一场雨一样，吸引客户抢红包。用户接的红包数量越多，可能获得的红包金额就越大。红包雨活动页面如图 10-39 所示。

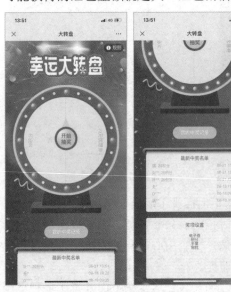

图 10-36　大转盘游戏页面

图 10-37　领取电子券活动页面

图 10-38　刮刮乐活动页面

图 10-39　红包雨活动页面

### （五）积分签到活动

积分签到活动是酒店在微信社交中开展的一种在线促销活动。在签到活动中，用户签到即可获得相应的奖励，如积分、代金券等，包括日历连续签到模式和按次数签到模式。用户可以在前端开启签到提醒功能，商家可以在后台设置提醒的时间，每天一到点即通过微信模板消息提示用户前去签到。积分签到活动页面如图 10-40 所示。

图 10-40　积分签到活动页面

## 六、微商城

酒店是公共场所，许多酒店会为住店客人设置购物场所。一些有时间的住店客人会去购物逛店，但也有些客人由于没有时间或习惯于网上购物而不去逛店，而且许多酒店的购物场所商品不全，尤其缺乏异地客喜欢的当地土特产。为了适应消费者的行为习惯，以及

图 10-41　微商城的功能主界面

为酒店拓展住店客人的购物环境、创造酒店电子商务收益，绿云微商城应运而生。微商城是酒店为住店客人打造的购物平台，它具有丰富的商品可供客人选择，有些酒店的微商城也因此成为当地社区居民的购物场所。消费者通过微商城可以购买酒店原创性产品，如蛋糕、月饼以及一些特色菜肴的半成品等。很多消费者体验后觉得在微商城购物非常方便，微商城也因此已成为消费者身边的移动商城。微商城的功能主界面如图 10-41 所示。这是君澜酒店集团的微商城，它的业务定位主要是度假客人。

目前微商城的商品主要包括度假目的地的旅游服务商品，以及度假村内及周边的美食产品，也包括当地的一些土特产品。自从微商城上线以来，君澜集团每年的商品销售额都在稳步上升，购买者既可以在微商城上直接在线支付结算，住店客人也可以在酒店退房时一次性结账，非常便于住店客人购物。目前微商城已成为君澜酒店又一个创收的业务渠道，是酒店电子商务不可或缺的组成部分。微商城的另一个服务商品就是娱乐，度假客人可以

通过"澜生活"选购自己喜欢的娱乐服务产品,以丰富自己的度假生活。另外,君澜集团的会员还可以通过微商城预订度假圈内的所有度假酒店。微商城已成为君澜集团的服务平台,实现了度假客人与各度假酒店前台的业务对接。未来的绿云微商城,其服务功能将会随着电子商务的实际需求更加完善,酒店销售人员将利用微商城实现商品的分销、客房的分销,以及各种商品的限时抢购促销等,使微商城真正成为酒店的小前台,完成多种业务的销售和结算。

除了具有基础的预订功能和会员权益,微商城还有丰富的促销活动,包括拼团、秒杀、盲盒活动等。同时,为了让微商城页面更加美观和富有特色,微商城还提供了店铺装修、聚合页等功能,通过店铺装修可以修改微商城的页面风格,而聚合页则可更加灵活地配置微商城页面。可根据酒店的特色业务添加组件,也可选择固定节日模板。

此外,微商城的首页也可根据酒店业务需要而自由变更——可自定义首页、自由组合,打造酒店独特的在线营销魅力。

## 七、综合体

随着文旅的进一步融合,酒店与综合体的关系越来越密切。酒店在开展电子商务过程中,由于综合体内有住宿、景点,电子商务系统往往要兼顾两者的业界关系。另外,有些综合体有门票业态,而传统的纯景区购票功能较为单调,既无法吸引更多的客人进行线上购票,又无法与订房功能聚合打通;通过打造全域旅游为主题,增加全员分销、粉丝分享、自定义活动页、优惠券、预售等功能和工具来吸引客人到线上购票,从而完善了基于综合体(含景点)与酒店融合的电子商务微应用,如图 10-42 所示为绿云合作的某个综合体聚合页,它涵盖了各个业态的服务产品,十分丰富。

图 10-42 综合体聚合页面

用户购票或订房后可在"我的订单"中查看订单,聚合订单将综合体项目下所有的订单都聚合到一起,可方便用户查询和操作。为了提升游客体验和园区、酒店智能化水平,按照综合体和酒店要求建设人脸游玩方案,实现客户线上下单之后,该应用可以通过人脸过闸,并支持其他业态通过人脸核销,极大增强了用户的入园、入住体验。

上面所介绍的六个绿云小前台应用是目前酒店电子商务平台化的应用组成部分,其功能和数据共享已成为数字酒店的重要内容。除此以外,绿云在酒店电子商务中还设有专门针对会员客户或常客的小程序应用。这个小程序具有订房、咨询、查询等功能,酒店会员客户在手机上安装这个小程序后,就可以随时呼叫客服、随时订房、随时查看会员中心的数据。小程序的酒店预订界面如图 10-43 所示。

小程序的酒店预订列表默认显示的是会员客户自己常订的酒店列表,如果是集团会员,可以显示集团的所有酒店列表。当然也可以预订其他酒店,凡是绿云 i-Hotel 平台下的所有酒店都可以预订。因此,小程序具备筛选功能——通过智能筛选可以很快找到所需要的酒店,小程序订单生成后可以直连酒店前台的 PMS 或者 CRS 预订中心,并给预订人自动积分。会员中心除了记录消费积分,还可以为会员客户自动推送促销活动信息,自动管理消费的发票、地点等。酒店的电子商务策略是针对会员客户的小程序,会员客户可比一般客户获得更好的服务、更大的优惠以及更好的产品。因此,会员客户用上了小程序后,就很难离开小程序,就像身边有个贴身的服务生一样,对酒店来说,它提高了客户的脱离成本,使客户逐渐成为酒店的忠诚客户。图 10-44 是小程序的会员中心功能界面。

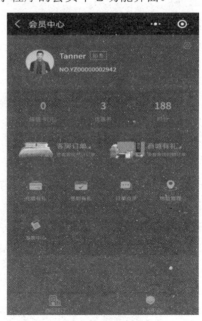

图 10-43　小程序的酒店预订界面　　图 10-44　小程序的会员中心功能界面

对于未来的拓展业务,绿云电子商务的重点是帮助酒店销售存量房,提高在线直销的绩效。目前绿云的拓展业务是专门针对抖音和支付宝平台的,围绕蚂蚁酒店、小程序应用提供解决方案。当前这些应用还在不断完善中:抖音小程序是面向酒店提供电子商务服务的应用,支付宝小程序是面向消费者提供电子商务服务的应用。当前,支付宝平台是全球消费用户最多的一个平台,中国绿云 i-Hotel 是全国酒店用户最多的一个平台,将来两个大平台的合作一定能探索出最有价值的酒店电子商务应用模式。

## 本章案例:高远文旅——待人如己,礼众利他,成就高远生活家

为倡导"和合共生"的企业文化,高远文旅集团秉持着"待人如己,礼众利他"的经营理念,以城市人文酒店"泊宁"、山水度假客舍"心宿"、城市人文生活新空间"墨沏客厅"为主要平台(见图10-45),借助移动互联网打造有品有度的生活方式品牌。目前高远文旅旗下拥有近三十家门店,分布在杭州、宁波、宁海、舟山、绍兴、南昌、贵阳、丽江、泸沽湖等地,着力布局江南环线、最美高铁线、云南环线,并发起成立心赏全球美宿联盟。

心宿客舍　　　　　泊宁酒店　　　　　墨沏客厅　　　　心赏全球美宿联盟

图10-45　高远文旅集团旗下相关品牌

高远文旅集团自2014年创办至今,一直以打造充满人文和美学的住宿产品为目标,继而延伸至定制旅行、文创产品、生活产业。高远文旅从一家老旧的小酒店开始,用了短短4年时间发展到遍布全国近三十家门店,其快速成长的过程不禁让人赞叹。在高速发展的阶段,如何利用移动互联网做好自己的品牌宣传、提升运营效率、做好客户关系管理、建立自有营销渠道、建立互联网营销渠道和实现数字化转型,是高远文旅在社交时代和云计算时代为了取得竞争优势不得不做的事。

### 一、借助移动互联网发力

2014年我国进入移动互联时代,云PMS大行其道,数字化转型和移动互联网营销是酒店管理不得不面对的问题。微信公众号的服务号从2013年开始研究到2014年问世也才1年时间,然而所有人都知道有几个趋势是必然的:第一,未来所有的企业都是互联网企业,从消费互联网到产业互联网的带动,所有企业都不同程度地被互联网赋能或者取代。第二,未来所有的企业都必须懂互联网营销,而现实是,很多不懂营销的企业其思维仍旧停留在4P理论的1.0营销学理论时代,更别说互联网营销。第三,移动个性化是未来客群的主要吸引点。面对这些趋势,企业要么顽强抵抗,在不愿改变的过程中渐渐被淘汰;要么顺势而为,在提高效率的同时,做好互联网线上营销。那么成立于2014年的高远文旅又是如何做到紧跟时代脚步的呢?

在高远文旅成立前期,集团旗下各酒店PMS系统采用的是西软的PMS系统,直到2019年年初,其官方微信订阅公众号"高远荟"以及"高远的生活"在功能方面也仅仅是品宣

发文。旗下的心宿品牌的产品主要是民宿,在社交网络时代具备很强的传播属性。集团客户关系管理也仅仅停留在客户电子档案阶段,会员和酒店之间缺乏互动,整体上缺乏自己的直销渠道,依托 OTA 平台流量严重。

PMS 系统不够先进,缺乏直销平台,缺乏与客户互动的会员体系,是高远文旅在初创期遇到的主要问题。

高远文旅集团的管理团队其实很早就意识到自有渠道和自有会员体系的重要性,只是受限于技术条件和经营成本,迟迟未能实现酒店 PMS 系统与线上直销渠道的打通。高远需要基于微信公众号建立自己的直销渠道,是能够集"线上预订""线上商城""会员体系"于一体的直销平台。这个直销平台的建立,旨在满足中国新中产人群通过高远有频度地进行养生的需求。移动互联网的出现,有助于高远的直销平台实现这个目标。

二、打造以会员为核心的直销平台

对于高远来说,除了加强"连锁不复制""单品做极致""空间做生活"的产品竞争力,最重要的就是培养认同高远美学生活和价值观的忠诚会员。客户永远是酒店最核心的资产,一套基于会员体系的直销平台才是酒店真正需要的软件系统。

2018 年年底,高远文旅集团的管理团队开始着手改变。首先,将整个集团的 PMS 管理系统更换为管理效率更高、稳定性更好、功能更全面的绿云云 PMS 系统。绿云云 PMS 系统是基于云计算技术和 B/S 架构自主研发、运营的 i-Hotel 酒店电子商务平台中的核心系统,其架构如图 10-46 所示。该平台包含 PMS、CRS、CRM、LPS、POS、i-Hotel 等应用业务功能,均为一体化云架构设计。目前,它已经完美地应用在连锁酒店集团、五星级酒店、中档商务型酒店、经济型酒店和高端民宿客栈中。这是国内为数不多的适合大住宿全业态使用的云 PMS 产品,它也完全适配于高远旗下的心宿及泊宁品牌酒店管理。

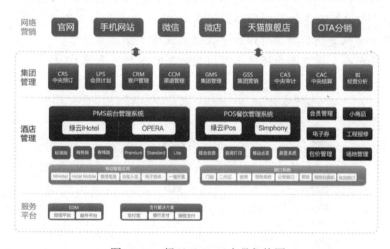

图 10-46　绿云云 PMS 产品架构图

此外,高远文旅集团借助绿云的技术手段,依托微信公众号平台,搭建了集"线上会员体系""线上预订平台""线上商城""线上营销平台"于一体的直销平台——"高远生活家"微信公众号,如图 10-47 所示。

"高远生活家"的画像定义为:一群懂生活、热爱生活、引领生活的人,无论在都市还是在山水间,都能获得温暖恬静的旅居体验。直销平台名称选用"高远生活家",旨在注重客户的体验,注重酒店产品的延伸价值,如包含文创部分定制旅游等。

图 10-47 "高远生活家"微信公众号

### 三、高远生活家的服务优势

"高远生活家"基于自身的产品、文化和优质的服务体验,为会员提供丰富的预订礼遇(9.5~8.5折)和入住礼遇(欢迎水果、延迟退房、晚安甜品、免费早餐、免费升级、各种优惠券等),并提供即时服务。

"高远生活家"微信公众号的后台与集团各门店的 PMS 系统是直连的,公众号实施抓取酒店的房态、房量、房价,通过官方微信渠道产生的订单可直接传到酒店前台系统,无须烦琐的人工搬单,从而节约了人力成本。得益于绿云的直连技术,任何一个在公众号上成功注册的会员信息皆可在第一时间传到酒店的 PMS 系统,从而避免会员核心资产流失。

目前,高远文旅集团的会员可以通过微信公众号"高远生活家",以官方特有的优惠价格预订旗下分布在全国范围内近三十家门店的任意房型(见图10-48)。

图 10-48 "高远生活家"可预订酒店列表

除了享有基础的预订功能和会员权益，集团官方还为所有会员提供了丰富的线上商城品类（见图10-49），包括美食、娱乐、文创礼品、旅游套餐、会员日特惠等，为会员提供丰富的服务商品。

图 10-49　"高远生活家"线上商城界面

"高远生活家"是高远文旅集团自建的直销渠道和会员体系平台，是酒店电子商务在线直销能力的一种体现，也是对高远忠诚客户的一种形象尊称，寓意"志存高远，热爱生活，注重体验，利众利他"。

资料来源：本案例来自绿云科技公司及高远文旅的官网，并经作者加工整理。

**案例思考：**

1. 高远文旅的电子商务有怎样的特色？文旅融合点在哪里？
2. "高远生活家"打造了怎样的一个直销平台？它能为会员提供哪些微服务？
3. 根据在线直销的理论要求，"高远生活家"直销平台还存在哪些不足？如何改进？

## 拓展知识

| | | |
|---|---|---|
| CRS（中央预订系统） | 云财务 | 云 POS |
| 手机 PMS | 集团管理 | 集团营销 |
| 微门户 | 微网站 | 批量入住 |
| AR 账务 | 房价码 | 房态方块 |
| 错账调整 | 矛盾房 | 冲账 |
| 夜审稽核 | 散团转化 | 间夜量 |
| 联房结账 | 小程序 | 企业公众号 |

企业服务号　　　　　　　企业应用号　　　　　　客房抛账
微营销

## 思 考 题

1. 什么是酒店的前台？什么是酒店的后台？
2. 什么是软件平台化？为什么酒店电子商务要平台化？
3. 试列出已预订客人的接待登记步骤。
4. 试列出已预订团队客人的接待登记步骤。
5. 客房账务有哪些内容？从互联网的角度看，应如何提升客房账务管理与服务的效率？
6. 什么是前台账务审核？它有哪些具体的审核内容？
7. 为什么说酒店的绿云微应用是电子商务的小前台？
8. 绿云酒店电子商务的业务架构有哪些特点？请举例说明。
9. 绿云酒店电子商务中的小前台与主平台绿云 i-Hotel 之间存在什么关系？
10. 什么是微预订？它是一种什么样的服务？
11. 试列出散客退房结账的操作步骤。
12. 什么是微服务？酒店有哪些微服务？
13. 什么是微营销？微营销在电子商务中有怎样的竞争优势？
14. 什么是微商城？微商城有哪些功能？
15. 通过自主学习，试解释：什么是企业应用号？它有怎样的应用特点？
16. 通过课外学习，试解释：什么是小程序？它有哪些应用？
17. 为什么说用小程序为酒店会员客户提供服务能提高客人的脱离成本？
18. 绿云为酒店业提供的电子商务解决方案具有怎样的竞争优势？它还存在哪些不足？

# 第十一章 酒店客户关系管理

本章要点

客户关系管理是酒店电子商务的重要内容,通常酒店都有自己的客户,也有OTA的客户,在互联网环境下酒店需要通过客户关系管理培养自己的忠诚客户,甚至通过CRM的个性化服务把OTA客户转变为自己的客户。本章首先介绍酒店电子商务的客户管理,重点介绍在互联网环境下利用客户画像原理和技术来分析客户管理的思路、客户分析的思路以及客户挖掘的思路;然后介绍酒店客户关系管理的软件应用实践,主要介绍绿云科技的客户管理思路和理念,用CRM软件逐步实现客户关系管理中的自动分析和自动营销、自动销售以及围绕移动互联网的客户挖掘理念。

电子商务的环境离不开互联网,酒店电子商务更是如此。在互联网背景下,酒店如何找客户,又如何维系客户,是新时代酒店经营中的共性问题。每个酒店都有常客或会员订房间,也有普通商务客人订房间,更有潜在客人访问酒店网站或关注酒店App。酒店应如何区分这些不同的客户,通过什么方式维系这些不同的客户,成为电子商务中客户关系管理的重要内容。酒店客户关系管理就是要做到知己知彼,在互联网上既要熟悉彼此的行为,又要熟悉彼此的意图,以满足不同客户的期望。因此,客户关系管理也被公认为培育忠诚客户的重要举措,它已成为酒店重要的软件工具。通过客户关系管理,酒店不但可以维系各类客户,还可以为客户定制服务,实现酒店面向重要群体的自动营销、自动销售和自动关怀。

## 第一节 电子商务中的客户管理与分析

酒店电子商务中的客户管理尤其关注客户关系管理(customer relationship management,CRM),这是酒店电子商务活动中面向长期客户关系的一个管理理念或信息系统,具有关系维系、自动营销、自动销售、呼叫中心等功能,以求提升酒店信息化管理与服务的全面创新。它的目的之一就是协助酒店管理销售并使其稳定,包括招揽新客户、保留老客户、提供客户服务,以及进一步提升酒店和客户的关系。有效的客户管理可快速及时地获得问题客户的信息和客户历史问题记录等(如宾客档案、协议单位),这样可以有针对性且高效地为客户解决问题,提高客户满意度。酒店CRM系统站在顾客的立场上思考问题,充分

理解客户的需求，为客户提供令其满意的服务，从而提高客户入住率，更好地留住客户以及提高客户忠诚度。

## 一、客户的基本属性管理

酒店电子商务需要对已有客户的数据进行有效管理，其中，属性管理是最基本的工作。这是酒店电子商务中的重要战略内容，而在互联网时代属性管理需要依靠大数据来实现，因为简单的人工管理或信息系统管理已无能为力。大数据从哪里来？这是许多酒店经营者深感困惑的事情，其实除了依赖互联网获取大数据，酒店依靠自己的软件平台也完全可以做到这一点。实践表明，电子商务需要平台化发展，只有这样，才能形成便于管理的数据中心，而其中的数据对酒店来说就是大数据。利用这些大数据进行客户属性的管理，可以有效地实现客户关系的管理，留住有价值的客户。

### （一）客户的属性内容

酒店有许多信息系统应用，它们在运行过程中记录了许多属性数据，如在酒店的官网或门户网站上，每天都有许多互联网搜索者和访问客户，也有很多预订客户，以及许多在互联网上点评的客户，对电子商务来说这些客户产生的数据非常值得研究。例如，根据访问者的痕迹可以记录客户的基本属性，知道他是一个什么样的人、来自哪里，进一步可以知道他的社会属性（他的职业、家庭情况），他所关心的大概内容，以及他的行为属性，比如他通常在什么时候上网、停留多长时间、什么时候会下单、喜欢什么类型的产品等。根据信息系统记录的消费数据和消费行为，我们可以知道客人的消费偏好属性。因此，基本属性、社会属性、行为属性和偏好属性是酒店客户属性管理中的基本内容。一个酒店的 CRM 系统，应通过众多渠道采集这些属性数据，除了平台下的结构化数据，酒店信息管理者还需要从客户与酒店的触点去考虑，如客户的手机、邮箱、官网 Cookie、微信群等，从中识别和整理出有用的属性数据。

### （二）利用属性对客户进行画像

在掌握了客户的属性数据的基础上，为了精准地了解客户，做好服务的延伸，我们可以通过用户画像（user profile）技术，为个体客户进行画像。例如通过描绘基础属性、社会属性、行为习惯属性以及兴趣偏好等不同维度数据，我们可以对个体客户的有用信息进行提炼和展示，如图 11-1 所示。客户画像的核心工作就是给不明确的客户打标签，而打标签的主要目的之一就是让人理解并方便计算机处理，如可以做分类统计，包括：喜欢标房的客户有多少，喜欢单床房的客户有多少，在喜欢单床房的人群中男女比例又是多少，等等。因此，计算机利用标签数据就可以通过一定的算法和模型"理解"人，将这种理解能力用到搜索引擎、广告投放、社交平台等领域，就能进一步提高营销的精准度，提高酒店在网络营销中获取信息的效率。

构建客户画像的宗旨就是将系统中的虚拟形象尽可能按真实客户信息进行还原，因此，画像数据必须来源于所有客户相关的数据。客户画像的实质就是将姓名、年龄、手机归属地、入住酒店类型、支付方式、消费水平、消费场所等属性数据收集起来，把客户的行为习惯和消费偏好提取出来,再进行标签赋予的过程。这里的标签就是某种客户特征的符号,如 00 后、公司高管、潜力消费客户等,以便于酒店通过标签对客户进行分类。客户关系管理中的所有标签以及彼此之间的关系就形成了客户的标签体系。

图 11-1　客户个人画像

因此,客户画像是指根据客户的各类属性抽象出来的标签化客户模型,而标签是通过分析属性信息而总结出来的高度精练的特征标识。打标签,就是利用一些高度概括、容易理解的特征描述客户,从而让营销人员更容易理解客户,并且方便计算机处理并形成精准的营销或销售方案。

1. 客户画像的作用

(1) 精准营销。根据历史客户的特征,针对特定电子商务客户群体或具有网络行为特征的客户,利用短信、邮件、即时通信等方式进行精准营销,把站外的客户吸引到酒店的官网。它主要用于售前。

(2) 售中推荐。根据客户的属性、行为特征对用户进行分类后,如果酒店已把客户吸引到官网或引导到酒店体验,这时酒店营销者就可以根据画像的特征进行售中的个性化推荐。这种有针对性的个性化推荐可以很好地提升官网的转化率,具有非常好的转化效果。

(3) 售后增值服务。为客户画像的主要作用,除了有效构建推荐系统、搜索引擎、广告投放系统,以提升服务精准度,还包括开展增值服务。酒店把产品卖出去并不是结束,而仅仅是酒店与客户接触的开始,一方面利用画像分析可为客户提供更贴心的服务,让客户感觉到酒店的服务物有所值,另一方面通过数据接口实时收集客户的反馈意见,可以提升服务效率和客户满意度,同时补充和完善客户的画像信息。

(4) 行业报告和客户研究。通过客户画像分析可以了解酒店行业的发展动态、客源的变化动态,如人群消费习惯、消费偏好的变化分析、不同地域服务品类消费差异分析等,从而提高酒店对客户关系维系的综合能力。

2. 客户画像的实践内容

客户画像是对现实世界中客户属性的建模管理,此类实践被广泛应用于电子商务和互联网用户的分析管理中,其中比较被认可的客户画像实践内容主要包含目标、方式、组织、标准、验证五个方面,如图 11-2 所示。

（1）目标。目标在酒店应用中通常指描述客户、认识客户行为、了解客户偏好、理解客户消费。

（2）方式。方式既有非形式化手段，如使用文字、语言、图像、视频等方式描述客户，也有形式化手段，即利用数据的方式刻画个体客户和群体客户。

（3）组织。组织指结构化数据、非结构化数据的组织形式，有时也包括既有结构化数据又有非结构化数据的混合组织形式。

（4）标准。标准指利用从常识、共识到知识体系的渐进过程刻画目标对象。认识了解用户，不能用太专业的词汇，因为专业词汇很难达成有共识的知识体系，客户画像也无法解决实际的通俗问题。

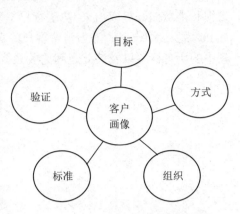

图 11-2　客户画像的实践内容结构

（5）验证。所谓验证，就是说用户画像应该来源于事实，经得起推理和检验。验证是为了告知大家标签结论是如何得到的，不然就没有可信度。所以客户画像生成后，一定要给出依据和推理过程。例如：通过身份证号可判断年龄段，通过客户累计消费可判断贡献值，还可以通过客户消费的酒店判断其消费水平，如图 11-3 所示。

| 标签值 | | | | | | | 新增 |
|---|---|---|---|---|---|---|---|
| 00后　✕　年度高贡献度会员　✕　高星会员　✕ | | | | | | | |

| 条件指标 | | | | | | | 新增 |
|---|---|---|---|---|---|---|---|
| 序号 | 指标类型 | 指标值 | 开始日期 | 结束日期 | 匹配符 | 匹配值 | 操作 |
| 1 | 信息标签 | 年龄段 | | | = | 00后 | 修改 删除 |
| 2 | 行为标签 | 累计消费额度 | | | >= | 10000 | 修改 删除 |
| 3 | 行为标签 | 消费门店 | | | = | 绿云电商酒店 | 修改 删除 |

图 11-3　CRM 标签运算界面

在现阶段，客户画像主要分为定性画像、定性画像与定量验证混合画像以及定量画像三种形式。

（1）定性画像。定性画像更注重研究客户内心深处的心理反应、心理诉求以及心理动机。例如：客户为什么要订这家酒店，入住期间客户的心理情绪变化，入住酒店后达成了客户怎样的心理目标。此类画像虽然有利于挖取用户场景和使用动机，但由于获取数据难度大，以致缺少数据验证。

（2）定性画像与定量验证混合画像。混合画像的一般步骤是：一、酒店在拥有量级客户后，通过对客户属性内容提炼标签。二、通过标签找到需要调研的具体客户；三、开展对应的定向访谈、行为研究。此类画像工作量巨大，且需要承担较高的成本。

（3）定量画像。定量画像着重研究客户的基础属性、社会属性、行为属性以及偏好属性。在画像前可以对用户群里的个体用户进行假设，如设定"高消费群体""潜力客户""美食达人"之类的标签，再通过系统后台的数据抓取对假设进行佐证，以获得客户的特点和精准数据。

综上可知，酒店电子商务想要快速高效地实现客户画像，并将客户群体消费习惯引导至自建渠道，选择定量画像使用起来会显得更加容易。目前酒店可以借助 CRM 系统，对酒店现有或潜在的客户群体的特征进行分类，并通过系统运算将这些分类标签赋予酒店客户。

当下旅游行业因受疫情影响，商旅客源明显降低，很多酒店开始尝试新的客房产品推广，去挖掘新的客户群体，如"闺密房"这类面向当地年轻女性的客房产品。酒店为了推广给精准客户，就可以通过 CRM 系统对性别、年龄、所在区域等特征进行判断，找出满足条件的用户群，并针对此类群体制定个性化营销方案，如图 11-4 所示。

图 11-4　CRM 判断标签客户

用为客户画像的方法进行客户管理和客户挖掘是互联网时代下酒店管理的新思路，这里关键是画像技术。目前可以通过工具软件来实现：先寻找酒店关心的客户特征，然后用符号把客户特征标签化，如"白领客户"就是一种标签，最后把标签化的特征客户归入酒店各类业务所对应的群体，以形成可供个性化操作的营销方案。客户画像标签模型如图 11-5 所示。

图 11-5　客户画像标签模型示意图

## 二、标签分层的客户数据分析

酒店的客户数据往往来源不一：既有信息系统数据库里的数据，又有来自官网访问的数据，也有在社交平台互动交流的数据，更有酒店服务人员与客户接触中感知的数据。这些数据中有的是结构化的数据，可以查询到，但更多的是无结构或非结构化的数据。酒店如何获取后者，获取后又如何分析，是新时代酒店经营所面临的普遍问题。在电子商务时代，分析数据有时比经营更重要，因为激烈的市场竞争需要经营者找对方向。本小节主要围绕客户数据分析介绍标签分层的分析方法：在了解客户画像技术和完成了客户画像后，可利用标签的分层逐层进行数据分析，将其分成可处理的不同标签，最后把原始数据与具体的电子商务业务对应起来，以实现酒店 CRM 的自动营销和自动销售。

有了客户的原始数据，酒店就必须先搞清楚客户的基本数据以及这个客户有无消费数据，从而形成酒店最需要的事实类数据——这是客户关系管理的基础。酒店营销部在此基础上进行统计分析，摸清楚酒店有多少可利用的客户资源，以及客户资源的分布情况，包括区域分布和消费水平分布等——这是酒店经营的主要财富。然后对不同客户进行标签化，并分类、分群，以衡量不同客户的价值，了解客户与酒店的忠诚关系——这是电子商务网络营销的基础。只有了解了客户的具体情况，才能实施精准营销或个性化营销。最后将标签化后的客户类群与酒店营销业务对应起来，这时酒店营销部应该清楚酒店有多少客户，怎样做营销，面对不同的业务对象可以形成精准的个性化营销方案。标签分层的数据分析如图 11-6 所示。

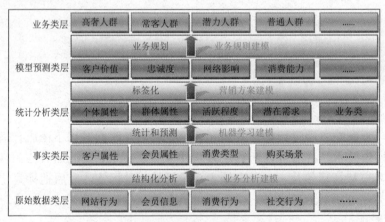

图 11-6 标签分层的数据分析示意图

### （一）标签的分层

要想在茫茫人海中找到自己的客户，需要酒店有一定的数据分析能力。访问过酒店官网的用户，以及偶然来酒店消费的客户，会不会成为酒店的忠诚客户？在没有任何标签的前提下，要回答这个问题，简直无从谈起。而用标签的分层方法就可以逐渐厘清这些未知用户或客户属于酒店业务中的哪一类型。标签分层的体系中，既有结构化标签，又有半结构化标签和非结构化标签。结构化标签是静态不变的数据，如姓名、电话等，其数据名本身就是标签。半结构化标签是不稳定的数据，如营销广告，通常不需要考虑数据形式，只需考虑营销效果，这些数据有时可以逐步变成结构化数据来处理。非结构化标签就是无规则的标签数据，如客户偏好。每个客户都有自己的兴趣爱好，客户彼此之间无任何层级关系，搜索引擎的关键词也属于非结构化标签数据，对这些数据需要用画像技术来处理，把非结构化标签数据整理成可理解的业务化的结构化数据。标签分层的数据分析方法大多数针对的是非结构化标签数据。下面介绍图11-6中的原始数据类层、事实类层、统计分析类层、模型预测类层和业务类层。

1. 原始数据类层

原始数据类层主要指客户的基本信息、历史数据信息、社交行为信息等，如会员信息、消费信息、网络行为信息、客户的渠道使用信息以及客户微信互动信息等。经过结构化的分析和数据清洗以及业务建模分析，可以得到用户标签体系的事实类层标签数据。

2. 事实类层

事实类层是用户信息的准确描述层，其中既有结构化标签数据，也有少数的非结构化标签数据。其最重要的特点是，可以从客户身上得到确定与肯定的验证，如客户的人口属性、性别、年龄、籍贯、会员属性信息等，还有具体的历史账户信息、渠道使用频率、消费未来趋势等数据，以及产品购买次数、服务投诉次数等。这些标签数据经过统计分析和预测，尤其是通过机器学习及建模，就可以进入客户标签体系的统计分析类层，得到相应的标签数据。

3. 统计分析类层

统计分析类层是指通过利用统计分析建模、机器学习的思想，对事实类层的标签数据进行分析利用，从而得到描述用户更为深刻的信息和行为的标签数据。例如，通过建模分析，可以对用户的性别偏好进行预测，从而对没有收集到性别数据的新用户进行预测；还可以通过建模与数据分析，使用聚类、关联思想，发现人群的聚集特征。因此，该层次可进一步利用个体属性、群体属性、潜在消费需求的标签数据，包括产品购买偏好、渠道使用偏好、客户兴趣爱好、客户的价值和活跃度等。这些标签数据经过进一步标签化和模型预测，就可以得到标签体系的模型预测类层标签数据。

4. 模型预测类层

模型预测类层可利用统计分析类层的结果，对不同用户群体和有相同需求的客户，通过进一步打标签，建立营销预测模型，从而分析用户的活跃度、忠诚度、流失度、影响力等。因此，该层将进一步利用个体属性、群体属性、客户价值、网络影响力等进行业务规划建模，包括消费能力违约概率、客户流失、近期需求等数据，并结合电子商务的业务规划，确定客户画像最后的群体类型和范围，预测未来酒店的客户趋势和营销策划的方向，最后得到标签体系业务类层酒店所需要的标签数据。

5. 业务类层

业务类层可以是展现层，是酒店进行客户管理后所需要的结果数据。它是酒店业务逻辑的直接体现，如图11-6中所表示的高奢人群、常客人群、潜力人群和普通人群等。这些业务人群还可以再进行细分，从而形成更具体的个性化营销方案。

## (二)标签分层法的应用

酒店利用客户画像技术对已有的客户和潜在的客户贴标签:首先要由客户画像的平台实现对客户的标签化过程,再利用酒店管理人员确定的标签体系对客户进行分析和标签化,形成与业务计划一致的标签数据。图11-7是基于标签分层的客户画像系统技术架构示意图。

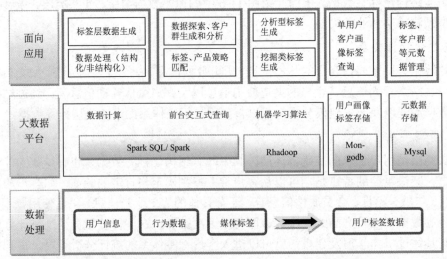

图11-7 基于标签分层的客户画像系统技术架构示意图

图11-7中的数据处理来源于各系统所积累的数据,对于酒店来说,就是软件平台数据中心的数据,以及来自互联网的客户行为数据,或通过其他平台或渠道导入的数据。数据平台的主要功能是数据计算、数据交互以及机器学习和算法生成,如通过Spark进行数据处理和数据筛选过滤,再进行数据转换进而实现单个标签的展现。面向应用是通过数据整理和数据平台的计算,将生成的各类标签信息与业务逻辑进行比较,除了探索客户类群的数目,还需要对客户类群进行业务定位,做具体的客户群标签分析,形成与业务匹配的营销和电子商务策略。对于酒店的客户分析来说,最后的标签数据主要用于网络营销和在线销售。现阶段具体的应用有以下几个方面。

1. 精准营销

目前大多数酒店还没有做精准营销的依据,除非针对自己熟悉的常客。在互联网环境下,在微信等社交平台上,酒店都在凭感觉开展营销。有了客户画像技术应用以后,酒店可以对标签化的结果开展营销,也就是专门针对不同标签的客户开展针对性的营销,也就是精准营销。在无处不在的移动互联网时代,酒店在网络上开展业务已成为常态,但除了OTA可以帮助销售,酒店还需要自己的在线直销。在工作顺序上,做在线直销以前要做在线营销,这时客户画像的标签化就可以帮助酒店做在线营销,而且是非常有效的精准营销。为了利用好客户画像技术的成果,酒店还需要一个完整的数据中心和一个统一的软件平台,拉通消费者的所有属性信息,收集和拉通酒店内、外部消费者的所有消费数据和网络行为数据,并在客户画像中重点识别客户的兴趣爱好特征,这时标签化后的精准营销就能给酒店带来意想不到的网络效果。图11-8为CRM根据标签运算结果自动触发营销。由于酒店满足标签的客户数据为动态数据,营销事件也可随标签运算的新增标签客户进行增量执行。

图 11-8　CRM 执行标签增量精准营销

2. 智慧推荐

在互联网世界中，酒店不能坐等客户到来，而要主动出击。现在的消费者如果不是酒店的忠诚客户，就必然会访问和咨询多个网站后才能做出购买决定。这时酒店如果有智能化的推荐系统去迎合消费者的需要，销售就成功了一半。智慧推荐依赖的是标签数据，来访的客户系统都已经有所了解。例如，客人访问酒店的官网——他是通过搜索引擎访问的，这时系统会根据该客人已有的标签直接跳出官网的落地页，直接出现客人所需要的内容，而不是官网首页。微信小程序、微商城都可以利用客人的标签数据实现智慧推荐，以迎合客人的需要。对于比较确定的结构化标签客户，酒店还可以利用电子邮件、微博、微信等方式进行有针对性的智慧推荐。即使客人到了酒店，服务员在面对面提供服务时，通过移动管理界面，也可以知道客人的消费能力、网络影响、喜爱偏好等标签数据，个性化地推荐客人所需要的服务产品。如果系统推荐的服务没有迎合客人的需要，管理者可以反馈给系统以进一步完善客户画像，也可以形成新的标签化数据。

3. 社会化营销

酒店经常会开展新品发布会、产品促销等一系列活动，如何招徕消费者参会是让酒店管理者很头疼的事情。利用客户画像的标签化数据就可以很好地解决酒店活动的参会人员筛选问题。酒店活动发布会通常选择忠诚客户到会，由于每次活动内容不同，既有围绕客房产品的，也有围绕娱乐服务产品的，或者是围绕餐饮新产品的，所以酒店需要邀请相关消费者参会。酒店可以通过客户数据库、会员数据库寻找相关的标签数据客户，如忠诚度比较高的、网络影响力比较大的、群体活跃度比较高的相关客人，从中找出最有可能参加活动的客户，再通过电子邮件、客服或社交平台邀请他们参会。用这种方式招徕客人参会的成功率非常高，而且花费成本很低。到会的客人喜欢发布会的内容，就会通过自己的渠道、朋友圈宣传发布会的内容，从而起到非常好的社会营销作用。酒店即使不举行发布会，也可以通过网络发布会的形式邀请与这些忠诚客户相关的标签客户，他们同样会在网络渠道或社交群宣传网络发布会的内容。实践表明，这种形式具有非常好的社会营销效果。

### 三、客户的潜在需求挖掘

互联网时代为什么很多人感觉生意不好做呢？这是由客户需求的分散性造成的。在互联网时代，需求都是个性化的，所谓客户需求挖掘，就是要挖掘客户的个性化需求。客户画像技术对客户标签化，可通过标签重新认识客户，其实质就是利用标签来挖掘客户的个性化需求。

#### （一）酒店可挖掘客户需求的场合

酒店挖掘客户需求的场合有很多，如酒店数据中心的客户数据库、酒店官网、酒店公众号、酒店微信小程序、社群互动场合以及客户消费过程中面对面服务的场合等。客户数据库通过统计分析以及构建需求模型，可以很容易找到客户的潜在需求，但用这种方法找到的需求基本上都是平均需求，而不是个性化需求。虽然利用这种方法挖掘需求的情况很普遍，但在互联网时代取得明显效果的不多。比如客户访问官网，系统可以记录该客户浏览了哪些内容，是从哪些渠道访问到官网的，看了哪些栏目和频道，停留时间最长的是哪个产品页面，最后去了哪里，也可以确定客户在购买产品前访问了多少次官网，其中又浏览了哪些网站和渠道。可是所有这些都可以给该客户打上标签吗？酒店只有通过标签化进一步分析该客户的需求是什么，或者他的个性化需求是什么，然后采取进一步的营销行动，才能把官网访问客户变成酒店的真实客户。

其他的微信小程序等使用场合也是一样的，可通过记录客户的使用情况或互动聊天的记录，给客人标签化某些需求特征，然后进一步了解客人的结构化标签数据，就可以挖掘出客人的潜在需求和个性化需求。客人到了酒店，服务员为其面对面提供服务时，还可以根据观察、倾听、引导等不同环节，分析客户的潜在需求特征，并打上或修改该客户画像的标签，从而轻松获知该客户未来的需求在哪里，有针对性地提供后续促销信息。通过恰到好处的温馨服务，可使客户变成酒店的常客或忠诚客户。

#### （二）酒店挖掘客户需求的几种方法

互联网时代，挖掘客户需求的方法很多。酒店客户的需求随着时代的变化一直在变，但万变不离其宗，这里无意介绍具体的挖掘算法和模型，而是从管理和客户接触的角度出发介绍如何挖掘客户的潜在需求，具体方法有以下几种。

1. 从酒店业务发展方向挖掘需求

酒店可以从业务发展的方向挖掘客户需求。例如，君澜集团作为度假酒店，其发展远景是建立全国度假圈，可以围绕度假酒店业务的方向挖掘需求，在客户画像的标签体系中增加与度假酒店相关的标签数据，然后围绕指定的标签体系寻找客户。这就是根据酒店业务方向主动挖掘客户的方法，当然对于这类标签数据还需要一定时间的验证。

2．通过与客户访谈挖掘需求

通过与客户访谈挖掘需求是最有效的方法，通常在访谈中可以获取结构化标签数据和非结构化标签数据。作为酒店的营销人员，应善于利用社交平台与对产品感兴趣的客户进行访谈。每次访谈都需要营销人员做相应的记录，并整理出可能形成的标签数据，为以后开展有针对性的营销建立标签数据，也为完善客户画像提供依据。对于网络访谈，需要有恰当的话题切入访谈内容。

3．通过新产品试销挖掘需求

通过产品试销挖掘需求也是酒店常用的方法。在互联网时代，许多酒店客房都是个性化的，是该类客人需要和喜欢的，通过试销酒店可以了解客户的反应，形成对新产品的需求信息或改进意见。在互联网时代，酒店产品的试销可以挖掘到更多新需求，进而产生新的产品体验，以及定位出新的产品方向。具体方法是：记录相关的新需求，形成有效的标签数据，添加到客户画像的标签体系中。

4．通过客户反馈或投诉挖掘需求

通过客户反馈挖掘需求是一种常用方法。酒店应从客户反馈以及投诉中了解客户的诉求，从客户投诉中了解客户的想法和期望，每一个问题背后都可能隐藏着相应的需求，因此酒店需要在客户反馈和投诉中梳理出新的标签数据，挖掘客户的潜在需求。通常，在官网和移动服务 App 中，应增加客户反馈和投诉功能，通过软件整理出新的标签数据，补充到客户画像的标签体系中，从而在线挖掘有用的潜在需求。

5．通过搜索引擎挖掘需求

搜索引擎是客户常用的网络工具。酒店利用搜索引擎中客户使用的关键词，可以挖掘出客户的潜在需求，一方面了解客户的搜索行为，另一方面整理出当前网络的热点词汇，这对补充客户画像的标签体系数据都有帮助。另外，在百度搜索引擎的百度指数中，可以看到搜索关键词的趋势研究、需求图谱等，这些内容对酒店客户需求挖掘都非常有意义。作为酒店营销人员，在客户画像技术的应用中，应关注搜索引擎关键词的使用和热点切换，不断调整和完善客户画像标签体系的非结构化数据，用更精准的标签体系挖掘客户的潜在需求。

6．通过社交平台互动挖掘需求

在移动互联网时代，社交平台已成为酒店挖掘潜在需求的一个非常重要的渠道，最流行的社交平台就是微信、微博社交平台。在社交平台中，可以通过关键词搜索发起提问或者讨论，从而引导平台内的社群用户进行讨论，还可以通过已知的需求或搜索关键词挖掘更多的长尾需求。酒店人员需要记录和关注客户的回答内容，分析其潜在的需求，并提炼出相应的标签数据，补充到客户画像的标签体系中，以便后续的客户挖掘分析使用。

7．通过服务场景分析挖掘需求

服务场景包括酒店或网络现场的服务环境，也包括酒店模拟服务的场景。酒店人员通过服务场景观察或客户模拟，可以发现一些潜在需求。对于实际服务现场的场景，酒店人员需要通过看、听、分析等手段，凭借自己对服务产品的嗅觉，去挖掘其中可能的客户潜在需求，记录相关的场景内容，分析出与潜在需求相关的标签数据，添加到客户画像的标签体系中，这同样能为后续的客户挖掘和模型分析所用。

本节从客户画像应用的角度介绍了酒店的客户管理、客户分析和挖掘客户潜在需求的理念和一些基本概念。在互联网环境下，酒店客户管理的理念、方法、关系维系的方式都在变，而客户画像技术的应用对酒店互联网环境下的客户管理非常有用，更加实用的酒店画像技术应用软件的出现，将为酒店的电子商务和客户管理提供更好的帮助。

## 第二节　客户管理的实践

要做好客户关系管理，首先要做好客户管理：酒店要厘清自己有哪些常客户，有哪些会员客户，还有哪些一般客户，甚至还要厘清有多少潜在客户。除了要保持原来的常客和会员客户，酒店还要有目标地发展一些潜在客户，使其成为会员客户或常客。客户管理的目的就是为客户提供更好的服务，并使其成为酒店的常客。维系客户需要成本，发展客户也需要成本，而酒店通过互联网进行客户关系管理，可以有效地降低管理成本。作为酒店的客服人员，不管是线下的客服人员，还是线上的客服人员，都需要通过互联网或者学会用互联网管理自己的客户。与客户沟通情感是最好的管理，也是成本最低的管理，但这需要客服人员花时间在线互动，掌握一些互联网的沟通技巧。目前，酒店客户被纳入管理的有两大类，一类是会员客户，另一类是协议单位客户。下面主要介绍对这两类客户的管理。

### 一、会员客户管理

会员客户是酒店经营的重要资源，也是酒店客户关系管理的主要对象。现代酒店在经营中基本采用会员卡制度，并对会员客户进行分类管理。酒店通过会员卡制度，不但可以分类管理不同的客户，还可以通过积分来激励客户消费，提高酒店经营的业绩。目前会员客户管理主要有注册管理、积分管理、储值管理和查询管理。

#### （一）注册管理

客人注册会员，一般分为住店客人注册和非住店客人注册。若客人无宾客档案，可用"注册会员"的方式进行会员注册；若客人有宾客档案，则通过登记单或者档案做关联注册。关联注册客人的信息会通过档案自动录入，对无档案客人注册需要手工录入注册信息，如图11-9所示。注册信息主要包括个人信息（姓名、证件、证件号码、手机号等），选择会员计划、会员卡等级以及客户来源，输入"证件号码"或"手机号"时可以查询档案，其中如果有该客人的会员信息，匹配出来即可。输入卡号时系统会要求重复输入卡号，以便确认信息（有读卡接口时不用重复输入，有过"预发卡"操作的卡也不用重复输入）。

注册会员时，也可以输入该会员卡客人的会员推荐人（酒店会员卡客人），推荐人一旦输入，系统一般不允许修改。若在"代码配置→促销规则"处设置了推荐人，则可以享受一定的奖励，该处填写的推荐人将会在某一触发条件下享受一定的奖励。通常，会员注册时有三种等级可供选择，即普卡、银卡和金卡。对这些卡的种类，酒店自己可以在后台进行设置，根据经营的策略去确定，卡的级别可以根据消费情况自动升降。

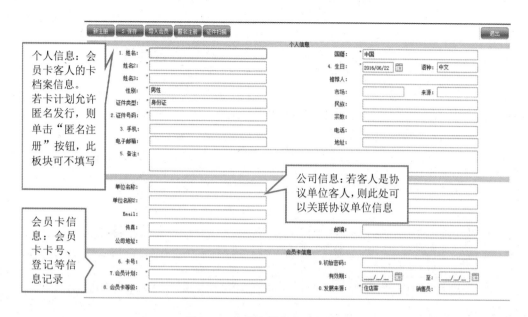

图 11-9　会员注册信息录入界面

注册信息输入完成后，需要存盘激活，当弹出"会员卡注册成功并已激活"小窗口时，说明注册已经成功，这时会跳转到"会员档案"的管理界面，如图 11-10 所示。对酒店来说，会员管理不是为管理而管理，而是为了让客户能更好地消费，并通过注册信息和消费信息更好地关联分析客户的消费行为，或为了更好地进行统计分析。表 11-1 是注册会员管理界面的功能按钮说明，会员档案管理的功能被全部列在该表中。

图 11-10　会员卡档案主界面

表 11-1　查询界面中需要说明的功能按钮

| 项 目 | 说 明 |
|---|---|
| 卡档案信息 | |
| 保存 | 会员主单上半部分的会员资料，修改完成后，单击"保存"按钮，保存修改项 |
| 网站密码 | 单击可以向客人的注册手机上发送一个新的流水密码（酒店须开通短信功能） |
| 合并会员 | 将会员卡和卡档案合并为一，会员卡全部挂到一个卡档案中 |
| 入住记录 | 单击可以查看关联过会员卡的入住记录消费累计信息 |
| 优惠券 | 单击可以查看该会员卡中的优惠电子券信息 |
| 日志 | 会员卡档案信息、会员卡信息修改记录 |
| 会员卡信息 | |
| 附属卡 | 仅对储值卡有效，对一张储值卡进行附属卡管理，共享主卡中的金额 |
| 注册打印 | 根据系统中设置的模板打印会员卡注册登记单，给会员客人进行信息确认 |
| 制卡 | 将会员卡卡号写入会员卡中（一般针对 IC 卡、磁条卡、芯片卡等） |
| 修改 | 对会员主单下半部分卡信息进行修改，如有效期、卡号、房价码等信息 |
| 激活 | 用于初始卡激活（针对发卡需要手工激活的卡计划） |
| 挂失 | 用于会员卡丢失挂失。单击"挂失"按钮后，此按钮会变为"取消挂失" |
| 停用 | 停用会员卡（根据酒店业务进行区分使用），单击"停用"按钮后，此按钮会变为"取消停用" |
| 升降级 | 可将该会员卡升级或降级到另外一种等级的会员卡 |
| 消费密码 | 消费密码修改、重置 |
| 积分 | 单击"积分"按钮，进入会员卡的"积分列表"界面 |
| 储值 | 单击"储值"按钮，进入会员卡的"储值管理"界面 |

## （二）储值管理

会员持会员卡可以在酒店内任何地方消费，前提是卡内需要储存一定金额，或者利用储值卡或附属卡进行消费，因此需要酒店人员对这些会员卡进行储值管理以及会员卡的充值管理操作。会员卡消费的储值管理是酒店电子商务中的一项重要工作。具体操作可以执行会员卡中的卡查询，在卡列表中查询到目标客人的会员卡，单击打开主单就可以进入客人的"卡档案"查询界面，如图 11-11 所示。

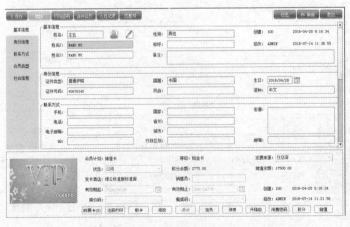

图 11-11　会员查询界面

在卡档案下面有关于卡的属性数据，以及针对会员卡的功能操作按钮，如注册打印、制卡、修改、激活、挂失、停用、升降级、消费密码、积分、储值等。选择储值就可以进入选中目标会员卡的储值管理界面，如图 11-12 所示。

图 11-12　会员卡储值管理界面

1. 界面功能按钮介绍

充值：为储值卡账户充值，充值界面如图 11-13 所示，充值后在储值管理界面会多一条充值记录。

冻结：设定储值卡账户部分金额不能使用。储值卡冻结可以在前台进行冻结操作，也可以在储值卡管理界面进行冻结操作；储值卡冻结类似于信用卡的预授权概念，即仅将部分金额冻结，使其暂不可消费，客人的总金额不变，可用余额变少。

调整：可对储值卡错账进行调整。

转账：将会员卡储值账户中的储值余额转移到另一个会员卡储值账户中（卡信用不能转），与积分转移类似。

图 11-13　会员储值卡充值界面

冲账：将充值、储值卡消费记录用负金额冲抵（仅限本人当日当班的错账）。

发票：记录该储值账户的发票开具情况。

2. 计算公式

储值余额=历史储值总和+信用-历史消费总和

可用金额=储值余额-冻结金额

3. 信用

信用是指允许客人在无实际充值的情况下进行超前消费。直接在"信用"中输入对应值，单击"保存"按钮即可。

### (三)查询管理

酒店服务台经常会因工作需要对会员卡进行查询,这是会员管理工作中最频繁的操作。会员卡管理中可以通过卡列表显示当前酒店所有销售的会员卡,即前台 PMS 系统在会员卡管理中具有卡查询功能;也可以进行模糊搜索,查询需要的会员卡信息,系统的酒店会员卡、集团会员卡均可以在卡列表中显示。模糊查询搜索界面如图 11-14 所示。

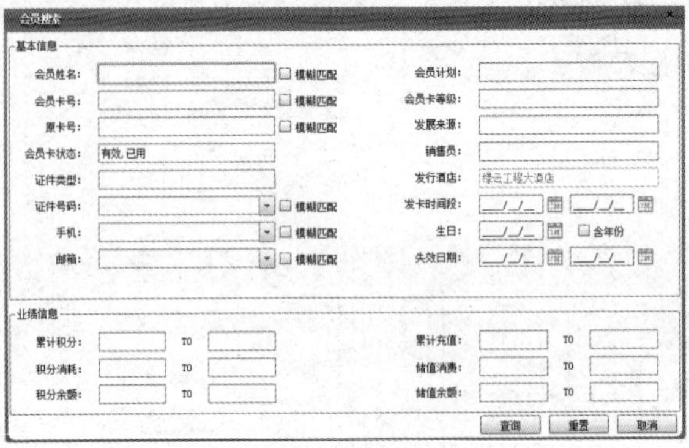

图 11-14 模糊查询搜索界面

以下为图 11-14 中的部分数据字段进行说明。

发行酒店:若在酒店端登录查询卡列表,则此发行酒店默认为登录的酒店。

会员卡状态:默认为有效和已用状态的卡。

模糊匹配:系统默认为精确匹配;模糊匹配有权限控制,拥有此权限的操作员才可以看到"模糊匹配"的选择框。例如,在"会员姓名"后选中了"模糊匹配"复选框,若在姓名处输入"林",则系统会查出姓"林"的所有相关会员卡信息。

业绩信息:在"累计积分""累计充值"等处输入相应的值,单击"查询"按钮后,会显示相应业绩信息范围的所有卡。

除了模糊查询,还可以输入/选择相应的查询条件。单击"查询"按钮,可以找到相应的会员卡。若要显示所有的会员卡,单击右上角快速查询栏里的"查询"按钮即可。如果输入卡号,或输入姓名,或输入手机号等信息,可以实现精准查询。选中目标会员卡信息,单击"打开主单"进入"会员档案"主界面,查询结果如图 11-15 所示。

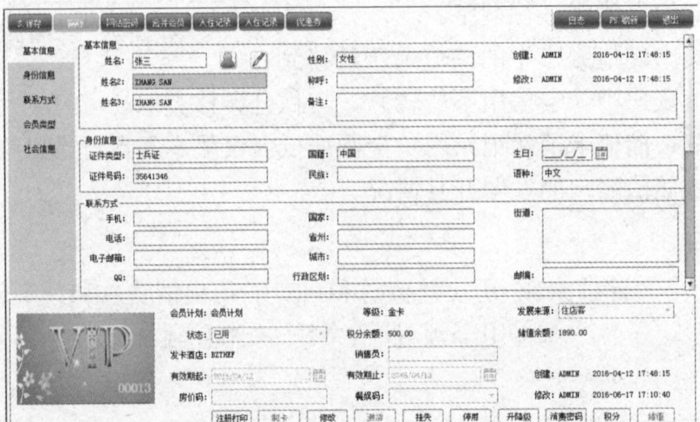

图 11-15 查询结果显示界面

## 二、协议单位客户管理

协议单位客户和会员客户一样,都是酒店经营的重要资源,也是客户关系管理的主要对象。一个好的酒店营销部门通过签约一定数量的协议单位客户,可以保障酒店经营在淡季不淡,保持一定的客房出租率。协议单位客户的管理主要包括档案管理、业绩排名管理、查询与报表管理等,这些都是客户管理中的重要组成部分。协议单位客户管理也是酒店客户关系管理的基础,借助人工智能,可实现对协议单位客户的智能服务。

### (一)档案管理

酒店经营中的协议单位主要包括企业客户、旅行社、政府部门、旅游公司以及一些旅游景区等,它们可以给酒店源源不断地带来客户。因此,酒店在经营中需要与这些客户签订业务协议,根据客户每年带来的客房量来决定合作的协议价格和结算方式。所有协议单位的合作协议都要录入前台系统以实现统一管理。档案管理就是对协议单位的合同信息进行录入、修改或暂停合作等操作,以保证协议单位的信息准确、可使用。

协议单位档案主要分为基本信息、联系方式、类型信息、单位喜好、业绩信息、预订信息六大板块,可以根据权限控制查看板块信息。图 11-16 所示是协议单位档案管理主界面。

图 11-16 协议单位档案管理主界面

图 11-16 所示的基本信息主要包括协议名称、协议类型、协议单位地址等信息。联系方式主要包括协议联系人及联系方式,仅做记录、查看使用,无提示。类型信息主要包括协议单位类型、市场、来源、关联销售员、协议房价码、佣金码、餐饮码等信息。单位喜好是指协议单位相应的喜好信息,仅用于记录查看。业绩信息是指协议客人最近三十条的入住信息记录、客人历史消费信息统计,系统默认显示综合消费数据统计,等等,也可以查询业绩明细。预订信息是体现关联该协议单位的所有订单信息,也可以查看每一条的预订。档案管理的数据项设计很重要,需要考虑对协议单位业绩的关联分析以及业务偏好的分析,

以便于营销部门向协议单位合理地开展营销。因此，客户关系的分析需要档案管理基础数据的智能支持。

### （二）业绩排名管理

系统可以对协议单位的消费按要求的关键词进行业绩排名，通过排名分析协议单位的消费特点以及相关偏好，以便于以后安排更合适的促销活动及有效的营销措施。对于好的业绩单位，酒店要对销售员的工作进行总结，以提升销售员对协议单位整体的营销服务水平。目前业绩排名都是通过消费账单与协议单位的关联实现的，即消费主单关联过协议单位的客人住过酒店后，系统会自动生成该单位的消费业绩统计，协议单位的销售业绩统计可以通过"业绩查询"按钮或者报表进行排名查询，整个排名都是在账单关联后自动实现的。

单击"业绩信息"按钮进入业绩查询，弹出"请选择协议单位及查询时间段"窗口，选择/输入相应的查询过滤条件，开始进行查询，在出现的业绩查询列表中，可通过"业绩汇总"和"业绩明细"按钮分别进行业绩汇总和业绩明细显示的转化，如图11-17所示。

图 11-17　业绩查询排名列表界面

在"业绩汇总"或"业绩明细"标签页下，可单击"导出"按钮或者直接右击，系统会将记录导到Excel表格里，然后在后台对协议单位业绩排名进行相关统计管理。

### （三）查询与报表管理

协议单位的查询管理和报表管理是客户管理中的常务性工作，尤其是查询工作，业务员会因工作需要随时通过系统查询某一个协议单位的业绩情况，或某一类协议单位的情况。因此系统提供按类查询的相关功能，操作者只要在协议单位的查询窗口输入查询条件，单击"确认"按钮后就可以打开"公司档案"列表。按类查询的协议单位目前包括三大类：公司、旅行社、订房中心，如图11-18所示。

双击某一个档案，或选中某一个档案单击右边的"打开"按钮，可以打开详细档案信息窗口，获取某协议单位更详细的信息，如在档案详细信息中可以关联房价码、佣金码等信息。

图 11-18  协议单位查询管理界面

报表管理主要对销售员制订的销售计划、销售总结、领导批示等内容进行管理。系统提供的功能主要用于销售员输入月度工作计划，进行月度工作总结；销售部相关负责人可以对销售员月度工作计划、工作总结进行查看及批示；在销售月报中也会体现销售员的月度业绩量等统计信息。在系统中选择"销售员"可以进入销售员列表，在右侧输入查询条件或通过组合查询按钮，查找到相应的销售员，可以得到销售员月报的操作界面，如图 11-19 所示。选择相应的时间，输入、编辑相应的工作计划内容，单击"保存"按钮，工作计划一经提交就不能修改。

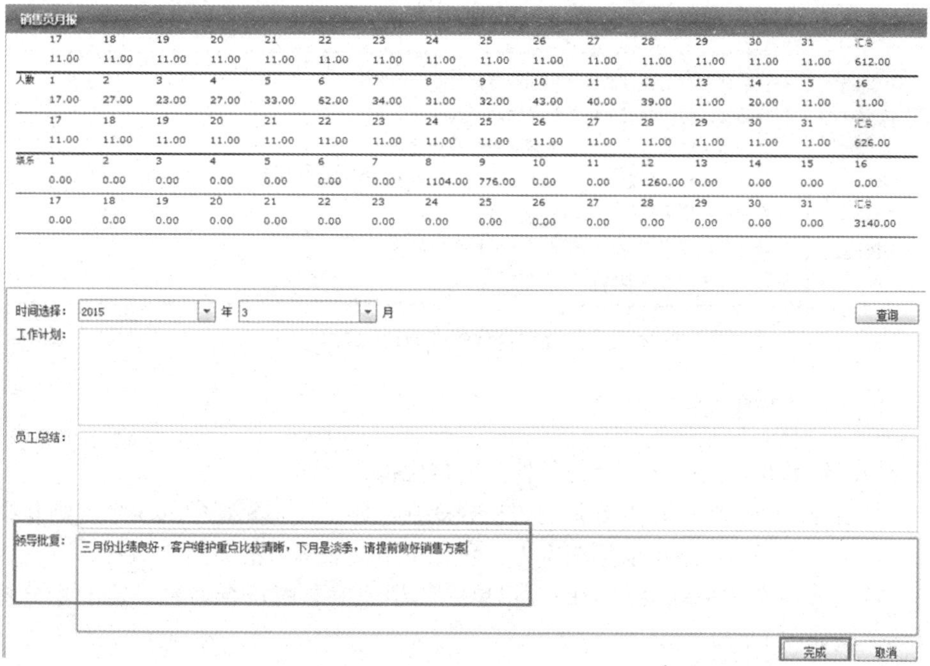

图 11-19  销售月报制订、编辑、批示窗口界面

图 11-19 是领导批复后的界面，这时销售员提交的工作计划、员工总结等内容变成灰色，就不能再编辑修改了。报表管理反映了销售员对协议单位销售、营销的管理工作及业绩，是衡量销售员客户管理绩效的一个系统工具。

## 三、积分管理

积分管理专门针对酒店会员,是国际上激励消费者通用的一种消费管理方法。目前我国大多数商务酒店和度假酒店采用积分管理制度,该制度已成为酒店电子商务客户管理的重要内容,关于积分的记分和兑换在不同酒店有不同的规定和标准。具体操作:在会员档案管理界面中单击"积分"功能按钮,即进入酒店会员积分管理界面,如图 11-20 所示。

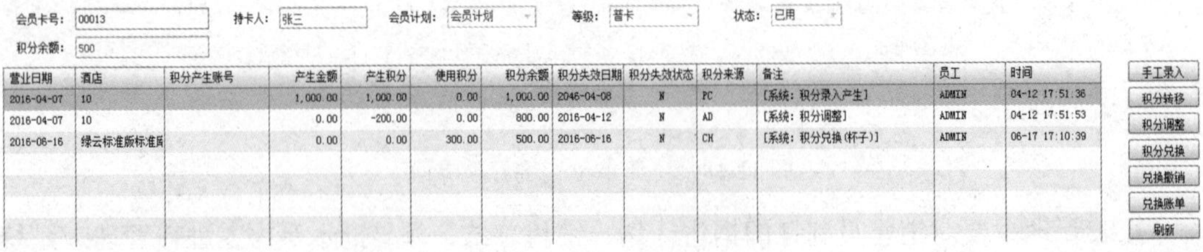

图 11-20 酒店会员积分管理界面

### (一)积分的操作

图 11-20 右侧是对积分具体操作的功能按钮,即界面上方显示的"会员卡号""会员计划""等级""状态""积分余额""持卡人"等基本资料。界面中间显示积分产生、消耗等记录。对积分的一些充值、兑换等操作均可以通过"积分列表"页面右侧的功能按钮实现。积分管理中的具体积分操作如图 11-21 所示。

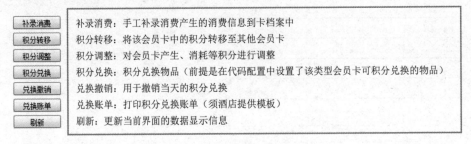

图 11-21 积分管理中的具体积分操作

### (二)积分的产生

积分的产生需要客人符合一定的条件,通常应符合下面三个条件。
(1)对相应的会员等级有设置正确的积分规则,详见代码配置中的积分规则介绍。
(2)客人入住期间、结账前须在客人的登记单中关联客人的会员卡信息。
(3)客人入住期间关联会员卡的登记单中的相关信息应符合后台设定的积分规则信息,具体关联如图 11-22 所示。

### (三)积分的使用

酒店设定使用积分的一般规则包括以下两种情况。
(1)积分可进行兑换(包括实物兑换、房券、升级券等兑换)。

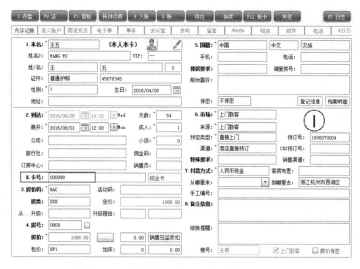

图 11-22　客人登记单需要与会员卡号关联

（2）积分可付款。

① 酒店进行代码准备时，须提供"积分付款"类似的付款代码，用于积分付款使用。

② 酒店允许客人使用积分进行付款时，需要酒店提供积分与金钱的兑换率给实施工程师，待实施工程师根据要求设定完成后积分才可以使用。

③ 酒店为客人结账时需要选择该积分付款的付款码进行相应的账目结算。

④ 积分付款结算完成后，客人的"积分管理"界面中会增加一条积分消费记录。

## 四、销售活动管理

销售活动管理主要指客户拜访计划的管理，对酒店的大客户单位、协议单位需要通过销售人员拜访来促进产品的销售。通常，协议客户的拜访维护是酒店销售部的重要工作；销售活动主要应用于制订相应的销售拜访计划、跟踪管理销售员的近期工作动态，如拜访客户、网络社交维系、电话维系、会议出访等，以进一步增强客户管理意识，并将相关信息实时有效地反馈给管理层。该功能主要由活动计划制订、活动计划管理、活动计划追加等组成。

### （一）活动计划制订

销售拜访计划可以根据上一年度客户消费的房晚数作为设定条件，系统会自动筛选符合拜访条件的协议单位生成拜访计划；也可以根据销售员的临时拜访需求由销售员自行进行建立。通常，酒店可以在每年年初制订本年度的销售拜访计划，系统会根据上一年度客户消费的房晚数自动生成本年度各销售员的拜访任务。选择"销售活动"窗口右侧的"制订计划"，打开"制订活动列表"窗口，如图 11-23 所示。

单击图 11-23 右侧的"新增"按钮，弹出"新增活动计划生成规则"窗口，输入相应信息后，单击"保存"按钮，计划即生成，如图 11-24 所示。计划制订规则中的项目含义如表 11-2 所示。除了有计划地进行销售拜访活动，销售员还可以根据业务需求建立计划外的临时拜访活动，这里就不具体介绍了。

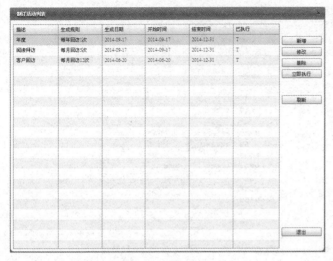

图 11-23　销售活动计划制订列表

图 11-24　销售活动计划制订规则

表 11-2　窗口项目含义

| 项目名称 | 解析 | |
|---|---|---|
| 描述 | 活动计划的描述 | |
| 生成规则<br>（选择的生成规<br>则不同，则对应<br>的房晚数条件不<br>同，请参照右列<br>对应的解析） | 系统自动生成活动的规则设置，分为每月必须回访、每年必须回访、每年选择回访 | |
| | 每月必须回访：系统会自动生成一条月计划，自动按自然月生成月销售活动<br>房晚数：协议单位去年业绩大于某个房晚数，则会自动生成拜访计划 | |
| | 每年必须回访：系统会自动生成年计划<br>房晚数：协议单位去年的房晚数若介于两个数之间，会生成这个计划 | |
| | 每年选择回访：系统会自动生成一条年计划，仅在"活动计划"中体现；不生成销售活动明细，此规则对回访次数无要求<br>房晚数：协议单位去年的房晚数若小于这个数，会生成这个计划 | |

续表

| 项目名称 | 解析 |
|---|---|
| 重复周期（重复周期模式不同，则出现的生成条件不同，请参照右列对应的解析） | 计划执行的周期；规则不同，可供选择的周期也不同；生成销售活动明细时，根据这个重复周期，活动时间能自动确认到某一天 |
| | 月模式：每几个月的第几天；每几个月的第几个星期几生成相应的销售拜访计划 |
| | 天模式：每隔多少天生成相应的销售拜访计划 |
| | 周模式：每几周的星期几生成相应的销售拜访计划 |
| | 年模式：每年的第几天；每年的几月几日生成相应的销售拜访计划 |
| 房晚数 | 指协议单位去年在酒店消费的房晚总数，去年在酒店入住的房晚数若符合输入项才能生成相应的拜访计划 |
| 回访次数 | 该项仅对"必须回访"的计划有效 |
| 开始日期 | 活动计划的开始日期 |
| 结束日期 | 活动计划的结束日期 |
| 生成日期 | 自动生成活动计划的日期，一般与开始日期保持一致，夜审到这一天时，会自动生成活动计划 |

### （二）活动计划管理

生成的销售拜访计划需要领导批示、修改补充、查询以及执行中的信息反馈等一系列管理。其中，查询的工作量最大，主要针对活动计划、活动列表及销售员、活动日历、活动总览进行查询。

1. 查询管理

查询管理主要查看计划生成的符合间夜量拜访条件的协议单位，以及生成的活动计划的汇总数据，体现符合拜访条件的协议单位名称、对应销售员、拜访的有效时间、回访已完成/需完成的次数，以及相关活动的反馈信息，等等。

单击"活动计划"按钮后，打开"活动计划列表"窗口，可查询到符合生成计划条件的协议单位的拜访计划（每个协议单位汇总为一条），如图11-25所示。查询管理还支持销售员查询，即查看销售员的销售业绩以及销售员的销售活动拜访记录等内容。

图 11-25　拜访计划查询列表

根据需要，可以单击"新增"按钮，手工添加活动计划；也可以选中记录，单击"修改"按钮修改活动计划，或者单击"删除"按钮删掉计划；单击"打印"按钮，可以将该列表全部打印出来。

2．领导批示管理

相关领导要对销售员的计划及拜访活动进行查看和做批示，目的是进一步指导销售员的相关销售活动。可以执行"销售"→"销售活动"，打开"活动列表"窗口，选中需要批示的销售拜访记录，单击"批量批示"按钮，在弹出的"销售活动批量审批"窗口中，输入审批内容，单击"确定"按钮即可，如图11-26所示。

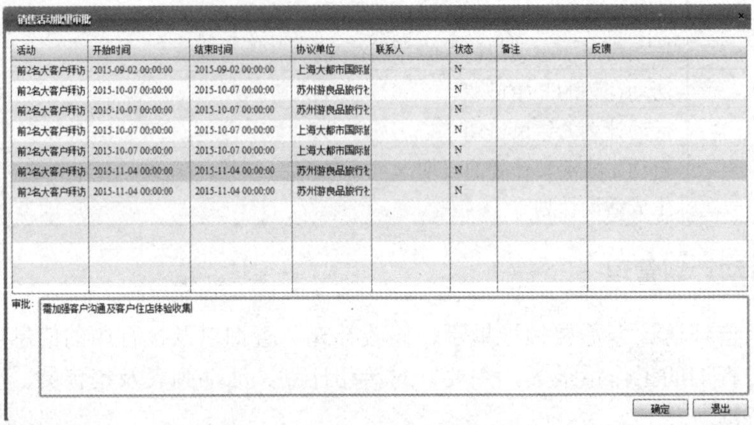

图 11-26　拜访活动的领导批示

3．活动信息反馈管理

销售员拜访客户后得到的反馈信息以及给客户的回馈信息都可以在销售活动中进行记录。这样，一方面便于改进以后的销售计划，另一方面便于销售部相关领导对销售员的销售拜访进行查看并做出相应的批示和指导。活动反馈信息输入管理界面如图11-27所示。

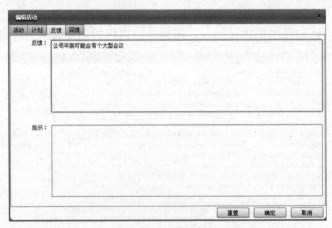

图 11-27　活动反馈信息输入管理界面

如果销售员用与销售员关联的工号登录系统时，系统会自动弹出本月销售活动及销售计划未完成提醒。系统会根据以下条件对销售员进行提醒。

（1）若年计划完成数已达到次数要求，则系统不会显示。

（2）若年计划完成数未达到次数要求，但关联的销售活动数量达到次数要求，则系统根据本月对应的销售活动是否完成来判断：若未完成，则显示；若完成，则不显示。

（3）若年计划完成数未达到次数要求，且关联的销售活动数量也未达到次数要求，则系统显示出来（不考虑本月对应的销售活动是否完成）。

### （三）活动计划追加

对于本年度新签订的协议，如需追加到制订计划的拜访范畴内，则可以采用销售活动计划规则重新执行的方式或将新续约的公司追加到计划中的方式，使新签约的协议根据设定的条件自动生成销售拜访计划。追加活动可以有多种方式，通常使用最多的方式是根据新签的协议进行活动计划追加。具体操作是：执行"销售"→"协议单位"，查询到需要追加的新签约的协议，双击后进入协议单位的档案界面，单击"活动"按钮即可，如图11-28所示。

图 11-28　新签协议单位的活动计划追加界面

在出现的"活动列表"窗口中，单击"追加活动"功能按钮，在弹出的"制订活动列表"窗口中，选中该协议需要追加的活动计划，单击"追加"按钮即可，如图11-29所示。

图 11-29　追加活动计划选择界面

## 第三节　客户关系分析的实践

酒店的客户有多种层次，他们与酒店存在各种关系，酒店要处理好客户关系，就必须先做好客户的分析工作。每个客户对自己需要的服务都有一定的期望,而客户分析就是要搞清楚每一类客户的期望是什么。对于不同的客户期望,酒店应提供相应的服务,以让客户满意,这也是酒店服务的宗旨,因此,对于酒店来说,客户关系管理的客户分析是最重要的,否则酒店提供的服务只能是粗放型的。目前客户分析的工具多种多样:有围绕客户消费档次做分析的,有围绕客户消费行为做分析的,也有围绕客户消费习惯和偏好做分析的。

## 一、关系客户的基本分析

目前酒店对客户的基本分析主要针对有关系的客户,如有签约合同的客户、有消费业绩的客户等;而对于酒店的潜在客户,尤其是对于网络潜在客户,以及有访问行为的潜在客户,目前少有工具进行有效的客户关系分析。因此,酒店针对有关系的客户进行分析是最关键的。维系与这些客户的关系须从基本分析开始,如针对这些客户的服务反馈应如何处理,以及签约客户的消费情况应如何分析,等等。

### (一)客户反馈与关系维系

客户消费过程中的反馈意见和处理,是客户关系维系的重要环节。酒店需要记录客户对酒店的意见或建议,从而提高和完善酒店的服务质量,所有的反馈和处理都必须有电子化处理流程。例如,某客户在 A 酒店进行了消费,因为对当时酒店中的某个服务员的服务态度感到不满意,事后进行了投诉,相应的销售员或管理人员将此投诉信息进行记录,将后续跟进情况在系统中也记录清楚。CRM 的功能模块中有"新建反馈""反馈查询"。

图 11-30 是系统新建反馈和处理的操作界面,酒店需要记录每一个客户的意见或投诉,同时记录处理的意见,以便让每个服务员清楚维系客户的重点环节,满足客户的需要。

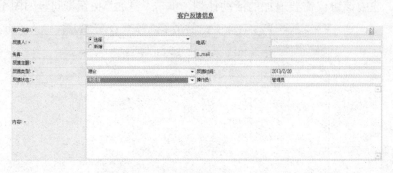

图 11-30 新建反馈和处理的操作界面

CRM 系统根据每个客户的反馈主题和反馈类型,可以智能化分析目前客户在服务中需要什么,从中了解客户目前的需求变化,也可以在精准营销中为签约客户推送他们所需要的信息,从而不断改善 CRM 营销的有效性。

### (二)签约客户的分析

签约客户是指已有合同的客户,可以分为有效客户和非有效客户。通常有效客户是指有消费业绩、有合同的客户。签约客户的分析通常分析有效客户的消费情况,并对有效客户进行细分,以便实施不同的营销策略。签约客户分析的操作界面如图 11-31 所示。

图 11-31　签约客户分析的操作界面

在图 11-31 中，CRM 可以根据部门或销售员设定的条件，分析其对应签约客户在指定时间段内的消费额度情况，时刻关注签约客户的消费动向，当出现消费异常下滑时，主动寻找原因，采取有效的关系维系措施，通过相应的营销手段迅速改善签约客户的消费异常现象；同时通过签约客户分析，也可以分析异常客户相应部门或销售员的管理责任。

## 二、客户业绩分析与关系配置

酒店在经营过程中需要时刻关注客户的消费动向，通过 CRM 对客户的消费情况进行业绩分析，关注客户的变动方向，并对客户业绩进行排名。系统可重点关注两类客户：一类是业绩排名上升比较快的客户，可由销售员予以关注并重点做好服务工作；另一类是排名下降比较快的客户，也需要销售员重点关注并了解其实际的原因。这两类客户都需要酒店通过不同的营销手段去关注，或者加强对这些客户的关系配置，做好个性化的关怀服务工作。

### （一）客户业绩分析

客户业绩分析系统详细记录所有客户的店内消费明细，进行业绩排名，通过统计，哪些客户重要可一目了然。这一系统包括客户业绩分析和客户业绩分析的详细信息列表两个模块，如图 11-32 和图 11-33 所示。图 11-32 是设定查询的条件后进行分析，可以是简单查询，也可以设定高级查询，还可以制定分销渠道来源查询相应签约客户在指定时间段内的消费额度情况，并可以自动显示客户当前的消费等级。图 11-33 是客户业绩分析的详细信息列表，可以列出每个客户的消费间夜数、客户级别以及消费的平均房价。图中，若酒店名称显示为红色，则表示客户业绩同比增长的百分比是下降的，酒店系统是否显示为红色可以通过参数设定来控制。

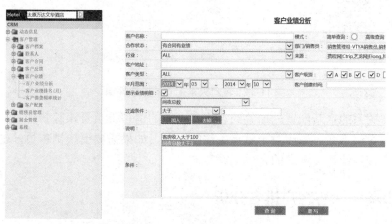

图 11-32　客户业绩分析操作界面

图 11-33　客户业绩分析的详细信息列表界面

通常，客户消费业绩若出现下滑情况则应引起负责管理的销售员注意，这是 CRM 发出的一个预警信号，需要酒店管理者分析下滑的具体原因，然后采取相应的营销手段来补救。

### （二）客户关系配置

酒店有各种不同的关系客户，需要由专门的销售员或客服人员负责维系，但酒店的销售人员往往变动很大，因此需要 CRM 记录和管理这些客户关系，我们称之为客户关系配置。当销售员离职后，CRM 需要对该销售员名下的客户进行重新分配，由其他销售员来接管，操作界面如图 11-34 所示。一般 PMS（绩效管理系统）更换了销售员后，接口会自动将信息上传，这时 CRM 会同步销售员信息，前提是需要在 CSM 人员维护中将销售员进行添加，并且关联 PMS OWNER，原客户对应的销售员为离职人员，转移客户时可将原销售员客户批量分配给不同的销售员，也可以全部分给同一个销售员，转移时要注意一次不能超过 100 个。

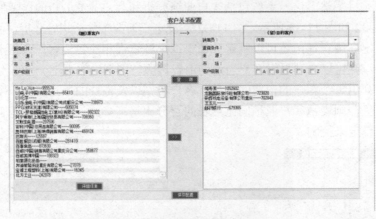

图 11-34　客户关系配置的操作界面

经过客户关系的重新配置，原签约客户就由新的销售员负责跟踪管理，这些客户的消费服务及消费等级不变。酒店对于重点关注的客户，如果需要更换销售员，也可以通过客户关系配置去调整销售员管理的客户。

## 三、市场统计与客户排名分析

酒店的客户关系管理需要从市场、来源、房型等诸多角度深入分析客户喜爱产品的销售情况，从而让酒店从不同的方面了解自身状况，优化客源，调整营销和客户关怀的重点。通常在CRM系统中，需要对现有客户按来源、房型、收入、服务项目等进行细致的分析，然后按不同的产品项目进行客户排名，分析出对酒店最有价值的客源地、最有价值的服务产品、最有价值的房型以及最有价值的酒店客户，然后有针对性地采取维系客户关系的措施，使酒店客户获得最佳的服务，也使酒店的CRM获得最佳的收益。

### （一）市场统计及来源分析

酒店通过市场统计及来源分析探索酒店经营的市场份额，以及最有价值的酒店客户，然后根据其最喜欢的产品和服务需求，提供最有效的个性化服务方案，有针对性地开展市场营销，挖掘最有价值的客源地。酒店的市场统计通常按照客房收入、餐饮收入、其他收入、平均房价以及总间夜数出租率等进行分析，如图11-35所示。然后CRM软件可以按月对所有营收进行分析以及同期比较，找出酒店当前经营的最佳客户收益以及最佳客源地，同时找出目前最佳的服务项目。

客人来源划分-报表

(2012-07-01—2012-07-31)

| 全部显示 | | 今年实际(A) | | | | | | 今年预算(B) | | | |
|---|---|---|---|---|---|---|---|---|---|---|---|
| | | 总间夜数 | 平均房价 | 客房收入 | 餐饮收入 | 其它收入 | 总收入 | 总间夜数 | 平均房价 | 客房收入 | 总间夜数 |
| 美洲 | [USA] USA | 28 (0.34%) | 507.00 | 14,196.00(0.31%) | 1,954.00(0.08%) | 144.00(0.05%) | 16,294.00(0.22%) | 0 | 0.00 | 0.00 | 0 |
| | [CAN] Canada | 1 (0.01%) | 1,285.00 | 1,285.00(0.03%) | 53.00(0.00%) | 2.00(0.00%) | 1,340.00(0.02%) | 0 | 0.00 | 0.00 | 0 |
| | 小计： | 29(0.35%) | 533.83 | 15,481.00(0.34%) | 2,007.00(0.08%) | 146.00(0.05%) | 17,634.00(0.24%) | 0(0.00%) | 0.00 | 0.00(0.00%) | 0(0.00%) |
| 亚洲 | [HK] HongKong | 109 (1.33%) | 519.35 | 56,609.00(1.25%) | 7,852.00(0.32%) | 817.00(0.26%) | 65,278.00(0.90%) | 0 | 0.00 | 0.00 | 0 |
| | [TW] Taiwan | 101 (1.23%) | 276.58 | 27,935.00(0.62%) | 9,499.00(0.39%) | 68.00(0.02%) | 37,502.00(0.52%) | 0 | 0.00 | 0.00 | 0 |
| | [KR] Korea | 11 (0.13%) | 534.27 | 5,877.00(0.13%) | 583.00(0.02%) | 414.00(0.13%) | 6,874.00(0.09%) | 0 | 0.00 | 0.00 | 0 |
| | [JP] Japan | 270 (3.29%) | 385.26 | 104,019.00(2.31%) | 13,089.00(0.54%) | 968.00(0.31%) | 118,076.00(1.63%) | 0 | 0.00 | 0.00 | 0 |
| | [THAI] Thailand | 1 (0.01%) | 567.00 | 567.00(0.01%) | 53.00(0.00%) | 0.00(0.00%) | 620.00(0.01%) | 0 | 0.00 | 0.00 | 0 |
| | [SI] Singapore | 2 (0.02%) | 645.00 | 1,290.00(0.03%) | 106.00(0.00%) | 0.00(0.00%) | 1,396.00(0.02%) | 0 | 0.00 | 0.00 | 0 |
| | 小计： | 494(6.02%) | 397.36 | 196,297.00(4.35%) | 31,182.00(1.28%) | 2,267.00(0.73%) | 229,746.00(3.17%) | 0(0.00%) | 0.00 | 0.00(0.00%) | 0(0.00%) |
| 中国大陆 | [CQ] Chongqing | 4,233 (51.57%) | 510.86 | 2,162,476.00(47.92%) | 1,498,155.00(61.68%) | 251,141.00(80.97%) | 3,911,772.00(53.94%) | 0 | 0.00 | 0.00 | 0 |
| | [BJ] Beijing | 1,037 (12.63%) | 681.49 | 706,701.00(15.66%) | 157,780.00(6.50%) | 18,909.00(6.10%) | 883,390.00(12.18%) | 0 | 0.00 | 0.00 | 0 |
| | [SHA] Shanghai | 1,553 (18.92%) | 637.26 | 989,666.00(21.93%) | 290,191.00(11.95%) | 26,849.00(8.66%) | 1,306,706.00(18.02%) | 0 | 0.00 | 0.00 | 0 |
| | [CD] Chengdu | 77 (0.94%) | 590.26 | 45,450.00(1.01%) | 5,190.00(0.21%) | 922.00(0.30%) | 51,562.00(0.71%) | 0 | 0.00 | 0.00 | 0 |
| | [GZ] Guizhou | 16 (0.19%) | 606.63 | 9,706.00(0.22%) | 1,719.00(0.07%) | 438.00(0.14%) | 11,863.00(0.16%) | 0 | 0.00 | 0.00 | 0 |
| | [OTCT] Other Domestic City | 5 (0.06%) | 507.00 | 2,535.00(0.06%) | 265.00(0.01%) | 0.00(0.00%) | 2,800.00(0.04%) | 0 | 0.00 | 0.00 | 0 |
| | [FJ] Fujian | 23 (0.28%) | 534.83 | 12,301.00(0.27%) | 1,219.00(0.05%) | -37.00(-0.01%) | 13,483.00(0.19%) | 0 | 0.00 | 0.00 | 0 |
| | [GD] Guangdong | 129 (1.57%) | 540.40 | 69,711.00(1.54%) | 201,503.00(8.30%) | 40.00(0.01%) | 271,254.00(3.74%) | 0 | 0.00 | 0.00 | 0 |
| | [HN] Hainan | 3 (0.04%) | 807.00 | 2,421.00(0.05%) | 269.00(0.01%) | 100.00(0.03%) | 2,790.00(0.04%) | 0 | 0.00 | 0.00 | 0 |
| | [JS] Jiangsu | 32 (0.39%) | 302.94 | 9,694.00(0.21%) | 1,737.00(0.07%) | 1,606.00(0.52%) | 13,037.00(0.18%) | 0 | 0.00 | 0.00 | 0 |
| | [SC] Sichuan | 51 (0.62%) | 633.73 | 32,320.00(0.72%) | 4,544.00(0.19%) | 191.00(0.06%) | 37,055.00(0.51%) | 0 | 0.00 | 0.00 | 0 |
| | [SH] Shanxi | 206 (2.51%) | 462.92 | 95,362.00(2.11%) | 124,461.00(5.12%) | 2,427.00(0.78%) | 222,250.00(3.06%) | 0 | 0.00 | 0.00 | 0 |
| | [YN] Yunnan | 7 (0.09%) | 799.86 | 5,599.00(0.12%) | 371.00(0.02%) | 105.00(0.03%) | 6,075.00(0.08%) | 0 | 0.00 | 0.00 | 0 |
| | [ZJ] Zhejiang | 32 (0.39%) | 508.00 | 16,256.00(0.36%) | 31,683.00(1.30%) | 36.00(0.01%) | 47,975.00(0.66%) | 0 | 0.00 | 0.00 | 0 |
| | [illegible] | [illegible] | [illegible] | [illegible] | [illegible] | [illegible] | [illegible] | [illegible] | [illegible] | [illegible] | [illegible] |

图11-35 客人来源市场分析

在图11-35中，CRM按照市场区域的客源进行统计分析，分析这些区域客人对酒店产品的消费情况，以及与往年同期的对比，销售员可实时跟踪这些数据的变化，对出现的问题随时采取促销活动和营销措施。CRM也可以专门对客房产品的销售情况进行统计分析，如图11-36所示。

房间类型-报表

(2012-07-01—2012-07-17)

| 全部显示 | 今年实际(A) | | | | | | | |
|---|---|---|---|---|---|---|---|---|
| | 总间夜数 | 占可用房% | 房间数 | 平均房价 | 客房收入 | 餐饮收入 | 其它收入 | |
| [KDXN] 无烟豪华大床房\|Deluxe King Size Non-smoking | 400 (8.85%) | 78.43% | 510 | 535.32 | 214,126.00(8.80%) | 33,881.00(3.20%) | 12,667.00(8.44%) | 260 |
| [KDXG] 吸烟豪华大床房\|Deluxe King Size Smoking | 936 (20.70%) | 86.03% | 1000 | 523.66 | 490,146.00(20.15%) | 65,183.00(6.16%) | 31,769.00(21.10%) | 507.( |
| [TDXN] 无烟豪华双床房\|Deluxe Twin Size Non-smoking | 218 (4.82%) | 71.24% | 306 | 508.04 | 110,752.00(4.55%) | 18,428.00(1.74%) | 3,948.00(2.63%) | 133 |
| [TDXG] 吸烟豪华双床房\|Deluxe Twin Size Smoking | 1,311 (29.00%) | 77.12% | 1700 | 412.78 | 541,160.00(22.25%) | 116,043.00(10.96%) | 7,190.00(4.79%) | 664.: |
| [XDXN] 无烟豪华套房\|Deluxe Non-smoking Suite | 23 (0.51%) | 22.55% | 102 | 679.09 | 15,619.00(0.64%) | 1,920.00(0.18%) | 13.00(0.01%) | 17 |
| [XDXG] 吸烟豪华套房\|Deluxe Smoking Suite | 92 (2.03%) | 20.81% | 442 | 861.96 | 79,300.00(3.26%) | 12,694.00(1.20%) | 2,579.00(1.72%) | 94 |
| [KBDN] 无烟豪华商务房\|Deluxe Business Non-smoking | 72 (1.59%) | 70.59% | 102 | 513.50 | 36,972.00(1.52%) | 4,977.00(0.47%) | 552.00(0.37%) | 42 |
| [KBDG] 吸烟豪华商务房\|Deluxe Business Smoking | 268 (5.93%) | 60.63% | 442 | 538.24 | 144,249.00(5.93%) | 18,796.00(1.77%) | 11,112.00(7.41%) | 174 |
| [KCLN] 无烟行政大床房\|Club Floor King Size Non-Smoking | 147 (3.25%) | 27.02% | 544 | 720.46 | 105,908.00(4.35%) | 10,951.00(1.03%) | 3,041.00(2.03%) | 119 |
| [KCLG] 吸烟行政大床房\|Club Floor King Size Smoking | 285 (6.30%) | 62.09% | 459 | 811.65 | 231,319.00(9.51%) | 20,180.00(1.91%) | 3,105.00(2.07%) | 254 |

图11-36 根据房间类型的销售的统计分析

通过对房间类型的统计分析，酒店管理者可以了解目前消费者对房型的喜爱程度，酒店对房型结构的布局是否合理，以形成酒店最佳的房型销售结构，打造消费者更喜爱的房间类型。

## （二）客户排名分析

CRM 的客户排名是分析有效客户消费情况的常用手段，系统可以了解销售员的客户管理业绩、在不同时间段内的客户贡献情况，以及当前客户的消费级别等。排名分析主要针对客户的间夜数、客房收入、餐饮收入、其他收入、总收入，可以清楚地罗列出每个客户的消费额度情况。软件可按照客户间夜数、平均房价、消费额度等展开自动排名，以帮助管理者了解各客户对酒店的贡献度，如图 11-37 所示。酒店根据不同的排名次序，可以组建若干个服务群，定制相应的服务 App，然后对不同的客户群展开有效的精准营销。

图 11-37　客户业绩排名操作界面

在图 11-37 中，CRM 可以对每个销售员负责管理的客户进行业绩排名，也可以对不同客户级别进行业绩排名，在排名过程中可以与任意一个年份的业绩进行比较，或者专门针对某一个签约客户进行业绩比较。通过对客户业绩排名的分析，酒店可以设计更完善的客户关系维系计划和更有效的精准营销方案，不断提升酒店的电子商务绩效和客户的消费忠诚度。

随着数据技术和人工智能技术的成熟应用，酒店 CRM 的应用将会给酒店智能化建设带来蓬勃生机。一个酒店 CRM 的设计，需要融入酒店经营理念，技术开发人员要有设计灵感。就目前来说，大部分酒店的 CRM 还处在客户管理的简单分析层面。如何使用 CRM 也非常关键，目前酒店非常缺乏能灵活使用 CRM 的销售人员。酒店要想在电子商务方面创造竞争优势，关键是要有一个好的客户关系管理软件，仅有客户管理和分析的功能远远不够，还需要有深度的数据挖掘功能。随着酒店利用互联网开展营销意识的加强，互联网上酒店的数据将越来越多，如何分析好、利用好这些数据，挖掘出客户的实际需求，预测出酒店未来的发展趋势，将是酒店获取市场竞争优势的关键所在。

## 本章案例："互联网+"背景下金陵饭店的客户关系管理（CRM）

金陵饭店是由南京金陵饭店集团有限公司作为主发起人，以评估后的原南京金陵饭店五星级酒店的经营性净资产作为出资，新加坡欣光投资有限公司等四家发起人以现金出资共同发起设立的股份有限公司。1983 年 10 月 4 日，有"中国第一高层建筑"之称的金陵饭店在南京正式开业。这家饭店的建成创建了好几个全国第一：我国对外开放后第一批利用侨资、外资兴建的涉外饭店；第一家拥有每小时旋转一周的高层旋转餐厅；第一家由中国人自己经营管理的现代化国际大酒店；第一家拥有高楼直升机停机坪的饭店；第一家国内配备高速电梯的饭店……该饭店是当时南京乃至全国的标志性建筑，也是我国实行改革开放的一个缩影。作为江苏省首家五星级酒店，金陵饭店名列"中国旅游业标志性饭店"，先后荣获"全国最佳五星级饭店""全球酒店集团50强""中国旅游集团十强""中国本土酒店集团前三强企业""全国质量管理先进企业""中国饭店业民族品牌先锋""中国最佳商务酒店""中国十大最受欢迎酒店"等称号。

### 一、金陵饭店的电子商务之路

金陵饭店的电子商务建设对战略合作伙伴的选择标准包括产品的先进性、稳健度、成熟度、研发的规范性、产品定制能力、对行业的理解等，其电子商务战略起步于2003年，是我国发展电子商务最早的酒店之一。2004年4月，跨地域的广域网平台建成开通；5月，饭店前台系统升级改造完毕；6月，中央预订系统核心模块调试成功；7月，电子邮件和内部协作系统上线；10月，集团ERP系统一期上线；11月，中央预订系统正式版开通。金陵饭店和湖滨金陵两家成员饭店正式接入；12月，具有实时预订功能的集团网站正式开通。2005年3月，南京5家成员饭店顺利接入中央预订系统；6月，金陵饭店预订和会员中心的呼叫中心系统开通，至此，饭店管理系统和集团网络分销平台全部建成；同年12月，金陵饭店旗下所有已开业成员饭店接入中央预订系统，同时，集团ERP系统二期上线。2007年2月，中央采购网开通；3月，人事系统上线，至此，后台系统建设也如期完成。

金陵饭店电子商务最成功的是电子采购系统。该系统分为三大模块：一是协同采购，管理多角色参与的寻报价、下订单、送验货等业务流程；二是采购寻源，提供网上开放式注册配合送样管理、资质审查等手段，可以发现更多优质的供货商，任何一家企业都能通过这个便捷的途径轻松地成为金陵的候选供应商，不必托熟人找关系，而是完全靠产品性价比和优质服务入选；三是供应商绩效管理，主要考察供应商产品和服务质量。每家成员饭店都可以参与评分，优胜劣汰。

"金陵中央采购网"坚持"标准公开、价格透明、采购高效"的原则，有效地解决了以往饭店采购中的种种弊病，并获得了以下收益。

（1）拓宽了供货渠道。

（2）降低了采购成本。

（3）通过绩效评估等手段确保了供应商资源的品质。

（4）提高了采购工作效率，例如缩短了采购时间和资金周转周期等。

（5）促进了廉政建设。通过注册供应商审计、供应商论证审计、报价审计、价格清单内部公开审计、供应商考核审计、投诉审计、采购过程审计共七个审计环节，有效地杜绝了不正之风和腐败行为的发生，促进了饭店的廉洁经营。

信息技术和互联网技术的高速发展给金陵饭店的发展带来了巨大的机遇和挑战，由于市场竞争越来越激烈，如何在激烈的市场竞争中保持利润是当前所有企业都要考虑的问题。对酒店业这类服务行业来说更是如此，如何把传统的经营思维转换到以客户为中心是首要考虑的问题。服务行业中所有的酒店都可以提供相差无几的服务，但是客户选择谁、如何做出选择就是酒店类服务行业的核心竞争所在。作为一种新的管理理念，客户关系管理可以让饭店有效地分析和积累客户的信息，对客户数据进行挖掘，从而使饭店能更加精准地了解客户的需求、改善服务的质量、提高客户的满意度和忠诚度，巩固良好的客户关系，从而保证饭店的利润，增加电子商务的收益。在此背景下，江苏南京的金陵饭店基于自身的发展需要，开启了电子商务的 CRM 建设计划，设计出满足饭店 CRM 需求的软件系统，为客户画像，有效、科学、合理地规划对不同客户的投入。

### 二、金陵饭店 CRM 的需求分析

CRM 集合了当今最新、最先进的信息技术，主要包括互联网技术和多媒体技术、电子商务、数据库和数据挖掘、专家系统和人工智能、呼叫中心以及相应的硬件环境，同时还包括与 CRM 相关的专业咨询等，其目标是为客户提供无微不至的服务。在会员管理系统的基础上，金陵饭店结合 CRM 管理特点和软件设计要求，同时结合新生代消费者的实际应用需求，对其汇总后剖析出金陵饭店 CRM 的需求，如表 11-3 所示。

表 11-3　金陵饭店的 CRM 需求

| CRM 管理特点 | 金陵饭店的 CRM 需求 |
| --- | --- |
| （√）重视个性化定制，实现"一对一"服务<br>企业拥有的忠诚顾客越多，市场销售越好，企业的获利能力就会越强，这时提高顾客忠诚度成为关键。个性化产品的定制成了赢得顾客忠诚度的利器。借助计算机网络技术手段，对数据库客户数据相关信息进行详细分析，掌握目标客户的特点，如购买习惯、消费嗜好、收入等，对其充分了解后设计个性化服务方案，从而实现"一对一"服务 | （×）没有足够依据来支持客户决策<br>由于对客户资料的科学分析和合理利用存在不足，系统就不能从大量的客户数据中提取有价值的信息，以支持酒店做出正确的决策 |
| （√）强调顾客份额，满足顾客的特殊需求<br>"顾客份额"概念是唐·佩珀斯在 20 世纪 90 年代初提出的，他认为"顾客份额"是决定一个企业成功与否的关键，不是传统理论所认为的"市场份额"。所谓顾客份额，是指一个顾客的钱袋份额，即企业在一个顾客的同类消费中所占的份额大小。这实际上就是客户关系管理。它要求企业对每位顾客都要进行一对一沟通，做到充分了解后，制订服务方案，向目标顾客提供所需的商品和服务，必要时采取个性化定制，以满足部分顾客的个性化需要 | （×）客户信息没有得到充分利用<br>金陵饭店通过收集客户数据建立了客户资料的管理系统，但是该系统的作用仅可完成对客户资料的查询。客户资料对酒店来说是很宝贵的，但当前客户资料仍没有得到酒店的合理分析和有效利用，从而无法掌握客户群体的特征及对酒店发展的重要作用，无法科学、合理地规划对不同客户的投入 |
| （√）强化企业外向管理，全面掌握外部客户<br>随着互联网的快速发展和广泛应用，企业之间面对面的竞争已呈常态化，内向型的传统管理模式很难适应当下激烈的竞争，而 CRM 专注于市场营销、客户服务、技术支持及售后服务等方面的管理。只有面对企业外部环境的 CRM，才有足够的优势帮助企业全面掌握其外部客户资源，使其成为推动企业发展的新动力，最终实现经营效益的最大化 | （×）客户信息完整度欠缺，不能实现完全共享<br>酒店的客户信息主要包括客户的基本资料、入住信息、客户活动内容、客户消费和客户意见等。虽然金陵饭店对客户信息都已存档，但是资料并不集中，导致更新信息迟缓且难以进行信息整合，且各部门之间不能实现客户资源共享，致使酒店工作效率低下 |

金陵集团利用 CRM 的管理机制发明了一种创新传递的模式，以提升自己的市场竞争力。也就是说，以一家成员饭店的创新服务为样板，通过金陵电子商务平台的 CRM 系统对其进行固化，再将这种创新服务的实施过程通过 CRM 传递到其他成员饭店，使一家饭店

通过创新获得的收益，通过电子商务平台复制到集团成员的其他饭店，从而放大数十倍的经营收益。该方案已经得到验证并被固化在电子商务平台中，因此无须"重新发明车轮"（指做重复的事情），就可以获得同样的收益。

### 三、"互联网+"背景下的金陵饭店 CRM 应用功能

金陵饭店 CRM 主要应用在移动互联网环境下与渠道和成员客户联系密切的相关领域，涉及饭店的产品开发、市场推广和售后服务等。CRM 实际上是对饭店与渠道成员、客户之间发生的所有业务关系进行全面管理。通过先进的现代通信工具，CRM 将个性化的、全面详细的客户资料提供给饭店中负责市场营销推广和客户服务的商务人员，以便他们制订方案，同时对市场渠道和成员客户在跟踪服务方面进行细化，而且对信息分析和传播的能力进行强化，建立和完善在"互联网+"环境下的客户之间的新型合作伙伴关系，促使饭店必须提供优质的商业服务，以提高客户满意度；同时通过数据库和数据挖掘分析整理，实现信息共享和商业流程优化，提高营销渠道的运行效率，有效地降低饭店销售和营销的经营成本。其核心功能主要包括以下几方面。

（一）客户资料的自动收集

金陵饭店 CRM 系统最主要的任务就是处理不同部门所拥有的客户资料，同时通过窗口和小前台收集客户画像资料，利用移动互联网将收集整理后的客户信息载进数据仓库，并运用联机分析处理和数据挖掘工具对客户进行分析，使其中存在的规律或趋势为酒店经营决策提供支持。以上阶段互相联系，以此相应地设计自动收集功能模块，通过自动收集实现对客户的科学管理。

（二）突出以客户价值为中心

从概念角度分析，CRM 是一种管理理念。从技术角度分析，CRM 是为实现客户价值的增值而提供一个平台，这个平台可对客户的信息进行管理，从而实现"客户至上"的管理理念。金陵饭店建立 CRM 系统主要是为了实现客户价值的增值，提高效率。因此一系列活动都坚持"以客户为中心"这一理念，在关系维系的运营中以"客户价值"为中心。整个应用系统强调对多个点的客户联系渠道进行整合，如内容和服务的整合，以最大化实现 CRM 所蕴含的商业理念。

（三）客户的细分与服务

金陵饭店 CRM 按客户画像将客户分成若干个消费群类，系统再为不同的类群推送不同的信息或推荐不同的产品。客户分类就是将公司的客户划分为不同的类型群，然后对每一类型的客户进行专门研究，制定相应的服务策略，为不同的类群合理分配饭店的服务资源，从而达到顾客满意的目的。在细分方面，一般可将客户分为 VIP 客户、准 VIP 客户、钻石客户、一般客户和小型客户。

资料来源：本案例来自金陵饭店官网，并经作者加工整理。

**案例思考：**

1. 金陵饭店的 CRM 建设体现了电子商务的哪些竞争优势？
2. 试分析金陵饭店 CRM 系统的优劣。
3. 结合金陵饭店官网的介绍，试分析金陵集团近期电子商务的创新措施。

## 拓 展 知 识

| | | |
|---|---|---|
| 用户画像 | 标签值 | 标签系统 |
| 结构化标签 | 非结构化标签 | 动态标签 |
| 静态标签 | 社会属性 | 偏好属性 |
| 行为属性 | 机器学习 | 数学建模 |
| 数据技术 | 推荐系统 | 元数据 |
| 数据挖掘 | 标签分级 | 定性画像 |
| 定量画像 | 标签建模 | |

## 思 考 题

1. 什么是客户关系管理？酒店的客户管理有什么作用？
2. 酒店电子商务为什么要进行客户关系管理？客户关系管理具有怎样的竞争优势？
3. 什么是客户画像？客户画像的作用是什么？
4. 什么是标签数据？什么是标签体系？标签为什么要分级管理？
5. 什么是结构化标签？什么是非结构化标签？
6. 为什么说客户标签化后可以实现电子商务中的精准营销？
7. 为什么说利用客户画像中的标签可以实现电子商务中的智慧推荐？
8. 如何在微信等社交平台上实现客户画像的标签化？请举例说明。
9. 通过课外学习，试解释什么是机器学习。
10. 通过课外学习，试解释什么是数据技术，以及数据技术在酒店电子商务中有哪些应用。
11. 通过课外学习，试解释什么是数据挖掘，以及数据挖掘在酒店中有哪些应用。
12. 什么是酒店的协议单位管理？协议单位管理有哪些功能？
13. 什么是酒店的会员管理？会员管理有哪些功能？
14. 什么是酒店会员积分？会员积分有哪些作用？
15. 销售活动管理电子化对酒店电子商务有哪些作用？
16. 客户关系分析涉及哪些内容？你认为酒店客户关系分析的重点是什么？
17. 在互联网时代，酒店的客户关系挖掘应选择哪些数据开展？请举例说明。
18. 绿云科技的会员管理有哪些电子商务作用？它还存在哪些不足？
19. 利用移动电子商务可创造酒店竞争优势，为了实现这个目标，酒店的客户关系管理应具备哪些即时功能？
20. 根据课外实习或网络调研，举一个酒店客户关系管理应用实例。

# 参 考 文 献

[1] 魏晓明. 餐饮业电子商务应用分析[J]. 现代经济信息,2015(7):282.

[2] 陆均良,沈华玉,朱照君. 旅游电子商务[M]. 2版. 北京:清华大学出版社,2017.

[3] 海天电子商务金融研究中心. 一本书读懂餐饮O2O[M]. 北京:清华大学出版社,2016.

[4] 陈美含,崔美玉. 校园餐饮电子商务贸易平台建设的可行性研究[J]. 科技资讯,2018(17):1-2.

[5] 阚思思. 试论黔东南外卖App电子商务平台市场的发展[J]. 中国商论,2018(9):128-129.

[6] 孔德云. 餐饮行业OTO模式现状分析及预测[J]. 南方企业家,2018(3):122-123.

[7] 陆均良,沈华玉,朱照君,等. 酒店管理信息系统[M]. 北京:清华大学出版社,2015.

[8] 李小龙. 餐饮业线上线下一体化营销策略研究[J]. 当代经济,2018(12):70-71.

[9] 陈素娥. 餐饮企业营销推广·促销方案·电子商务[M]. 北京:化学工业出版社,2017.

[10] 曹小英. 旅游电子商务[M]. 成都:西南财经大学出版社,2015.

[11] 李丹. 移动互联网背景下传统旅行社的营销策略研究[J]. 现代商业,2018(5):40-41.

[12] 梁大治. 浅探旅游在线营销:以旅行社为例[J]. 现代信息科技,2018(8):114-116.

[13] 王光伟,宋杨,刘静. 基于在线旅行社(OTA)发展态势的旅行社网络营销策略[J]. 濮阳职业技术学院学报,2017(2):99-102.

[14] 陈舒淇,陶毓,安欣文,等. "互联网+旅游"企业的未来发展趋势分析:以携程旅行网为例[J]. 市场周刊(理论版),2018(25):173.

[15] 李罕梁,罗曾. 移动互联技术带来的出游方式变革[J]. 旅游学刊,2016(5):3-5.

[16] 李倩. 基于电子商务的旅游价值链增值与协同效应分析[J]. 价格月刊,2014(9):72-75.

[17] 刘琦. 基于胡世良模型分析OTA商业模式的创新:以途牛、携程为例[J]. 中国商论,2018(24):173-174.

[18] 秦娟. 在线旅游的崛起及对传统旅游的影响探析[J]. 对外经贸实务,2015(3):85-88.

[19] 万津津,沙润. 旅行社电子商务发展策略研究[J]. 江苏商论,2009(9):53-55.

[20] 吴莹丽. 在线旅游模式分析与创新[J]. 现代营销（经营版），2018（9）：103.

[21] 张海鸥. 我国旅游 OTA 发展态势探析[J]. 云南财经大学学报，2014（2）：154-160.

[22] 朱爱芳. 谈新常态下旅行社营销模式的转型升级[J]. 商业经济研究，2015（31）：132-133.

[23] 简兆权，肖霄. 网络环境下的服务创新与价值共创：携程案例研究[J]. 管理工程学报，2015（1）：20-29.

[24] 黎碧媛. 新媒体条件下旅游营销技巧研究：以携程网为例[J]. 中外交流，2018（32）：4.

[25] 齐力，焦栋. 旅游行业并购的财务风险分析与防范：以携程网去哪儿网并购为例[J]. 商情，2018（38）：1-2+5.

[26] 李云鹏，黄超. 基于综合旅游服务商的旅游电子商务[M]. 北京：清华大学出版社，2015.

[27] 章牧. 旅游电子商务[M]. 北京：中国旅游出版社，2016.

[28] 郭树行. 企业架构与 IT 战略规划设计教程[M]. 北京：清华大学出版社，2013.

[29] 孔婷，孙林岩，冯泰文. 客户导向、新产品上市速度与企业绩效的关系研究[J]. 南开管理评论，2013（5）：90-99.

[30] LU Y, RAMAMURTHY K. Understanding the link between information technology capability and organizational agility: An empirical examination[J]. MIS quarterly, 2011, 35(4): 931-954.

[31] WADE M, HULLAND J. Review: the resource-based view and information systems research: review, extension, and suggestions for future research[J]. MIS quarterly, 2004, 28(1):107-142.

[32] FENG T, SUN L, ZHU C, et al. Customer orientation for decreasing time-to-market of new products: IT implementation as a complementary asset [J]. Industrial marketing management, 2012, 41(6): 929-939.